轨道交通传感与检测

闫连山　李　华　陈建译　编著

科学出版社
北　京

内 容 简 介

本书是一部面向轨道交通应用的书籍,全书较为系统地介绍现代传感与检测技术。首先从总体上介绍了轨道交通发展及相关技术体系,重点介绍了通用传感器、传感网络和测控技术。然后围绕轨道交通应用,在介绍常用无损检测和视频技术的基础上,详细介绍了铁路常用的轨检车与综合检测车。最后,结合物联网的概念,讨论了多种铁路实用化监测系统,并结合近年来的技术趋势介绍了智能铁路等领域的发展情况。

本书兼具知识的基础性和前沿性,能使读者了解我国轨道交通事业和现代信息技术的发展。本书可以作为面向信息类或轨道交通类专业高年级本科生或研究生教材,也可作为相关专业学生和工程技术人员的参考书。

图书在版编目(CIP)数据

轨道交通传感与检测/闫连山,李华,陈建译编著. —北京:科学出版社,2023.6

ISBN 978-7-03-073468-6

Ⅰ. ①轨⋯ Ⅱ. ①闫⋯ ②李⋯ ③陈⋯ Ⅲ. ①轨道传感器—检测 Ⅳ. ①U284.47

中国版本图书馆 CIP 数据核字(2022)第 190174 号

责任编辑:华宗琪/责任校对:王萌萌
责任印制:罗 科/封面设计:义和文创

科学出版社 出版

北京东黄城根北街 16 号
邮政编码:100717
http://www.sciencep.com

成都锦瑞印刷有限责任公司 印刷
科学出版社发行 各地新华书店经销

*

2023 年 6 月第 一 版　开本:787×1092　1/16
2023 年 6 月第一次印刷　印张:19 3/4
字数:468 000

定价:129.00 元
(如有印装质量问题,我社负责调换)

前　言

  轨道交通是国民经济发展的关键基础设施。近些年，我国轨道交通事业突飞猛进。截至 2022 年底，我国铁路总运营里程已达 15.5 万 km，其中高铁运营里程占 4.2 万 km，运营速度和运营里程均居世界第一。此外，我国城市轨道交通无论总运营里程还是开通城市数量也都居世界第一。目前国内正在加速轨道交通建设，普速铁路、高速铁路、地铁、磁悬浮列车、现代有轨电车、空中轨道列车等多种技术制式轨道交通百花齐放，而物联网、5G（第五代移动通信技术）、人工智能、大数据、云计算等前沿技术的发展，也为轨道交通的自动化与智能化奠定了基础。

  传感与检测技术是在确保轨道交通安全的前提下提高自动化和智能化的普适性技术。以我国高速动车组为例，作为感知列车状态的触手，一列动车组装有数千乃至上万个传感器。随着监测数据的丰富，传感器的数量需求还会进一步增加。高速铁路作为复杂巨系统，面临着运行速度高、技术标准苛刻、多物理场跨区域等重大挑战，其运营状态感知尤为重要，这包括车辆本身、线路、供电系统、通信信号以及运营环境等。

  本书力图以深入浅出的方式为读者介绍轨道交通特别是高速铁路相关的传感与检测技术。全书分为四部分，第 1 章是第一部分，主要介绍轨道交通不同制式与关键技术，重点以铁路的车辆、机车、供电、工务、电务和运输专业为代表，简要介绍铁路各个组成部分及技术，帮助对铁路系统不熟悉的读者建立起铁路基础知识框架，也为后续章节有关传感检测对象的介绍做铺垫。第二部分为第 2 章，主要介绍传感与检测技术的基础知识。在传感技术应用方面，为读者总结"参数—招式—需求"三步走的应用型学习思路，使读者即使面对各式各样的传感器技术也能以"无招胜有招""见招拆招"的方式解决问题。第三部分介绍铁路的主要监测系统和对应传感技术，包括第 3～5 章。由于铁路系统涉及的专业技术分类较为复杂，从三个方面展开介绍：第 3 章介绍铁路基础设施的相关检测技术；第 4 章主要介绍铁路检测车检测内容和检测技术，重点介绍高速铁路综合检测车；第 5 章主要介绍运输的主角——列车的检测，以列车的"5T"监控系统为例，重点介绍货运列车的轴温探测系统、动车组走行部监测系统以及牵引供电监测系统。第四部分是第 6 章，介绍并讨论铁路未来发展趋势——智能铁路，以铁路局电务大数据智能运维系统为例，介绍各种智能化技术在铁路中的应用，进而以京张高速铁路为案例介绍智能铁路的实施过程。

  传感与检测技术内容非常丰富，高速铁路相关的传感与检测技术更是在不断发展变化中，智能铁路方兴未艾。限于时间与作者水平，书中难免存在疏漏或不足之处，恳请读者批评指正。

  本书受西南交通大学研究生教材（专著）经费建设项目专项资助，在此表示感谢！

目 录

第1章 轨道交通概论 1
1.1 轨道交通体系 1
1.1.1 客运动脉的高速铁路 1
1.1.2 多拉快跑的重载铁路 3
1.1.3 离不开的城市轨道交通 5
1.1.4 何时普及的磁悬浮列车 6
1.2 高速铁路关键系统与技术 9
1.2.1 机务——机车车辆供电 10
1.2.2 工务——线路桥梁隧道 14
1.2.3 电务——通信信号 20
1.2.4 运输——运营调度指挥系统 32
思考题 33

第2章 现代传感与检测技术 34
2.1 传感检测技术发展 34
2.2 传感器特性 36
2.2.1 静态特性 36
2.2.2 动态特性 43
2.3 测量方法 52
2.4 测量误差与处理 53
2.4.1 测量误差的概念 53
2.4.2 测量误差的表示形式 54
2.4.3 随机误差及处理 55
2.4.4 系统误差的估计及校正 59
2.5 常见传感器及原理 63
2.5.1 加速度传感器 63
2.5.2 速度传感器 65
2.5.3 位移传感器 66
2.5.4 压力传感器/应压片 70
2.5.5 陀螺仪 79
2.6 现代传感技术 81
2.6.1 光电式传感技术 81

  2.6.2 MEMS 传感技术 ... 88
  2.6.3 光纤传感技术 ... 93
 思考题 ... 102

第3章 铁路基础设施常用传感检测技术 ... 103
3.1 主要检测环节 ... 103
3.2 常用维护检测设备与系统 ... 104
  3.2.1 钢轨探伤仪与探伤车 ... 104
  3.2.2 沉降仪 ... 105
  3.2.3 防灾安全监控系统 ... 108
  3.2.4 桥梁结构健康监测 ... 120
  3.2.5 基于光纤传感的线路状态检测 ... 129
3.3 智能视频监控技术 ... 136
  3.3.1 基于边缘计算的视频监控系统 ... 137
  3.3.2 视频编码技术 ... 142
  3.3.3 视频图像分析技术 ... 146
3.4 激光雷达技术 ... 155
  3.4.1 LiDAR 基本原理 ... 155
  3.4.2 激光雷达数据处理 ... 162
  3.4.3 机载激光雷达铁路勘察技术 ... 168
  3.4.4 铁路线路障碍物检测 ... 169
  3.4.5 基于 LiDAR 的地铁列车自动驾驶 ... 170
3.5 无损检测技术 ... 172
  3.5.1 无损检测概述 ... 172
  3.5.2 电磁探伤 ... 172
  3.5.3 超声波探伤 ... 176
 思考题 ... 184

第4章 轨检车与综合检测车 ... 186
4.1 轨检车概述 ... 186
4.2 轨检车检测项目 ... 186
4.3 轨道检测原理 ... 189
  4.3.1 轨道状态分析方法及预测模型 ... 189
  4.3.2 国内外轨道状态分析方法及预测模型 ... 190
  4.3.3 数据处理及评价方法 ... 193
4.4 高速铁路综合检测车 ... 196
  4.4.1 综合检测车概述 ... 196
  4.4.2 检测内容 ... 198

4.4.3　CRH380BJ 系列高速综合检测车 208
　思考题 209
第5章　列车运行安全监控与传感检测 210
5.1　TPDS 210
　　5.1.1　TPDS 概述 210
　　5.1.2　TPDS 轮轨力测试方法 211
　　5.1.3　车载 TPDS 动态检测系统 212
5.2　TADS 213
　　5.2.1　TADS 概述 213
　　5.2.2　TADS 的原理与构成 213
　　5.2.3　TADS 的关键技术 215
5.3　THDS 216
　　5.3.1　THDS 概述 216
　　5.3.2　探测站的构成及功能 217
　　5.3.3　红外线测温原理 218
　　5.3.4　热轴检测 220
5.4　TFDS 222
　　5.4.1　TFDS 概述 222
　　5.4.2　TFDS 检测典型案例 223
　　5.4.3　几种典型故障的识别方法 225
5.5　TCDS 226
　　5.5.1　TCDS 概述 226
　　5.5.2　TCDS 结构 227
　　5.5.3　基于 TCDS 地面专家系统的轴温故障诊断 230
5.6　TEDS 231
　　5.6.1　TEDS 组成 231
　　5.6.2　TEDS 核心功能 233
　　5.6.3　TEDS 工作过程 234
　　5.6.4　TEDS 关键技术 235
5.7　动车组走行部监测系统 236
　　5.7.1　滚动轴承检测 237
　　5.7.2　齿轮装置故障检测 242
　　5.7.3　轮对故障检测 251
5.8　动车组牵引传动系统监测 256
　　5.8.1　受电弓离线检测 257
　　5.8.2　受电弓动态检测 260

  5.8.3 滑板磨耗检测 ··· 261
  5.8.4 牵引变压器检测 ··· 262
  5.8.5 牵引电机检测 ··· 266
 思考题 ·· 269

第6章 智能铁路 ·· 270
 6.1 智能铁路内涵及关键技术 ··· 270
 6.2 基于大数据的铁路智能运维 ·· 275
  6.2.1 铁路大数据与智能运维基本概念 ··· 275
  6.2.2 铁路大数据应用总体框架 ·· 277
  6.2.3 铁路大数据应用实践——以电务智能运维为例 ·································· 279
 6.3 智能铁路实施——以智慧京张为例 ··· 289
  6.3.1 京张高速铁路的背景 ·· 289
  6.3.2 京张高速铁路智慧化实施案例 ·· 290
 思考题 ·· 296

参考文献 ··· 297
附录　缩略词表 ·· 302

第 1 章 轨道交通概论

1.1 轨道交通体系

一般来说，轨道交通是一个比较广义的词汇，包括多种基于固定线路运行的交通模式，如铁路、地铁、轻轨、磁悬浮列车等。近年来随着我国在轨道交通领域的大力投入，作为国家基础设施关键的组成部分，铁路和城市轨道交通取得了前所未有的发展。我国的《中长期铁路网规划》确定到 2025 年全国铁路网规模要达到 17.5 万 km，到 2030 年实现铁路全国县域基本全覆盖；另外，截至 2022 年末我国已有 53 个城市开通了城市轨道交通，运营里程逐年增加，预计 2025 年超过 1.2 万 km。轨道交通已经成为国民经济发展的重要支柱行业并将持续发挥支撑国家和城市发展的"动脉"作用。客运高速化、货运重载化、城际公交化已经成为轨道交通的必然趋势。本章简单介绍几种轨道交通方式（包括高速铁路客运专线、重载货运、城市轨道交通等）和关键子系统及技术，为后面章节奠定基础。

1.1.1 客运动脉的高速铁路

高速铁路作为我国自主创新的典范，与航空航天并列成为我国的两大名片。虽然经历了类似"7·23"事故这样的曲折，但广大铁路工作人员历经多年努力所取得的成绩有目共睹，为我国国民经济发展做出了巨大贡献，也为国家下一步的战略发展奠定了基础。一方面，高速铁路大幅提高了客运能力，缩短了区域和城乡间的时空距离，推动了工业化和城镇化进程，促进了区域和城乡协调发展，加快了产业结构优化升级，取得了显著的社会与经济效益；另一方面，高速铁路极大地释放了既有线的货运能力，为实施客货分线运输创造了条件。

中国高速铁路的建设始于 1999 年兴建的秦沈客运专线（设计速度 250km/h），经过 20 多年的高速铁路新线建设和既有铁路的提速改造，中国目前已经建成了世界上最大规模以及最高运营速度的高速铁路网。截至 2022 年底，速度达 200km/h 以上的高速铁路里程超过 4.2 万 km，铁路总运营里程突破 15.5 万 km。按照《国家综合立体交通网规划纲要》要求，在接下来的 3 个"五年规划"（2021～2035 年）期间，中国还将建设 5 万 km 的铁路，其中高速铁路 2.9 万 km，普速铁路 2.1 万 km。根据《中长期铁路网规划》和中国国家铁路集团有限公司（国铁集团）的《新时代交通强国铁路先行规划纲要》，至 2035 年底，中国将基本建成以"八纵八横"为骨架的全国快速客运网（八纵通道包括沿海通道、京沪通道、京港（台）通道、京哈—京港澳通道、呼南通道、京昆通道、包（银）海通道、兰（西）广通道，八横通道包括绥满通道、京兰通道、青银通道、陆桥通道、沿江通道、沪昆通道、厦渝通道、广昆通道），高速铁路里程达到 7 万 km，实现高速铁路通达 50 万人口以上城市，形成以北京为中心可以基本实现 1~8h 到达全国主要城市的高速铁路交通圈。

通过京津、武广、京沪、哈大等几条典型高速客运专线的建设与积累，我国的高速铁路在各个方面（车辆、线路、控制、管理等）均取得了令人瞩目的成绩。

在高速列车方面，中国铁路建立了速度为 250km/h、350km/h 及以上动车组技术体系；研制了坐、卧、16 辆长编组动车组系列产品，适应不同运营条件；掌握了动车组设计与制造关键技术。"和谐号"CRH380、"复兴号"CR400 等新一代高速动车组在低阻力流线型、高气密强度和气密性车体、振动模态系统匹配、安全可靠的高速转向架、先进的噪声控制、高性能的牵引系统、高速双弓受流性能、安全环保的制动系统和人性化的旅客服务等方面取得新突破。2010 年 12 月 3 日，"和谐号"高速列车在京沪高速铁路先导段运行试验中，最高速度达 486.1km/h（2007 年法国试验列车曾创造了速度 574.8km/h 的纪录），能够在长达上千公里保持 350km/h 充分说明我国在高速列车方面的发展水平。

在工程建造方面，围绕线桥隧、客运枢纽以及牵引供电等方面积累了丰富的工程经验，掌握了系列关键技术，具体包括：

（1）路基——突破了地基处理、路基填筑、线下构筑物刚度均匀化技术难题，实现路基沉降变形收敛可控。

（2）无砟轨道——突破了与信号轨道电路适应性、大跨桥上变形控制等技术难题，掌握了无砟轨道大规模应用设计、制造、施工及精调成套技术。

（3）桥梁——解决了 900t 双线整孔箱梁制造运输与架设，以及大跨高墩等一批新结构特殊桥梁技术难题，实现了工厂化、机械化快速施工。

（4）隧道——解决了艰险山区、复杂地质、江河水下修建隧道技术难题，实现高速列车隧道内速度 350km/h 安全运行和交会。

（5）客运枢纽——解决了过去交通方式分治和换乘不便难题，实现了平面换空间，通过城市轨道、公交、出租车乃至空港多种交通方式融合构建立体现代客运综合交通枢纽。

（6）牵引供电——研发并广泛应用抗拉强度高、导电性能好的接触线与承力索，掌握了 36~40kN 大张力接触网设计与施工技术，实现速度 350km/h 动车组重联双弓安全运行。

在列车运行控制方面，研发装备了适用于既有线提速和新建速度 250km/h 高速铁路的中国列车运行控制系统（Chinese train control system，CTCS）-2 级、适用于新建速度高于 250km/h 高速铁路的 CTCS-3 级。CTCS-3 级可实现最小追踪间隔 3min 并兼容 CTCS-2 级，确保 250km/h 和 350km/h 两个速度等级高速列车的跨线运行。

在系统集成与运营管理方面，中国铁路建立了集成技术标准和管理体系，把联调联试及试运行等技术要素与建设及运营有机衔接起来，实现了高速铁路各子系统的集成与优化。图 1.1 是高速铁路各子系统及技术接口示意图。

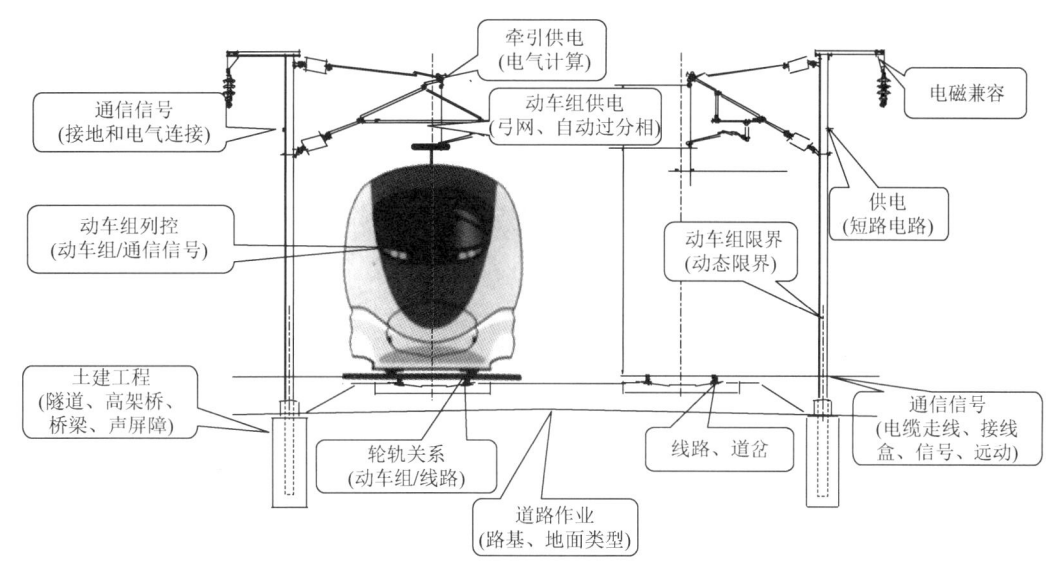

图 1.1 高速铁路各子系统及技术接口示意图

高速铁路作为复杂的巨系统，涉及许多学科和技术，而且以交叉学科研究为主（图 1.2）。例如，从动力学角度来看，高速铁路运行距离长，电磁环境、地理环境和气象环境复杂，既要考虑高速列车与空气之间的动力学，还要考虑列车与轨道之间的耦合动力学，甚至要考虑轨道与路基桥梁等之间的耦合关系，这些复杂的关系使得高速铁路的研究更具有挑战性。

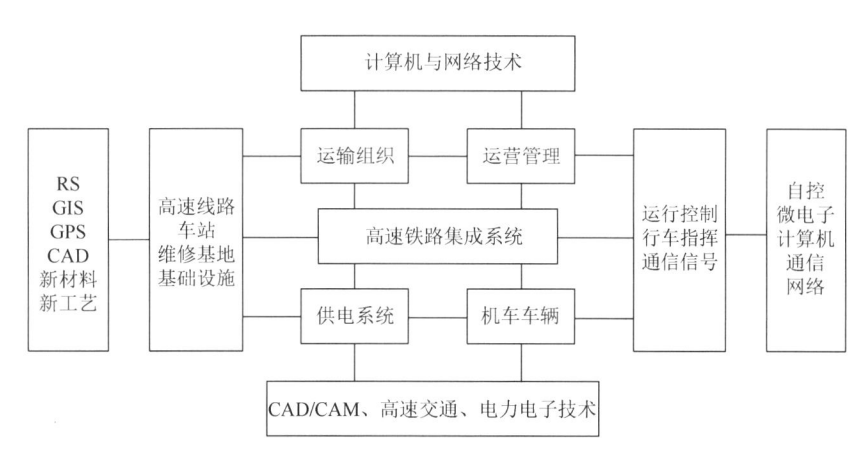

图 1.2 高速铁路所涉及的专业与关键技术

RS 指遥感（remote sensing），GIS 指地理信息系统（geographic information system），GPS 指全球定位系统（global positioning system），CAD 指计算机辅助设计（computer aided design），CAM 指计算机辅助制造（computer aided manufacturing）

1.1.2 多拉快跑的重载铁路

货运重载化是铁路现代化发展的必然趋势之一，重载铁路是支撑重载运输发展的基础。重载运输是指在一定的铁路技术装备条件下（重载铁路系统），采用大功率机车扩大列车编组长度，大幅度提高列车车载质量，达到一定载重量标准的运输方式。国际重载运输协会先后三次给出了重载铁路的定义，要求至少满足三条标准中的两条，最新2005年版对应的三条标准包括：列车质量不小于8000t；轴重达27t以上；在长度不小于150km线路上年运量不低于4000万t。

重载运输已有近50年的历史，美国、加拿大、巴西、南非、澳大利亚、俄罗斯等10多个资源型国家都开展了重载运输，充分体现了高效率、低成本的巨大优势，是铁路运输规模经济和集约化经营的典范。

20世纪80年代后，由于新材料、新工艺、电力电子、计算机控制和信息技术等现代高新技术在铁路上的广泛应用，铁路重载运输技术及装备水平有了很大提高，特别是重载机车技术、重载货车技术、同步操纵和电空制动技术、线路技术四大关键技术的新突破，更大地促进了重载运输的发展。

具体来说，世界各国铁路在发展重载运输的过程中，都积极研究采用大功率内燃和电力机车，增加轮周牵引力；研制安装机车同步牵引遥控和通信联络操纵系统，以保证机车分布在不同位置时实现多机牵引重载列车安全运行的需要；采用轴重大、自重轻、载重量大的大型货车，车辆连接采用刚性结构，并装设性能可靠的制动装置及高强度车钩和大容量缓冲器；在改造既有线或修建新线（专线）适应重载运输要求时，强化线路结构，铺设重型钢轨和为减少重载列车在线路上运行时轮轨间有害作用力的影响，采用异型轨头和钢轨涂油润滑、打磨技术等。此外，对于既有线重载列车运行方向上的车站站场股道进行能够容纳整列车的相应改造和延长，并且在铁路运营中实现货车装卸机械化和行车调度指挥、运营管理自动化等。所有这些技术与措施都极大地推动了铁路重载运输技术水平的不断提高。值得指出的是，重载列车对线路的冲击破坏作用较普通铁路大得多，尤其是曲线、道岔、钢轨等薄弱环节，极易出现脱轨或其他问题，因此重载铁路线路的状态监测尤为重要。

关于国外重载铁路发展，读者可以参考其他资料，这里重点介绍我国重载铁路运输发展的标志——大秦铁路建设与运营实践。大秦铁路自山西省大同市至河北省秦皇岛市，全长653km，除了作为我国西煤东运的主要通道之外，更是连接"三西"（内蒙古西部、陕西和山西）煤炭基地与华北、东北等地区间的运输大通道。大秦铁路是中国新建的第一条双线电气化重载运煤专线，1992年底全线通车，2002年运量达到1亿t设计能力。为最大限度地发挥大秦铁路的作用，有效缓解煤炭运输紧张状况，自2004年起，铁道部对大秦铁路实施持续扩能技术改造，大量开行1万t和2万t重载组合列车，全线运量逐年大幅度提高，到2008年运量就突破3.4亿t，2014年达到4.5亿t，成为世界上年运量最大的铁路线，全线开通30年来，累计运量超过60亿t。

大秦铁路研发了大量支撑重载运输的关键技术，例如，实现了网络化无线同步操控系统，将机车同步操控（LOCOTROL）技术与铁路数字移动通信系统（global system for mobile communications-railway，GSM-R）技术的结合成功应用于2×1万t重载组合列车，可实现列车编组内机车台数、主控和从控机车距离以及控制的列车对数不受限制，同时将800MHz数据电台与机车无线同步操纵技术结合，通信传输距离由450MHz的650m提高到800MHz的790m；采用了额定功率9600/10000kW的和谐型大功率交流传动电力机车；采用了25t轴重，载重80t的C80铝合金运煤专用敞车及C80B型不锈钢运煤专用敞车；采用了桥涵加固技术和延长钢轨使用寿命等技术，研制了新型 75kg/m 钢轨，强化线桥设备；采用了"5T"车辆运行安全监控系统，利用红外测温、力学检测、声学诊断、图像检测等检测手段和信息化技术，对运行中的车辆进行动态检查，确保安全，提高运输效率。近年来随着各种新技术的涌现及采用，大秦铁路更加成为国内外重载运输的典范。

以大秦重载运输技术为支撑，北同蒲线、云岗支线、迁曹线先后开行了 1 万 t 和 2 万 t 重载组合列车，大包线、口泉支线、大准线等开行了 1 万 t 重载列车。以这些线路为基础进一步构建了我国的重载货运骨干网络。

1.1.3 离不开的城市轨道交通

城市交通问题一直是困扰各大城市发展的关键环节之一，如何合理利用与优化不同城市交通方式（包括轨道交通、公共汽车、准公共交通、私家车、自行车等）似乎成为一个永恒的主题。图 1.3 给出了不同交通方式的使用范围和优势范围。

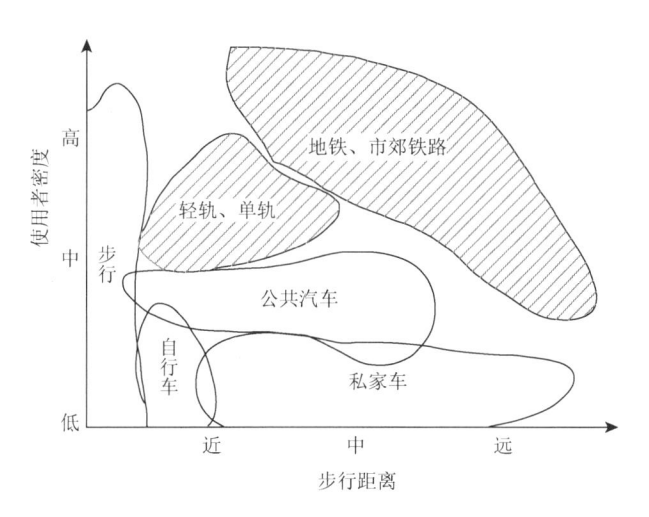

图 1.3 不同交通方式的使用范围和优势范围

城市轨道交通是在城市（包括周边）地理区域范围内利用轨道（包括单根和双根）输送旅客或货物的运输系统，由一系列相关设施组成，包括车站、线路、列车、控制以及通信信号系统等。尽管各国轨道交通的技术和经济特性略有差异，但从概念和内涵上基本一致。典型的城市轨道交通系统及其特性指标如表 1.1 所示。由于城市轨道交通技术复杂度相对简单，本书重点介绍高速铁路方面的相关技术。

表 1.1 典型的城市轨道交通系统及其特性指标

分类		有轨电车	轻轨	市郊铁路	地铁
城市规模	人口	20 万~50 万	10 万~100 万	>50 万	>100 万
	CBD 雇员	>2 万	>2 万	>4 万	>8 万

续表

	分类	有轨电车	轻轨	市郊铁路	地铁
线路特点	股道	街道	至少40%隔离	分离	隔离
	CBD线路长度	<10km	<20km	<40km	<24km
	CBD站距	250m	300m	—	0.5～1km
	郊区站距	350m	1km	1～3km	2km
	最大坡度	10%	8%	3%	3%～4%
	最小半径	15～25m	25m	200m	300m
	建设工作量	最小	轻	中等	重
机车车辆	车辆质量	16t	<20t	46t	33t
	编组（节）	1或2	2或4	≤12	≤8
	单节车辆载客量	50座75站	40座60站	60座120站	50座150站
运行指标	供电电流	直流500～750V	直流600～750V	直流600～1500V或交流25kV	直流750V或1500V
	供电方式	接触网	接触网	接触网或三轨	接触网或三轨
	平均速度	10～20km/h	30～40km/h	45～60km/h	30～40km/h
	最大速度	50～70km/h	80km/h	120km/h	80km/h
	一般高峰间隔	2min	4min	3min	2～5min
	最大流量	15000人/h	20000人/h	30000人/h	60000人/h

注：CBD指中央商务区（central business district）。

1.1.4 何时普及的磁悬浮列车

磁悬浮列车是一种靠磁悬浮力（即磁的吸引力和排斥力）来推动的列车。由于其轨道的磁力使之悬浮在空中，行驶时不需接触地面，因此只受来自空气的阻力。磁悬浮列车的最高速度超过600km/h，比轮轨高速列车的300km/h还要快。磁悬浮技术的研究源于德国，早在1922年，德国工程师赫尔曼·肯佩尔就提出了电磁悬浮原理，并于1934年申请了磁悬浮列车的专利。1970年以后，随着世界工业化国家经济实力的不断增强，为提高交通运输能力以适应其经济发展的需要，德国、日本等发达国家以及中国都相继开始筹划进行磁悬浮运输系统的开发。2002年12月上海磁悬浮列车开通，成为世界上第一条商业化的磁悬浮运营线，从市区到浦东国际机场，全长30km、速度400km/h。2021年1月，采用西南交通大学原创技术的世界首条高温超导高速磁悬浮工程化样车及试验线在四川成都正式启用，设计速度可达620km/h，远期结合真空管道技术，可迈向1000km/h以上速度。2021年7月20日由中国中车股份有限公司研制的速度为600km/h的高速磁悬浮交通系统在中车青岛四方机车车辆股份有限公司下线。这些进展都标志着高温超导高速磁悬浮工程化研究从无到有的突破，初步具备了工程化试验示范条件。

利用磁力使物体处于无接触悬浮状态的设想是人类一个古老的梦，但实现起来并不容易。虽然静止的磁铁不能保持稳定，但是可以做成一个陀螺，让它旋转起来就可以保持悬浮状态。有的读者也许玩过类似的有趣玩具，如 Levitron 公司的磁悬浮陀螺，如图 1.4（a）所示。

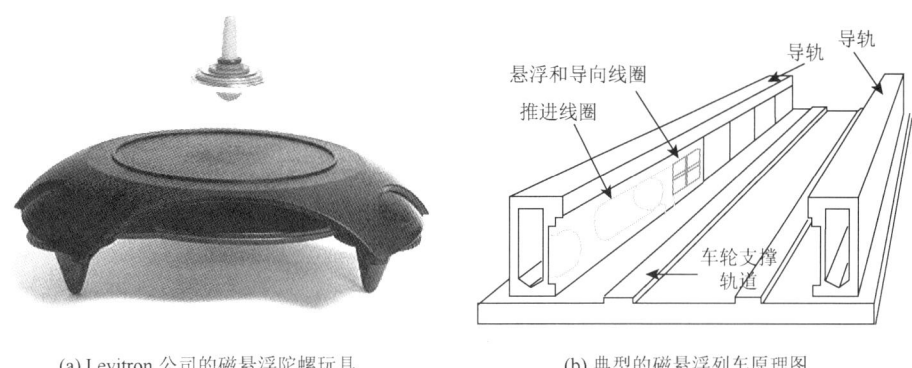

(a) Levitron 公司的磁悬浮陀螺玩具　　(b) 典型的磁悬浮列车原理图

图 1.4　Levitron 公司的磁悬浮陀螺玩具以及典型的磁悬浮列车原理图

磁悬浮列车的奥秘实际上就是磁体同极相斥、异极相吸的简单原理加上类似于"太极推手"的动态过程。当列车上超导线圈形成的强大磁场和地面导轨线圈的磁场相互作用（图 1.4（b））时，列车便克服重力悬浮起来，与导轨保持不即不离的状态。导轨上的推进线圈周期性变换磁极方向，造成列车上的磁极始终受到前方的吸力和后方的推力，这便是直线电机的作业方式。可以设想将一台普通旋转电动机的定子沿半径方向剖开，再铺平和伸展，磁悬浮列车的导轨就相当于定子，而列车则是发电机的转子，不过此时转动变成了在磁垫上的水平移动，由于完全没有固态摩擦，因此可以达到极高的速度。磁悬浮列车实际是"超低空飞机"，"飞行高度"约为 10cm。当然地表的空气阻力比高空大得多，这也是它达不到飞机速度的原因。

磁悬浮列车主要由悬浮系统、推进系统和导向系三大部分组成，尽管可以使用与磁力无关的推进系统，但在目前绝大多数设计中，这三部分的功能均由磁力来完成。由于磁铁有同性相斥和异性相吸两种形式，故磁悬浮列车也有两种相应的形式，如图 1.5 所示。

磁铁异性相吸原理：列车一般采用抱轨运行形式，车身下端像伸出两排弯曲的胳臂将轨道抱住，如图 1.5（a）所示，在列车弯曲胳臂上及两侧安装电磁铁，在 T 型导轨的上方和伸臂部分下方分别设反作用板和感应钢板来控制电磁铁的电流，使电磁铁和导轨间通过电磁吸力支撑车体重力，使车体悬浮于轨道的导轨面上运行，保持 10～15mm 的间隙。德国采用的常导电磁悬浮（electro-magnetic suspension，EMS）系统就属于这种方式，我国上海磁悬浮线使用的 TR 型磁悬浮列车也属于这个技术范畴。TR 型磁悬浮列车由长定子直线同步电机提供悬浮力和牵引力，长定子铁芯和绕组（初级）布置在 T 型轨道两侧并通入三相交流电产生行波磁场，悬浮电磁铁（次级）安装在列车上通入直流电产生励磁磁场。行波磁场和励磁磁场相互作用产生水平推力驱动列车行驶，励磁磁场和次级铁芯之间的吸引力克服列车重力实现悬浮，列车上的导向电磁铁和轨道上的导轨之间的吸引力提供导向力。悬浮电磁铁和导向电磁铁均为可控型电磁铁，通过电涡流位移传感器测量电磁铁与导轨间的距离并据此实时调整输入电磁铁的电流大小,保证车辆的悬浮稳定,可实现列车静态和低速情况下的悬浮,如图1.6所示。

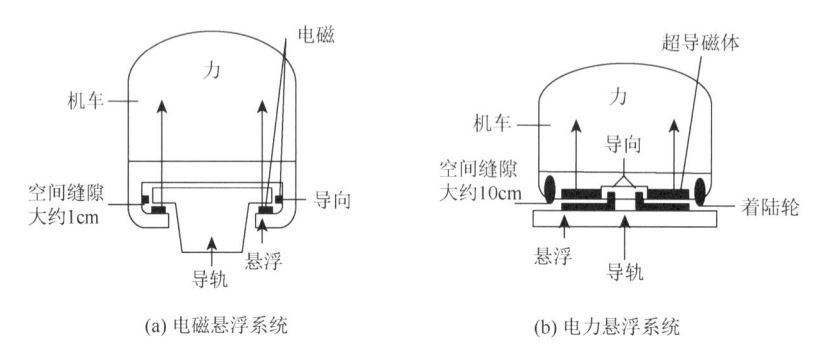

(a) 电磁悬浮系统

(b) 电力悬浮系统

图1.5 两种典型的磁悬浮系统设计

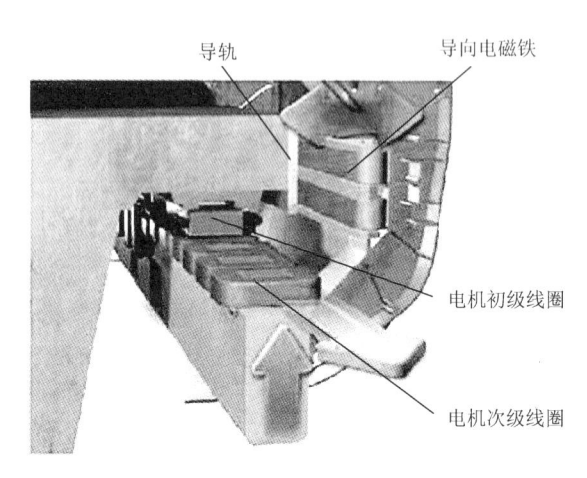

图1.6 TR型磁悬浮模型

磁铁同性相斥原理:利用车上超导体电磁铁形成的磁场与轨道上线圈形成的磁场之间所产生的相斥力,使车体悬浮运行,如图1.5(b)所示,日本采用的电力悬浮(electro-dynamic suspension,EDS)系统就是基于这种原理。EDS系统将磁铁安装在运动的机车上以在导轨上产生电流,当机车和导轨的缝隙减少时电磁斥力会增大,产生的电磁斥力为机车提供稳定的支撑和导向。然而,由于需要相对运动才能产生磁场从而实现悬浮,机车必须安装类似车轮一样的装置,对机车在"起飞"和"着陆"时进行有效支撑,一般EDS系统在机车速度低于40km/h时无法保证悬浮。电磁斥力的产生一般有两种,日本采用低温超导磁体技术,美国采用新型永磁材料。日本的超导磁悬浮列车通过车载低温超导磁体和布置在轨道两侧的"8"字形线圈实现悬浮和导向。列车在静止和低速时通过轮子支承,此时"8"字形线圈为零磁通,通过长定子直线同步电机驱动。当车速达到起浮速度时,辅助轮被收起,由于车身高度发生变化,"8"字形线圈磁通不为零,此时车载低温超导磁体和"8"字形线圈的相对运动产生感应电流,上下两部分线圈的感应磁场与车载磁场相互作用产生下推上拉的作用力,其合力为列车提供悬浮力和导向力。

除了上述常导磁悬浮和超导电动排斥磁悬浮两种技术，目前比较受认可的高速磁悬浮技术还包括西南交通大学研制的钉扎磁悬浮（高温超导磁悬浮）和美国埃隆·马斯克提出的"超级高铁"永磁电动悬浮两种新技术。

与高速磁悬浮技术本身的先进性和有限的运营线路矛盾的现状相比，中低速磁悬浮列车作为低噪声无碳交通方式，逐步在城市轨道交通得到应用。与普通轮轨地铁和轻轨相比，中低速磁悬浮列车采用悬浮架抱轨运行，没有脱轨风险，具有安全可靠、建设周期短、建设成本低、运营管理成本低、转弯半径小、爬坡能力强、选线灵活、低碳环保、电磁辐射小等优势。中低速磁悬浮列车速度为100～200km/h。我国自主研发的中低速磁悬浮列车于2012年1月在中国南车集团株洲电力机车有限公司下线，2016年在我国北京和长沙先后开通了中低速磁悬浮运营线。

应该指出，我国在轨道交通的发展过程中走过不少弯路，也经常出现某种技术过于"强势"而"压制"其他技术发展的情况。事实上，各种轨道交通方式各有优势，适合不同的应用场合，需要综合考虑经济发展、环境保护、人口分布、建设成本、技术成熟度等，从各个方面进行取舍，通过深入研究为轨道交通的可持续发展提供保障。

1.2 高速铁路关键系统与技术

要了解轨道交通传感与检测技术，就需要先对所应用的系统有所了解。1.1节简单介绍了整个轨道交通体系，本节简要介绍高速铁路这个复杂巨系统所涉及的关键子系统与技术。简单来说，除了运载乘客与货物的列车，高速铁路系统还包括支撑列车运行的轨道和桥梁隧道、为列车提供电能的牵引供电系统、为列车安全运行保驾护航的通信信号系统、担负列车在线路上井然有序运行的运营指挥调度系统，以及为旅客提供包括售票在内各种服务的客运服务系统等。图1.7是典型的高速铁路系统构成，下面按照铁路系统内部的主要功能部门或归属进行介绍。

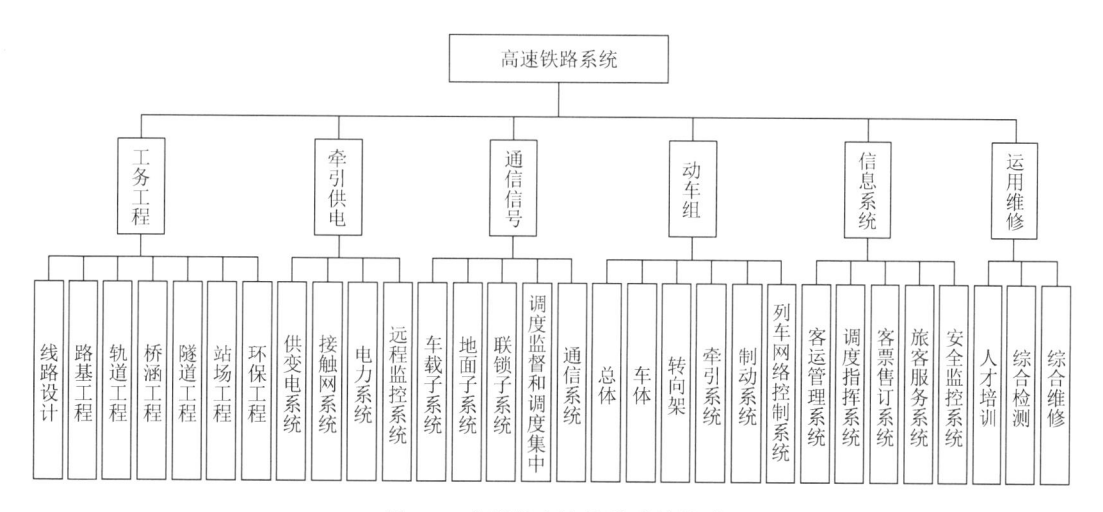

图1.7 典型的高速铁路系统构成

1.2.1 机务——机车车辆供电

通常将铁路机车车辆（列车）和牵引系统（我国以电力牵引为主）统称为机务，主要包括两个方面：①机械方面，包括列车本身（车体、转向架、机械制动系统以及车辆之间的连接装置等）；②电气方面，包括受流系统，由牵引变压器、牵引变流器和牵引电机组成的牵引传动系统，列车网络控制系统等（图1.8）。需要指出的是，铁路接触网电力输送、高压变电等工作由供电专业部门负责。为考虑整体性和连贯性，本节第三部分介绍电力机车牵引系统时，将供电系统的内容纳入一并介绍。

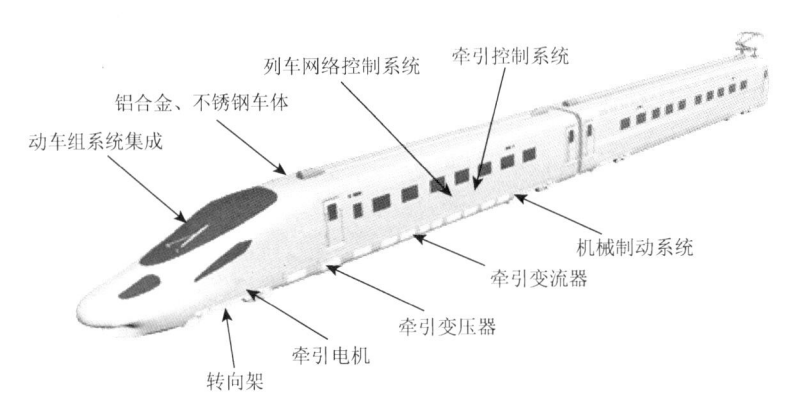

图1.8 高速列车的机械与电气组成

1. 列车动力驱动

列车的驱动设备是牵引电机，安装了牵引电机的轮对称为驱动轮对（或动轮），没有安装的则称为从动轮对。根据驱动轮对的分布与驱动设备的布置，（高速）列车通常分为动力分散方式和动力集中方式两大类型，如图1.9所示，其相应的优缺点如表1.2所示。

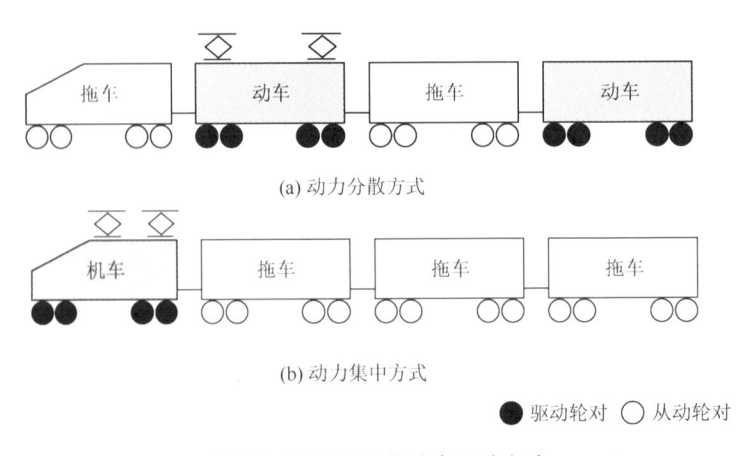

(a) 动力分散方式

(b) 动力集中方式

● 驱动轮对　○ 从动轮对

图1.9 两种典型的动力驱动方式

表 1.2　不同动力驱动方式对比

项目	动力集中方式	动力分散方式
电气与机械设备	少	多（仅牵引电机就需要增加许多台）
乘坐舒适度	优	相对较差（车厢内振动和噪声相对较大）
轴重	大	小（对轨道要求相对要低，维护费用也相对低）
转向架轴距	大	小（曲线通过性能良好，轨道维护费用低）
动车拖车比例调整	困难	容易
黏着要求	高	低
机械制动装置负担	大	小（可充分利用再生制动力）

我国的"和谐号"CRH 系列动车组普遍采用了动力分散技术。对于 8 辆编组的列车，共有 16 台三相异步牵引电机，均匀地分散安置在 4 辆动车的走行部中，列车运行时，每台电机负责驱动一根车轴（即一个轮对），16 台电机通力合作使列车高速奔跑起来。像这种不用机车牵引，把动力分散在编组内全部或部分车辆上的动力配置方式称为动力分散方式。20 世纪 60 年代，世界上第一条高速铁路——日本新干线上运行的 0 系"光号"列车就属动力分散型。如果是把牵引动力置于车头，用一台机车（或动车）或者前后各配置一台机车（或动车）牵引一定数量的拖车，从而组成一个列车编组运行，就是动力集中方式，法国 TGV-A 和德国 ICEI 等就属于典型的动力集中型高速列车。

2. 指引方向的舵手：转向架

转向架对于列车非常重要。单一甚至多个轮对都无法满足列车转弯需要（图 1.10 为典型的轮对），因此产生了转向架。转向架（图 1.11）将两个（或三个）轮对通过构架连接起来，由于转向架上的两个轮对轴距较小，加之车厢和转向架之间通过称为心盘的支承点可以自由回转，较长的车厢也容易通过小半径曲线，这样当列车通过曲线时，转向架就可以顺着轨道转弯，就像个自动方向盘。转向架（动力车和拖车尚有不同）包括许多部件，如转向架构架、车轴、车轮、弹簧、制动装置、减振器等。转向架除了承载车厢重量和保证车辆顺利通过曲线，还要通过减振弹簧和减振器保证车辆运行平稳，牵引电机和减速齿轮合作驱动轮对提供牵引力，而基础制动装置则协助确保列车安全运行（图 1.12）。

图 1.10　典型轮对示意图

图 1.11　转向架基本原理（简化）

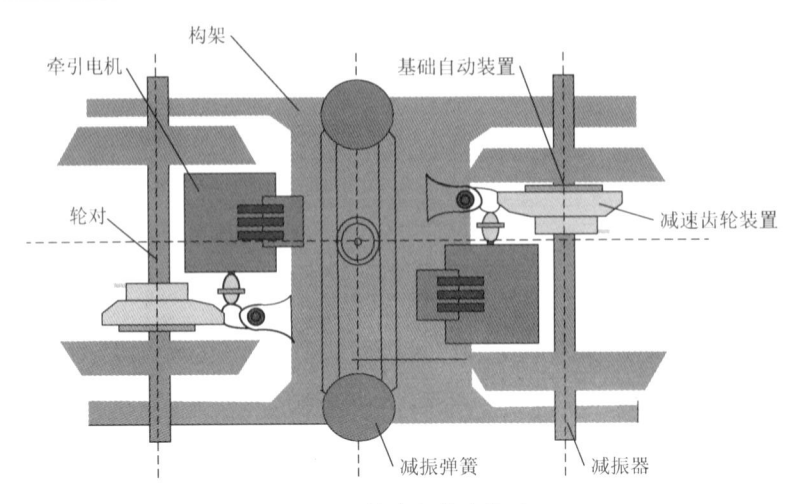

图 1.12 转向架基本构造

与转向架密切相关的监测环节是列车的蛇形运动（高速运行时的异常振动，即左右车轮发生剧烈的大幅度左右振动，使得列车像一条蛇一样左右蠕动前进）。引起蛇形运动的因素有很多，如车轮踏面斜度、转向架构造（轴距）、减振弹簧与减振装置、轨道平顺度等。

3. 提供动力的二传手：牵引供电系统

牵引供电系统就像排球场上的"二传手"，将电网输送的强大电能转换成机械能传递到车轮，驱动列车前进，其中以牵引电机为主体的牵引传动系统和以弓网为主体的受流系统是最主要的。

牵引电机接收驾驶员通过驾驶台控制器发送的牵引指令，产生相应的输出转矩，然后通过安装在转向架上的减速齿轮传递给车轮轮对，车轮受驱动转矩作用后，在轮轨之间产生黏着力，而钢轨对车轮的黏着反作用力形成轮周牵引力，所有动轮的轮周牵引力之和形成列车的总牵引力，驱动列车前进。牵引传动系统由多个基本动力配置单元组成，每个单元包括一定数量的主变压器、主变流器、牵引电机、齿轮箱和驱动轮对。一般来说，可以通过直流电动机或者交流电动机驱动轮对，目前基于异步电动机的交流传动系统已经逐渐成为控制的主流，其中三相交流异步电动机涉及逆变器、脉冲整流器、矢量控制等各种关键技术，感兴趣的读者可以参阅相关文献。

细心的读者也可能注意到，一般列车除了车体以外，还有根"辫子"长在车顶，"黏"在空中悬着的电力线上，这根辫子就是受电弓。它又像一只"手"一样，伸出来从输电线上"边走边拿"，一路确保列车的电力供应。表面上看似简单，但实际上受电弓与接触线之间的关系非常复杂，而且必须确保稳定可靠。无论是高速、低速，还是加速、减速，前进、后退，上坡、下坡，既不能将两者固定，又必须时刻保持接触，才能确保列车的安全运行。铁路上把受电弓从接触线上获取电能的过程称为受流。

高速列车需要的电能传输过程大致如下（图 1.13）：公共发电厂（即公共电网）的电能通过输电线送到牵引变电所（称为牵引供电系统的"心脏"），然后将输入的高压信号通过牵引变压器降压，转换为适合高速列车使用的低压电能送到接触网（多个国家接触网电压为单相交流 25kV/50Hz，德国为 15kV/16.7Hz）。轨道交通电气化（电力、牵引供电）系统中的一个重要组成部分称为数据采集与监视控制（supervisory control and data acquisition，SCADA）系统，是提高供电可靠性及供电质量的重要保证。因此，从供电到变电，再通过接触网，并配合远程监视，构成了整个牵引供电系统（图 1.14）。

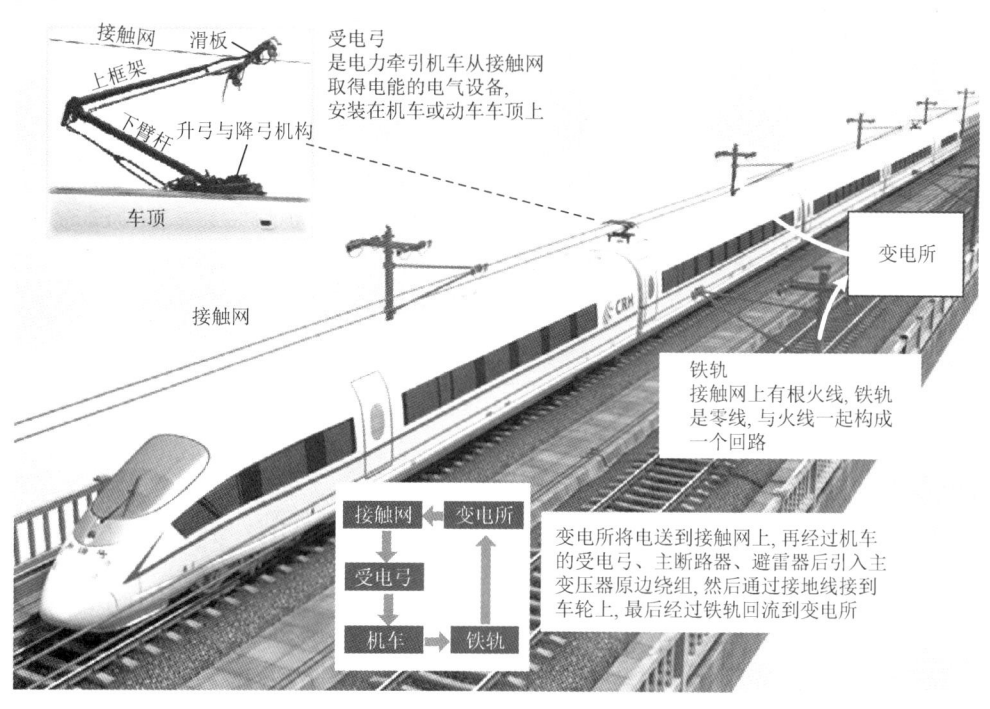

图 1.13　列车电能传输过程

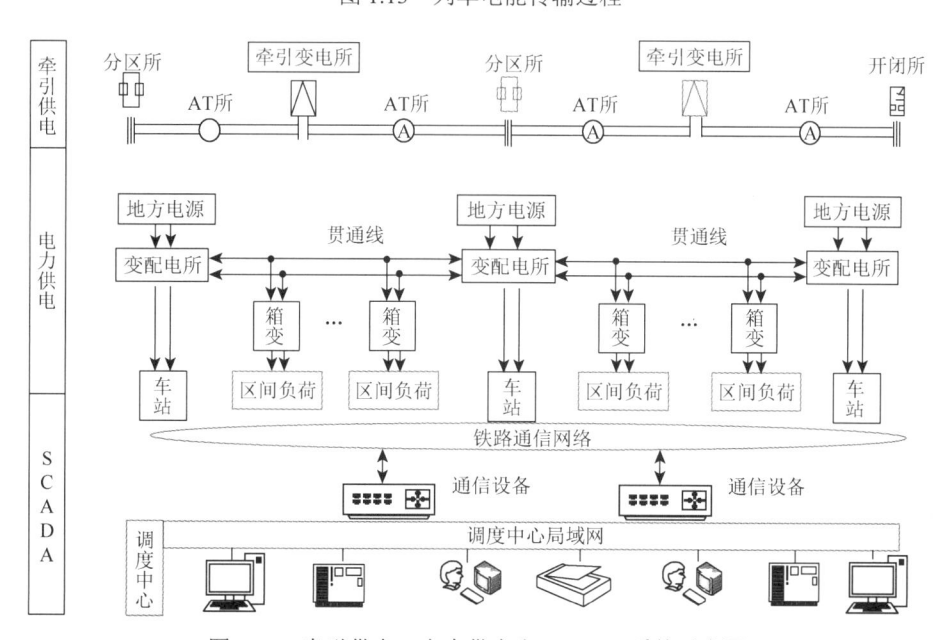

图 1.14　牵引供电、电力供电和 SCADA 系统示意图

1.2.2 工务——线路桥梁隧道

铁路工务系统是确保铁路安全运行的基础，负责铁路线路及相关设备保养与维修，如桥梁、隧道、涵洞、路基、钢轨、道岔、轨枕、道砟等设施的大中维修养护和定期维护，以及铁路巡道和铁路道口的看守等。

1. 路基

路基是轨道的基础，又称线路下部结构。高速铁路路基突破了传统的轨道、道床、土路基的结构形式（即将道砟层直接放在土路基上），做成了多层结构系统（图1.15为双线的路堤标准横断面，各个国家和不同线路根据实际需要会有所不同）。

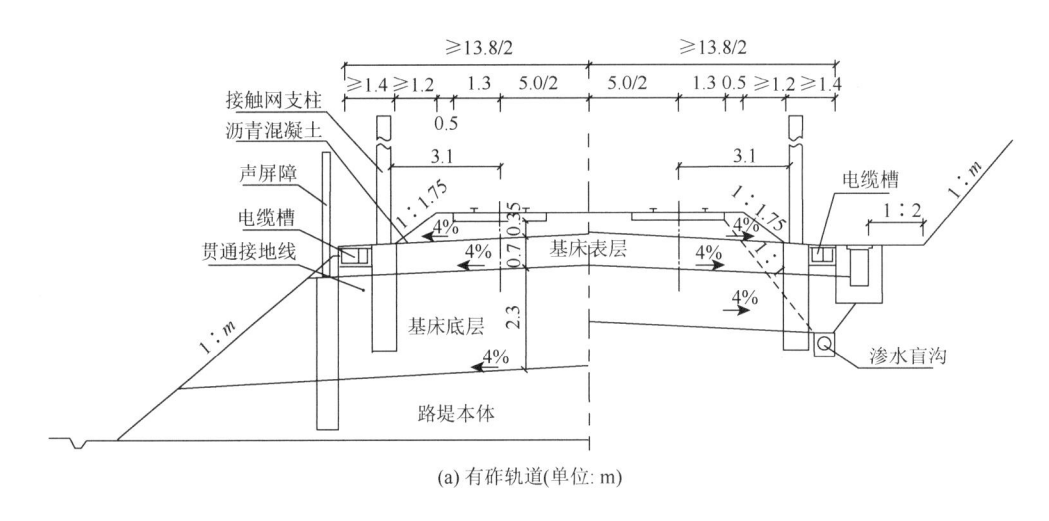

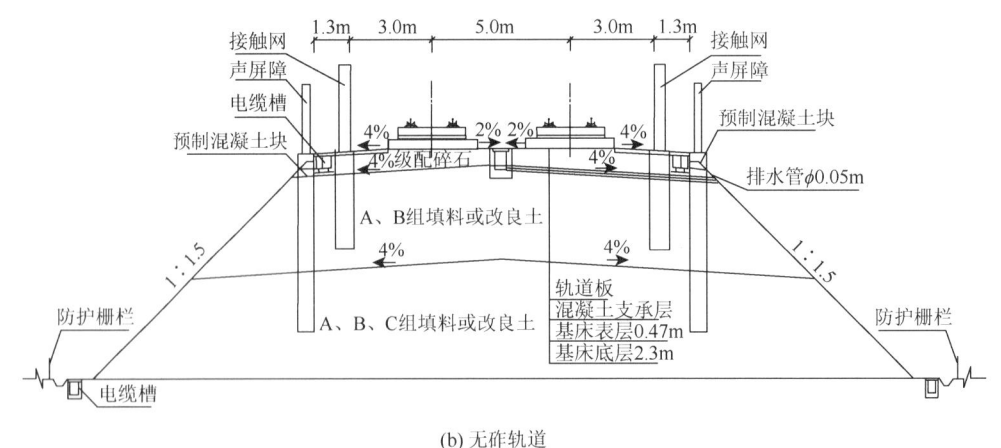

(a) 有砟轨道(单位: m)

(b) 无砟轨道

图1.15 双线路堤标准横断面

高速铁路的路基施工及工后沉降是世界性难题。工后沉降（路基发生强度破坏之前，已经出现了不能容许的变形）是高速铁路路基设计的主要控制因素。路基变形包括列车行驶中路基面产生的弹性变形、长期行车引起的基床累积下沉（塑性变形）以及路基本体填土及地基的压缩下沉。路基的沉降检测也是高速铁路安全监测的关键环节之一，主要通过沉降仪辅助其他手段完成。

我国对无砟轨道的路基工后沉降要求一般不应超过扣件可调高量15mm，路桥路隧差异沉降不超过5mm。就路基而言，过去多注重于强度问题，并以强度作为轨下系统设计与施工的主要控制条件，而现在强度已不是问题，一般在达到强度破坏前，可能已经出现了不能容许的过大有害变形，尤其路桥及横向构筑物间的过渡段，是以往设计及施工中的薄弱环节，也是既有线发生路基病害的重要部位。由于桥台与路堤的刚度相差显著，累积沉降和不均匀沉降造成轨道不平顺，高速列车通过时对轨道结构及列车自身会产生冲击，从而降低列车运行的平稳性和舒适度，加快结构物和车辆的损坏。因此，为了确保高速行车的平稳与安全，在路桥、路涵、堤堑处设置一定长度的过渡段，控制轨道刚度逐渐变化，减少由于不均匀沉降引起的轨道不平顺。

路基施工质量主要通过以下几个方面进行控制：①路堤基地处理；②填料种类和级配；③施工填筑厚度和碾压遍数；④路基压实度或者密实度；⑤自然沉降时间。按照以上几个方面控制路基质量基本可以达到比较好的效果，但也很难满足高速铁路路堤长周期沉降的要求，尤其在前些年由于高速铁路工期压紧，很多高速铁路线路采用桩板结构对路堤加固（一般情况下，如果工期足够，可以采用加载预压的方式处理）。

2. 轨道与道岔

谈起高速铁路，经常听到的一个名词就是"无砟轨道"。什么是"无砟"？以前的铁路都是"小石子上铺枕木和铁轨"，这种轨道称为有砟轨道。"砟"也就是小石子或小块石头的意思（也有写作"碴"或"渣"）。路砟和枕木起到加大受力面、分散列车压力和帮助铁轨承重的作用，防止铁轨因压强太大而下陷到泥土里。此外，路砟还有减少噪声、吸热、减振、增加透水性等几个作用。但是，有砟轨道如果用来做高速铁路的轨道系统，在高速行驶的列车积压下，很容易造成道砟粉化严重和线路维修频繁的后果，安全性、舒适性与经济性相对较差。因此，无砟轨道由于平顺性和稳定性好、使用寿命长、耐久性好、维修工作少等优点在速度200km/h以上的高速铁路线路上得到广泛应用。

无砟轨道由长钢轨、扣件系统、轨道板、CA砂浆、混凝土底座及凸形挡台组成。无砟轨道的轨枕（轨道板）本身由混凝土浇灌而成，而路基也不用碎石，铁轨、轨枕直接铺在混凝土路上。我国目前大量使用的无砟轨道系统包括从日本、德国引进和自主设计的不同类型结构（如CRTS Ⅰ、CRTS Ⅱ、CRTS Ⅲ型板式无砟轨道，CRTS Ⅰ、CRTS Ⅱ型双块式无砟轨道和道岔区轨枕埋入式无砟轨道等）。图1.16是典型的无砟轨道结构。

另外一个极为重要的轨道组成部分就是道岔，即机车车辆从一股轨道转入或越过另一股轨道时必不可少的线路设备，同时也是轨道的薄弱环节之一。道岔按功能和用途分类有单开道岔、对称道岔、三开道岔、交叉道岔（由4组单开道岔和1组菱形交叉构成）

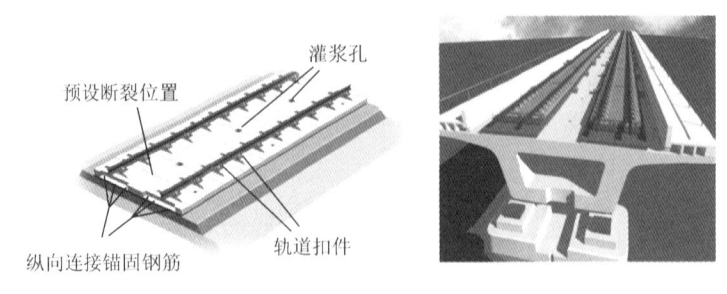

(a) 典型无砟轨道结构　　(b) 京津城际桥上CRTS Ⅱ型板式轨道系统

图 1.16　典型无砟轨道结构及京津城际桥上 CRTS Ⅱ型板式轨道系统

和复式交分道岔 5 种标准类型（图 1.17），其中单开道岔是最常用的类型。单开道岔由转辙器、中间连接部分（导曲线部分）、辙叉及护轨三部分组成（图 1.18），其中转辙器主要由 2 根基本轨、2 根尖轨、间隔铁（限位器或无传力装置）、各种垫板、拉连杆、轨撑、顶铁、岔枕及其他连接零件（扣件、轨距块、螺栓螺母等）等组成。由于道岔对行车安全和调度管理的关键作用，其状态也一直是安全监测的重点，包括转辙器状态、道岔关键部件的几何尺寸变化和部件结合状态（间距）等。

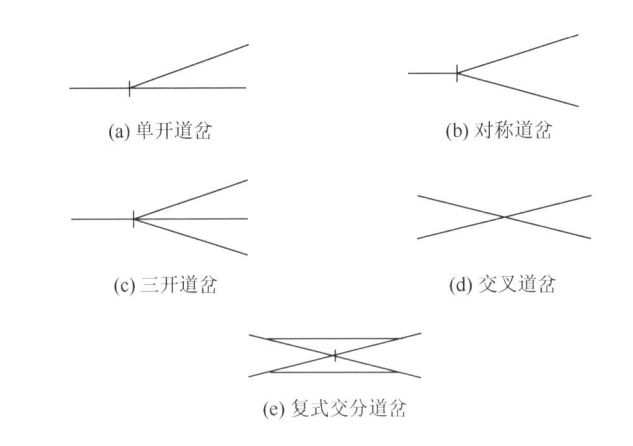

(a) 单开道岔　　(b) 对称道岔

(c) 三开道岔　　(d) 交叉道岔

(e) 复式交分道岔

图 1.17　典型道岔结构形式

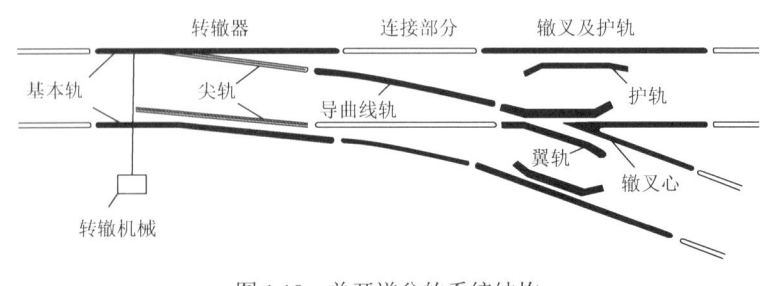

图 1.18　单开道岔的系统结构

一般来说，除了关键部件损坏，当道岔出现以下缺陷时，必须禁止使用，进行维修维护：

（1）内锁闭道岔两尖轨相互脱离，分动外锁闭道岔两尖轨与连接装置、心轨接头铁与拉板相互分离或外锁闭装置失效。

（2）尖轨尖端与基本轨、可动心轨尖端与翼轨在静止状态不密贴。

（3）尖轨和可动心轨被轧伤，轮缘有爬上尖轨、可动心轨的危险。

（4）在规定断面处各种参数超过技术标准容限（如尖轨与基本轨顶面间距、可动心轨与翼轨顶面间距、基本轨垂直磨耗、辙叉心垂直磨耗、翼轨垂直磨耗、辙叉心作用面至护轮轨头部外侧距离、翼轨作用面至护轮轨头部外侧距离等）。

3. 桥梁和隧道

沿着高速铁路运行线路，除了路基轨道以外，还有各种不同类型的重要结构，包括桥梁和隧道。

与普通桥梁和普通铁路相比，高速铁路桥梁存在几个明显的特点：①比例大，（连续）高架长桥多；②以中小跨度为主；③刚度大，抗扭能力强，整体性好，避免出现共振（当高速列车通过多孔等跨布置的简支梁桥时，列车会受到桥跨结构周期性的冲击）；④墩台基础刚度大（便于限制纵向力作用下结构产生位移）；⑤重视结构耐久性和可维护性，并强调与环境的协调，满足美观、降噪和减振要求。

在具体设计与施工中，一般采用无缝长钢轨的线路，桥梁体系的构造应能很好地传递列车纵向力，使列车纵向力不能过多地分配给钢轨。高架桥一般桥长较长，采用多孔等跨布置的混凝土简支梁，对于方便施工、提高架梁速度也颇为有利，同时也有利于养护维修和桥跨的更换。对于横截面，在双线并列的情况下，梁部结构可采用两单线桥的分离式结构，也可采用双线桥整体式结构（图1.19）。

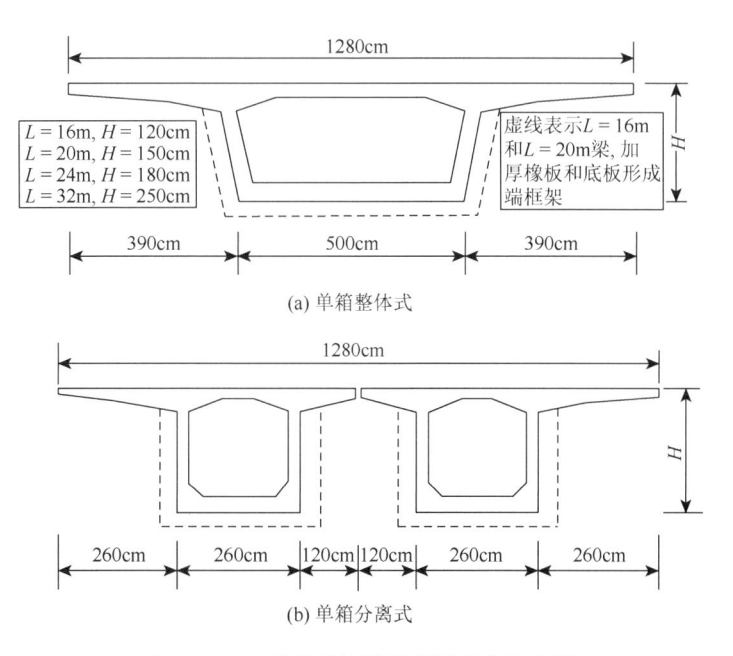

(a) 单箱整体式

$L = 16\text{m}, H = 120\text{cm}$
$L = 20\text{m}, H = 150\text{cm}$
$L = 24\text{m}, H = 180\text{cm}$
$L = 32\text{m}, H = 250\text{cm}$

虚线表示 $L = 16\text{m}$ 和 $L = 20\text{m}$ 梁，加厚橡板和底板形成端框架

(b) 单箱分离式

图 1.19 双线并列的桥梁截面形式示意图

对于高速铁路桥梁，其结构安全直接影响到列车运行安全，因此除了在设计和施工中要确保质量，在日常运行中也需要对其状态进行结构健康的安全监测（3.2 节中会涉及相关内容）。一般来说，桥梁所受的各种应力和结构变形都属于监测的重点。图 1.20 给出了常见的简单桥梁受力模型和典型的结构变形情况。

(a) 常见的简单桥梁受力模型

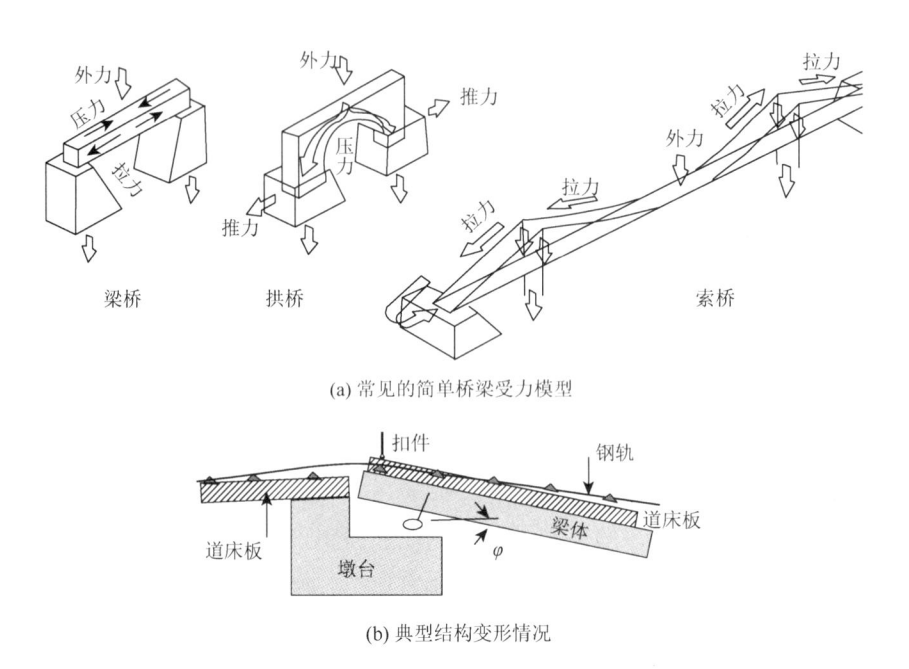

(b) 典型结构变形情况

图 1.20　常见的桥梁受力模型及典型结构变形情况

铁路隧道，通常称为"过山洞"，一般来说都认为隧道设计只要考虑到限界、构造尺寸和使用空间，再确保施工质量就可以完成隧道建设工程。而事实上，对于高速铁路的隧道，还有一个更为重要，甚至起到控制作用的因素，就是要缓解或消减高速列车进入隧道所诱发的空气动力学效应。

空气动力学效应是指当列车进入隧道时，原来占据着空间的空气被排开，空气的黏性以及气流对隧道壁面和列车表面的摩阻作用，使得被排开的空气不能像在隧道外那样及时顺畅地沿列车两侧和上部流动，而是形成绕流，于是列车前方的空气受压缩，随之产生特定的压力变化过程，引起相应的空气动力学效应并随着行车速度的提高而加剧。图 1.21（a）是距离洞口 100m 处测量的空气压力波随列车运行时间的变化情况。

空气动力学效应会造成相应的影响，包括：①由于瞬变压力造成旅客耳朵不适，乘车舒适度降低，并对铁路员工和车辆产生危害；②当高速列车进入隧道时，会在隧道出口产生微压波（图 1.21（b）显示了微压波生成过程），引起爆破噪声（俗称"音爆"）并危及洞口建筑物；③行车阻力加大，引起对列车动力和总能量消耗的特殊要求；④空气动力学噪声以及列车风加剧，影响隧道内人员作业。

高速铁路隧道空气动力学效应的影响因素来自产生动力学相互作用的多个方面，包括机车车辆方面（行车速度、车头和车尾形状、列车横断面、列车长度、列车外表面形

(a) 隧道洞口测量的空气压力随列车运行时间变化　　(b) 隧道内微压波生成过程

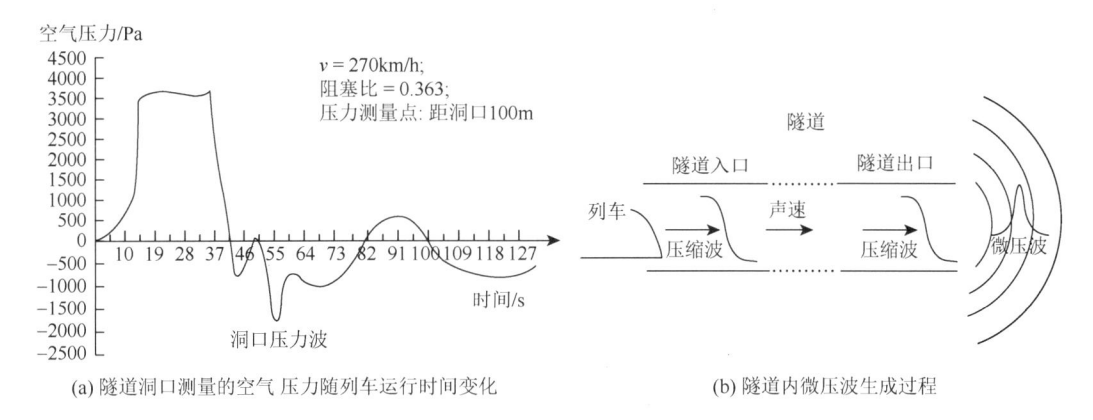

图 1.21　隧道洞口测量的空气压力随列车运行时间变化及隧道内微压波生成过程

状和粗糙度、车辆密封性等)、隧道方面(净空断面面积、双线单洞还是单线双洞、壁面粗糙度、洞口及辅助结构物形式、竖井、斜井、横洞、道床类型等)。

列车进入隧道引起的瞬变压力变化包括两个部分的叠加:①列车移动时从挤压、排开空气到留下真空整个过程引起的压力变化;②列车车头进入隧道产生的压缩波以及车尾进入隧道产生的膨胀波在隧道两洞口之间来回反射产生的压力变化。当双线隧道中同时有不同方向列车相向行驶时,叠加所产生的情况则更为复杂。列车交会的双线隧道,最不利情况发生在列车交会于隧道中点时(列车交会时,压力波动最大值是单一列车运行情况的 2.8 倍)。影响瞬变压力的因素包括隧道长度、列车速度(压力波动与列车速度平方成正比)及竖井(斜井、横洞)的存在等。

与桥梁类似,隧道的安全非常重要,在设计与建设过程中必须考虑相应的隧道防灾系统,包括有效净空断面设计预留的安全空间(图 1.22 和图 1.23)。高速铁路条件下的隧道灾害主要表现为火灾、水灾、空气动力学问题、隧道内掉块、侵限和结构失稳等,其中隧道内掉块、侵限和结构失稳问题是铁路隧道的共有问题,即隧道病害问题。在非特

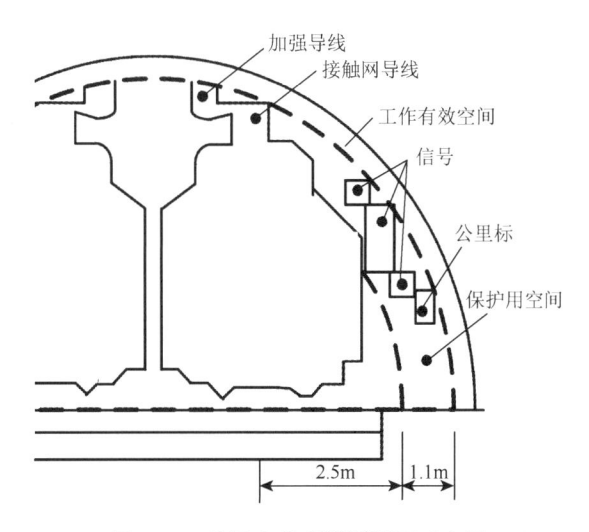

图 1.22　德国直线段隧道断面示意图

(a) 250km/h铁路单线

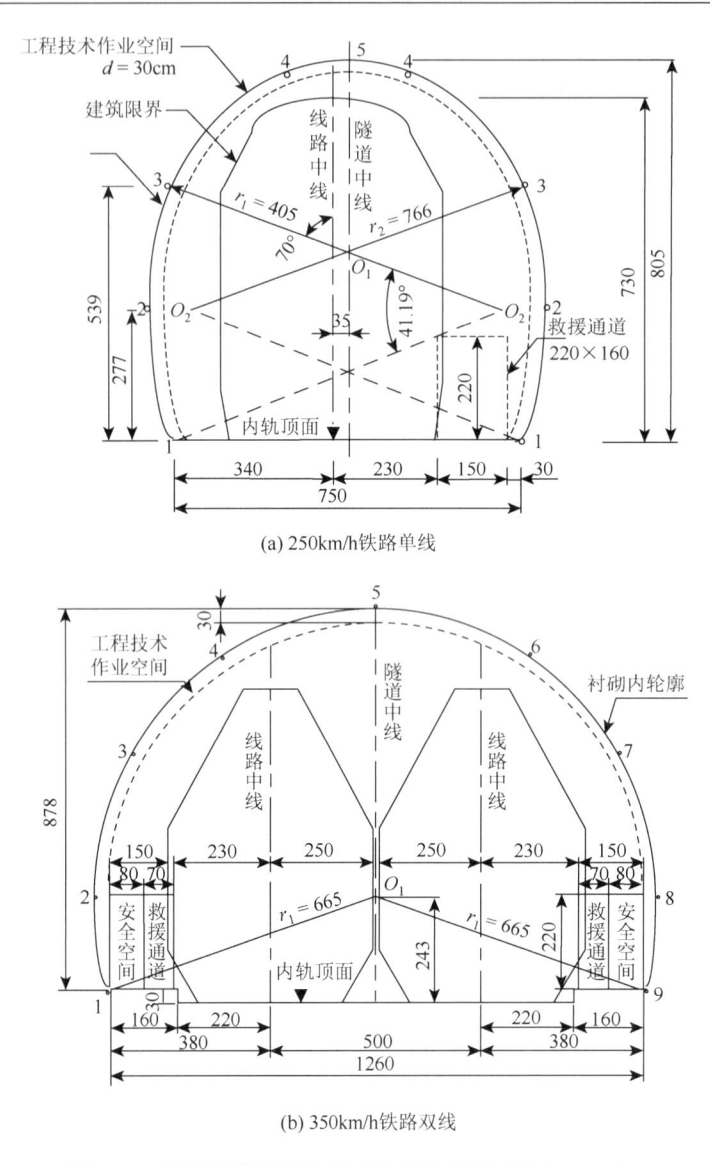

(b) 350km/h铁路双线

图1.23 我国的隧道限界及内轮廓示意图（单位：cm）

大灾害条件下（如爆炸、地震、山体滑坡等），隧道病害问题一般来说发展较为缓慢，有一定的时间发现和整治，且可通过提高设计标准和施工工程质量来相应提高其抗灾能力，有关隧道病害的监测、检测、状态评估和整治能够独立进行操作。空气动力学问题可以通过对隧道断面和隧道洞口形式等采取一系列构造技术措施来解决。水灾和火灾问题必须在设计时综合考虑突发情况下的各种应对策略。

1.2.3 电务——通信信号

铁路通信信号技术是随着近百年的铁路以及电子信息技术的不断演进与发展而形成

的。在铁路信号系统发展历史上,出现过路牌、路票信号标志、信号机色灯等多种传统控制形式,后来又出现半自动与自动闭塞、列车自动控制(automatic train control,ATC)、列车超速防护(automatic train protection,ATP)、列车自动驾驶(automatic train operation,ATO),以及调度监督和调度集中(centralized traffic control,CTC)等各种技术。在通信领域,也从专用调度通信话路逐渐发展成语音、数据共存的综合业务数字网(integrated services digital network,ISDN),无线列调也发展成铁路综合无线通信系统。近年来,又出现了现场总线、列车总线和通信信号共用的综合光纤安全局域网技术,以及结合民用宽带无线通信网络技术(Wi-Fi、4G/5G等)的通信业务应用。铁路的通信信号系统已经步入了数字集成和宽带网络世界。

1. 关键技术

1)轨道侦察员——轨道电路

轨道电路就像时刻埋伏在铁路线上的"侦察员",监视轨道上是否有列车或车辆占用,保证列车不会驶入有车占用的轨道上,以免发生撞车事故,同时也传递相应的控车信号。

简单来说,轨道电路是由两条钢轨和钢轨绝缘节构成的电路(图 1.24),钢轨绝缘节将相邻的两个轨道电路分隔开来,以免相互影响。两个钢轨绝缘节之间的钢轨线路距离称为轨道电路长度。由于轨道电路两条钢轨之间的道砟有一定的泄漏电阻,送电设备送出的电流不可能全部到达受电设备,部分电流经道砟泄漏后返回送电端。另外,钢轨本身具有一定电阻,所以轨道电路的长度也受到限制。为了降低在一段轨道电路中间两段钢轨接缝处的接触电阻,在接缝处增加了钢轨接续线。引接线是轨道电路两端设备的导线;送电设备向钢轨发送信号电流,限流电阻用以调整轨道电路的信号电流;受电设备用来接收送电设备经钢轨送出的信号电流,并控制有关设备执行命令,大多采用轨道继电器。

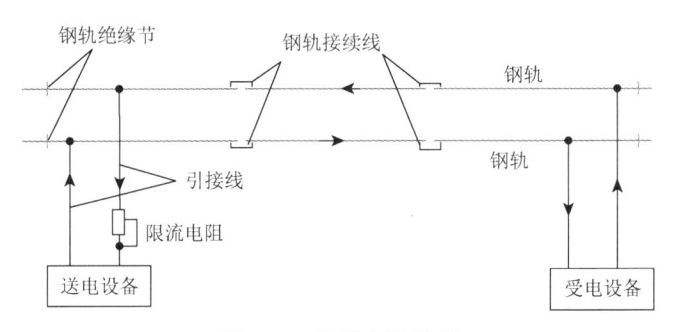

图 1.24 轨道电路组成

当钢轨线路空闲时,送电设备经限流电阻向钢轨线路送电,经钢轨传输后到受电设备使轨道继电器励磁吸起。当线路有车占用时,由于轮对的分流作用,流过继电器的电流急剧减少,造成继电器失磁落下;一旦列车驶离该轨道电路,继电器恢复吸起状态。此外,如果发生断轨情况,无论送电设备如何送电,继电器都会落下。因此,轨道继电器的吸起或落下状态,反映了是否有列车占用或钢轨断裂。

通常用的无绝缘轨道电路是指两相邻轨道电路间不用机械钢轨绝缘的轨道电路。这类轨道电路通常可以采用两种方法区分相邻轨道电路区段：①利用轨道电路的阻抗和道床漏泄电阻的自然衰耗，以不同的频率对相邻轨道电路进行隔离，称为自然衰耗隔离式无绝缘轨道电路；②在相邻轨道电路之间采用电容和一部分钢轨的电感构成谐振回路和采用不同频率对相邻轨道电路进行电气隔离，称为电气隔离式，或称谐振式无绝缘轨道电路。考虑到我国目前广泛使用的 ZPW-2000A 型闭塞系统，下面简单介绍电气隔离式无绝缘轨道电路，该类轨道电路采用串、并联谐振电路来构成电气隔离，其电气隔离原理如图 1.25 所示。图中相邻分区采用不同的载频 F_1 和 F_2。在闭塞分区的信号点上各设一对谐振电路 L_1C_1 和 $L_2C_2C_3$，分别谐振于 F_1 和 F_2，它们之间的距离为 29m。

(a) 电气隔离式无绝缘轨道电路原理图

(b) $F_1/F_2/F_1$ 区段的等效电路图

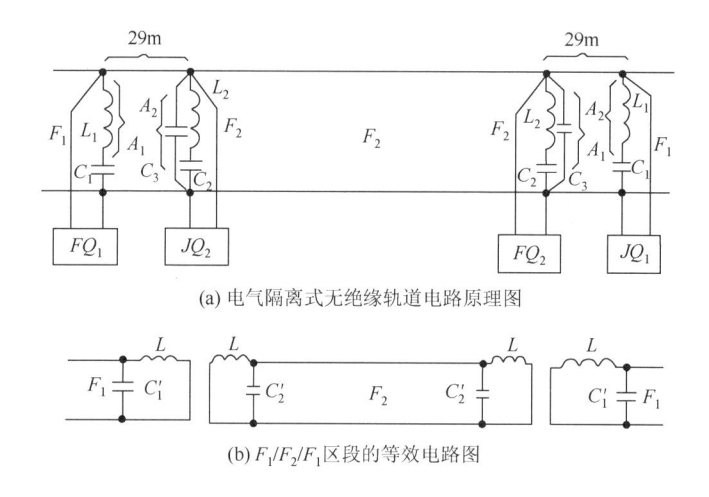

图 1.25　电气隔离式无绝缘轨道电路原理图及 $F_1/F_2/F_1$ 区段的等效电路图

当 F_2 区段轨道电路的发送端向接收端传送信息时，由于 C_1 和 L_1 对频率 F_2 呈串联谐振，其谐振阻抗为零，所以 F_2 的信息电流只能传送到 C_1L_1 处，在等效电路中用短路线表示。在 F_2 的接收端，由于 $L_2C_2C_3$ 是由 3 个元件构成的电路，它对频率 F_2 呈容性，在等效电路中用 C'_2 代替。C'_2 和两段 29m 钢轨的电感对 F_2 的接收端构成并联，呈谐振状态，其谐振阻抗最大，谐振电压为最大，所以在 F_2 的接收端得到了最大电压，轨道继电器吸起。

相邻区段的频率 F_1 的信息，传送到 $L_2C_2C_3$ 的谐振电路时，由于 $L_2C_2C_3$ 的谐振电路对频率 F_1 呈串联谐振，阻抗为零，其等效电路也以短路线代替，信号也只能传送到 $L_2C_2C_3$ 处，不能向 F_2 轨道电路传送。

类似电气隔离式无绝缘轨道电路在谐振区段中可能存在多个频率信息，称为模糊区，其分路效应也与道砟电阻有关。当道砟电阻为最小值，在模糊区以标准分路电阻分路时，会出现相邻两区段同时都被分路，轨道继电器都落下的一段重叠区；当道砟电阻最大时，在模糊区内会出现相邻两段轨道电路都吸起的死区间，但死区间的长度不会超过最短车辆的长度。

一般将轨道电路的基本工作状态分为调整状态（没有车辆占用时接收端继电器处于励磁状态，发出区段空闲信息）、分路状态（车辆占用时接收端继电器处于失磁状态，发出区段被占用信息)和断轨状态(任何部分出现故障时接收端继电器处于失磁状态,发出故障信息)。轨道电路的关键参数之一是分路灵敏度,指在轨道电路的钢轨上,用一电阻在某点对轨道电路分路,若恰好能使轨道继电器线圈中的电流减小到释放值,则这个分路电阻值就称为该点的分路灵敏度。各点分路灵敏度中的最小值就是该轨道电路的极限分路灵敏度,标准分路灵敏度是衡量轨道电路分路效应优劣的标准,我国规定一般的轨道电路标准分路灵敏度为 0.06Ω。分路不良是困扰轨道电路的关键难点之一。

除了检查列车或车辆占用状态以外,轨道电路还可以实现列车粗略定位(检测哪一段轨道电路被占用),另外,轨道电路还可以向列车传送行车信息。交流制式的轨道电路依靠电磁感应原理在钢轨和列车之间实现信息传送(参见后面关于闭塞的介绍)。

2)闭塞与联锁

(1)路上不乱抢——闭塞。

从字面意思来看,闭塞就是与外界隔绝或实现封锁的意思。在铁路信号系统中,闭塞是非常关键的技术之一,是指把有列车运行的线路区段封闭起来,包括:在双线单向运行区段,不允许后续列车再进入区间(两个车站之间的铁路线路);在单线双向运行区段,则必须防止两个车站向同一区间发车。与闭塞相反的状态是开通,解除闭塞状态后,线路或区间就开通了。我国铁路行车闭塞方式大致经历了从电报或电话闭塞、路签或路牌闭塞、半自动闭塞到自动闭塞的发展过程。下面简单介绍移频自动闭塞技术。

移频类似于通信中的载波调制,是一种频移键控(frequency-shift keying,FSK)方式。载波调制是用低频模拟信号调制高频模拟信号,而移频则是以低频的二进制数字信号来键控(相当于载波中的调制)高频的模拟信号(正弦波)(图 1.26)。被键控的高频

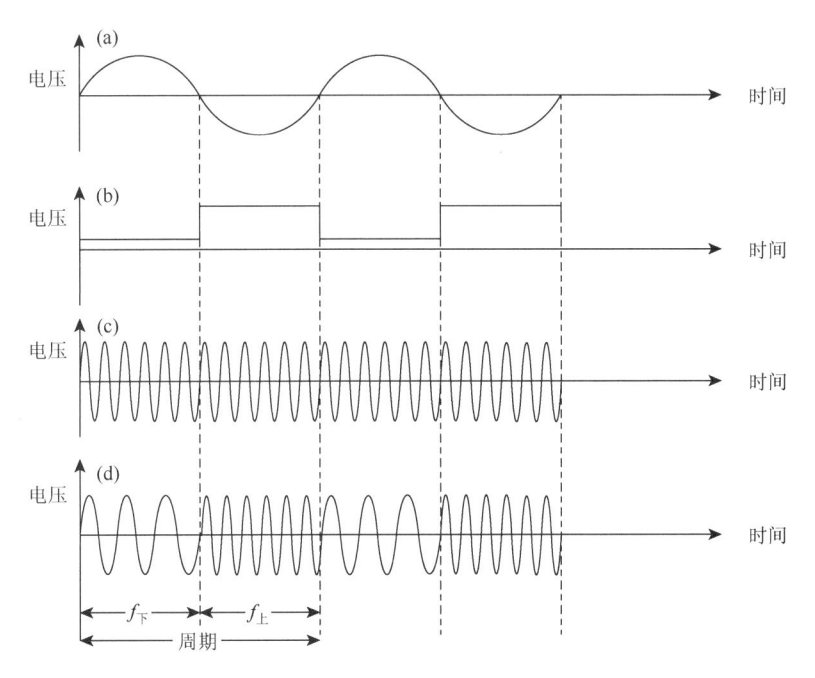

图 1.26 典型移频信号调制波形:(a)低频信号;(b)整形后的低频键控信号;
(c)载频信号;(d)移频信号

信号称为载频，中心频率为 f_0，当低频键控信号输出低电位时，载频向下偏移 Δf（称为频偏），变为 $f_0-\Delta f$，称为低端载频（或下边频 $f_下$）；相反的情况则为 $f_0+\Delta f$，称为高端载频（或上边频 $f_上$）。这样，所得到的移频信号就在低端和高端载频之间交替变化，而变化次数与键控信号频率相同，这种忽高忽低、移来移去的动态变化称为移频。

移频自动闭塞就是一种利用轨道电路传送上述移频信号的自动闭塞制式。它将地面行车信息映射为低频信号，经频移键控调制后馈入钢轨，车载接收器解调出低频信号，从而实现将行车信息传送到车载计算机。

在移频自动闭塞区段，移频信息的传输是按照运行列车占用闭塞分区的状态，迎着列车运行方向自动地向列车后方的闭塞分区传递信息的。每个闭塞分区的轨道电路传送的移频信号是一个下边频 $f_下$ 和上边频 $f_上$ 交替变换的交流信号。以图 1.27 所示的四信息三显示移频自动闭塞为例简单介绍一下。其载频中心频率为 550Hz、650Hz、750Hz 和 850Hz 四种，上下行的载频不同，相邻轨道电路所用的载频也不同，频偏为 55Hz。低频控制信号采用 11Hz、15Hz、20Hz 和 26Hz，其中 11Hz、15Hz、20Hz 使地面信号机显示绿灯，26Hz 显示黄灯，无信号时则显示红灯。这种方案主要考虑机车本身所需要的信号显示比地面更复杂，便于控车。

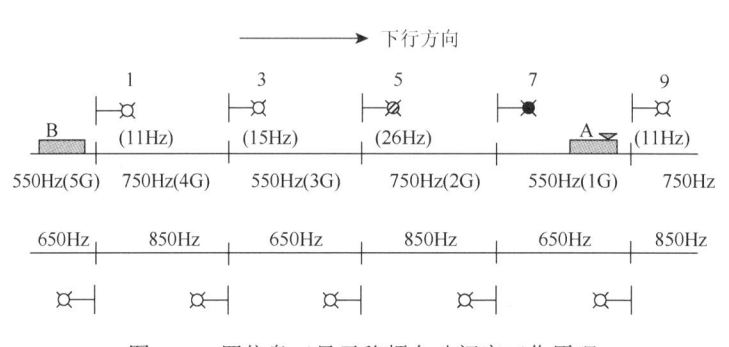

图 1.27 四信息三显示移频自动闭塞工作原理

谈到移频自动闭塞，就必须介绍一下 ZPW-2000A 型无绝缘自动闭塞系统，如图 1.28 所示。ZPW-2000A 采用无绝缘移频轨道电路，选用 8 种较高载频，上行和下行各 4 种交替使用（频偏为±11Hz），低频控制信号共 18 个（11.3~29Hz 每隔 1.1Hz 一个）。ZPW-2000A 无绝缘移频轨道电路的电气绝缘节是一段 29m 的短小轨道电路，由空心线圈、29m 钢轨和调谐单元组成谐振区，在谐振区内对本区段的移频信号呈现高阻抗（几欧姆），有利于本区段信号的传送和接收；对相邻区段的移频信号呈现低阻抗（百分之几欧姆），能可靠地短路相邻区段的信号，防止越区传输，从而实现相邻区段移频信号的电气绝缘，同时也解决了全程断轨检查问题。ZPW-2000A 型移频自动闭塞系统有较高的安全度和可靠分路保证，具有断轨检查和抗电气化大电流干扰等优点，适用于无缝铁路和高速列车控制需求，因此已广泛应用于我国的铁路线路中。

（2）车站不乱停——联锁。

列车运行线路可以通过闭塞方式确保安全，但许多读者都对庞大的火车站有着深刻印象，在如此复杂的车站中，如何确保每列车各司其职，不"胡冲乱撞"呢？通常列车

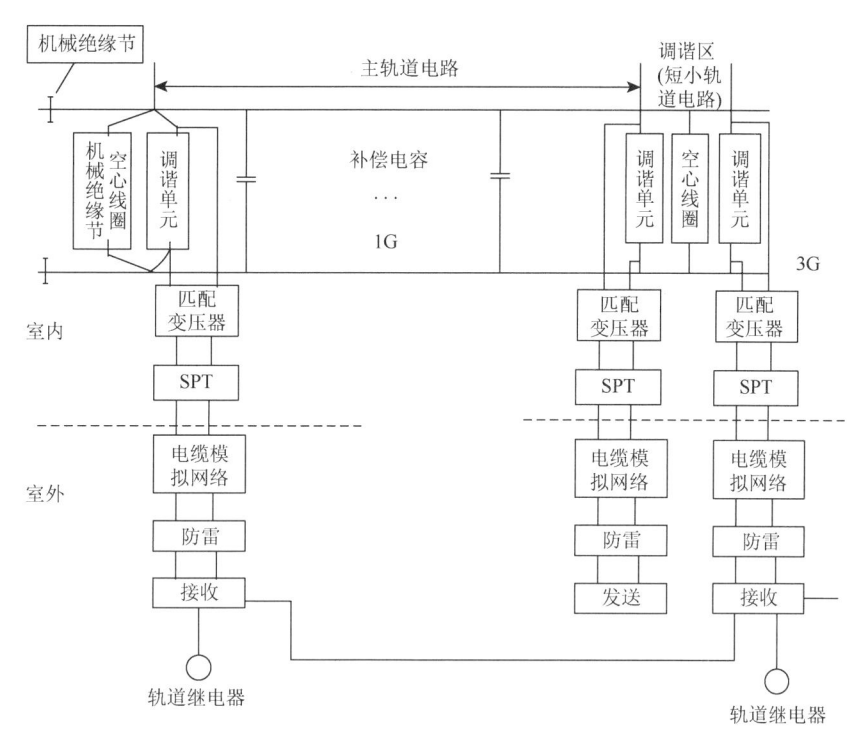

图 1.28 ZPW-2000A 系统构成

SPT 指铁路数字信号电缆

线路进入车站后分岔形成许多并行的股道，列车或机车车辆进出股道时，在站内运行所经历的径路（包括道岔转线）称为进路，包括列车进路和调车进路。对进出站的列车或机车进行协调，必须考虑进路之间的关系。当建立一条进路时，相关的道岔、进路和信号机之间必须相互制约，不能各行其是。这种车站内信号、道岔和进路之间的制约关系就称为联锁。

在联锁系统设计与实施过程中：①要防止建立会导致机车车辆相冲突的进路，必须使列车或调车车列经过的所有道岔锁闭在与进路开通方向相符的位置；②必须使信号机的显示与所建立进路相符；③进路空闲才能开放信号；④要求检查道岔位置正确且锁闭后，信号才能开放；⑤敌对信号未关闭，本信号不能开放。作为车站信号控制系统，联锁设备是保证铁路车站行车和调车作业安全的重要技术措施，根据各个车站的具体情况在众多的信号机、道岔和进路之间建立一套逻辑严密、井然有序的相互制约关系。联锁设备可以分为非集中联锁和集中联锁，其中基于电气方法的集中联锁已经是技术主流，尤其是计算机联锁（computer based interlocking，CBI）。计算机联锁功能更为完善，便于设计、施工和维护，因此绝大多数线路都采用了这种系统（高速铁路基本设备之一）。图 1.29 给出了典型的计算机联锁系统结构，感兴趣的读者可以查阅相关文献做进一步了解。值得指出的是，计算机联锁大多采用冗余结构，包括双机热备（两台计算机，一台做主机执行联锁，另一台做热备份进行运算但无控制输出）、二乘二取二（四台计算机）和三取二（三台计算机）等方式。

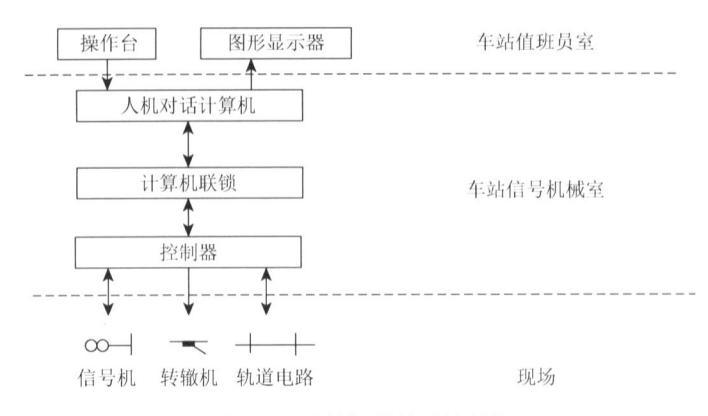

图 1.29 计算机联锁系统结构

3）无线列调与 GSM-R

无线列调与 GSM-R 都是铁路上广泛使用的两种专用移动通信系统，是列车运行控制和调度指挥的重要组成部分。

调度员除了利用有线调度系统与车站值班员进行通信联络，在很多场合（尤其是紧急情况）还需要通过无线电波直接或经过车站值班员与运行中的列车进行通信，指挥调度列车的运行。行进中的列车也需要把运行中发生的情况通过无线通信及时向调度员和车站值班员报告。这种以铁路运输调度为目的，利用无线电波的传输，完成移动体与固定体之间或移动体之间信息通信的系统，称为列车无线调度通信系统，简称无线列调。

列车无线调度电话用于列车调度员、机车调度员、车站值班员等行车指挥人员和机车司机及运转车长建立通话联系，主要由调度总机、调度台、车站台、机车台、运转车长手持台、监测总机和录音装置组成。在山区、隧道等弱场强区，采用漏泄同轴电缆加中继器或光纤直放站构成无线传输线路来满足无线通信场强覆盖的要求。450MHz 无线列车调度电话采用有线和无线相结合的组网方式，有线部分采用四线制传输，利用两对电缆芯线把调度总机、调度控制台与车站台连接起来，实现整个调度区段的列车无线调度通信。车载台与车站台及手持台之间则通过无线的方式进行连接，一般采用四频组的频率配置方式，同一调度区段各车站台的双工发射频率交替设置，以减小邻站干扰。

GSM-R 是专门为铁路通信设计的综合专用移动通信系统，可以有限、有条件地与地面的公共或专用网络进行互联，一般由三个子系统组成，其基本结构如图 1.30 所示。

移动台（mobile station，MS）是接入 GSM-R 网络的用户设备，类型包括移动终端（mobile equipment，ME）、终端设备（terminal equipment，TE）以及通过终端适配器与 ME 连接的 TE。移动台除了具有通过无线接口（Um）接入 GSM-R 系统的一般处理功能外，还为移动用户提供了人机接口。

基站子系统（base station subsystem，BSS）由一个基站控制器（base station controller，BSC）和若干个基站收发信机（base transceiver station，BTS）组成，BTS 主要负责与一定覆盖区域内的移动台进行通信，并对空中接口进行管理。BSC 用来管理 BTS 与移动交换中心（mobile switching center，MSC）之间的信息流。BTS 与 BSC 之间通过 Abis 接口通信。BSS 中还可能存在编码速率适配单元（transcoding and rate adaptation unit，TRAU）。

第1章 轨道交通概论

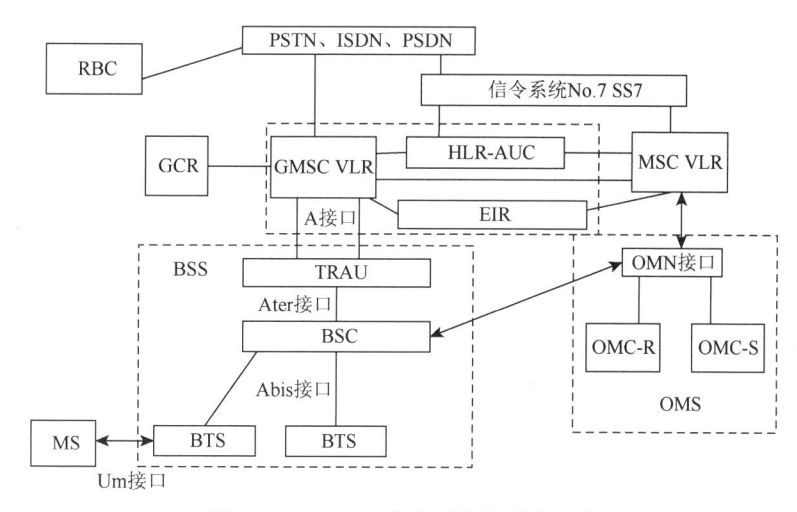

图 1.30 GSM-R 移动网络的基本结构

PSTN 指公共交换电话网，PSDN 指分组交换数据网，GMSC 指网关无线中心，VLR 指访问位置寄存器，
HLR-AUC 指归属位置寄存器-鉴权中心，EIR 指设备标识寄存器

网络交换子系统（network switching subsystem，NSS）建立在移动交换中心（MSC）上，负责端到端的呼叫、用户数据管理、移动性管理和与固定网络的连接。NSS 通过 A 接口连接 BSS，与固定网络的接口由互联网络的类型决定。

操作和维护子系统（operation and maintenance subsystem，OMS）是相对独立的子系统，为 GSM-R 网络提供管理和维护功能。它的具体功能由操作维护中心（operation and maintenance center，OMC）来完成，其中 OMC-R 负责管理 BSS，OMC-S 负责管理 NSS。OMS 主要提供移动用户管理、移动设备管理、网络操作和控制三类功能。

组成 GSM-R 网络的各个子系统之间、BSS 与移动台之间以及与固定网络之间的互联都提供了标准的接口。与普通的 GSM 网络相比，GSM-R 包括了一些扩展和独特的业务功能，如图 1.31 所示，主要包括增强多优先级（enhanced multi-level precedence and priority，

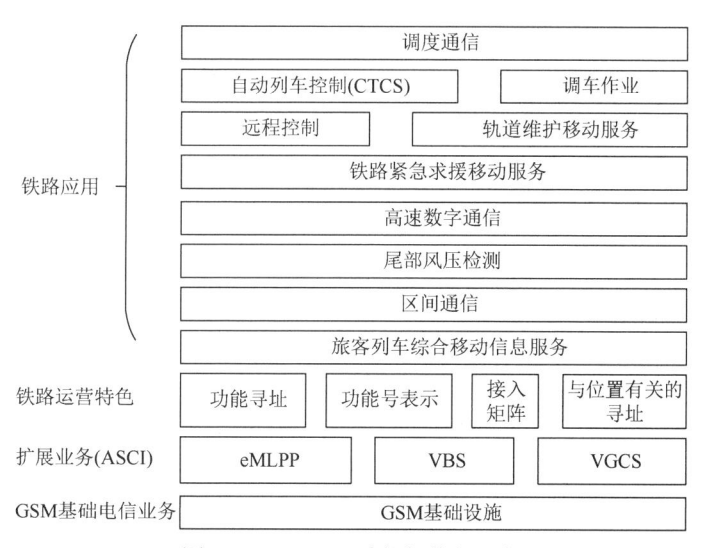

图 1.31 GSM-R 功能架构与业务

eMLPP)、语音广播呼叫业务（voice broadcast service，VBS）、语音组呼业务（voice group call service，VGCS）、功能寻址、功能号表示、基于位置路由、接入矩阵和铁路紧急呼叫等。基于 GSM-R 的列车控制系统已经在高速铁路中得到广泛应用。

4）调度集中

调度集中（CTC）是一种列车运行方式。列车在规定的区段进入车站股道和通过闭塞分区按信号显示运行。高铁与城际调度集中系统由调度中心子系统、车站子系统、网络子系统三个子系统构成。

调度中心子系统包括数据库服务器、应用服务器、通信前置服务器、与其他系统接口服务器、各类应用和维护终端等。车站子系统主要设备包括车站自律机、车务终端、电务维护终端、网络设备、网络安全设备等。网络子系统是由网络通信设备和传输通道连接构成的计算机广域网络，一般采用迂回、环状、冗余等方式提高其可靠性。按双网结构采用不同物理路径单独光纤的 CTC 系统组网方案如图 1.32 所示。

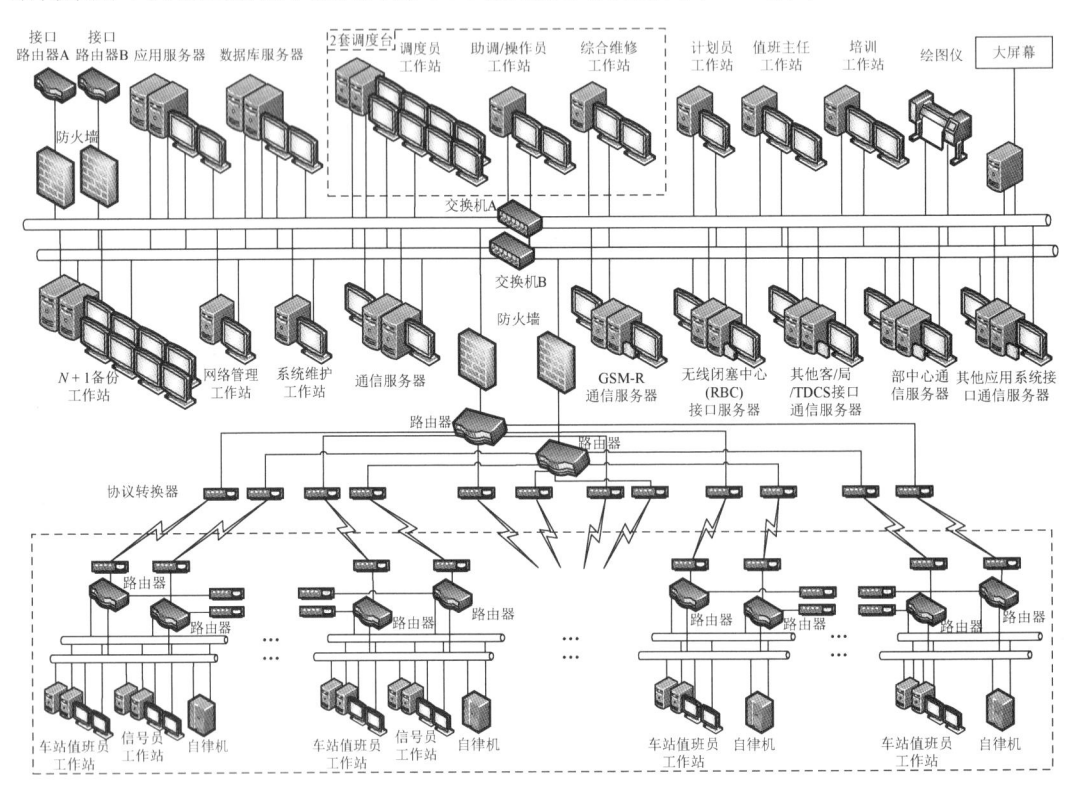

图 1.32 典型的 CTC 系统整体结构

TDCS 指列车调度指挥系统（train dispatching command system）

CTC 系统主要功能包括列车进路及调车进路的控制、列车运行情况集中监控、车次号追踪、列车运行计划调整、临时限速设置等，实现调度所之间、调度所与集团总调度中心之间的信息交换。

5）CTCS-2/CTCS-3

中国列车控制系统（CTCS）规定，300～350km/h 高速铁路客运专线采用 CTCS-3 列控系统作为统一技术平台，并兼容 CTCS-2 列控系统。

CTCS-2 列控系统主要用于 200～250km/h 客货共线铁路或动车线路（含既有线提速的 200km/h 线路），主要包括车载 ATP（列车自动防护系统）、列控中心、微机联锁、CTC、应答器和轨道电路（ZPW-2000 型）等。系统通过 ZPW-2000 轨道电路发送行车许可，车载列控设备根据轨道电路信息码，并结合应答器信息控制列车安全运行，其系统原理如图 1.33（a）所示。

CTCS-3 在 CTCS-2 基础上增加了新的设备，其中地面增加了无线闭塞中心（radio block center，RBC），车载 ATP 集成了 CTCS-2 的模块并增加了无线接收模块。CTCS-3 系统采用 GSM-R 无线通信传输列控信息，RBC 通过联锁和轨道电路获得前方列车位置信息，并通过无线方式传送给后续列车，后续列车的车载设备控制列车安全运行，其系统原理如图 1.33（b）所示，系统设计要求当 CTCS-3 列控系统出现故障时必须自动切换到 CTCS-2 控制方式，确保列车的安全运行。

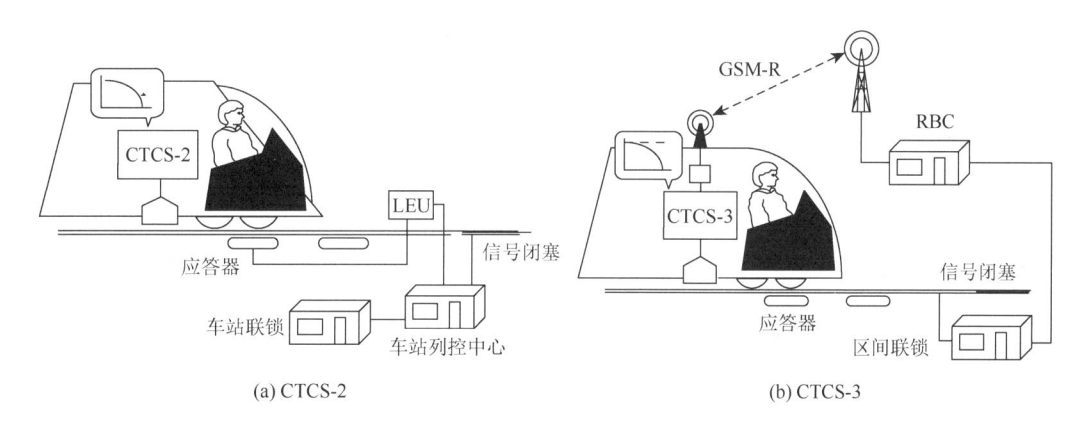

(a) CTCS-2

(b) CTCS-3

图 1.33　CTCS-2 和 CTCS-3 系统原理

LEU 指地面电子单元

2．铁路通信系统

高速铁路通信系统以传输及接入、电话交换、数据网、GSM-R 移动通信等设备为基础，建立调度、会议电视、救援指挥、动力环境监控和同步时钟分配等通信系统，将有线和无线通信有机结合，实现语音、数据、图像、列控等功能，如图 1.34 所示。干线通信线路采用光缆，敷设在线路两侧的槽内，光缆纤芯数量除满足相关业务需求外，还预留远期发展需要，高速铁路干线光缆光纤容量一般为 24～32 芯，设置综合视频监控系统，对车站重点部位及沿线重点设施实时监控。下面分别介绍系统各组成部分。

1）传输和接入设备

传输层在正线车站设置同步数字体系（synchronous digital hierarchy，SDH）2.5Gbit/s 或更高速率的设备，复用段保护（multiplex section protection，MSP）采用"1＋1"保护方式；接入层在车站、动车段（所）、维修段等设置 622Mbit/s 或更高速率的多业务传输平台（multi-service transfer platform，MSTP）设备，通过车站迂回，组成多个保护环，为各类业务提供传输通道，如图 1.35 所示。

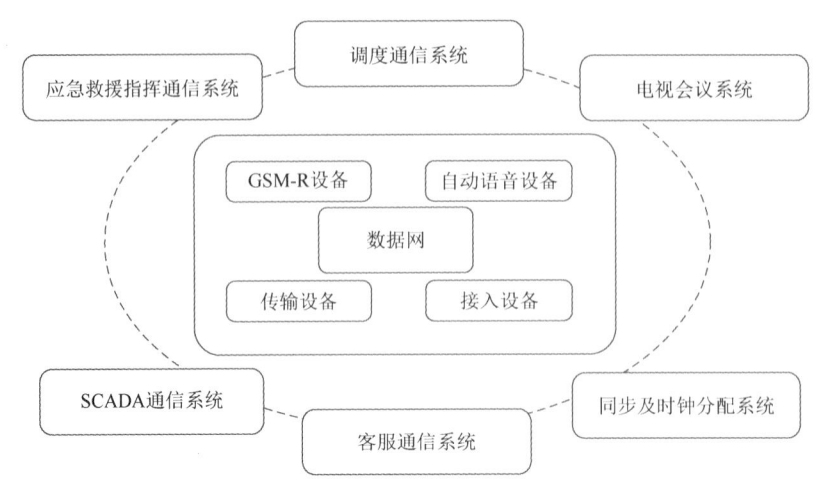

图 1.34 高速铁路通信系统

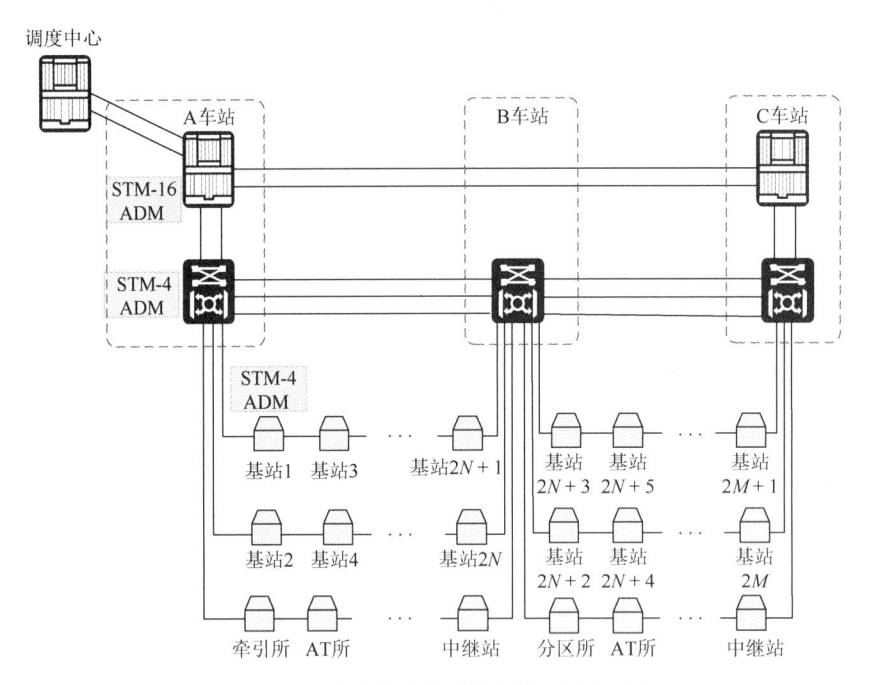

图 1.35 高速铁路通信系统传输和接入设备

2) 自动语音（电话）设备

利用专网本地交换机，通过光线路终端（optical line terminal，OLT）和光网络单元（optical network unit，ONU）（OLT 和 ONU 是无源光网络（passive optical network，PON）中的关键技术，具体参见光网络相关文献），向各车站分布自动电话业务。

3) 数据网

采用传输控制协议/网际协议（transmission control protocol/internet protocol，TCP/IP），承载运营调度系统、旅客服务系统、电视会议系统、视频监控、信息系统等非安全数据传送业务，是各专业共用的数据通信和计算机通信平台。数据网本地连接采用光纤，远程连接采用 MSTP 通道。

4) GSM-R 设备

核心节点按全路网络规划配置，速度 300~350km/h 线路 GSM-R 无线网络支持 CTCS-3 列控信息传送，提供调度通信、区间移动电话、通用数据传输、列控信息传输等功能。可以按照单层交织覆盖，当某个基站出现故障时，相邻两个基站场强覆盖可以满足通信需要；也可以同址双基站冗余覆盖，某个基站故障时，由备用层基站进行覆盖并提供服务（图 1.36）。

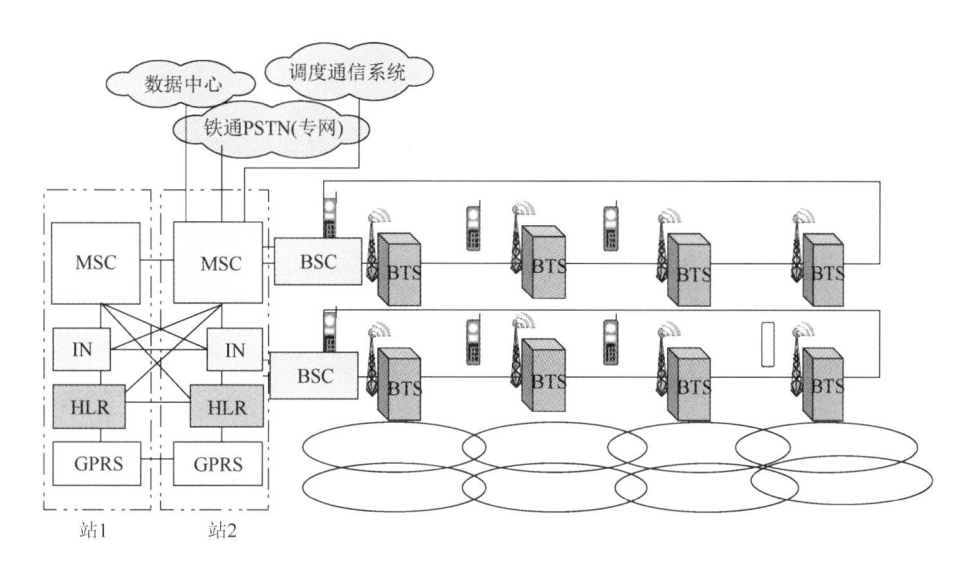

图 1.36 同址双基站冗余覆盖示意图

IN 指智能电网（intelligent network），HLR 指归属位置寄存器（home location register），GPRS 指通用无线分组业务（general packet radio service）

5) 其他设备

其他设备主要包括通信网管系统，全面管理高速铁路通信网络，以及在调度中心（所）设通信网管复示终端。

3. 铁路信号系统

高速铁路信号系统包括列控系统、行车指挥系统、联锁系统和信号集中监测系统等几个部分，这些系统通过局域网或广域网相连，由光纤构成的通信链路组成具有保护（自愈）功能的网络（图 1.37）。列控系统主要由列控中心（train control center，TCC）、车载设备、应答器、RBC、临时限速服务器和传输网络组成；行车指挥系统由 CTC 中心、自律分机、传输网络、服务器系统、行调台、辅助台和电源系统组成；联锁系统由联锁设备、轨道电路、道岔转换、信号机和电源系统组成。信号集中监测系统通过标准接口与整个系统的相关设备连接，监测设备状态。关于这些内容的详细介绍可以参阅相关铁路信号系统的文献或书籍，在本书中主要涉及集中监测部分的功能。

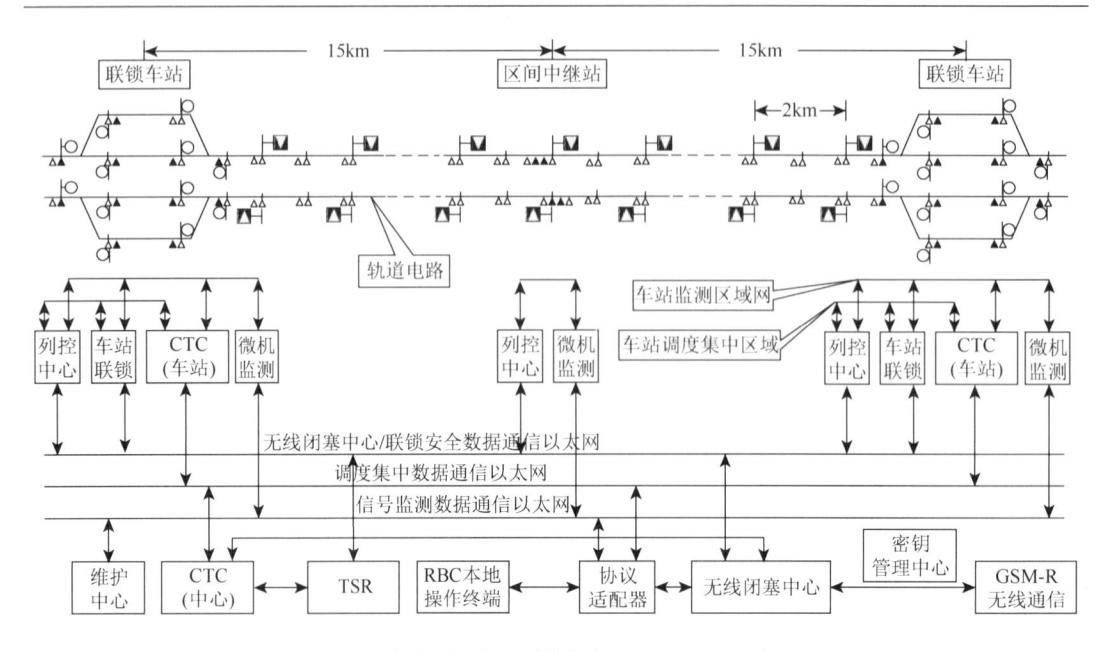

图 1.37 铁路通信信号系统框架（以 CTCS-3 为例）

1.2.4 运输——运营调度指挥系统

高速铁路的调度指挥主要由综合调度中心完成，综合调度中心是高速铁路运营管理和控制指挥的中枢，中心根据列车运营计划、机车车辆配置和动力特性、车站作业、沿线线路状态、相邻车站列车运行状态以及运行管理和人员的配备等，统一指挥列车运行和管理铁路运输各部门的协调工作。各国铁路均以本国运输的特有方式和科技水平建设具有本国特色的高速铁路调度中心控制系统，其主要目的是实现最大限度的集中管理和分散控制，以期高效率地得到最佳的经济与社会效益，归纳起来，大致有以下几个方面：

（1）根据旅客运输需要编制行车计划、车辆运用计划、车组乘务人员的值班计划，并制成运营计划；

（2）当行车次序出现混乱时，对沿线的主要信息进行搜集整理，调整运营计划，产生和传送为运行调整用的临时运行图，对沿线的运营车辆进行调度指挥；

（3）对沿线列车运行状况进行监视，以及各车站进路实行自动/人工形式集中控制；

（4）对各车站旅客集散情况的信息统计，根据需要对行车计划进行分析调整，并向旅客提供有关信息服务。

随着计算机、通信和远程控制技术的发展，调度中心的系统技术也已经由传统的集中控制模式发展到网络化、智能化的集中管理、分散控制的新一代模式，其可以分为以下几个方面，即运输管理系统、运行调度系统、牵引供电调度系统、动车组调度管理系统、基础设施管理系统、客运调度系统、安全监督系统等。图 1.38 为我国运营调度系统按照管理层次构成的基本机构设置，图 1.39 为目前先进的运营调度系统所涵盖的各方面功能。

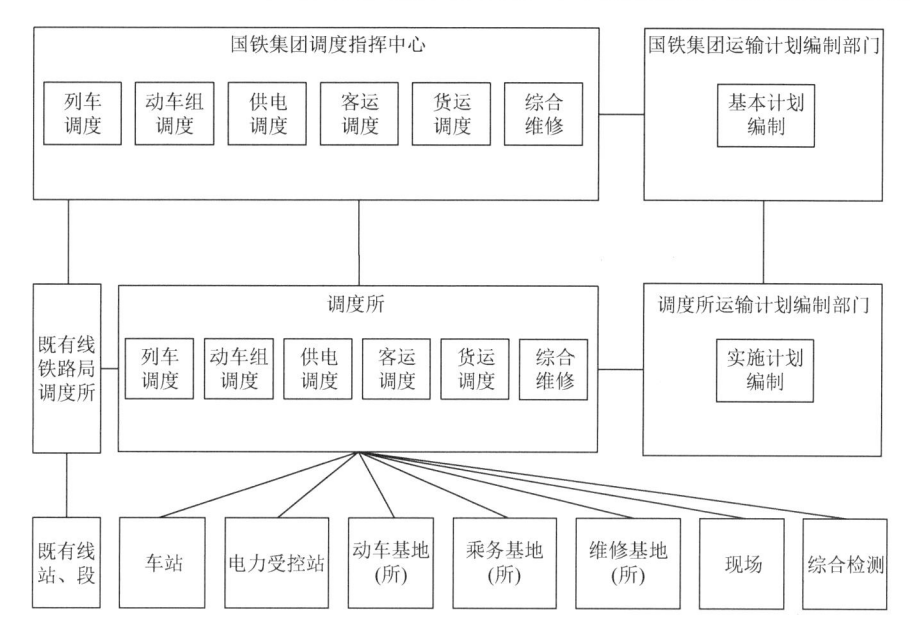

图 1.38 运营调度的机构设置

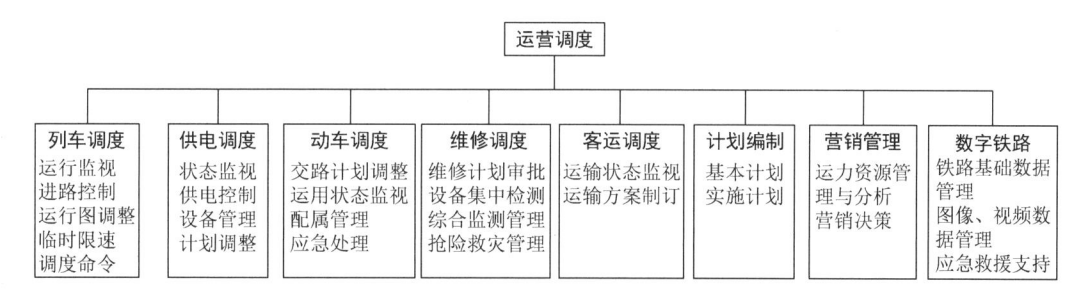

图 1.39 运营调度的系统功能

思 考 题

1. 以地铁为例调研一下城市轨道交通与高速铁路关键技术之间的不同之处。
2. 从列车运行过程中的车体与空气（空气动力学）、车体（轮对）与轨道、轨道与线路（路基/桥梁等）之间相互作用及对运行安全影响的角度，分析一下需要重点监测的环节或参数。
3. 详细分析 GSM-R 与普通 GSM 网络之间的差异，并调研当前宽带无线网络技术在高速铁路中的应用。

第 2 章　现代传感与检测技术

2.1　传感检测技术发展

近年来，随着物联网的兴起和发展，人们开始对现代信息技术以更加系统化的眼光重新审视。一般而言，现代信息技术所包含的三大技术基础是信息的获取、传输和处理，这与物联网系统体系的三层结构，即感知层、网络层和应用层，刚好形成较为恰当的对应关系。因此，许多信息技术的知识体系也可以从"大信息"的概念出发重新进行梳理。

传感检测技术支撑着现代信息技术系统的"感知"部分，是现代信息技术的源头和信息社会的重要基础技术。尤其自 20 世纪 70 年代以来，随着微电子和通信等技术的发展，传感技术已经从原来的单一"信息采集"功能逐渐过渡为一门融合微电子、光电子、生物化学、信息处理、通信网络等多学科交叉的现代科学技术。

从定义上来看，传感器是能以一定精确度把某种被测量（如各种非电物理量、化学量、生物量等）按一定规律转换为（便于人们应用和处理）另一参量的器件或测量装置。传感器通常由敏感器件和转换器件组合而成，敏感器件是指传感器中直接感受被测量的部分，转换器件通常是指将敏感器件在传感器内部输出转换为便于人们应用、处理外部输出信号的部分。完整的检测系统则包括传感（信号感知）、信号调理（转换、检波、滤波和放大等）、数据采集处理、显示输出以及所需的电源和必要的人机交互设备等。

从发展过程和趋势来看，现代传感技术已经具备以下三个方面的趋势：

一是集成化。这里的"集成化"包括多方面的含义，即（由于集成）体积上的小型化或微型化，将多种功能组合在一起的（功能）集成化，以及由此而带来的低（微）功耗或无源传感技术等。由于微电子和大规模集成电路的快速发展，各种新型传感机理（生化、量子等）的发掘及多种微型传感技术（如微机电系统（micro-electromechanical system，MEMS）、纳米传感器等）的开发，传统大型或笨重传感器已逐渐淡出各种应用场合（除了部分特殊行业以外）。微传感器已经能够实现诸如压力/应力/应变、加速度/角速率、温湿度、流量、磁场、pH、气体成分、离子和分子浓度以及基于敏感元阵列成像等各种功能。另外，通过将传感器、微处理器、微执行器、通信单元及接口电路等集成，构成了新的"微系统"，传统意义上的传感"器"变成了传感器"单元"或"节点"，并使传感技术的智能化和网络化成为可能。

二是智能化。将传感器获取信息的基本功能与专用微处理器的信息分析和处理功能相结合，可以形成具有诊断与通信功能的传感器单元。借助于微处理器的计算和逻辑判断能力，采用各种数字信号处理技术，实现必要的自诊断、自检测、自校验以及通信与控制等功能，形成一个更为类似于"人体"的智能化闭环微系统。毫无疑问，这种智能化传感器功能将会更多，精度和可靠性会更高，优点更突出，而应用也将更为广泛。

三是网络化。在大多数应用场合，单一的传感器即使功能再复杂（智能），也只能提供有限地理区域或范围的信息，要想获得更为系统化的感知信息进行精确的分析评估，必须采用一定数量的同类或不同类传感器覆盖相应的区域，传感器之间通过不同方式组成网络（即传感网），进而通过传感器之间的协同（时间与空间、数据汇聚与融合等）完成系统任务。无论是有线方式（如光纤）还是无线方式（无线传感网），传感器网络无疑已经成为现代传感技术发展的重要方向。

另外，现代检测技术则具有以下三个方面的发展趋势：

一是高精度。尤其是各种极限条件下的高精度检测，如超高温、超低温度、混相流量、脉动流量的实时检测，微差压、超高压在线检测，高温高压下物质成分的实时检测等。

二是非接触。如光电式传感器、电涡流式传感器、超声波检测仪表、核辐射检测仪表、红外检测与红外成像仪器等非接触检测技术。

三是智能化。类似于传感技术，检测系统也具备系统故障自测、自诊断、自调零、自校准、自选量程、自动测试和自动分选等功能，支持实时数据处理和远距离数据通信，可方便接入不同规模的自动检测、控制与管理信息网络系统。

在开始深入介绍传感器技术前，这里通过图2.1梳理传感技术知识框架和学习思路。对传感基础知识的掌握可以回顾一下《倚天屠龙记》中张三丰传授张无忌武当剑法的策略：先学会基本招式（细节），然后要慢慢忘掉（具体内容），从整体上领悟武当剑法的精髓（原理），才能做到"无招胜有招"（掌握传感技术的本质）。这样融会贯通地理解传感器设计与应用，会在以后的研究或产品研发过程中得心应手。

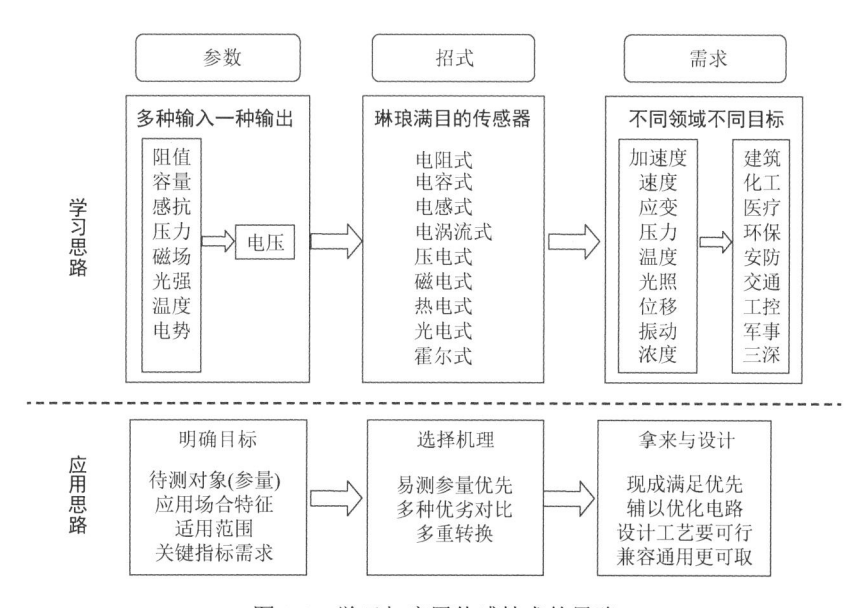

图2.1　学习与应用传感技术的思路

2.2 传感器特性

2.2.1 静态特性

传感器的静态特性是指当输入量是常量（稳定状态的信号或变化极其缓慢的信号）时，输出与输入之间的关系。一般传感器的静态特性包括线性度、灵敏度与分辨率、迟滞、重复性及稳定性（零漂/温漂）等。

1. 线性度

一般都期望传感器感知的物理量与输出信号呈线性关系，即成比例，但是大多数情况下二者关系只是近似于线性关系。为了转换方便，通常可以按线性关系处理，但这样就带来了误差。当然也可以采用硬件（如电路预失真等）或软件补偿（算法）进行线性化处理。线性度好的传感器，在整个量程范围内的误差也更小。

如果理想的输出 y 与输入 x 之间的关系是一条直线，即 $y = a_0 x$，那么称这种关系为线性输入/输出特性。显然，在理想的线性关系之下，只要知道输入/输出直线上的两个点，即可确定其余各点，故输出量的计算和处理十分简便。

1）非线性输入/输出特性

实际上，许多传感器的输入/输出特性是非线性的，在静态情况下，如果不考虑滞后和蠕变效应，输入/输出特性可以用如下多项式来逼近：

$$y = f(x) = a_0 + a_1 x + a_2 x^2 + \cdots + a_n x^n \tag{2-1}$$

式中，x 为输入信号；y 为输出信号；a_0 为零位输出；a_1 为传感器线性灵敏度；$a_2, a_3, \cdots, a_n$ 为非线性系数。

对于已知的输入/输出特性曲线，非线性系数可由待定系数法求得。

多项式代数方程（2-1）有如图 2.2 所示的四种情况。

(a) $y = a_1 x$ (b) $y = a_1 x + a_2 x^2 + a_4 x^4 + \cdots$ (c) $y = a_1 x + a_3 x^3 + a_5 x^5 + \cdots$ (d) $y = a_0 + a_1 x + a_2 x^2 + \cdots$

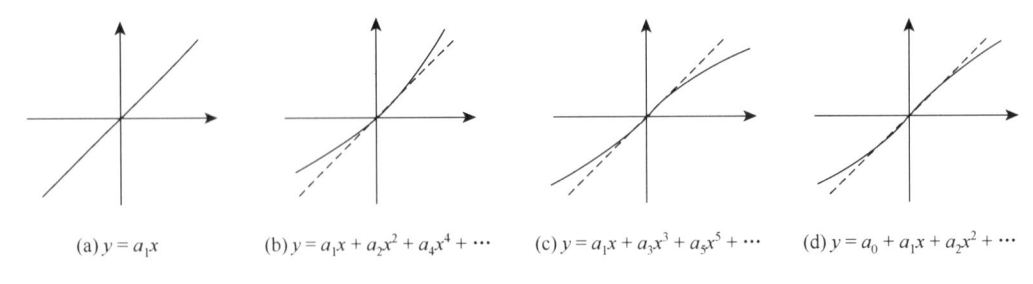

图 2.2 传感器的静态特性曲线

（1）理想线性特性如图 2.2（a）所示。当式（2-1）中 $a_0 = a_2 = a_3 = \cdots = a_n = \cdots = 0$ 时，为

$$y = a_1 x \tag{2-2}$$

因为直线上所有点的斜率相等，故传感器的灵敏度为

$$a_1 = \frac{y}{x} = k = 常数 \tag{2-3}$$

（2）输入/输出特性非线性项仅有偶次项，如图2.2（b）所示，即

$$y = a_1 x + a_2 x^2 + a_4 x^4 + \cdots \tag{2-4}$$

具有这种特性的传感器，其线性范围窄，且对称性差，即 $f(x) \neq -f(-x)$。但用两个特性相同的传感器差动工作，即能有效地消除非线性误差。

（3）输入/输出特性方程仅有奇次项，如图2.2（c）所示，即

$$y = a_1 x + a_3 x^3 + a_5 x^5 + \cdots \tag{2-5}$$

具有这种特性的传感器，在靠近原点的相当大的范围内，输入/输出特性基本上呈线性关系，并且相对坐标原点奇对称。

（4）输入/输出特性有奇次项，也有偶次项，如图2.2（d）所示。具有这种特性的传感器，其输入/输出特性的表示式为式（2-1）。

2）非线性特性的线性化

在实际使用非线性特性传感器时，如果非线性项次不高，在输入不大的条件下，可以用实际特性曲线的切线或割线等直线来近似地代表实际特性曲线的一段，如图2.3所示，这种方法称为传感器非线性特性的线性化，所采用的直线称为拟合直线。

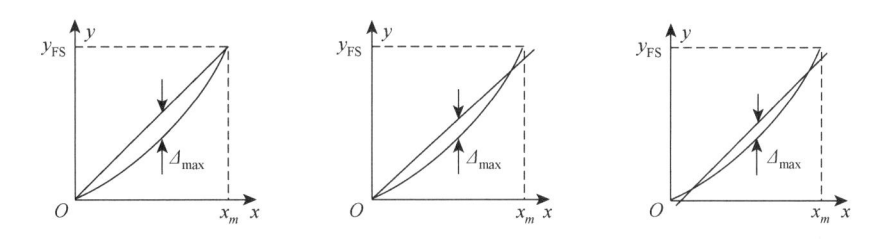

图2.3 输入/输出特性的非线性特性的线性化

传感器的实际特性曲线与拟合直线不吻合的程度，在线性传感器中称为非线性误差或线性度。常用相对误差的概念表示线性度的大小，即传感器的实际特性曲线与拟合直线之间的最大偏差的绝对值与满量程输出之比为

$$e_1 = \pm \frac{\Delta_{max}}{y_{FS}} \times 100\% \tag{2-6}$$

式中，e_1 为非线性误差（线性度）；Δ_{max} 为实际特性曲线与拟合直线之间的最大偏差；y_{FS} 为满量程输出。

传感器的输入/输出特性曲线的静态特性试验是在静态标准条件下进行的。静态标准条

件是指没有加速度、振动、冲击（除非这些本身就是被测物理量），环境温度为（20±5）℃，相对湿度小于85%，气压为（101±8）kPa的情况。在这种标准状态下，利用一定等级的标准设备，对传感器进行往复循环测试，得到的输入/输出数据一般用表列出或绘成曲线，这种曲线称为实际特性曲线。

显然，非线性误差是以拟合直线作为基准直线计算出来的，基准线不同，计算出来的线性度也不相同。因此，在提到线性度或非线性误差时，必须说明其依据的基准直线。

（1）最佳平均直线与独立线性度。

找出一条直线，使该直线与实际输出特性的最大正偏差等于最大负偏差。然而，这样的直线不止一条，其中最大偏差最小的直线称为最佳平均直线。根据该直线确定的线性度称为独立线性度，如图2.4所示。

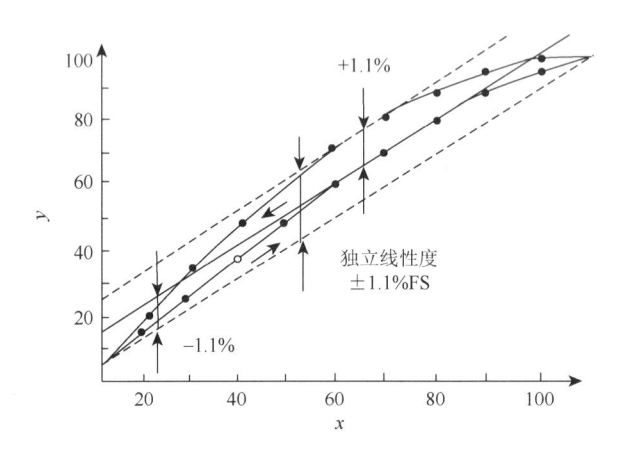

图2.4 独立线性度的理论曲线

在考虑独立线性度的情况下，式（2-6）应改为

$$e_1 = \pm \frac{|+\Delta_{\max}| + |-\Delta_{\max}|}{2y_{FS}} \times 100\% \tag{2-7}$$

（2）端点直线和端点线性度。

取零点为直线的起始点，满量程输出的100%作为终止点，通过这两个端点作一条直线为基准直线（端点直线），根据该拟合直线确定的线性度称为端点线性度。用端点直线作为拟合直线，优点是简单，便于应用；缺点是没有考虑所有校准数据的分布，故其拟合精度低。端点直线如图2.5所示，其方程为

$$y = b + kx \tag{2-8}$$

$$k = \frac{y_m - y_1}{x_m - x_1} \tag{2-9}$$

端点直线的截距为

$$b = \frac{y_1 x_m - y_m x_1}{x_m - x_1} \quad (2\text{-}10)$$

当检测下限 $x = x_1 = 0$ 时，端点直线方程为

$$y = y_1 + \frac{y_m - y_1}{x_m - x_1} x \quad (2\text{-}11)$$

（3）端点直线平移线。

端点直线平移线如图 2.6 所示，它是与端点直线 AB 平行，并使在整个检测范围内最大正误差与最大负误差的绝对值相等的那条直线，即直线 CD。

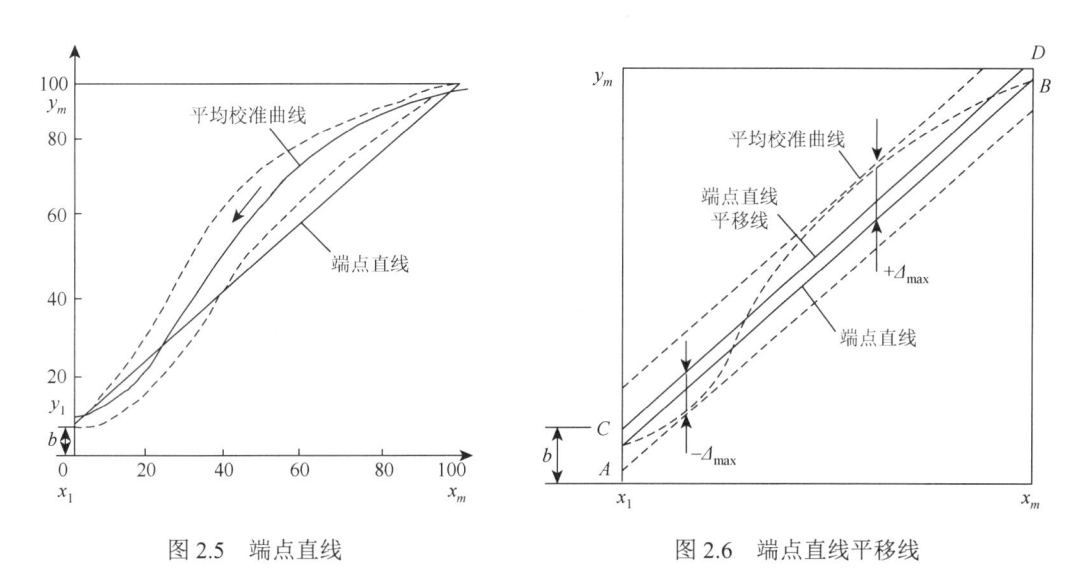

图 2.5 端点直线

图 2.6 端点直线平移线

若在各校准点中相对端点直线的最大正、负误差为 $+\Delta_{\max}$ 和 $-\Delta_{\max}$，则端点直线平移线的截距为

$$b = \frac{y_1 x_m - y_m x_1}{x_m - x_1} + \frac{|+\Delta_{\max}| - |-\Delta_{\max}|}{2} \quad (2\text{-}12)$$

其斜率与式（2-9）相同。显然，端点直线平移线的方程为

$$y = \frac{y_1 x_m - y_m x_1}{x_m - x_1} + \frac{|+\Delta_{\max}| - |-\Delta_{\max}|}{2} + \frac{y_m - y_1}{x_m - x_1} x \quad (2\text{-}13)$$

当检测下限 $x = x_1 = 0$ 时：

$$y = y_1 + \frac{|+\Delta_{\max}| - |-\Delta_{\max}|}{2} + \frac{y_m - y_1}{x_m} x \quad (2\text{-}14)$$

因此，以端点直线平移线作为理论特性的最大误差为

$$\varDelta_{\max} = \frac{|+\varDelta_{\max}| + |-\varDelta_{\max}|}{2} \qquad (2\text{-}15)$$

端点直线平移线可看作最佳平均直线的一种近似。

(4) 最小二乘法直线和最小二乘法线性度。

找出一条直线,使该直线各点与相应的实际输出的偏差的平方和最小,这条直线称为最小二乘法直线。若有 n 个检测点,其中第 i 个检测点与该直线上对应值之间的偏差为

$$\varDelta_i = y_i - (b + kx_i) \qquad (2\text{-}16)$$

最小二乘法理论直线的拟合原则是使 $\sum_{i=1}^{n}\varDelta_i^2$ 最小,即使其对 k 和 b 的一阶偏导数等于零,故可得到 k 和 b 的表达式为

$$\begin{cases} \dfrac{\partial}{\partial k}\sum\varDelta_i^2 = 2\sum(y_i - kx_i - b)(-x_i) = 0 \\ \dfrac{\partial}{\partial b}\sum\varDelta_i^2 = 2\sum(y_i - kx_i - b)(-1) = 0 \end{cases} \qquad (2\text{-}17)$$

从而得到

$$k = \frac{n\sum x_i y_i - \sum x_i \sum y_i}{n\sum x_i^2 - \left(\sum x_i\right)^2} \qquad (2\text{-}18)$$

$$b = \frac{\sum x_i^2 \sum y_i - \sum x_i \sum x_i y_i}{n\sum x_i^2 - \left(\sum x_i\right)^2} \qquad (2\text{-}19)$$

式中,$\sum x_i = x_1 + x_2 + \cdots + x_n$;$\sum y_i = y_1 + y_2 + \cdots + y_n$;$\sum x_i y_i = x_1 y_1 + x_2 y_2 + \cdots + x_n y_n$;$\sum x_i^2 = x_1^2 + x_2^2 + \cdots + x_n^2$;$n$ 为校准点数。

将求得的 k 和 b 代入 $y = b + kx$ 中,即可得到最小二乘法拟合直线方程。这种拟合方法的缺点是计算烦琐,但线性的拟合精度高。

2. 灵敏度与分辨率

传感器的灵敏度是指达到稳定工作状态时,输出变化量与引起此变化的输入变化量之比。灵敏度越高,其能识别的被测量的变化量越小,即较小的被测量变化能引起较大的传感器输出变化,因此若环境存在微小的干扰,也有可能被很快放大,相对而言稳定性就比较差。实际应用中需要根据不同的用途,选择适当灵敏度的传感器。

线性传感器校准曲线的斜率就是静态灵敏度,它是传感器的输出量变化和输入量变化之比,即

$$k_n = \frac{\Delta y}{\Delta x} \qquad (2\text{-}20)$$

式中,k_n 为静态灵敏度。

例如,位移传感器,当位移量 Δx 为 1μm,输出量变化 Δy 为 0.2mV 时,静态灵敏度 k_n 为 0.2mV/μm。非线性传感器的静态灵敏度通常用拟合直线的斜率表示。非线性特别明显

的传感器，其静态灵敏度可用 dy/dx 表示，也可用某一小区域内拟合直线的斜率表示。

与传感器灵敏度很容易混淆的另一个概念是分辨率（或分辨力）。传感器的分辨力是指传感器能检测到的最小输入增量，分辨率是分辨力与传感器满量程的百分数比，它们都表征了传感器对被测量的分辨能力。有些传感器，当输入量连续变化时，输出量只做阶梯变化，则分辨力就是输出量的每个"阶梯"所代表的输入量大小。在传感器输入零点附近的分辨力一般称为阈值。

3. 迟滞

作为传感器的重要特性参数之一，迟滞性误差直接影响传感器的整体误差，在传感器的生产和安装过程中必须严格控制影响迟滞性的各种因素。

迟滞表示传感器在输入值增长的过程中（正行程）和减少的过程中（反行程），同一输入量输入时所对应的输出值差别，如图 2.7 所示。迟滞指标反映了传感器机械部件和结构材料等存在的问题，如轴承摩擦、灰尘积塞、间隙不适当、螺钉松动、元件磨损（或碎裂），以及材料的内部摩擦或不规则变形等。迟滞的大小通常由整个检测范围内的最大迟滞值 Δ_{max} 与理论满量程输出之比的百分数表示，即

$$e_t = \frac{\Delta_{max}}{y_{FS}} \times 100\% \tag{2-21}$$

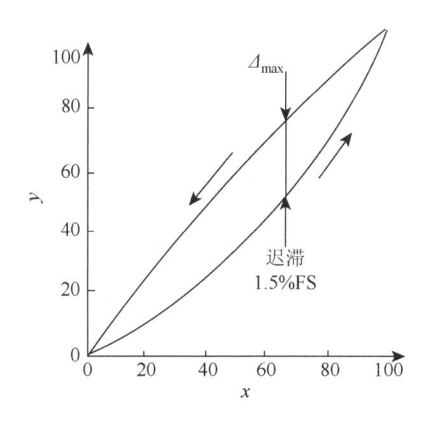

图 2.7 迟滞特性曲线

4. 重复性

传感器的重复性指标为连续试验的结果，表示传感器在同一条件下、对同一被测量、沿着同一方向进行多次重复测量时，所得特性曲线不一致的程度，也称为重复误差。多次按相同输入条件测试的输出特性曲线越重合，其重复性越好，误差也越小。传感器的重复性表征了传感器测量结果的分散性和随机性，而产生这种分散性和随机性的原因是传感器内部和外部不可避免地存在各种各样的随机干扰，导致传感器的最终测量结果表现为随机变量的特性。

传感器的输入量按同一方向做多次变化时，会发现各次检测所得的输入/输出特性曲

线往往不重复，如图 2.8 所示。重复性误差 e_R 通常用输出最大不重复误差 $\Delta_{\max}$ 与满量程输出 y_{FS} 之比的百分数表示，即

$$e_R = \frac{\Delta_{\max}}{y_{FS}} \times 100\% \tag{2-22}$$

式中，$\Delta_{\max}$ 为 $\Delta_{1\max}$ 与 $\Delta_{2\max}$ 两数值之中的最大者；$\Delta_{1\max}$ 为正行程多次测量的各个测试点输出值之间的最大偏差；$\Delta_{2\max}$ 为反行程多次测量的各个测试点输出值之间的最大偏差。

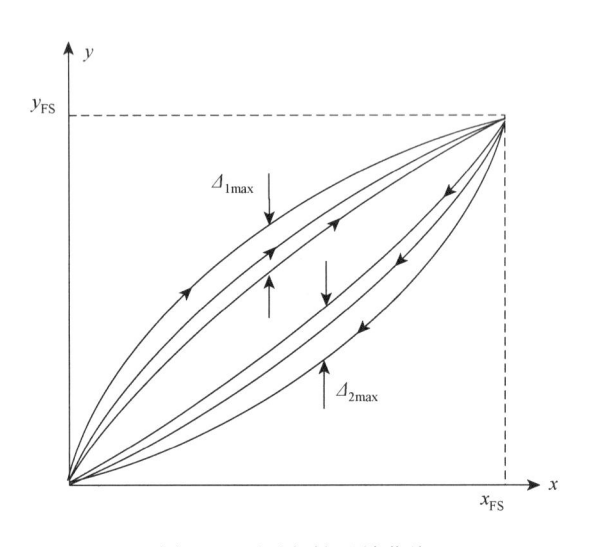

图 2.8 不重复性误差曲线

不重复误差属于随机误差，校准数据的离散程度是与随机误差的精度相关的，应根据标准偏差来计算重复性的指标。重复性误差 e_R 又可按式（2-23）来表示：

$$e_R = \pm \frac{(2 \sim 3)\sigma}{y_{FS}} \times 100\% \tag{2-23}$$

式中，σ 为标准偏差。

服从正态分布的误差，其 σ 可以根据贝塞尔公式来计算：

$$\sigma = \sqrt{\frac{\sum_{i=1}^{n}(y_i - \overline{y})^2}{n-1}} \tag{2-24}$$

式中，y_i 为测量值；$\overline{y}$ 为测量值的算术平均值；n 为测量次数。

5. 稳定性（零漂/温漂）

传感器稳定性通常包括时间稳定性和温度稳定性。时间稳定性是指传感器在长时间工作后输出量的变化，也称为零漂。温度稳定性又称温漂，是指传感器输出量因外界温度影响而发生的变化。

为了测量传感器的稳定性，通常可以将传感器输出调至零点或某一特定点，相隔 4h、8h 或一定工作次数后，再读出输出值，前后两次或多次输出值之差即稳定性误差（零漂）。

另外,可以将传感器置于一定温度(如20℃),将其输出调至零点或某一特定点,使温度上升或下降一定的度数(如5℃或10℃),再读出输出值,前后两次输出值之差即温度稳定性误差(温漂),用温度每变化若干摄氏度的绝对误差或相对误差表示,每摄氏度变化引起的传感器误差又称温度误差系数。

2.2.2 动态特性

即使静态性能很好的传感器,当被检测物理量随时间变化时,如果传感器的输出量不能很好地追随输入量的变化而变化,也有可能导致高达百分之几十甚至百分之百的误差。因此,在生产和应用传感器时,要特别注意其动态特性的研究。动态特性是指传感器对随时间变化的输入量的响应特性。动态特性好的传感器,其输出量随时间变化的曲线与被测量随时间变化的曲线一致或者相近。实际被测量随时间变化的形式可能是各种各样的,根据哪种变化的形式来判断一个传感器动态特性的好坏呢?实际研究中,通常根据标准输入特性来考虑传感器的响应特性,标准输入有两种,包括正弦变化和阶跃变化,分别对应传感器的频域特性和时域特性。传感器的动态特性分析和动态标定都以这两种标准状态输入为依据。对任何一种传感器,只要输入量是时间的函数,其输出量也应是时间的函数。

1. 传感器动态特性的数学模型

传感器的动态特性比静态特性要复杂得多,必须根据传感器的结构与特性,建立与之对应的数学模型,从而利用逻辑推理和运算方法等已有的数学成果,对传感器的动态响应进行分析和研究。使用最广泛的数学模型是线性常系数微分方程,只要对微分方程求解,即可得到动态性能指标。线性常系数微分方程一般形式如下:

$$a_n \frac{d^n y}{dt^n} + a_{n-1} \frac{d^{n-1} y}{dt^{n-1}} + \cdots + a_1 \frac{dy}{dt} + a_0 y = b_m \frac{d^m x}{dt^m} + b_{m-1} \frac{d^{m-1} x}{dt^{m-1}} + \cdots + b_1 \frac{dx}{dt} + b_0 x \quad (2-25)$$

式中,$x = x(t)$为输入信号;$y = y(t)$为输出信号;a_i、b_i取决于传感器的某些物理参数(除$b_0 \neq 0$外,通常$b_1 = b_2 = \cdots = b_m = 0$)。

常见传感器的物理模型通常可分别用零阶、一阶和二阶的常微分方程描述,其输入/输出动态特性,分别称为零阶环节、一阶环节和二阶环节,或零阶传感器、一阶传感器和二阶传感器,即

$$a_0 y = b_0 x \quad (零阶环节)$$

$$a_1 \frac{dy}{dt} + a_0 y = b_0 x \quad (一阶环节)$$

$$a_2 \frac{d^2 y}{dt^2} + a_1 \frac{dy}{dt} + a_0 y = b_0 x \quad (二阶环节)$$

显然,阶数越高,传感器的动态特性越复杂。零阶环节在测量上是理想环节,因为不管$x = x(t)$如何变化,其输出总是与输入呈简单的正比关系。严格地说,零阶传感器不存在,只能说有近似的零阶传感器,最常见的是一阶传感器和二阶传感器。

理论上讲，由式（2-25）可以计算出传感器输入与输出的关系，但是对于一个复杂的系统和复杂的输入信号，求解很困难。因此，在信息论和控制论中，通常采用一些足以反映系统动态特性的函数，将系统的输出与输入联系起来。这些函数有传递函数、频率响应函数和脉冲响应函数等。

2. 算子符号法与传递函数

算子符号法和传递函数的概念在传感器的分析、设计和应用中十分有用。利用这些概念，可以用代数式的形式表征系统本身的传输转换特性，它与激励和系统的初始状态无关。因此，如果两个完全不同的物理系统由同一个传递函数来表征，那么说明这两个系统的传递特性是相似的。

用算子 D 代表 $\dfrac{\mathrm{d}}{\mathrm{d}t}$，则式（2-25）可改写为

$$\left(a_n \mathrm{D}^n + a_{n-1} \mathrm{D}^{n-1} + \cdots + a_1 \mathrm{D} + a_0\right) y = \left(b_m \mathrm{D}^m + b_{m-1} \mathrm{D}^{m-1} + \cdots + b_1 \mathrm{D} + b_0\right) x \quad （2\text{-}26）$$

这样，用算子形式表示的传感器的数学模型为

$$\frac{y}{x}(\mathrm{D}) = \frac{b_m \mathrm{D}^m + b_{m-1} \mathrm{D}^{m-1} + \cdots + b_1 \mathrm{D} + b_0}{a_n \mathrm{D}^n + a_{n-1} \mathrm{D}^{n-1} + \cdots + a_1 \mathrm{D} + a_0} \quad （2\text{-}27）$$

采用算子符号法可使方程的分析得到适当的简化。

对式（2-26）进行拉普拉斯变换，得

$$Y(s)\left(a_n s^n + a_{n-1} s^{n-1} + \cdots + a_1 s + a_0\right) = X(s)\left(b_m s^m + b_{m-1} s^{m-1} + \cdots + b_1 s + b_0\right) \quad （2\text{-}28）$$

或

$$\frac{Y(s)}{X(s)} = \frac{b_m s^m + b_{m-1} s^{m-1} + \cdots + b_1 s + b_0}{a_n s^n + a_{n-1} s^{n-1} + \cdots + a_1 s + a_0} \quad （2\text{-}29）$$

输出 $y(t)$ 的拉普拉斯变换 $Y(s)$ 和输入 $x(t)$ 的拉普拉斯变换 $X(s)$ 之比称为传递函数，记为 $H(s)$，即

$$H(s) = \frac{Y(s)}{X(s)} \quad （2\text{-}30）$$

引入传递函数概念之后，在 $Y(s)$、$X(s)$ 和 $H(s)$ 三者之中，知道任意两个，第三个便可以容易求得。这样就为了解一个复杂的系统传递信息特性创造了方便条件，这时不需要了解复杂系统的具体内容，只要给系统一个激励信号 $x(t)$，得到系统对 $x(t)$ 的响应 $y(t)$，系统特性就可以确定了。

3. 频率响应函数

对于稳定的常系数线性系统，可用傅里叶变换代替拉普拉斯变换，此时式（2-29）变为

$$H(\mathrm{j}\omega) = \frac{Y(\mathrm{j}\omega)}{X(\mathrm{j}\omega)} = \frac{b_m (\mathrm{j}\omega)^m + b_{m-1} (\mathrm{j}\omega)^{m-1} + \cdots + b_1 (\mathrm{j}\omega) + b_0}{a_n (\mathrm{j}\omega)^n + a_{n-1} (\mathrm{j}\omega)^{n-1} + \cdots + a_1 (\mathrm{j}\omega) + a_0} \quad （2\text{-}31）$$

$H(\mathrm{j}\omega)$ 称为传感器的频率响应函数,简称为频率响应或频率特性。很明显,频率响应是传递函数的一个特例。

不难看出,传感器的频率响应 $H(\mathrm{j}\omega)$ 就是在初始条件为零时,输出的傅里叶变换与输入的傅里叶变换之比,是在频域对系统传递信息特征的描述。输出量幅值与输入量幅值之比称为传感器幅频特性。输出量与输入量的相位差称为传感器的相频特性。

4. 动态响应特性

1)正弦输入时的频率响应

(1)一阶系统。

一阶系统方程式的一般形式为

$$a_1 \frac{\mathrm{d}y}{\mathrm{d}t} + a_0 y = b_0 x \tag{2-32}$$

式(2-32)两边都除以 a_0,得

$$\frac{a_1}{a_0}\frac{\mathrm{d}y}{\mathrm{d}t} + y = \frac{b_0}{a_0}x \tag{2-33}$$

或者写为

$$\tau \frac{\mathrm{d}y}{\mathrm{d}t} + y = kx \tag{2-34}$$

式中,τ 为时间的常数($\tau = a_1/a_0$);k 为静态灵敏度($k = b_0/a_0$)(在动态特性分析中,k 只起着输出量增加 k 倍的作用。因此为了方便,在讨论任意阶传感器时可采用 $k=1$,这种处理方法称为灵敏度归一化)。

由式(2-34),一阶系统的传递函数如下:

$$H(s) = \frac{1}{1+\tau s} \tag{2-35}$$

频率特性为

$$H(\mathrm{j}\omega) = \frac{1}{1+\mathrm{j}\omega\tau} \tag{2-36}$$

幅频特性为

$$|H(\mathrm{j}\omega)| = \frac{1}{\sqrt{1+(\omega\tau)^2}} \tag{2-37}$$

相频特性为

$$\phi(\omega) = \arctan(-\omega\tau) \tag{2-38}$$

由弹簧(刚度 k)和阻尼器(阻尼系数 c)组成的机械系统为单自由度一阶系统,如图 2.9 所示。

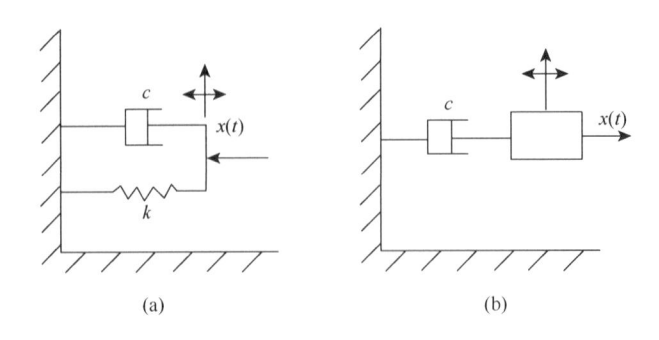

图 2.9 单自由度一阶系统

它的运动方程为

$$c\frac{dy}{dt} + ky = b_0 x \tag{2-39}$$

式中，c 为阻尼系数；k 为刚度。

式（2-39）可以改写成下列形式：

$$\tau\frac{dy}{dt} + y = k'x(t) \tag{2-40}$$

式中，τ 为时间常数，$\tau = \dfrac{c}{k}$；k' 为静态灵敏度，$k' = \dfrac{b_0}{k}$。

利用式（2-36）、式（2-37）和式（2-38）即可写出该系统的频率特性、幅频特性和相频特性的表达式。一阶系统，除了弹簧阻尼、质量阻尼系统之外，还有 RC 电路、LR 电路和液体温度计等。图 2.10 为一阶传感器的频率响应特性曲线。

由式（2-37）、式（2-38）和图 2.10 可以看出，时间常数 τ 越小，频率响应特性越好。当 $\omega\tau \leqslant 1$ 时，$A(\omega) \approx 1$，它表明传感器输出与输入为线性关系；当 $\phi(\omega)$ 很小时 $\tan\phi \approx \phi$，相位差与频率 ω 呈线性关系，这时可确保测试是无失真的，即输出 $y(t)$ 能真实地反映输入 $x(t)$ 的变化规律。

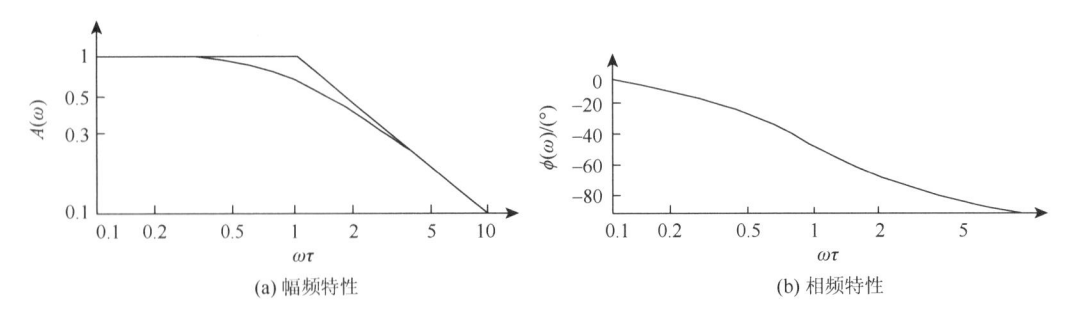

图 2.10 一阶传感器的频率响应特性曲线

(2) 二阶系统。

很多传感器如振动传感器、压力传感器、加速度传感器等都包含运动质量、弹性元件和阻尼器，这三者就组成了一个单自由度二阶系统，如图 2.11 所示。

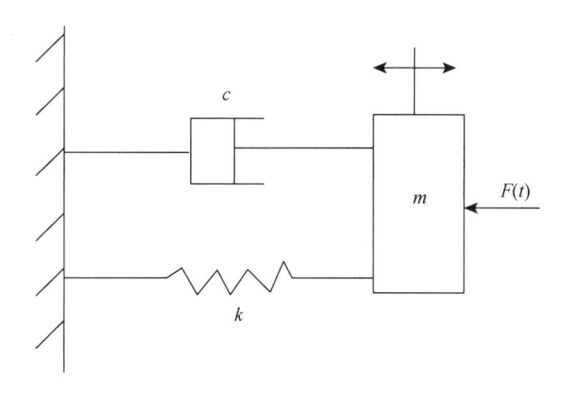

图 2.11 单自由度二阶系统

根据牛顿第二定律，可以写出单自由度二阶系统的力平衡方程：

$$F(t) = m\frac{d^2y}{dt^2} + c\frac{dy}{dt} + ky \tag{2-41}$$

式中，$F(t)$ 为作用力；y 为位移；m 为运动质量；c 为阻尼系数；k 为弹簧刚度。

式（2-41）中 $m\frac{d^2y}{dt^2}$ 为惯性力；$c\frac{dy}{dt}$ 为阻尼力；ky 为弹性力。式（2-41）又可写为

$$\frac{d^2y}{dt^2} + 2\xi\omega_0\frac{dy}{dt} + \omega_0^2 y = K_1 F(t) \tag{2-42}$$

式中，ω_0 为系统无阻尼时的固有振动角频率，$\omega_0 = \sqrt{\frac{k}{m}}$；$\xi$ 为阻尼比系数，$\xi = \frac{c}{2\sqrt{km}}$；$K_1$ 为常数，$K = \frac{1}{m}$。

将式（2-42）写成一般通用形式，为

$$\frac{1}{\omega_0^2}\frac{d^2y}{dt^2} + \frac{2\xi}{\omega_0}\frac{dy}{dt} + y = \frac{K_1}{\omega_0^2}F(t) = KF(t) \tag{2-43}$$

式中，K 为静态灵敏度，$K = \frac{1}{m\omega_0^2}$。

式（2-43）的拉普拉斯变换为

$$\left(\frac{1}{\omega_0^2}s^2 + \frac{2\xi}{\omega_0}s + 1\right)y(s) = KF(s) \tag{2-44}$$

传递函数为

$$H(s) = \frac{K}{\frac{s^2}{\omega_0^2} + \frac{2\xi s}{\omega_0} + 1} \tag{2-45}$$

频率特性为

$$H(j\omega) = \frac{K}{1 - \left(\frac{\omega}{\omega_0}\right)^2 + 2\xi j \frac{\omega}{\omega_0}} \tag{2-46}$$

任何一个二阶系统都具有如式（2-46）所示的频率特性。由式（2-46）可得它的幅频特性为

$$|H(j\omega)| = \frac{K}{\sqrt{\left[1 - \left(\frac{\omega}{\omega_0}\right)^2\right]^2 + 4\xi^2 \left(\frac{\omega}{\omega_0}\right)^2}} \tag{2-47}$$

相频特性为

$$\phi(\omega) = \arctan\left[\frac{2\xi}{\frac{\omega}{\omega_0} - \frac{\omega_0}{\omega}}\right] \tag{2-48}$$

图 2.12 为二阶传感器的频率响应特性曲线。由图可见，传感器的频率响应特性的好坏，主要取决于传感器的固有频率 ω_0 和阻尼比 ξ。当 $\xi < 1$、$\omega \ll \omega_0$ 时，有 $H(j\omega) \approx K$，幅频特性平直，输出与输入为线性关系；$\phi(\omega)$ 很小，$\phi(\omega)$ 与 ω 为线性关系。此时，系统的输出 $y(t)$ 真实准确地再现输入 $x(t)$ 的波形，这是测试设备应有的性能。通过上面的分析，可以得到这样一个结论：为了使测试结果能精确地再现被测信号的波形，在传感器设计时，必须使其阻尼比 $\xi < 1$，固有频率 ω_0 至少为被测信号频率 ω 的 α 倍以上，即 $\omega_0 \geqslant \alpha\omega$，根据实际情况 α 一般为 3～5。

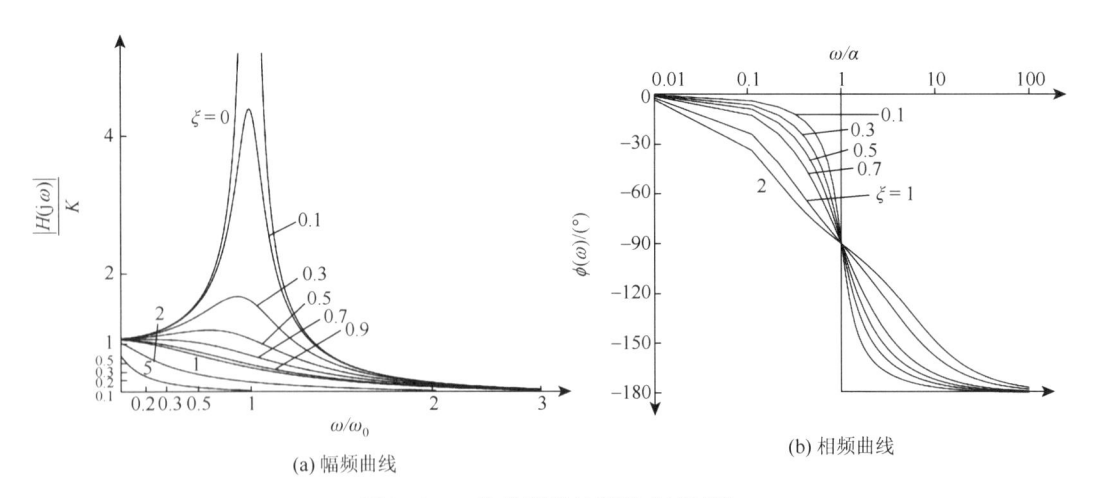

(a) 幅频曲线

(b) 相频曲线

图 2.12 二阶传感器的频率响应特性

在实际测试中 $\xi < 1$ 时，$H(\omega)$ 在 $\frac{\omega}{\omega_0} \approx 1$（即 $\omega \to \omega_0$）时出现极大值，即出现共振现

象；当 $\xi=0$ 时，共振频率就等于无阻尼固有频率 ω_0；当 $\xi>0$ 时，有阻尼的共振频率为 $\omega_d=\sqrt{1-\xi^2}\omega_0$。另外，在 $\omega\to\omega_0$ 时，$\phi(\omega)$ 趋近于 $-90°$。通常，当 ξ 很小时，取 $\omega=\dfrac{\omega_0}{10}$ 的区域作为传感器的通频带。当 $\xi=0.7$（最佳阻尼）时，幅频特性 $H(\omega)$ 的曲线平坦段最宽，且相频特性 $\phi(\omega)$ 接近一条直线，在这种情况下，若取 $\omega=\dfrac{\omega_0}{2\sim3}$ 为通频带，则其幅度失真不超过 2.5%，而输出曲线比输入曲线延迟 $\Delta t=\dfrac{\pi}{2\omega_0}$。当 $\xi=1$（临界阻尼）时，幅频特性曲线恒小于 1，其共振频率 $\omega_d=0$，但因幅频特性曲线下降得太快，平坦段反而变短了。当 $\dfrac{\omega}{\omega_0}=1$（即 $\omega=\omega_0$）时，幅频特性曲线趋于零，几乎无响应。

如果传感器的固有频率 ω_0 不低于输入信号谐波中最高频率 ω_{max} 的 α 倍（根据实际情况 α 一般为 3~5），这样可以保证动态测试精度。但要使 ω_0 高于 3 倍的 ω_{max}，制造上很困难，且 ω_0 太高又会影响其灵敏度。实践表明，若被测信号的波形与正弦波相差不大，则被测信号谐波中最高频率 ω_{max} 可以用其基频 ω 的 3~5 倍代替。这样，选用和设计传感器时，保证传感器固有频率 ω_0 不低于被测信号基频的 10 倍即可。从上面分析可知：为了减小动态误差和扩大频率响应范围，一般提高传感器的固有频率 ω_0，这是通过减小传感器运动部分质量和增加弹性敏感元件的刚度来达到的。但刚度增加，必然使灵敏度按相应比例降低。所以在实际中，要综合各种因素来确定传感器的各个特征参数。

2）阶跃信号输入时的阶跃响应

（1）一阶系统的阶跃响应。

传感器的动态特性除了用频域中的频率特性来评价，也可以从时域中的瞬态响应和过渡过程进行分析。阶跃函数、冲激函数和斜坡函数等是常用激励信号。起始静止的传感器，若输入的是一个单位阶跃信号，即 $t=0$ 时，x 和 y 均为零（在没有输入时也没有输出）；当 $t>0$ 时，有一个阶跃信号 $x(t)=1$ 的输入，如图 2.13（a）所示。一阶系统的传递函数为

$$H(s)=\dfrac{Y(s)}{X(s)}=\dfrac{1}{1+\tau s} \tag{2-49}$$

$$Y(s)=H(s)X(s) \tag{2-50}$$

因为单位阶跃函数的拉普拉斯变换式等于 $1/s$，将 $X(s)=1/s$ 代入，并将 $Y(s)$ 展开成部分分式，则得

$$Y(s)=\dfrac{1}{s}-\dfrac{\tau}{1+\tau s} \tag{2-51}$$

对式（2-51）进行拉普拉斯逆变换可得

$$y(t)=1-e^{-\frac{t}{\tau}},\quad t>0 \tag{2-52}$$

将式（2-52）画成曲线如图 2.13（b）所示，可以看出，输出的初始值为零；随着时间推移，y 接近于 1；$t=\tau$ 时，$y=0.63$。τ 是系统的时间常数，系统的时间常数越小，响应就越快，故时间常数 τ 是决定响应速度的重要参数。此外，将传感器输出达到稳态值的 50%所需的时间定义为延迟时间 t_d，将传感器输出达到稳态值的 90%所需的时间定义为上升时间 t_r。

(a) 阶跃信号　　　　　　　　　　　(b) 阶跃信号响应

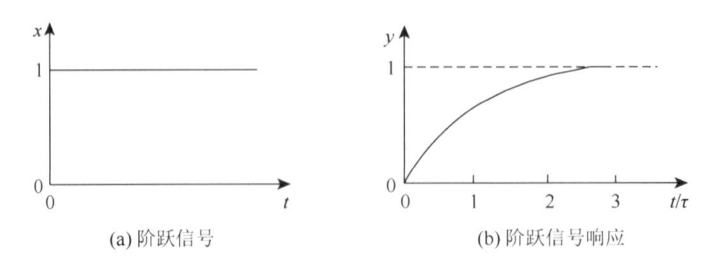

图 2.13　一阶系统的阶跃响应曲线

（2）二阶系统的阶跃响应。

如图 2.14 所示，具有惯性质量、弹簧和阻尼器的振动系统是典型的二阶系统，它的传递函数为

$$H(s) = \frac{Y(s)}{X(s)} = \frac{K\omega_0^2}{s^2 + 2\xi\omega_0 s + \omega_0^2} \tag{2-53}$$

当输入信号 $X(s)$ 为单位阶跃信号时，$X(s) = 1/s$，则输出为

$$Y(s) = X(s)H(s) = \frac{K\omega_0^2}{s\left(s^2 + 2\xi\omega_0 s + \omega_0^2\right)} \tag{2-54}$$

① $0 < \xi < 1$，衰减振荡情形。

式（2-54）可展开成部分分式：

$$Y(s) = K\left(\frac{1}{s} - \frac{s + 2\xi\omega_0}{s^2 + 2\xi\omega_0 s + \omega_0^2}\right) \tag{2-55}$$

其第二项分母特征方程，在 $0 < \xi < 1$ 时为复数，且令 $\omega_d = \omega_0\sqrt{1-\xi^2}$ 称为阻尼振荡角频率，式（2-55）可写成如下形式：

$$Y(s) = K\left[\frac{1}{s} - \frac{s + 2\xi\omega_0}{(s + \xi\omega_0 + j\omega_0)(s + \xi\omega_0 - j\omega_0)}\right] \tag{2-56}$$

$$Y(s) = K\left[\frac{1}{s} - \frac{s + 2\xi\omega_0}{(s + \omega_0\xi)^2 + \omega_d^2}\right] = K\left[\frac{1}{s} - \frac{s + \xi\omega_0}{(s + \omega_0\xi)^2 + \omega_d^2} - \frac{\xi\omega_0}{(s + \omega_0\xi)^2 + \omega_d^2}\right] \tag{2-57}$$

从式（2-57）的拉普拉斯逆变换可得

$$y(t) = K\left[1 - \frac{\mathrm{e}^{-\xi\omega_0 t}}{\sqrt{1-\xi^2}}\sin\left(\omega_d t + \arctan\frac{\sqrt{1-\xi^2}}{\xi}\right)\right], \quad t \geq 0 \tag{2-58}$$

由式（2-58）可知，在 $0 < \xi < 1$ 的情形下，阶跃信号输入时的输出信号为衰减振荡，其振荡角频率（阻尼振荡角频率）为 ω_d；幅值按指数衰减越多，即阻尼越大，衰减越快。

② $\xi = 0$，无阻尼，即临界振荡情形。

将 $\xi = 0$ 代入式（2-58），再做拉普拉斯逆变换，整理得

$$y(t) = k[1 - \cos(\omega_0 t)], \quad t \geq 0 \tag{2-59}$$

它为一个等幅振荡过程，其振荡频率就是系统的固有振动角频率 ω_0。实际上系统总有一定的阻尼，所以 ω_d 总小于 ω_0。

③$\xi=1$，临界阻尼情形。

此时式（2-54）成为

$$Y(s) = \frac{K\omega_0^2}{s(s+\omega_0)^2} \tag{2-60}$$

式（2-60）分母的特征方程的解为两个相同实数，由拉普拉斯逆变换可得

$$y(t) = K[1 - e^{-\omega_0 t}(1+\omega_0 t)] \tag{2-61}$$

式（2-61）表明系统既无超调也无振荡。

④$\xi>1$，过阻尼情形。

此时式（2-54）可写为

$$Y(s) = \frac{K\omega_0^2}{s\left(s + \xi\omega_0 + \omega_0\sqrt{\xi^2-1}\right)\left(s + \xi\omega_0 - \omega_0\sqrt{\xi^2-1}\right)} \tag{2-62}$$

进行拉普拉斯逆变换后为

$$y(t) = K\left\{1 + \frac{1}{2\left(\xi^2 - \xi\sqrt{\xi^2-1} - 1\right)} e^{\left[-\left(\xi - \sqrt{\xi^2-1}\right)\omega_0 t\right]} + \frac{1}{2\left(\xi^2 + \xi\sqrt{\xi^2-1} - 1\right)} e^{\left[-\left(\xi + \sqrt{\xi^2-1}\right)\omega_0 t\right]}\right\}, \quad t > 0 \tag{2-63}$$

式（2-63）表明，若$\xi>1$，则传感器退化到等同于两个一阶系统串联，此时虽然不产生振荡（即不发生超调），但也须经过较长时间才能达到稳态。

对应于不同ξ值的二阶系统单位阶跃响应曲线族如图2.14所示，由于横坐标是无量纲变量$\omega_0 t$，所以曲线族只与ξ有关。由图2.14可见，在一定的ξ值下，欠阻尼系统比临界阻尼系统更快地达到稳态值；过阻尼系统反应迟钝，动作缓慢，所以系统通常设计成欠阻尼系统，ξ取值为0.6～0.8。

测量系统的动态特性常用单位阶跃信号（其初始条件为零）作为输入信号时的输出$y(t)$的变化曲线来表示，如图2.15所示。表征动态特性的主要参数有上升时间t_r、响应时间t_s（过程时间）、超调量σ_p和衰减度γ等。

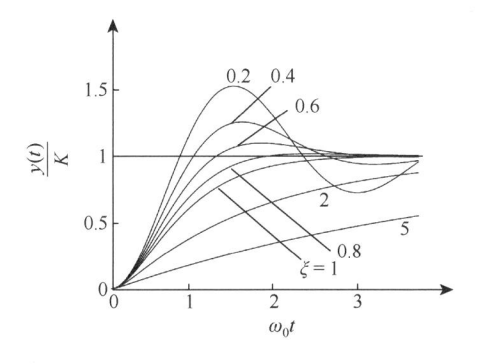

图2.14 二阶系统的阶跃响应曲线 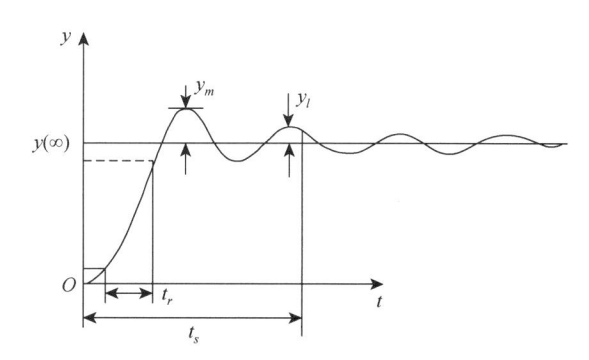　　　　图2.15 阶跃输入时的动态响应曲线

上升时间 t_r 定义为仪表示值从稳态值的 $a\%$ 变化到稳态值的 $b\%$ 所需的时间。$a\%$ 常采用 5%或 10%，而 $b\%$ 常采用 90%或 95%。响应时间是指输出量 y 从开始变化到示值进入稳态值的规定范围内所需的时间。超调量 σ_P 是指输出最大值与稳态值之间的差值与稳态值之比，用百分数来表示，即

$$\sigma_P = \frac{y_m - y(\infty)}{y(\infty)} \times 100\% \quad (2\text{-}64)$$

衰减度 γ 用来描述瞬态过程中振荡幅值衰减的速度，定义为

$$\gamma = \frac{y_m - y_1}{y_m} \times 100\% \quad (2\text{-}65)$$

式中，y_1 为出现一个周期后的 $y(t)$ 值。若 $y_1 \ll y_m$，则 $\gamma \approx 1$ 表示衰减很快，该系统很稳定，振荡很快停止。

总之，上升时间 t_r、响应时间 t_s 是表征仪表（或系统）响应速度性能的参数；超调量 σ_P、衰减度 γ 是表征仪表（或系统）稳定性能的参数。通过这两个方面就完整地描述了仪表（或系统）的动态特性。

2.3 测量方法

要获取人类感官无法直接获取的信息，没有相应的检测技术和仪器是不可能的。测量是检测技术中的重要概念，它是以获取检测值为目的的一系列操作，可以利用物质的物理、化学或生物特性，提取、转换和处理被测对象的信息。通常测量包含两个过程：一是能量形式的转换（如机械能到电能）；二是将被测量与标准量做对比，得出比值。测量方法有多种，从不同角度出发，有不同的测量分类方法。

1. 按测量手段分类

按测量手段分类，测量通常包括直接测量、间接测量和联立测量。

1）直接测量

在使用仪表进行测量时，仪表读数不需要经过任何运算，就能直接表示测量所需的结果，称为直接测量。例如，用磁电式电流表测量电路的支路电流就称为直接测量。这种测量方法在工程上大量采用。

2）间接测量

在使用仪表进行测量时，首先对与被测物理量有确定函数关系的几个量进行测量，将测量值代入函数关系式，经过计算得到所需要的结果，称为间接测量。例如，欲测量导线的电阻率 ρ，由 $\rho = \frac{\pi d^2 R}{4l}$ 知，只有先经过直接测量，得到导线的电阻 R、长度 l、直径 d 以后，再代入 ρ 的表达式，经计算才能得到最后所需的结果 ρ 值。这种测量方法手续较多，花费时间较长，但与直接测量相比，可以得到较高的测量精度，主要用于实验室测量。

3）联立测量

在应用仪表进行测量时，若被测物理量必须经过求解联立方程组才能出，则称这样的测量为联立测量。在进行联立测量时，一般要改变测试条件，才能获得一组联立方程所需要的数据。

2. 按测量方式分类

按测量方式分类，测量通常包括偏差式测量、零位式测量和微差式测量。

1）偏差式测量

在测量过程中，用测量仪表指针的位移（即偏差）决定被测量的测量方法，称为偏差式测量法。应用这种方法进行测量时，标准量具不装在仪表内，而是事先用标准量具，对仪表刻度进行校准；在测量时，输入被测量，按照仪表指针在标尺上的示值，决定被测量的数值。它以间接方式实现被测量与标准量的比较，如用磁电式电流表测量电路中某支路的电流。采用这种方法进行测量，测量过程比较简单、迅速，但是测量结果的精度较低，这种测量方法广泛用于工程测量中。

2）零位式测量

零位式测量又称补偿式或平衡式测量，是指利用已知的标准量决定被测量的量值的测量方法。当测量系统指零仪示零位时，即测量系统到达平衡，被测量与已知标准量相等。应用这种方法进行测量时，标准量具装在仪表内直接与被测量相比较；测量过程中，需要不断调整标准量进行平衡操作，直到被测量与标准量相等，即指零仪表回零，如用天平、电位差计进行的测量即典型的零位式测量。

采用零位式测量法进行测量时，可以获得比较高的测量精度，但是测量过程比较复杂，在测量时要不断进行平衡操作，比较费时。若采用自动平衡操作，虽可以加快测量过程，但由于反应速度受工作原理所限，也不会很快。因此，这种测量方法不适合测量变化迅速的信号。

3）微差式测量

微差式测量综合了偏差式测量与零位式测量的优点，这种测量方法是将被测的未知量与已知标准量进行比较，并取得差值，然后用偏差法测得此差值。测量时，标准量具装在仪表内，并在测量过程中，标准量直接与被测量进行比较。由于二者的值很接近，因此测量过程中不需要调整标准量，而只需要测量二者的差值。

微差式测量的优点是反应快、测量精度高，特别适用于在线控制参数的检测。

2.4 测量误差与处理

2.4.1 测量误差的概念

测量误差是指检测结果与被测量的客观真值的差值。在检测过程中，被测对象、检测系统、检测方法和检测人员都会受到各种因素的影响。有时，对被测量的转换也会改变被测对象原有的状态，造成测量误差。由误差公理可知：任何试验结果都是有误差的，误差自始至终存在于一切科学试验和测量之中，被测量的真值是永远难以得到的。但是，可以改进检测装置和检测手段，并对测量误差进行分析处理，使测量误差处于允许的范围内。

测量的目的是求取被测量的真值。在分析测量误差时，采用的被测量真值是指在确定条件下被测量客观存在的实际值。判断真值的方法有三种：一是理论设计和理论公式的表达值，称为理论真值，如三角形内角之和为 180°；二是由国际计量学确定的基本的计量单位，称为约定真值，如在标准条件下水的冰点和沸点分别是 0℃和 100℃；三是精度高一级或几级的仪表与精度低的仪表相比，把高一级仪表的测量值称为相对真值。相对真值在测量中应用最为广泛。

2.4.2 测量误差的表示形式

检测系统（仪器）的基本误差通常有以下五种表达形式。

1）绝对误差

检测系统的测量值（即示值）x 与被测量的真值 x_0 之间的代数差值 Δx 称为检测系统测量值的绝对误差，即

$$\Delta x = x - x_0 \tag{2-66}$$

式（2-66）中，真值 x_0 可为约定真值，也可是由高精度标准仪器所测得的相对真值。绝对误差 Δx 说明了系统示值偏离真值的大小，其值可正可负，具有和被测量相同的量纲。

在标定或校准检测系统样机时，常采用比较法，即对于同一被测量，将标准仪器（具有比样机更高的精度）的测量值作为近似真值 x_0 与被校准检测系统的测量值 x 进行比较，它们的差值就是被校准检测系统测量示值的绝对误差，如果它是一恒定值，即为检测系统的系统误差（system error）。该误差可能是系统在非正常工作条件下使用而产生的，也可能是其他原因所造成的附加误差。此时对检测仪表的测量示值应加以修正，修正后才可得到被测量的实际值 x_0，即

$$x_0 = x - \Delta x = x + C \tag{2-67}$$

式（2-67）中，数值 C 称为修正值或校正量。修正值与示值的绝对误差数值相等，但符号相反，即

$$C = -\Delta x = x_0 - x \tag{2-68}$$

计量使用的标准仪器常由高一级的标准仪器定期校准，检定结果附带有示值修正表，或修正曲线 $C = f(x)$。

2）相对误差

检测系统测量值（即示值）的绝对误差 Δx 与被测参量真值 x_0 的比值，称为检测系统测量值（示值）的相对误差 δ，常用百分数表示，即

$$\delta = \frac{\Delta x}{x_0} \times 100\% = \frac{x - x_0}{x_0} \times 100\% \tag{2-69}$$

这里的真值可以是约定真值，也可以是相对真值（工程上），在无法得到本次测量的

约定真值和相对真值时，常在被测参量（已消除系统误差）没有发生变化的条件下重复多次测量，用多次测量的平均值代替相对真值。用相对误差通常比用绝对误差更能说明不同测量的精确程度，一般来说相对误差值小，其测量精度就高。

在评价检测系统的精度或测量质量时，有时利用相对误差作为衡量标准也不是很准确，例如，用任一确定精度等级的检测仪表测量一个靠近测量范围下限的小量，计算得到的相对误差通常比测量接近上限的大量（如 2/3 量程处）得到的相对误差大得多。因此，需引入引用误差的概念。

3) 引用误差

检测系统测量值的绝对误差 Δx 与系统量程 L 的比值，称为检测系统测量值的引用误差 γ。γ 通常仍以百分数表示，即

$$\gamma = \frac{\Delta x}{L} \times 100\% \tag{2-70}$$

比较式（2-69）和式（2-70）可知，在 γ 的表示式中用量程 L 代替了真值 x_0，使用起来虽然更为方便，但引用误差的分子仍为绝对误差 Δx，当测量值为检测系统测量范围内的不同数值时，各示值的绝对误差 Δx 也可能不同。因此，即使是同一检测系统，其测量范围内的不同示值处的引用误差也不一定相同。为此，可以取引用误差的最大值，既能克服上述不足，又能更好地说明检测系统的测量精度。

4) 最大引用误差（或满度最大引用误差）

在规定的工作条件下，当被测量平稳增加或减少时，在检测系统全量程中所有测量引用误差（绝对值）的最大者，或者说所有测量值中最大绝对误差（绝对值）与量程的比值的百分数，称为该系统的最大引用误差，用符号 $\gamma_{\max}$ 表示，即

$$\gamma_{\max} = \frac{|\Delta x|}{L} \times 100\% \tag{2-71}$$

最大引用误差是检测系统基本误差的主要形式，故也常称为检测系统的基本误差。它是检测系统最主要的质量指标，能很好地表征检测系统的测量精度。

5) 精度等级

工业检测仪器（系统）常以最大引用误差作为判断精度等级的尺度。人为规定：取最大引用误差百分数的分子作为检测仪器（系统）精度等级的标志，也就是用最大引用误差去掉正负号和百分号后的数字来表示精度等级，精度等级用符号 G 表示。

为统一和方便使用，根据国家标准《工业过程测量和控制用检测仪表和显示仪表精确度等级》（GB/T 13283—2008），工业过程测量和控制用检测仪表及显示仪表精确度等级有 0.01、0.02、(0.03)、0.05、0.1、0.2、(0.25)、(0.3)、(0.4)、0.5、1.0、1.5、(2.0)、2.5、4.0、5.0 共 16 个，其中括号里的 5 个不推荐使用。检测仪器（系统）的精度等级由生产厂商根据其最大引用误差的大小并按选大不选小的原则就近套用上述精度等级得到。

2.4.3 随机误差及处理

当对某一物理量进行多次重复测量时，若误差出现的大小和符号均以不可预知的方

式变化,则该误差为随机误差。随机误差产生的原因比较复杂,虽然测量是在相同条件下进行的,但测量环境中温度、湿度、压力、振动、电场等总会发生微小变化,因此随机误差是大量对测量值影响微小且又互不相关的因素所引起的综合结果。随机误差就个体而言并无规律可循,但其总体却服从统计规律。总的来说,随机误差具有下列特性:

(1) 对称性,即绝对值相等、符号相反的误差在多次重复测量中出现的可能性相等。

(2) 有界性,即在一定测量条件下,随机误差的绝对值不会超出某一限度。

(3) 单峰性,即绝对值小的随机误差比绝对值大的随机误差在多次重复测量中出现的机会多。

(4) 抵偿性,即随机误差的算术平均值随测量次数的增加而趋于零。

随机误差的变化通常难以预测,因此也无法通过试验方法确定、修正和清除,但是通过多次测量比较可以发现随机误差服从某种统计规律(如正态分布、均匀分布、泊松分布等)。

随机误差与系统误差的来源和性质不同,所以处理的方法也不同。随机误差是由一系列随机因素引起的,因而随机变量可以用来表达随机误差的取值范围及概率。若有一非负函数 $f(x)$,其对任意实数有分布函数 $F(x)$:

$$F(x) = \int_{-\infty}^{x} f(x)\mathrm{d}x \tag{2-72}$$

则称 $f(x)$ 为 x 的概率分布密度函数,且有

$$P\{x_1 < x < x_2\} = F(x_2) - F(x_1) = \int_{x_1}^{x_2} f(x)\mathrm{d}x \tag{2-73}$$

式(2-73)为误差在 (x_1, x_2) 的概率,在检测系统中,只有系统误差已经减小到可以忽略的程度后才可对随机误差进行统计处理。

1. 随机误差的正态分布规律

实践和理论证明,大量的随机误差服从正态分布规律。随机误差的正态分布曲线如图 2.16 所示。

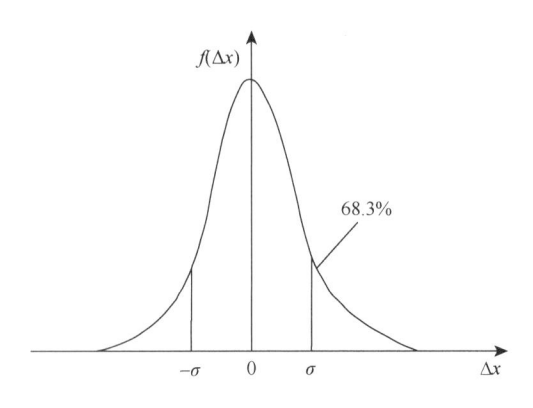

图 2.16 随机误差的正态分布曲线

图 2.16 中的横坐标表示随机误差 $\Delta x = x_i - x_0$，纵坐标为误差的概率密度 $f(\Delta x)$。应用概率论方法可导出：

$$f(\Delta x) = \frac{1}{\sigma\sqrt{2\pi}} \exp\left(-\frac{1}{2}\frac{\Delta x^2}{\sigma^2}\right) \tag{2-74}$$

式中，特征量 σ 称为标准差，$\sigma = \sqrt{\dfrac{\sum \Delta x_i^2}{n}}$，其中 n 为测量次数，$n \to \infty$。

2. 真实值与算术平均值

设对某一物理量进行直接多次测量，测量值分别为 $x_1, x_2, \cdots, x_n$，各次测量值的随机误差为 $\Delta x_i = x_i - x_0$。将随机误差相加：

$$\sum_{i=1}^{n} \Delta x_i = \sum_{i=1}^{n}(x_i - x_0) = \sum_{i=1}^{n} x_i - nx_0 \tag{2-75}$$

两边同除以 n 得

$$\frac{1}{n}\sum_{i=1}^{n} \Delta x_i = \frac{1}{n}\sum_{i=1}^{n} x_i - x_0 \tag{2-76}$$

用 $\bar{x}$ 代表测量量的算术平均值：

$$\bar{x} = \frac{1}{n}(x_1 + x_2 + \cdots + x_n) = \frac{1}{n}\sum_{i=1}^{n} x_i \tag{2-77}$$

式（2-77）可改写为

$$\frac{1}{n}\sum_{i=1}^{n} \Delta x_i = \bar{x} - x_0 \tag{2-78}$$

根据随机误差的抵偿特征，即 $\lim\limits_{n \to \infty} \dfrac{1}{n}\sum\limits_{i=1}^{n} \Delta x_i = 0$，于是 $\bar{x} \to x_0$。

可见，当测量次数很多时，算术平均值趋于真实值，也就是说，算术平均值受随机误差影响比单次测量小，且测量次数越多，影响越小。因此，可以用多次测量的算术平均值代替真实值，并称为最可信数值。

3. 随机误差的估算

1）标准差

标准差 σ 定义为

$$\sigma = \sqrt{\sum_{i=1}^{n} \frac{(x_i - x_0)^2}{n}} \tag{2-79}$$

它是在一定测量条件下随机误差最常用的估计值。其物理意义为随机误差落在

$(-\sigma, +\sigma)$ 区间的概率为 68.3%，区间 $(-\sigma, +\sigma)$ 称为置信区间，相应的概率称为置信概率。显然，置信区间扩大，则置信概率提高。置信区间分别取 $(-2\sigma, +2\sigma)$、$(-3\sigma, +3\sigma)$ 时，相应的置信概率 $P(2\sigma) = 95.4\%$、$P(3\sigma) = 99.7\%$。

定义 3σ 为极限误差，其概率含义是在 1000 次测量中只有三次测量的误差绝对值会超过 3σ，由于在一般测量中次数很少超过几十次，因此可以认为测量误差超出 $\pm 3\sigma$ 范围的概率是很小的，故称为极限误差，一般可作为可疑值取舍的判定标准。

图 2.17 为不同 σ 时的 $f(\Delta x)$ 曲线。σ 值越小，曲线越陡且峰值越高，说明测量值的随机误差集中，小误差占优势，各测量值的分散性越小，重复性越好；反之，σ 值越大，曲线越平坦，各测量值的分散性越大，重复性越差。

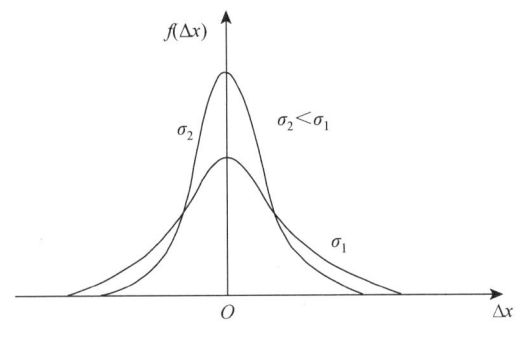

图 2.17 不同 σ 的 $f(\Delta x)$ 曲线

2）单次测量值的标准差的估计

由于真值未知时，随机误差 Δx_i 不可求，可用各次测量值与算术平均值之差——剩余误差

$$v_i = x_i - \bar{x} \tag{2-80}$$

代替误差 Δx_i 来估算有限次测量的标准差，得到的结果就是单次测量的标准差，用 $\hat{\sigma}$ 表示，它只是 σ 的一个估算值。由误差理论可以证明单次测量的标准差的计算公式为

$$\hat{\sigma} = \sqrt{\frac{\sum_{i=1}^{n}(x^2 - \bar{x})^2}{n-1}} = \sqrt{\frac{\sum_{i=1}^{n} v_i^2}{n-1}} \tag{2-81}$$

式（2-81）称为贝塞尔公式。

同理，按 v_i^2 计算的极限误差为 $3\hat{\sigma}$，$\hat{\sigma}$ 的物理意义与 σ 相同，当 $n \to \infty$ 时，有 $n-1 \to n$，则 $\hat{\sigma} \to \sigma$。在一般情况下，对于 $\hat{\sigma}$ 和 σ 的符号并不加以严格的区分，但是 n 较小时，必须采用贝塞尔公式计算 $\hat{\sigma}$ 的值。

3）算术平均值的标准差的估计

在测量中用算术平均值作为最可信赖值，它比单次测量得到的结果可靠性高。因为测量次数有限，所以 $\bar{x}$ 也不等于 x_0。也就是说，$\bar{x}$ 还是存在随机误差的，可以证明，算术平均值的标准差 $S(\bar{x})$ 是单次测量值的标准差 $\hat{\sigma}$ 的 $\dfrac{1}{\sqrt{n}}$，即

$$S(\overline{x})=\frac{\hat{\sigma}}{\sqrt{n}}=\sqrt{\frac{\sum_{i=1}^{n}v_i^2}{n(n-1)}} \qquad (2\text{-}82)$$

式（2-82）表明，当 n 较小时，增加测量次数 n，可明显减小测量结果的标准差，提高测量的精度。但随着 n 的增大，标准差减小的程度越来越小；当 n 增大到一定数值时 $S(\overline{x})$ 就几乎不变了。

2.4.4 系统误差的估计及校正

在相同的条件下，对同一物理量进行多次测量，若误差按照一定规律出现，则把这种误差称为系统误差，简称系差。系统误差可分为定值系统误差（简称定值系差）和变值系统误差（简称变值系差），其中数值和符号都保持不变的系统误差称为定值系统误差，数值和符号均按照一定规律变化的系统误差称为变值系统误差。变值系统误差按其变化规律又可分为线性系统误差、周期性系统误差和按复杂规律变化的系统误差。如图 2.18 所示，曲线 1 为定值系统误差，曲线 2 为线性系统误差，曲线 3 为周期性系统误差，曲线 4 为按复杂规律变化的系统误差。

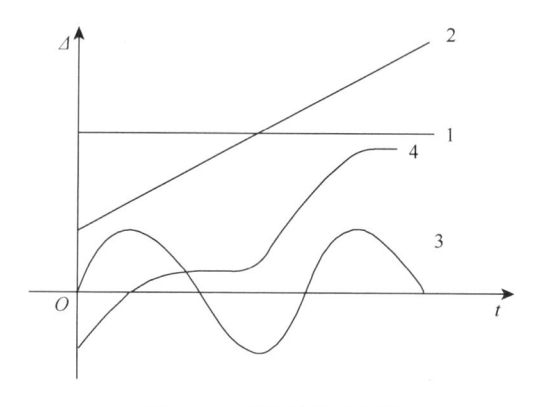

图 2.18　系统误差示意图

系统误差的来源包括仪表制造、安装或使用方法不正确、测量设备的基本误差、读数方法不正确及环境误差等。系统误差是一种有规律的误差，故可以通过理论分析采用修正值或补偿校正等方法来减小或消除。

系统误差是产生测量误差的主要原因，消除或减小系统误差是提高测量精度的主要途径。目前，对系统误差的研究虽已引起人们的重视，但它涉及对测量设备和测量对象的全面分析，并与测量者的测量知识、实际经验和测量技术的发展密切相关。系统误差产生的原因十分复杂，通常单个因素引起的系统误差容易发现和消除，但多个因素综合引起的系统误差往往难以判断，尤其是随机误差与系统误差同时存在的情况下，在测试过程中是否发生随机误差对系统误差的影响，也是很难估计的。因此，研究系统误差的特征和规律，采用新的有效的方法去发现、减少或消除系统误差，已成为误差理论的重要课题之一。

1. 系统误差的判别

为了消除或削弱系统误差,首先要判断系统误差是否存在,再设法消除。在测量过程中产生系统误差的原因很复杂,发现和判断系统误差的方法也有很多种,但目前还没有适用于发现各种系统误差的通用方法。

1) 试验对比法

试验对比法是通过改变产生系统误差的条件,在不同的条件下测量,从而发现系统误差。例如,当用一台仪表多次重复测量某一被测量时,不能有效地发现系统误差,可以采用高一级精度的仪表进行同样的测量,通过对比可以确定系统误差是否存在。

2) 残差观察法

根据测量的各个残差的大小和符号的变化规律,直接由误差数据或误差曲线图来判断是否存在系统误差,这种方法主要适用于判断有规律的系统误差。图 2.19 为四组残差曲线,图 2.19(a)中,残差大体正、负相同,且无显著变化规律,因此不存在系统误差;图 2.19(b)中,残差有规律地增加或减小,因此可以认为存在线性变化的系统误差;图 2.19(c)中,残差有规律地由正变负,又由负变正,且周期性变化,因此认为存在周期性系统误差;图 2.19(d)中,根据残差变化规律,可以认为既存在线性系统误差,也存在周期性系统误差。

(a) 无系统误差曲线

(b) 线性变化系统误差曲线

(c) 周期性系统误差曲线

(d) 线性和周期性系统误差共存曲线

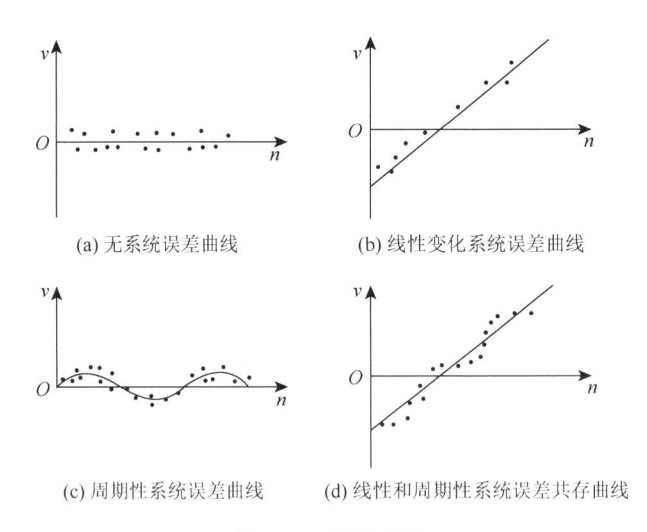

图 2.19 残差曲线

3) 马利科夫判据

当测量次数较多时,可采用马利科夫判据来判断是否存在系统误差。设对某一被测量进行 n 次测量,依次得到一组测量值 $x_1, x_2, \cdots, x_n$,相应的残差为 $v_1, v_2, \cdots, v_n$。将前面一半及后一半数据的残差分别求和,然后取其差值。

当 n 为偶数时:

$$M = \sum_{i=1}^{k} v_i - \sum_{i=k+1}^{n} v_i, \quad k = \frac{n}{2} \tag{2-83}$$

当 n 为奇数时：

$$M = \sum_{i=1}^{k-1} v_i - \sum_{i=k+1}^{n} v_i, \quad k = \frac{n+1}{2} \tag{2-84}$$

当 M 趋近于零时，测量值中不存在系统误差；当 $|M| \geq |v_i|$ 时，测量值中存在系统误差；当 $0 < |M| < |v_i|$ 时，不能肯定测量值中是否存在系统误差。

4）阿贝-赫梅特准则

阿贝-赫梅特准则可用来判断测量数据中是否存在周期性的系统误差。当随机误差很显著时，周期性系统误差很难从测量数据或残差的变化规律中发现。

阿贝-赫梅特准则将残差按测量顺序排列，并依次两两相乘，然后取和的绝对值，若

$$B = \left| \sum_{i=1}^{n-1} v_i v_{i+1} \right| > \sqrt{n-1} \sigma^2 \tag{2-85}$$

则可以判断测量数据中存在周期性系统误差。式（2-85）中，σ 为标准误差。

2. 系统误差的消除

1）从系统误差的来源上消除

从系统误差的来源上消除系统误差是最基本的方法。这种方法要求试验人员对整个测量过程有一个全面仔细的分析，弄清楚可能产生系统误差的各种因素，然后在测量过程中予以消除。例如，选择精度等级高的仪器设备来消除仪器的基本误差；在规定的工作条件下，使用正确调零、预热来消除仪器设备的附加误差；选择合理的测量方法，设计正确的测量步骤来消除方法误差和理论误差；提高测量人员的测量素质，改善测量条件（如选择智能化、数字化的仪器仪表）来消除人为误差等。

2）引入修正值法

由于系统误差服从某一确定的规律，可引入修正值来减小系统误差，尤其采用智能仪表或智能测试系统时，引入修正值法是很容易实施的。引入修正值法是在测量前或测量过程中，求取某类系统误差的修正值，在测量数据处理时手动或自动地将测量值和修正值相加，这样就可以从测量数据或结果中消除或减弱该类系统误差。

设某类系统误差的修正值为 C，x 为测量值，则不含该类系统误差的测量值 A_1 为

$$A_1 = x + C \tag{2-86}$$

修正值可以通过三种途径求取：一是从有关资料中查取，如从仪器仪表的检定证书中获取；二是通过理论推导求取；三是通过试验的方法求取。对影响测量结果的各种因素（如温度、湿度、电源电压变化等）引起的系统误差，可通过试验作出相应的修正曲线或表格，供测量时使用；对不断变化的系统误差（如仪表的零点误差、增益误差等），可采用现测现修正的方法，智能仪表中采用的三步测量、实时校准就是采用这种方法。

3）对称法

对称法是消除测量结果随某影响量线性变化的系统误差的有效方法。这种方法是在

测量过程中，合理设计测量步骤以获取对称数据，配以相应的数据处理程序，以得到与该影响无关的测量结果，从而消除系统误差。

图 2.20 为某线性系统误差曲线，若选定某一时刻（图中 t_3）为中心，则对应此中点的两对称时刻的系统误差算术平均值都相等，即

$$\frac{\delta_1 + \delta_5}{2} = \frac{\delta_2 + \delta_4}{2} = \delta_3 \qquad (2\text{-}87)$$

利用这一特点，在实施测量时，取各对称点两次测量值的算术平均值作为这一时间段的实际值，就可消除线性系统误差。即使是一个比较复杂的规律变化的系统误差，也可以将其分段作线性系统误差处理，因此对称法是消除系统误差的有效方法。

4）替代法

替代法是比较测量法的一种，是在相同的测量条件下，先将被测量接入测量装置中，调节测量装置使之处于某一状态，然后用与被测量相同的同类标准量代替被测量接入测量装置中，调节标准量，使测量装置的指示值与被测量接入时相同，此时标准器具的读数等于被测量。用电桥测量被测量 R_x 原理（替代法）如图 2.21 所示。

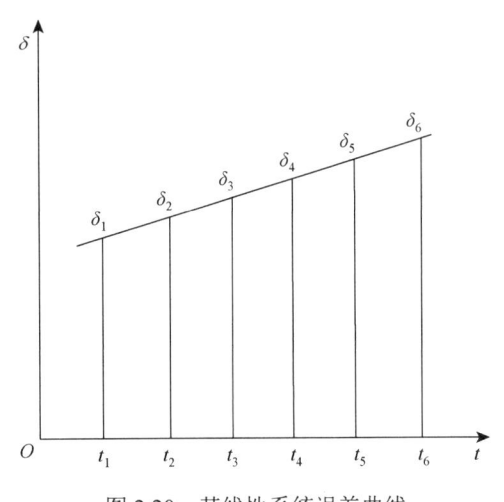

图 2.20　某线性系统误差曲线 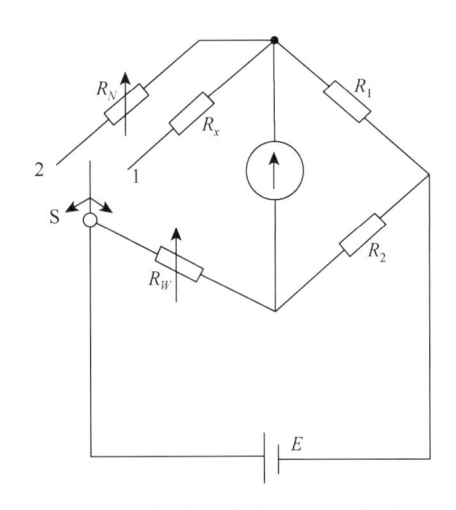　　　图 2.21　电桥测量被测量 R_x 原理图

测量步骤如下：

（1）开关 S 接端点 1，调电位器 R_W 使电桥平衡，即被测量 $R_x = \frac{R_1}{R_2} R_W$；

（2）开关 S 换接至端点 2，调标准器具 R_N（电位器不变）使电桥平衡，此时标准器具读数为 $R_N = \frac{R_1}{R_2} R_W$，即 $R_x = R_N$。

由替代法引起的测量误差与检测系统电路无关，仅与标准器具 R_N 的准确度有关。显然，标准器具准确度越高，被测量误差越小，从而能减小检测系统引起的系统误差。

5）半周期法

对周期性系统误差，可以相隔半个周期进行一次测量，如图 2.22 所示。取两次读数

的算术平均值，即可有效地减小周期性系统误差。因为相差半周期的两次测量，其误差在理论上具有大小相等、符号相反的特征，所以这种方法在理论上能很好地减小和消除周期性系统误差。

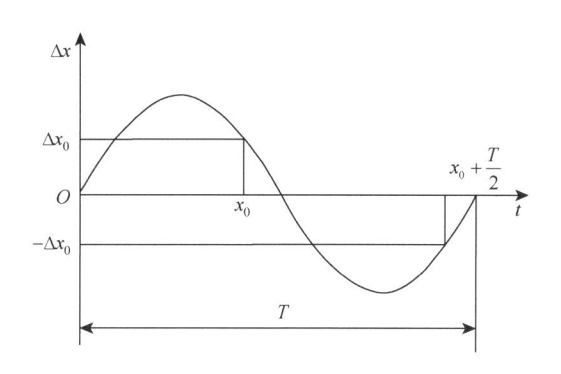

图 2.22 半周期法读数示意图

2.5 常见传感器及原理

2.5.1 加速度传感器

玩过跑酷游戏《神庙逃亡》（*Temple Run*）的读者，应该还记得这款游戏，它着实让不少玩家着迷，游戏中利用手机或平板电脑的倾斜就完成了系列高难度动作，仿佛置身游戏之中。实际上，这是由于智能手机配备了加速度传感器。

顾名思义，加速度传感器用于检测运动物体的瞬时加速度。加速度传感器分为两种，一种是角加速度传感器，如陀螺仪（角加速度传感器的一种）；另外一种为线加速度传感器。常用的线加速度传感器包括压电式、压阻式和电容式三种。

1. 压电式加速度传感器

压电式加速度传感器又称压电加速度计，属于惯性式传感器。它是利用某些物质如石英晶体的压电效应，在加速度计受振时，质量块加在压电元件上的力也随之变化。当被测振动频率远低于加速度计的固有频率时，力的变化与被测加速度成正比。

常用压电式加速度传感器的结构形式如图 2.23 所示，其中 S 是弹簧，M 是质量块，B 是基座，P 是压电元件，R 是夹持环。图 2.23（a）是中央安装压缩型，压电元件、质量块、弹簧装在圆形中心支柱上，支柱与基座连接，这种结构有高的共振频率。然而基座 B 与测试对象连接时，如果基座 B 有变形，则将直接影响拾振器输出。此外，测试对象和环境温度变化会影响压电元件，并使预紧力发生变化，易引起温度漂移。图 2.23（b）为环形剪切型，其结构简单，能做成极小型、高共振频率的加速度计，环形质量块粘贴到装在中心支柱上的环形压电元件上。由于黏结剂会随温度升高而变软，因此最高工作温度受到限制。图 2.23（c）为三角剪切型，压电元件由夹持环将其夹牢在三角形中心柱上。

加速度计感受轴向振动时,压电元件承受切应力。这种结构对底座变形和温度变化有极好的隔离作用,有较高的共振频率和良好的线性度。

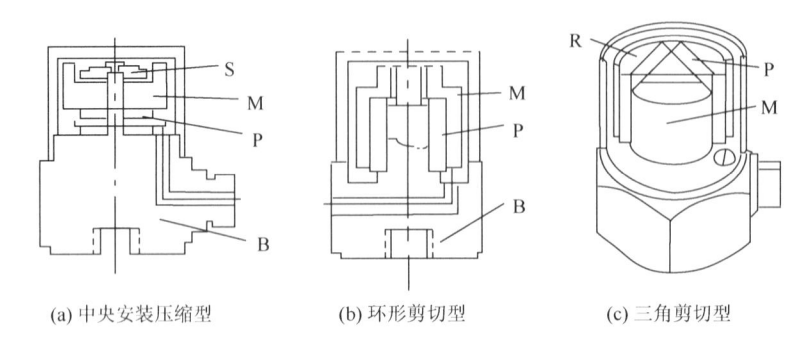

(a) 中央安装压缩型　　(b) 环形剪切型　　(c) 三角剪切型

图 2.23　常用压电式加速度传感器结构形式

压电式加速度传感器具有动态范围大、频率范围宽、坚固耐用、受外界干扰小及压电材料受力自产生电荷信号、不需要外界电源等特点,但市场上销售的同类传感器性能的实际参数及其稳定性和一致性差别非常大。与压阻式和电容式加速度传感器相比,压电式加速度传感器最大的缺点是不能测量零频率的信号,恒定方向加速度下压电式加速度传感器不输出信号,通常其频率响应范围为 2~270Hz。

2. 压阻式加速度传感器

压阻式加速度传感器的敏感芯体为半导体材料制成的电阻测量电桥,其结构动态模型仍然是弹簧质量系统。在灵敏度和量程方面,从低灵敏度高量程的冲击测量,到直流高灵敏度的低频测量都有应用压阻形式的加速度传感器。压阻式加速度传感器测量频率范围也可从直流信号到几十千赫兹的高频信号。

压电式加速度传感器是电容性的,呈高阻抗特性;而压阻式加速度传感器是电阻性的,呈低阻抗特性。压电式加速度传感器频率响应范围较窄,但误差较小(通常约为压阻式加速度传感器的一半)。另外,压阻式加速度传感器受温度的影响较大,一般都需要进行温度补偿。

3. 电容式加速度传感器

电容式加速度传感器的结构形式一般也采用弹簧质量系统。其测量原理是利用惯性质量块在外加速度的作用下与被检测电极间的空隙发生改变从而引起等效电容的变化来测定加速度。电容式加速度传感器具有灵敏度高、零频响应和环境适应性好等特点,尤其是受温度的影响比较小;但不足之处表现在信号的输入与输出为非线性、量程有限、受电缆的电容影响,以及电容传感器本身是高阻抗信号源,因此电容式加速度传感器的输出信号往往需通过后继电路给予改善。在实际应用中电容式加速度传感器较多地用于低频测量,其通用性不如压电式加速度传感器,且成本也比压电式加速度传感器高得多。

2.5.2 速度传感器

单位时间内位移的增量就是速度。速度包括线速度和角速度，与之相对应的就有线速度传感器和角速度传感器，统称为速度传感器。

目前常用的速度传感器包括转轴式（或称旋转式）和电磁感应式（或称磁电式）两种。转轴式速度传感器是通过转轴将速度传递到发电机或类似的转换装置，通过输出电压推算转速；电磁感应式速度传感器则通过电磁线圈感应到的电磁场变化得到变化电压后推算转速。

1. 转轴式速度传感器

转轴式速度传感器按安装形式分为接触式和非接触式两类。一般来说，其输出信号为脉冲信号，稳定性比较好，不易受外部噪声干扰，对测量电路无特殊要求，结构相对简单，成本低，而且也可以基于微芯片实现集成，故目前应用较为普遍。

1）接触式速度传感器

接触式速度传感器与运动物体直接接触，其工作原理如图 2.24（a）所示。当运动物体与转轴式速度传感器接触时，摩擦力带动传感器的滚轮转动。装在滚轮上的转动脉冲传感器，发送出一连串的脉冲。每个脉冲代表着一定的距离值，从而就能测出线速度。接触式速度传感器结构简单，使用方便，但是接触滚轮与运动物体始终接触着，滚轮的外周会磨损，从而影响滚轮的周长。而脉冲数对每个传感器又是固定的，因此影响传感器的测量精度，要提高测量精度必须在二次仪表中增加补偿电路。另外，接触难免会产生滑差，滑差的存在也影响测量的正确性，因此传感器使用中必须施加一定的正压力或滚轮表面采用摩擦系数大的材料，尽可能减小滑差。

2）非接触式速度传感器

非接触式速度传感器测量原理很多，图 2.24（b）给出了两种典型的结构原理图，采用类似光电计数原理的传感器，叶轮叶片边缘贴有反射膜，流体或其他动作带动叶轮旋

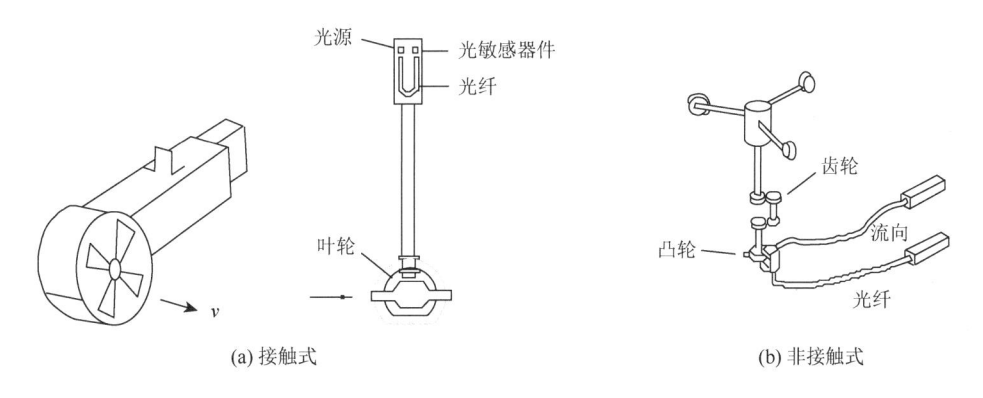

图 2.24 转轴式速度传感器结构示意图

转，叶轮每转动一周，光纤传输反光一次，产生一个电脉冲信号，由检测到的脉冲数即可计算出速度。非接触式速度传感器寿命长，无须增加补偿电路，但脉冲当量不是距离的整数倍，因此速度运算相对比较复杂。

2. 电磁感应式速度传感器

电磁感应式速度传感器为惯性式速度传感器，其工作原理为：当穿过线圈的磁通发生变化时，会产生感应电动势，电动势的输出与线圈的运动速度成正比。

电磁感应式速度传感器的结构有两种：一种是绕组与壳体连接，磁钢用弹性元件支承；另一种是磁钢与壳体连接，绕组用弹性元件支承（图2.25）。常用的是后者。在测量时，传感器固定或紧压于被测系统，磁钢4与壳体2一起随被测系统的振动而振动，装在芯轴6上的线圈5和阻尼环3组成惯性系统的质量块并在磁场中运动。弹簧片1径向刚度很大、轴向刚度很小，使惯性系统既得到可靠的径向支承，又保证有很低的轴向固有频率。阻尼环一方面可增加惯性系统质量，降低固有频率，另一方面在磁场中运动，产生的阻尼力使振动系统具有合理的阻尼。

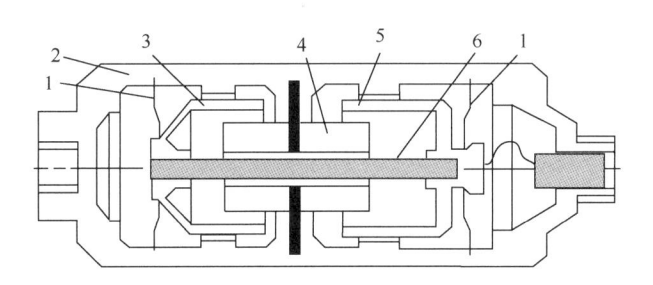

图2.25 典型的电磁感应式速度传感器结构
1. 弹簧片；2. 壳体；3. 阻尼环；4. 磁钢；5. 线圈；6. 芯轴

电磁感应式速度传感器还可以做成相对式的，用来测量振动系统中两部件之间的相对振动速度，壳体固定于一部件上，而顶杆与另一部件相连接，从而使传感器内部线圈与磁钢产生相对运动，形成相应电动势。

电磁感应式速度传感器的优点是不需要外加电源，输出信号不经调理放大即可远距离传送，这在实际长期监测中是十分方便的。另外，由于电磁感应式速度传感器中存在机械运动部件，它与被测系统同频率振动，不仅限制了传感器的测量上限，而且其疲劳极限造成传感器的寿命比较短。在长期连续测量中必须考虑传感器的寿命，要求传感器的寿命大于被测对象的检修周期。

2.5.3 位移传感器

位移是指物体的某个表面或某点相对于参考表面或参考点位置的变化。位移有线位移和角位移两种。线位移是指物体沿着某一条直线移动的距离；角位移是指物体绕着某一定点旋转的角度。与二者对应也就存在线位移传感器和角位移传感器。另外，力、压力、扭矩、速度、加速度、温度、流量等参数也可转换为位移进行测量。目前常用的位移传感器分类如图 2.26 所示，各种位移传感器性能对比如表 2.1 所示，下面简要介绍其中的几种。

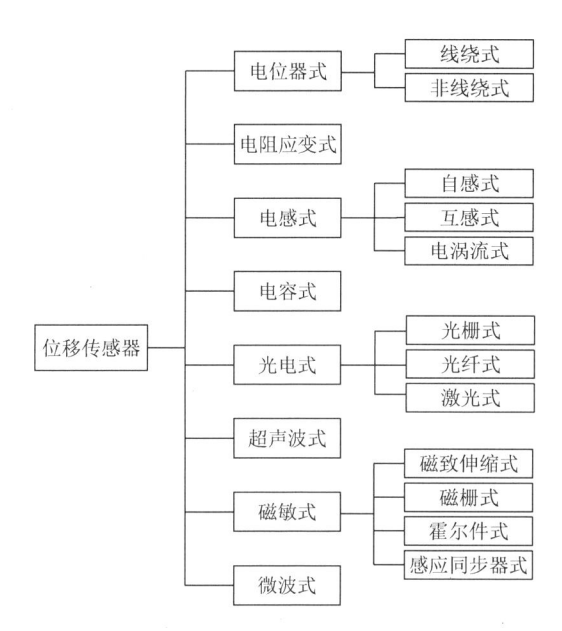

图 2.26 常用位移传感器

表 2.1 各种位移传感器性能对比

类型		测量范围	精度	线性度	特点
电位器式	线绕式	1nm～300mm	0.1%	±0.1%	结构简单，使用简单；存在摩擦和磨损
	非线绕式	1nm～1000mm	0.5%	±0.5%	分辨率低，电噪声大；机械结构牢固
电阻应变式		0.1μm～0.1mm	小于 0.2%	0.1%～0.5%	线性好、分辨率高；但对相对湿度敏感、测试范围小
自感式		±25μm～±50mm	0.1μm	—	精度高、灵敏度高；但频率响应低
电涡流式		0～100mm	±1%～3%	<3%	灵敏度高、响应快
激光式		2m	—	—	分辨率 0.2μm
光纤式		0.5～5mm	1%～3%	0.5%～1%	灵敏度高、抗干扰制作工艺高
电容式		0.001～10mm	0.01	±1%	分辨率高、易受温度、湿度变化影响
霍尔件式		±5mm	0.50%	1%	动态特性好、分辨率高
光栅式		0.001mm～10m	3μm/m		分辨率高
感应同步器式		0.001mm～10m	3μm/m		模拟和数字混合系统、分辨率高
磁栅式		1～20m	5μm/m	—	工作速度快

1. 电位器式位移传感器

电位器式位移传感器基本原理是将物体的位移转换为电位器移动端的电阻变化，在电位器上通电源电压，把电阻变化转换为电压输出，一般可分为线绕式和非线绕式两种。线绕电位器式位移传感器一般由电阻丝烧制在绝缘骨架上，由电刷引出与滑动点电阻对应的输入变化。电刷由待测量位移部分拖动，输出与位移成正比的电阻或电压的变化。电阻丝的可选材料很多，通常根据电位器的结构、容纳电阻丝的空间、电阻值和温度系数来选择。电阻丝越细，在给定的空间内越能获得较大的电阻值和分辨率，但电阻丝太细，在使用过程中容易断开，影响传感器的寿命。非线绕电位器式位移传感器种类非常多，常见的方式是在绝缘基片上制成各种薄膜元件代替电阻丝。薄膜材料种类也比较多，如合成膜、金属膜、导电塑料和导电玻璃釉等。不同材料的薄膜的耐温性、耐磨性、耐压性、抗噪性各有差别，导致传感器精度和适用场景各不同。

2. 电阻应变式位移传感器

这种传感器以弹簧和悬臂梁串联作为弹性元件，在矩形界面悬臂梁根部正反两面贴四片应变片，并组成全桥电路，拉伸弹簧一端与测量杆连接，当测量杆随试件产生位移时，带动弹簧使悬臂梁根部产生弯曲，弯曲所产生的应变与测量杆的位移呈线性关系。

3. 电容式位移传感器

电容式位移传感器是以理想的平板电容为基础，两个平行极板由传感器测头和被测物体表面构成，基于运算放大器测量电路原理，当恒定频率的正弦激励电流通过传感器电容时，传感器上产生的电压幅值与电容极板间隙呈比例关系。

4. 电感式位移传感器

1）自感式位移传感器

自感式位移传感器把被测位移量转换为线圈的自感变化，输出的电感变化量需经电桥及放大测量电路得到电压、电流或频率变化的电信号，从而实现位移测量。实际应用中差动电感式位移传感器应用比较广泛，其原理为将两个相通的电感线圈按差动方式连接起来，利用线圈的互感作用将机械位移转换为感应电动势的变化。

2）电涡流式位移传感器

电涡流式位移传感器通过一个高频信号源产生高频电压，将这个高频电压施加在电涡流式位移传感器探头内的电感线圈上，产生高频磁场，当被测金属体靠近这一磁场时，就在此金属表面产生感应电流，与此同时该电涡流场也产生一个方向与头部线圈方向相反的交变磁场，由于其反作用，头部线圈高频电流的幅度和相位得到改变（线圈有效阻抗），这一变化与头部线圈到金属导体表面的距离参数有关时形成位移传感器（图2.27）。目前这种传感器已经在大型旋转机械状态的在线监测与故障诊断中得到了广泛应用。

(a) 原理　　　　　　　　　(b) 实物

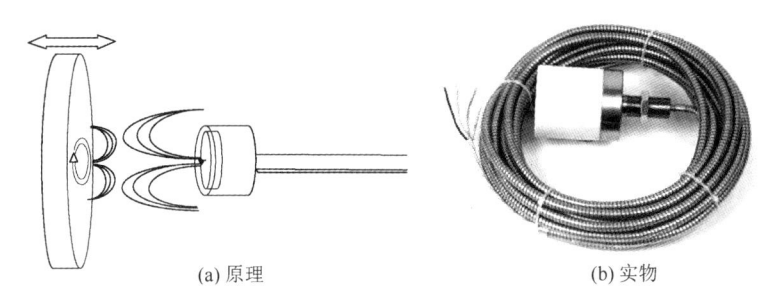

图 2.27　电涡流式位移传感器原理及典型实物图

5. 磁敏式位移传感器

1）磁致伸缩位移传感器

由于磁致伸缩材料在磁场发生变化时会产生机械振动，从而产生机械脉冲信号，通过检测该机械脉冲信号可以感应环境变化。磁致伸缩位移传感器的测量元件是一根波导管，波导管内的敏感元件由特殊的磁致伸缩材料制成。它利用敏感元件感应两个不同磁场相交时的磁场变化，来准确地测量位移。具体的测量过程是在传感器的电子室内产生电流脉冲，该电流脉冲在波导管内传输，从而在波导管外产生一个圆周磁场，当该磁场和套在波导管上的活动磁环产生的磁场相交时，由于磁致伸缩的作用，波导管内会产生一个扭转波脉冲，这个扭转波脉冲以固定的速度传输，并很快由检出机构检出。由于这个扭转波脉冲信号在波导管内的传输时间和活动磁环与检出机构之间的距离成正比，通过测量脉冲电流与扭转波的时间差可以精确地确定活动磁环位置，如图 2.28 所示。这种传感器可以测量大位移，被广泛应用于各个领域，特别是易燃、易爆、易挥发、有腐蚀的场合。

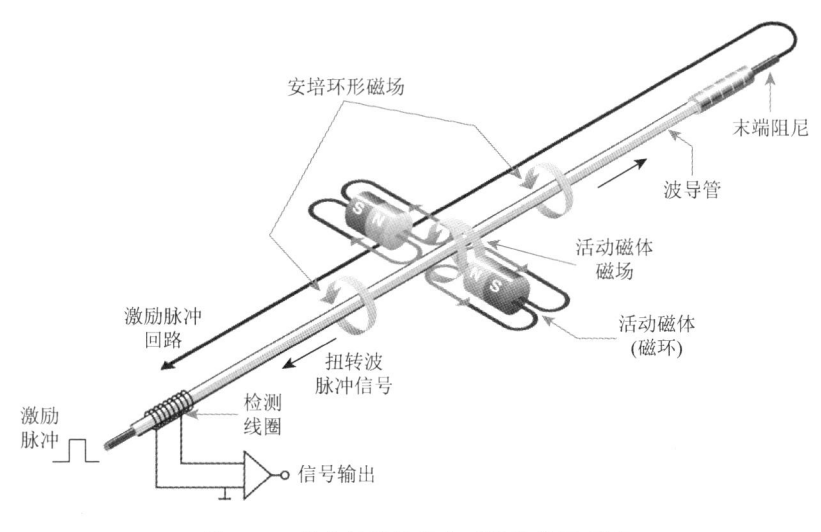

图 2.28　磁致伸缩位移传感器结构原理图

2）霍尔件式位移传感器

霍尔件式位移传感器是把霍尔片置于两个磁场中，调整初始位置使初始霍尔电势为零。当霍尔元件通过恒定电流时，在其垂直于磁场和电流的方向上就有霍尔电势输出。霍尔元件在梯度磁场中上下移动时，输出的霍尔电势取决于其在磁场中的位移量。测得霍尔电势的大小便可获知霍尔元件的静位移量。

3）磁栅式位移传感器

磁栅式位移传感器由磁栅、磁头和检测电路组成。在不导磁材料上镀上一层磁性薄膜，并沿长度方向录上间距相等、极性交错的磁信号就形成了磁栅。磁栅可分为单面型直线磁栅、同轴型直线磁栅和旋转型磁栅等。磁头有动态磁头和静态磁头两种，当动态磁头与磁栅产生相对运动时，磁头的输出绕组线圈产生信号且与磁头磁栅相对速度成正比。当有磁通量通过静态磁头时，线圈输出幅值与进入磁头的磁通量成正比，该磁通量又与磁栅的位置有关。磁栅是主要用于大型机床和精密机床的位置或位移量的检测元件。

4）感应同步器系统

感应同步器系统利用电磁感应原理把位移量转换成数字量，包含两个平面绕组，类似于变压器的初级绕组和次级绕组，位移运动引起两个绕组间的互感变化，由此进行位移测量。感应同步器系统分为直线型和圆盘型两大类，前者用于直线位移测量，后者用于角位移测量；前者广泛应用在各种机械设备上，后者则应用于导弹制导、雷达天线定位等领域。

2.5.4 压力传感器/应压片

1. 应变式压力传感器

1）平膜片式应变压力传感器

图 2.29 是平膜片式应变压力传感器的四种基本结构。平膜片可看成周边固支的圆形平板，被测压力作用于平膜片的一面，而应变片粘贴在平膜片的另一面。图 2.30 是一个典型测量气体或液体压力的简易平膜片式应变压力传感器。图 2.31 给出了周边固支的圆形平膜片的应力、应变曲线，其中特别值得注意的是，径向应变 ε_r 的曲线，在中心附近是正值，在板的边缘为负值；设计平膜片式应变压力传感器时，可以利用这个特点，适当地布置应变片使应变电桥工作在推挽（差动）状态。

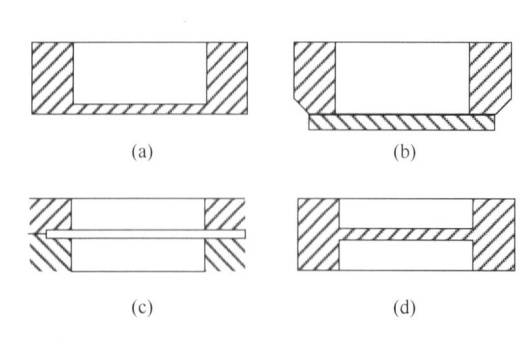

图 2.29 平膜片式应变压力传感器的四种基本结构

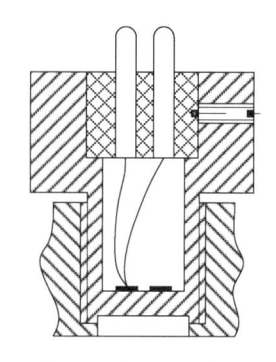

图 2.30 简易平膜片式应变压力传感器

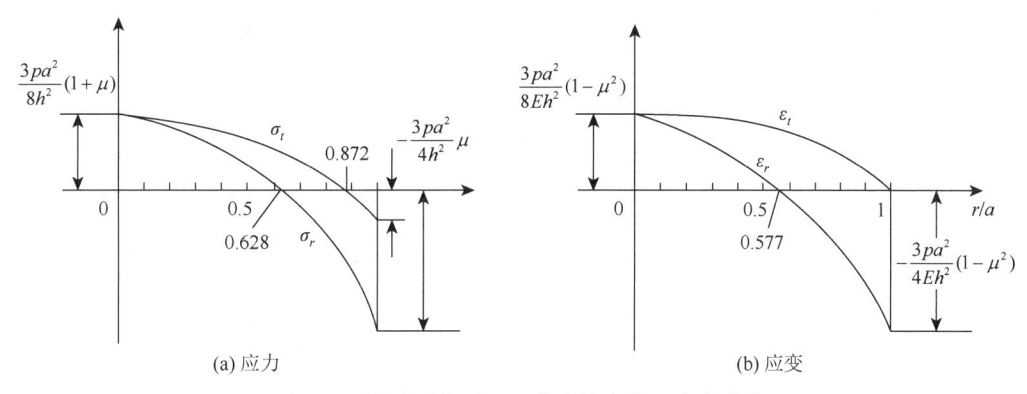

图 2.31 周边固支圆形平膜片的应力、应变曲线

平膜片应力、应变具体的计算可以由以下公式给出。

径向应力:
$$\sigma_r = \frac{3p}{8h^2}[a^2(1+\mu) - r^2(3+\mu)] \tag{2-88}$$

切向应力:
$$\sigma_t = \frac{3p}{8h^2}[a^2(1+\mu) - r^2(1+3\mu)] \tag{2-89}$$

径向应变:
$$\varepsilon_r = \frac{1}{E}(\sigma_r - \mu\sigma_t) = \frac{3p(1-\mu^2)}{8Eh^2}(a^2 - 3r^2) \tag{2-90}$$

切向应变:
$$\varepsilon_t = \frac{1}{E}(\sigma_t - \mu\sigma_r) = \frac{3p(1-\mu^2)}{8Eh^2}(a^2 - r^2) \tag{2-91}$$

图 2.32 是应变片在平膜上的几种典型布置方式。其中图 2.32（a）是一种半桥布置方式，其中 R_1 承受正的径向应变，R_2 则承受负的径向应变。R_1、R_2 分别接入电桥的相邻二壁，处于半桥工作状态。根据平膜片应力、应变计算公式可知，在圆板中心（$r=0$）处，切向应力和径向应力相等，切向应变与径向应变相等，而且具有正的最大值：

$$\sigma_{r0} = \sigma_{t0} = \frac{3pa^2}{8h^2}(1+\mu), \quad \varepsilon_{r0} = \varepsilon_{t0} = \frac{3pa^2}{8Eh^2}(1-\mu^2) \tag{2-92}$$

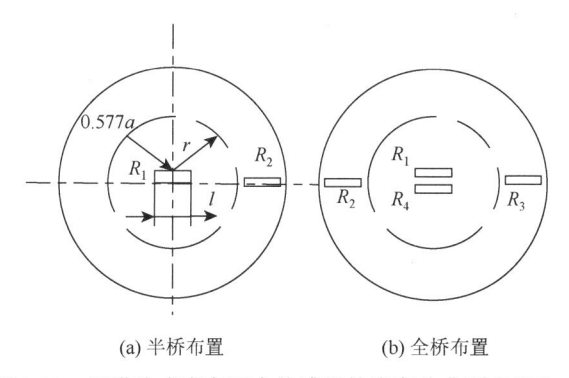

(a) 半桥布置　　(b) 全桥布置

图 2.32 平膜片式应变压力传感器的应变片典型布置方式

在圆板的边缘（$r = a$）处，径向应力、切向应力和径向应变都达到负的最大值，而切向应力变为零：

$$\sigma_{ra} = -\frac{3pa^2}{4h^2}, \quad \sigma_{ta} = -\frac{3pa^2}{4h^2}\mu, \quad \varepsilon_{ra} = -\frac{3pa^2}{4Eh^2}(1-\mu^2), \quad \varepsilon_{ta} = 0 \qquad (2\text{-}93)$$

为了保证电桥工作在对称的推挽状态，应保证 $R_1 = R_2$，$K_1 = K_2$，ΔR_1 与 ΔR_2 符号相反，其中 K_1、K_2 分别为两个应变片的灵敏度，ΔR_1、ΔR_2 分别为两个应变片的应变量。前两条要求主要依靠应变片本身保证，第三条要求则靠正确地布置应变片的位置来保证。其应力、应变曲线如图 2.31 所示周边固支圆形平膜片应力、应变曲线。假设应变片的基长为 L，R_1（或 R_1 和 R_4）粘贴在中心正应变最大区，如图 2.32（a）中 R_1 与图 2.32（b）中 R_1 和 R_4 对称位置，R_2（或 R_2 和 R_3）则粘贴在负应变最大区，如图 2.32（a）中 R_2 与图 2.32（b）中 R_2 和 R_3 对称位置，图 2.32（a）中 R_1 和 R_2 按半桥工作的方式连接，图 2.32（b）中 R_1 和 R_4、R_2 和 R_3 按全桥工作的方式连接，这样既增大了传感器的灵敏度，又起到温度补偿的作用。

传感器工作在冲击或振动加速度很大的地方时，可以采用双平膜片结构来消除加速度的干扰。图 2.33 是双平膜片结构的示意图。两个结构尺寸和材料性质严格相同的平膜片同心地安装在一起，并按半桥工作的方式各粘贴两片应变片，按图 2.33（b）所示组成全桥。两个平膜片在测压时只有一个受到压力，受压膜片的两个应变片就按半桥方式工作，而补偿膜片的应变片没有变化，当传感器本体受到加速度作用时，两个膜片将产生相同的反应，因此有 $\Delta R_1 = \Delta R_1'$，$\Delta R_2 = \Delta R_2'$，即电桥相邻的桥臂有相同的变化，电桥不会有输出，从而将加速度的干扰信号除掉。

平膜片式应变压力传感器突出的优点是结构简单且工作端面平整。但这种传感器的灵敏度与频率响应之间存在着比较突出的矛盾，且温度对平膜片式应变压力传感器的性能影响也比较大。

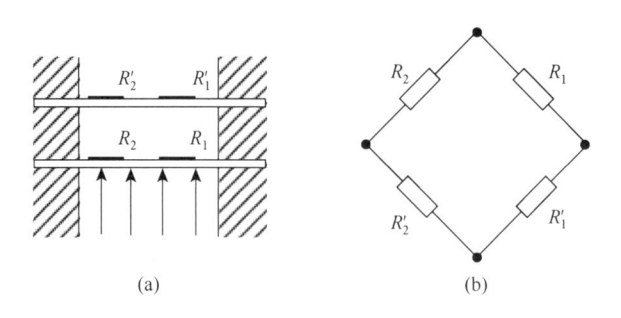

图 2.33 双平膜片结构示意图

2）薄壁圆筒式应变压力传感器

薄壁圆筒式应变压力传感器也是较为常用的压力传感器，主要用来测量液体的压力。图 2.34（a）为该应变压力传感器的敏感元件——薄壁圆筒（应变管）的结构示意图。薄壁就是指圆筒的壁厚（$t = R-r$）远小于它的外径（$t < D/20$）。其一端与被测体连接，当被测压力 p 进入应变管的腔内时，使圆筒发生变形。由材料力学可知，圆筒外表面上 A 点处将处于二向应力状态，即轴向应力 σ_x、切向应力（环向应力）σ_t。

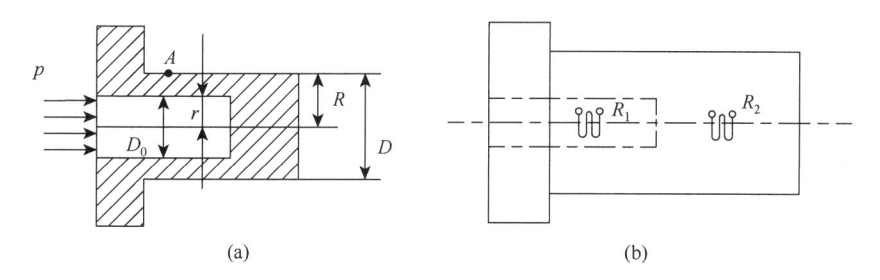

图 2.34 薄壁圆筒式应变压力传感器薄壁圆筒结构示意图

（1）轴向应力 σ_x。

沿圆筒轴线作用于筒顶的力为 $F = p\pi r^2$，在 F 作用下，圆筒横截面上的应力计算属轴向拉伸问题，圆筒的横截面面积为 $S = \pi(R^2 - r^2)$，因此，轴向应力为

$$\sigma_x = \frac{F}{S} = \frac{r^2}{R^2 - r^2} p \tag{2-94}$$

（2）切向应力（环向应力）σ_t。

取相距为 l 的两个横截面和包括直径的纵向平面，假想从圆筒中取出一部分作为研究对象，如图 2.35（a）所示，在圆筒壁的纵向截面上内力是 $N = \sigma_t(R - r)l$。在这一部分圆筒内的微分面积 $lrd\varphi$ 上，力为 $plrd\varphi$，它在 y 方向上的投影为 $plr\sin\varphi d\varphi$，如图 2.35（b）所示，所以投影总面积为 $\int_0^\pi plr\sin\varphi d\varphi = 2plr$，由平衡条件在 y 轴方向合应力为零，得

$$2\sigma_t(R - r)l - 2plr = 0 \tag{2-95}$$

即

$$\sigma_t = \frac{r}{R - r} p \tag{2-96}$$

当圆筒壁很薄时，$R \approx r$，式（2-96）可近似为

$$\sigma_t = \frac{2r^2}{R^2 - r^2} p \tag{2-97}$$

由广义胡克定律，可得应变管的轴向应变 ε_x 和切向应变 ε_t 分别为

$$\varepsilon_x = \frac{1 - 2\mu}{E} \frac{r^2}{R^2 - r^2} p \tag{2-98}$$

$$\varepsilon_t = \frac{2 - \mu}{E} \frac{r^2}{R^2 - r^2} p \tag{2-99}$$

从以上两式可以看出，应变管的轴向应变比切向应变小得多。因此，环向粘贴应变片可提高传感器的灵敏度。图 2.35（b）就是采用这种方式粘贴的应变片。图中在盲孔的外端部有一个实心部分，制作传感器时，在圆筒壁和端部沿环向各贴一片应变片，端部在圆筒内有压力时不产生变形，只做温度补偿用。为提高传感器的灵敏度，还可利用两片应变片工作，另选两片应变片在端部做温度补偿。

(a)　　　　　　　　　(b)

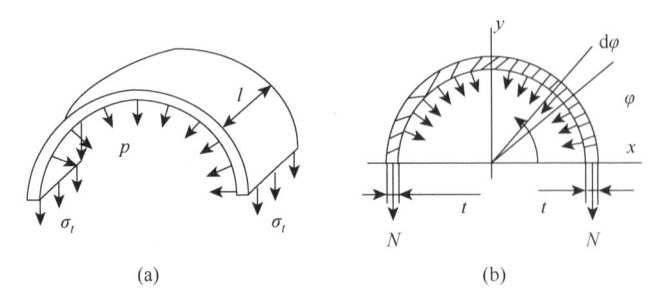

图 2.35　应变管单元截面受力图

当在环向粘贴应变片时,传感器应变管的固有振荡频率可按以下经验公式计算:

$$f=\frac{0.13}{L}\sqrt{\frac{E}{\rho}} \tag{2-100}$$

式中,L 为应变管的有效长度;ρ 为应变管材料的密度。

通常,薄壁圆筒式应变压力传感器的固有频率相当高,但在使用时,由于应变管内需注入油液,注入的液柱限制了传感器固有频率。当液柱的柱长 L_0 大于柱半径的 1.7 倍时,应变管的固有频率可由式(2-101)替代:

$$f=\frac{C}{4L_0} \tag{2-101}$$

式中,C 为油液的传声速度。

2. 压电式压力传感器

1)压电式压力传感器的结构

常用的压电式压力传感器是膜片型结构。膜片可采用如图 2.36 所示结构,图 2.36(a)与(b)为平膜片,图 2.36(c)为垂链式膜片。压电式压力传感器常用材料有石英晶体和压电陶瓷等,尤其是石英晶体,其稳定性更好。

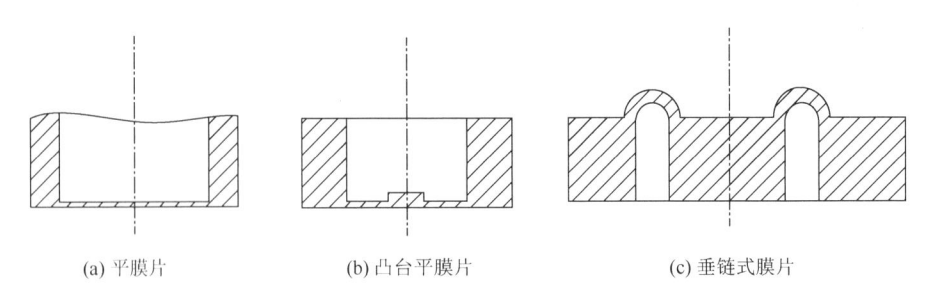

(a) 平膜片　　　　(b) 凸台平膜片　　　　(c) 垂链式膜片

图 2.36　弹性膜片结构图

图 2.37(a)为膜片型的压电式压力传感器。这种传感器结构紧凑,轻便全密封,端(膜片及传力块)动态质量小,具有较高的谐振频率,主要组成部分是弹性敏感器件(膜片)、压电转换器件(晶体)和本体(外壳及芯体)。压力 p 作用在膜片上,通过传力块

加到石英晶片上，使石英晶片产生厚度变形而形成压电效应。为保证石英晶片达微米级变形量且不被损坏，传感器本体刚度要大。为使通过传力块和导电片的作用力无损耗地快速传到石英晶片上，要采用不锈钢等高声速材料制作传力块和导电片。同力敏传感器一样，为保证在交变力作用下正常工作，消除因接触不良产生的非线性误差，装配时应通过拧紧芯体施加预压紧力。

(a) 膜片型压电式压力传感器

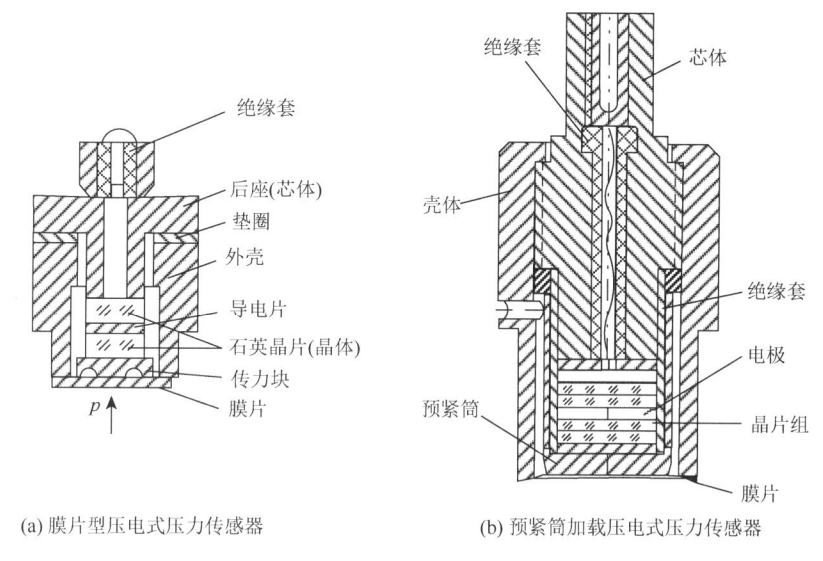

(b) 预紧筒加载压电式压力传感器

图 2.37　压电式压力传感器结构

这种结构的压力传感器，具有较高的灵敏度和分辨率，利于小型化。它的缺点是石英晶片的预压紧力是通过外壳与芯体间螺纹连接拧紧芯体施加的，会使膜片产生弯曲，造成线性与动态特性变差；还直接影响各组件间的接触刚度，改变传感器固有频率；温度变化时，膜片变形量变化，预压紧力也变化。

为消除预加载时引起膜片变形，采用了预紧筒加载结构，如图 2.37（b）所示。预紧筒是一个薄壁厚底的金属圆筒，通过拉紧预紧筒对石英晶片组施加预压紧力，并在加载状态下用电子束将预紧筒与芯体焊成一体（膜片是后焊接到壳体上去的）。

2）工作原理

图 2.38 为压电式压力传感器结构示意图。当压力 p 作用在膜片上时，将在压电元件上下表面产生电荷，电荷量 q 与作用力 F 成正比（$q = Fd$，d 为元件压电常数）。

作用在压电元件上的力和压力之间有如下关系：

$$F = pS \tag{2-102}$$

式中，S 为压电元件受力面积。因此式（2-102）可写为

$$q = pSd \tag{2-103}$$

由式（2-103）可知，输出电荷量与输入压力呈正比关系，一般压电式压力传感器的线性度比较好。

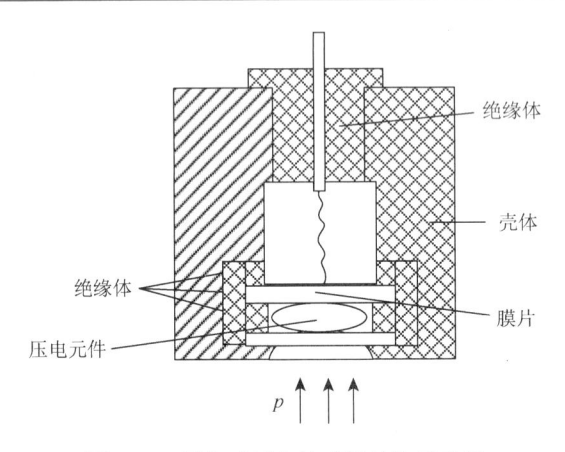

图 2.38 压电式压力传感器结构示意图

3）灵敏系数

压电式压力传感器的灵敏系数是指其输出电荷量（电荷 q 或电压 U）与输入量（压力 p）的比值，也可以分别用电荷灵敏系数和电压灵敏系数来表示。

电荷灵敏系数：

$$K_q = q / p \tag{2-104}$$

电压灵敏系数：

$$K_U = U / p \tag{2-105}$$

由式（2-103）知，电荷灵敏系数也可表示为

$$K_q = dS \tag{2-106}$$

由于 $U = q / C$，C 为传感器内极板间等效电容，所以电压灵敏系数也可用式（2-107）表示：

$$K_U = dS / C \tag{2-107}$$

由以上分析可知，为了提高压电式压力传感器的灵敏度，应选用压电系数大的压电材料做压电元件。此外，也可以用加大压电元件的受力面积、增加电荷量的方法来提高灵敏度，但是，增大受力面积不利于传感器的小型化。因此，一般采用多片压电元件叠加在一起，按电容串联和并联连接方式来提高传感器的灵敏度。

4）压电式压力传感器的应用

压电式压力传感器的动态测量范围很宽，频率响应特性好，能测量准静态的压力和高频变化的动态压力。除此之外，它还具有结构坚实、强度高、体积小、质量轻、耐高温、使用寿命长等优点，因此广泛应用于内燃机的气缸、油管、进排气管的压力测量。在航空上的应用更有它特殊的作用，例如，在超声速脉冲风洞中，用它来测量风洞的冲激波压力；在飞机上，用它来测量发动机燃烧室的压力。

压电式压力传感器在军事工业上的应用范围也很广，例如，用它来测量枪（炮）弹在膛中击发一瞬间的膛压变化，以及炮口的冲击波压力等。目前普遍采用的美国陆军测试标准中的火炮膛压测量，使用的就是压电式压力传感器。

3. 其他类型的压力传感器

压力传感器种类繁多,除了上述两种,常见的还有以下几种。

1)电容式压力传感器

外界作用力大小的波动会使电容器极板的位置改变,电容器的电容大小就会发生改变,根据电容值的改变量就可以计算出所受压力大小,根据这种原理制成的传感器称为电容式压力传感器。早期采用金属敏感元件作为电容式压力传感器的活动极板,制作成本高、体积不能小型化。随着集成电路和微型机械加工工艺的发展,如今电容式压力传感器的体积已经能做到很小,成为传感器领域研究的焦点之一。但是大部分电容式压力传感器的输入、输出都是非线性的,因此一般会通过微处理技术对其进行线性化处理,以确保其输入、输出线性相关。

2)压阻式压力传感器

压阻式压力传感器利用半导体材料的压阻效应制成,相较于金属材料,利用半导体材料制成的压力传感器具有更高的灵敏度和精确度。半导体材料具有较强的过压能力、良好的机械特性、强度高、迟滞小,这是其他材料无法超越的优势,特别是一些新材料的运用,使得压阻式压力传感器成为压力传感器研究领域的热点。

3)电磁压力传感器

利用电磁原理的传感器统称为电磁压力传感器,主要包括电感压力传感器、霍尔压力传感器、电涡流压力传感器等。

(1)电感压力传感器。

电感压力传感器的工作原理是:由于磁性材料和磁导率不同,当压力作用于膜片时,气隙大小发生改变,气隙的改变影响线圈电感的变化,处理电路可以把这个电感的变化转化成相应的信号输出,从而达到测量压力的目的。该种压力传感器按磁路变化可以分为两种:变磁阻和变磁导。电感压力传感器的优点在于灵敏度高、测量范围大,缺点是不能应用于高频动态环境。

变磁阻式压力传感器示意图如图 2.39 所示,其主要部件是铁芯与膜片,它们之间的气隙形成了一个磁路。当有压力作用时,气隙大小改变,即磁阻发生了变化。如果在铁芯线圈上加一定的电压,电流会随着气隙的变化而变化,从而测出压力。

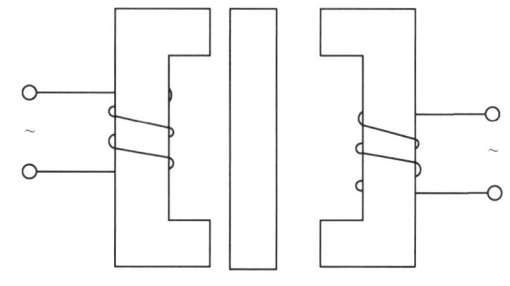

图 2.39 差动型可变磁阻式压力传感器

在磁通密度高的场合,铁磁材料的导磁率不稳定,这种情况下可以采用变磁导式压力传感器测量。变磁导式压力传感器用一个可移动的磁性元件代替铁芯,压力的变化导致磁性元件的移动,从而磁导率发生改变,由此得出压力值。

(2)霍尔压力传感器。

霍尔压力传感器以半导体材料的霍尔效应为工作基础。当一块通有电流的金属或半导体薄片垂直地放在磁场中时,薄片的两端就会产生电位差,这种现象就称为霍尔效应,两端具有的电位差值称为霍尔电势。用半导体材料制成的霍尔元件对磁场敏感、频率响应宽。当两块磁铁同极性相对放置,将霍尔元件置于中间时,霍尔元件会随着两侧磁场强度的变化而产生霍尔电势。如果霍尔元件受到压力作用而产生微小位移,则通过测量霍尔电势变化可测出压力等参数。

(3)电涡流压力传感器。

基于电涡流效应,由一个移动(或交变)的磁场与金属导体相交,或是由移动的金属导体与磁场垂直交会所产生(图2.40)。这种交变的磁场 B 使得导体内产生了一个循环的电流 I,即电涡流。电涡流特性使电涡流检测具有零频率响应等特性,因此电涡流压力传感器可用于静态力检测。当被测导体靠近传感器线圈产生的交变磁场时,产生了电涡流,而此电涡流又将产生另一交变磁场阻碍外磁场的变化。这种阻碍现象使得传感器线圈的等效阻抗、电感均发生变化,实现了将被测导体的位移量转换为电量,进而可以换算出被测导体受到的压力。

4)振弦式压力传感器

振弦式压力传感器的敏感元件是拉紧的钢弦,敏感元件的固有频率与拉紧力大小有关。弦的长度是固定的,弦的振动频率变化量可用来测算拉力的大小,即输入的是力信号,输出的是频率信号。振弦式压力传感器由上、下两部分组成,下部构件主要是敏感元件组合体,上部构件是铝壳,包含一个电子模块和一个接线端子,分成两个小室放置,这样在接线时就不会影响电子模块室的密封性(图2.41)。

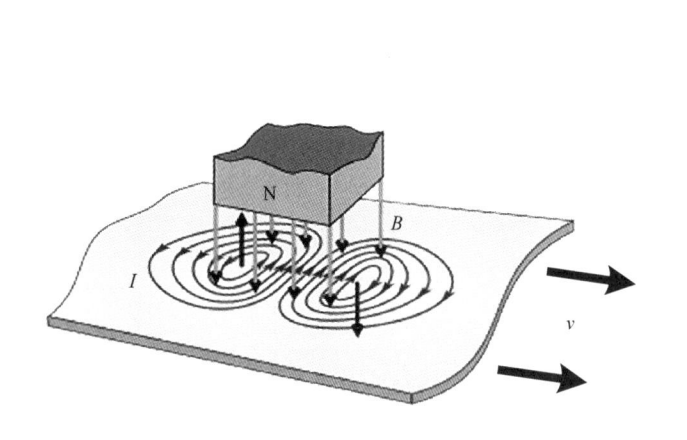

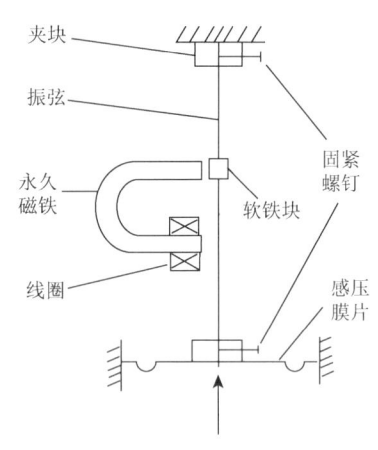

图2.40 电涡流压力传感器示意图   图2.41 振弦式压力传感器示意图

振弦式压力传感器属于频率敏感型传感器,这种传感器频率测量具有相当高的准确度,由于时间和频率是能准确测量的物理量参数,而且频率信号在传输过程中可以忽略电缆的电阻、电感、电容等因素的影响。同时,振弦式压力传感器还具有较强的抗干扰能力、零漂小、温度特性好、结构简单、分辨率高、性能稳定,以及便于数据传输、处理和存储,容易实现仪表数字化,所以振弦式压力传感器也可以作为传感技术发展的方向之一。

2.5.5 陀螺仪

1. 陀螺仪的分类

陀螺仪是感测旋转的一种装置，英文为 gyroscope，它来自希腊文，意思是旋转指示器。随着科学技术的发展，人们发现大约有一百种物理现象可以用来感测相对于惯性空间的旋转。在此基础上，研制出了许多不同原理和类型的陀螺仪。从工作的机理来看，可以把它们分成两大类：一类是以经典力学为基础的陀螺仪；另一类是以非经典力学为基础的陀螺仪。

以经典力学为基础的陀螺仪有刚体转子陀螺仪、流体转子陀螺仪、振动陀螺仪和半谐振子陀螺仪等。刚体转子陀螺仪是把高速旋转的刚体转子支承起来，使之获得转动自由度的一种装置，它可用来测量角位移或角速度。流体转子陀螺仪的转子不是固体材料，而是在特殊容器内按一定速度旋转的流体，它也可用来测量角位移或角速度。振动陀螺仪是利用振动叉旋转时的哥氏加速度效应做成的测量角速度的装置。半球谐振子陀螺仪则是利用振动杯旋转时的哥氏加速度效应做成的测量角位移的装置。

新型陀螺仪有激光陀螺仪、光导纤维陀螺仪、压电晶体陀螺仪、粒子陀螺仪和核子共振陀螺仪等。这些陀螺仪没有高速旋转的转子或振动的构件，但它们具有感测旋转的功能。例如，激光陀螺仪实际上是一种环形激光器，环形激光器中正、反两束光的频率差与基座旋转角速度成正比，故它可用来测量角速度。又如，压电晶体陀螺仪实际上是利用晶体压电效应做成的测量角速度的装置，粒子陀螺仪实际上是利用基本粒子的陀螺磁效应做成的测量角速度的装置。

2. 以经典力学为基础的陀螺仪

以经典力学为基础的陀螺仪种类较多，下面以刚体转子陀螺仪为例进行介绍。刚体转子陀螺仪的核心部分是一个绕自转轴（又称陀螺主轴或转子轴）高速旋转的刚体转子。转子一般采用高密度的金属材料，如不锈钢、钨镍铜合金等，做成空心圆柱体或实心圆柱体；较为特殊的则采用小密度的金属材料如铝或铍等，做成空心球体或实心球体。

陀螺仪的转子通常采用陀螺电动机驱动，也有采用其他驱动方法如高压气体驱动，使之绕自转轴高速旋转，转速达每分钟几千转至几万转。采用陀螺电动机驱动时，陀螺仪的转子实际上就是电动机的转子。对于航空上使用的陀螺仪，由磁滞陀螺电动机驱动时转子的转速一般为 24000r/min，由异步陀螺电动机驱动时则略低于该数值。图 2.42 为常见的磁滞陀螺电动机的结构。

刚体转子陀螺仪的基本特征是它的转子绕自转轴高速旋转而具有一定的角动量，这样才能得到所需的陀螺特性。为了测量运动物体的角位移或角速度，必须把转子安装在框架上或特殊支承上，使转子相对基座具有三个或两个转动自由度，或者说使自转轴相对基座具有两个或一个转动自由度。这样，就构成了陀螺仪的两种类型，即双自由度陀螺仪和单自由度陀螺仪。

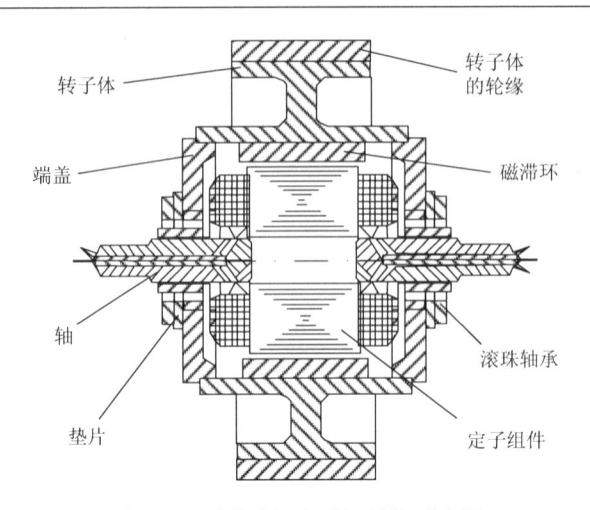

图 2.42 磁滞陀螺电动机结构示意图

3. 新型陀螺仪

陀螺仪作为惯性领域的核心技术之一，一直在不断发展，其在航空、航天和陆地精密导航、武器精确制导等方面有着广泛的应用，这些领域对陀螺仪提出了更高的要求。由于传统机械式转子陀螺仪的制造工艺和结构都很复杂，体积和质量也较大，精度也受到很多因素的限制，越来越难满足现代惯性技术的发展要求，因此新型陀螺仪应运而生。

1）激光陀螺仪

激光陀螺仪的原理是利用光程差来测量旋转角速度（萨尼亚克效应，Sagnac effect）。在闭合光路中，由同一光源发出沿顺时针方向和逆时针方向传输的两束光和光干涉，通过检测相位差或干涉条纹的变化，就可以测出闭合光路旋转角速度，原理如图 2.43 所示。激光陀螺仪的基本元件是环形激光器，环形激光器由三角形或正方形的石英制成的闭合光路组成，内有一个或几个装有混合气体（氦、氖气体）的管子、两个不透明的反射镜和

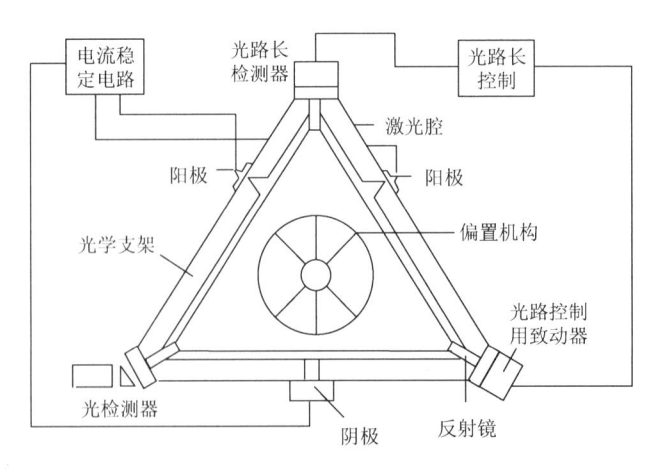

图 2.43 激光陀螺仪原理图

一个半透明镜。用高频电源或直流电源激发混合气体，产生单色激光。为维持回路谐振，回路的周长应为光波波长的整数倍。用半透明镜将激光导出回路，经反射镜使两束相反传输的激光干涉，通过光电探测器和电路输入与输出角度成比例的数字信号。

激光陀螺仪的光环路实际上是一种光学振荡器，按光腔形状分为三角形陀螺和正方形陀螺，腔体结构有组件式和整体式两种，一般三角形激光陀螺用得最多。典型的激光陀螺仪的结构是这样的：它的底座是一块低膨胀系数的三角形陶瓷玻璃，在其上加工出等边三角形的光腔，陀螺仪就由这样闭合的三角形光腔组成，三角形的边安装在每个角上的输出反射镜，控制反射镜和偏量反射镜限定，在三角形的一条边上安装充以低压氦、氖混合气体的等离子管。

2）光纤陀螺仪

光纤陀螺仪是一种重要的高精度光学惯性测量仪器。它可以用于精密物理量的测量，其介质是全固态介质，一般采用二氧化硅玻璃纤维，对环境敏感度较低，其光纤易于构建超大环陀螺，并且光纤陀螺仪采用光波传输干涉原理，探测对象是双向传输光波的相位差，不存在探测盲区。

光纤陀螺仪是以光导纤维线圈为基础的敏感元件，由激光二极管发射出的光线朝两个方向沿光导纤维传播。光传播路径的不同，决定了敏感元件的角位移。光纤陀螺仪与传统的机械陀螺仪相比，优点是全固态、没有旋转部件和摩擦部件、寿命长、动态范围大、瞬时启动、结构简单、尺寸小、重量轻。与激光陀螺仪相比，光纤陀螺仪没有闭锁问题，也不用在石英块精密加工出光路，成本相对较低。

光纤陀螺仪根据其工作方式可以分为干涉型光纤陀螺仪、谐振型光纤陀螺仪和受激布里渊散射型光纤陀螺仪。干涉型光纤陀螺仪主要通过 Sagnac 干涉仪中两路光的相位差检测陀螺仪的旋转角速度；谐振型光纤陀螺仪通过环形谐振腔中的谐振频率变化检测陀螺仪的旋转角速度；受激布里渊散射型光纤陀螺仪通过受激布里渊散射的拍频检测陀螺仪的旋转角速度。

光纤陀螺仪由于可靠性和精度方面的优势，已经在民用导航、地质勘探、灾害预警、航天航海以及军事领域获得了广泛应用。

2.6 现代传感技术

2.6.1 光电式传感技术

1. 光电效应

光由具有一定能量的粒子组成，根据爱因斯坦光粒子学说，每个光子所具有的能量 E 与其频率 f 的大小成正比（即 $E = hf$，式中 $h = 6.626 \times 10^{-34} \text{J} \cdot \text{s}$，为普朗克常量）。光照射在物体上可看成一连串具有能量的光子对物体的轰击，物体吸收光子能量而产生相应的电效应，即光电效应，这是实现光电转换的物理基础。光电效应依其表现形式的不同，通常可分为外光电效应、内光电效应和光生伏特效应三类。

1) 外光电效应

光线作用下,物体内的电子逸出物体表面向外发射的物理现象称为外光电效应,也称为光电发射效应。逸出的电子称为光电子。外光电效应可用爱因斯坦光电方程来描述,即

$$\frac{1}{2}mv^2 = hf - W \tag{2-108}$$

式中,v 为电子逸出物体表面时的初速度;m 为电子质量;W 为金属材料的逸出功(金属表面对电子的束缚)。

式(2-108)为著名的爱因斯坦光电方程,它揭示了光电效应的本质。根据爱因斯坦的假设,一个光子的能量只能给一个电子,因此单个的光子把全部能量传给物体中的一个自由电子,使自由电子的能量增加为 hf,这些能量一部分用于克服逸出功 W,另一部分作为电子逸出时的初动能 $mv^2/2$。由于逸出功与材料的性质有关,当材料选定后,要使金属表面有电子逸出,入射光的频率 f 有一个最低的限度。当 hf 小于 W 时,即使光通量很大,也不可能有电子逸出,这个最低限度的频率称为红限频率;当 hf 大于 W 时,光通量越大,逸出的电子数目也越多,光电流也越大。

根据外光电效应制成的光电元件有光电管、光电倍增管、光电摄像管等。

2) 内光电效应

在光线作用下,使物体导电能力发生变化的现象称为内光电效应,也称为光电导效应。根据内光电效应制成的光电元件有光敏电阻、光敏二极管、光敏晶体管和光敏晶闸管等。

3) 光生伏特效应

在光线作用下,物体产生一定方向电动势的现象称为光生伏特效应。基于光生伏特效应的光电元件称为光电池。

2. 光电式传感器的类型

光电式传感器按输入量的性质可分为两大类:模拟式光电传感器和开关式(脉冲式)光电传感器。

1) 模拟式光电传感器

模拟式光电传感器的工作原理是基于光电元件的光电特性,其光通量是随被测量而变的,光电流称为被测量的函数,故又称为光电传感器的函数运用状态。这类光电传感器要求光电元件的光照特性为单值线性,而且光源的光照均匀恒定,属于这一类的光电式传感器有如下几种。

(1) 吸收式光电传感器。

吸收式光电传感器是利用光源发出一束恒定光通量的光,并使之穿过被测对象,其中部分光被吸收,而其余的光则到达光电元件,转变为电信号输出。如图 2.44(a)所示,根据被测对象吸收光通量的多少或对其谱线的选择来确定出被测对象的特性,此时,光敏器件上输出的光电流是被测对象所吸收光通量的函数。这类传感器可用来测量液体、气体、固体的透明度和浑浊度等参数。

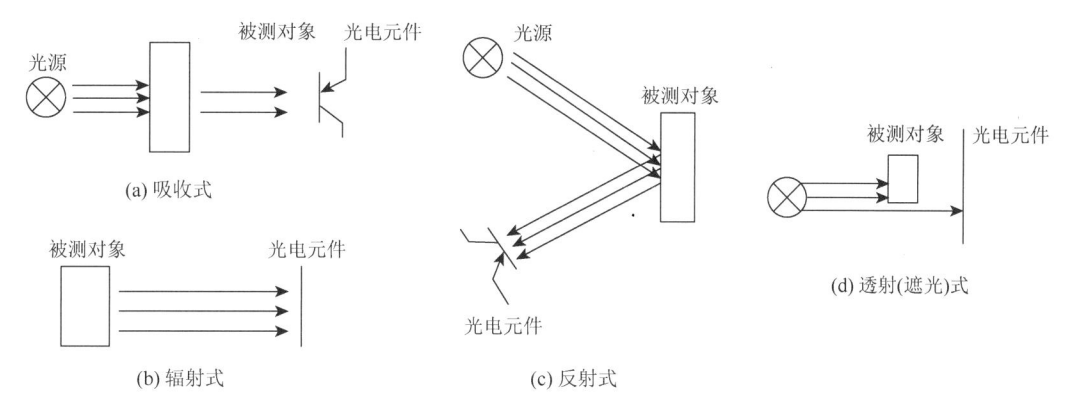

图 2.44 光电式传感器的类型

（2）辐射式光电传感器。

这种形式的传感器其光源本身就是被测对象，即被测对象本身是一辐射源。它可以直接照射在光电元件上，也可以经过一定的光路后作用在光电元件上，光电元件接收辐射能的强弱变化，如图 2.44（b）所示。光通量的强弱与被测参量如温度的高低有关。

（3）反射式光电传感器。

反射式光电传感器是将恒定光源发出的光投射到被测对象上，被测对象把部分光通量反射到光电元件上，由光电元件接收其反射光通量，如图 2.44（c）所示。反射光通量的变化反映出被测对象的特性，例如，通过光通量变化的大小，可以反映出被测量物体的表面光洁度；通过光通量的变化频率，可以反映出被测量物体的转速；通过测量发射与接收之间的时间差，可以测出距离。

（4）透射（遮光）式光电传感器。

透射（遮光）式光电传感器是将被测对象位于恒定光源与光电元件之间，光源发出的光通量经被测物遮去一部分，使作用在光电元件上的光量减弱，减弱的程度与被测对象在光学通路中的位置有关，如图 2.44（d）所示。利用这一原理可以测量长度、厚度、线位移、角位移、角速度等。

2）开关式（脉冲式）光电传感器

开关式（脉冲式）光电传感器因其光电元件有无受光照而仅有两种稳定状态，也就是通、断的开关状态，所以也称为光电元件的开关运用状态。这类传感器要求光电元件灵敏度高，而对光电特性的线性度要求不高，主要用于零件或产品的自动计数、光控开关、电子计算机的光电输入设备、光电编码器及光电报警装置等方面。

3. 光电式传感器的计算

由于光电式传感器是将光信号转换为电信号的一种传感器，而具体转换关系需要计算光通量，从而可得转换后的光电流，因此光电式传感器设计计算应考虑光和电两方面的问题。

1）光通量的计算

设光源为一点光源，则光通量是均匀地向所有方向辐射。单色光源波长为 λ 的辐射光通量 Φ_λ 可由式（2-109）确定：

$$\Phi_\lambda = 4\pi I_\lambda \tag{2-109}$$

式中，I_λ 为波长是 λ 的光源的发光强度。

光电式传感器除了光源和光电元件外，在光路中为了使光线聚集、平行、改变方向或调制光通量等，还采用透镜、棱镜及其他光学元件，因此应考虑投射于它们的光通量以及由此引起的损耗。光学元件（如透镜）表面所接收的光通量 Φ'_λ 仅是 Φ_λ 的一部分，大小为

$$\Phi'_\lambda = \Omega I_\lambda \tag{2-110}$$

式中，Ω 为光学元件对点光源所张的立体角。

在点光源向各方向均匀辐射时，光通量与穿过的面积成正比：

$$\frac{\Phi'_\lambda}{\Phi_\lambda} = \frac{A}{4\pi R^2} \tag{2-111}$$

式中，A 为光学元件的面积；R 为光源与光学元件间的距离，即对应球面（$4\pi R^2$）的半径。

由光学元件表面的反射而引起的光通量损耗为

$$\Delta\Phi'_\lambda = \Phi'_\lambda \rho \tag{2-112}$$

式中，ρ 为光谱反射系数。

若考虑光学元件的吸收，则透过光学元件后的光通量为

$$\Phi''_\lambda = \Phi'_\lambda(1-\rho)\mathrm{e}^{-kl} = \Phi'_\lambda(1-\rho)\tau^l \tag{2-113}$$

式中，τ 为光谱透射比（透明系数），它为单位光通量在光学元件中经过单位长度后所透过的光通量；l 为光学元件内光路径的长度；k 为比例系数。

总之，要按上述原则将光路中各元件的各种损耗逐一算出，以求出能投射到光电元件上的光通量。

2）光电流的计算

设光电元件上能接收到的单色光源的光通量为 Φ'''_λ，光谱灵敏度为 S_λ，则光电流为

$$I_\lambda = S_\lambda \Phi'''_\lambda \tag{2-114}$$

若光源能发出各种波长的射线，则各种波长的辐射线都要产生光电流，其光电流或积分电流为

$$I = \int_{\lambda_1}^{\lambda_2} S_\lambda \Phi'''_\lambda \mathrm{d}\lambda \tag{2-115}$$

式中，λ_1、λ_2 为光的波长，一般由光电元件的光谱灵敏度范围所决定。

若以 S 表示积分灵敏度，Φ 表示各种波长的总光通量，则光电流 I 也可表示为

$$I = S\Phi \tag{2-116}$$

3）电路的分析和计算

图 2.45 为光电元件与晶体管伏安特性的比较。从图中不难发现，两者的伏安特性很相似，其差别仅在于：光电元件的光电流由光通量 Φ 或照度 E 控制，而晶体管的集电极电流 I_c 由基极电流 I_b 控制，因此光电元件可效仿晶体管放大器的理论进行分析和计算。即如果以输入光通量 Φ 或照度 E 代替晶体管的输入电流 I_b，以光电元件的灵敏度 S 代替晶体管的电流放大系数 β，就可完全按晶体管放大器的理论分析和计算方法对光电元件进行分析和计算。

(a) 光电元件 (b) 晶体管

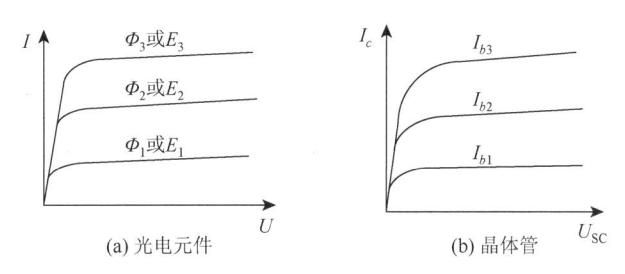

图 2.45　光电元件与晶体管伏安特性的比较

4. 图像传感器

图像传感器是利用光电元件的光电转换功能，将感光面上的光像转换为与光像呈相应比例关系的电信号。与光敏二极管、光敏晶体管等点光源的光电元件相比，图像传感器是将其受光面上的图像分成多个小单元，将其转换成可用的电信号的一种功能器件。图像传感器分为光导摄像管传感器和固态图像传感器。与光导摄像管传感器相比，固态图像传感器具有体积小、重量轻、集成度高、分辨率高、功耗低、寿命长、价格低等特点，因此在各个行业都得到了广泛应用。

固态图像传感器是一种高度集成的光电传感器，在一个器件上便可完成光电信号转换，信息存储、传输和处理。常用的图像传感器有电荷耦合器件（charge-coupled device，CCD）图像传感器和互补金属氧化物半导体（complementary metal oxide semiconductor，CMOS）图像传感器两大类。

1）CCD 图像传感器

CCD 图像传感器有线型和面型两大类，它们各具有不同的结构和用途。

（1）线列阵图像传感器。

线列阵图像传感器结构如图 2.46 所示。线列阵 CCD 是将光电元件排列成直线的器件，由金属氧化物半导体（metal oxide semiconductor，MOS）的光敏单元、转移栅、CCD 移位寄存器三部分组成。光敏单元、转移栅、CCD 移位寄存器是分三个区排列的，光敏单元与 CCD 移位寄存器一一对应，光敏单元、转移栅与移位寄存器相连。图 2.46（a）为单排结构，用于低位数 CCD 传感器。图 2.46（b）为双排结构，分 CCD 移位寄存器 1 和 CCD 移位寄存器 2。奇数位置上的光敏单元收到的光生电荷送到 CCD 移位寄存器 1 串行输出，偶数位置上的光敏单元收到的光生电荷送到 CCD 移位寄存器 2 串行输出，最后上、下输出的光生电荷合二为一，恢复光生电荷的原来顺序。显然，双排结构的图像分辨率是单排结构的 2 倍。

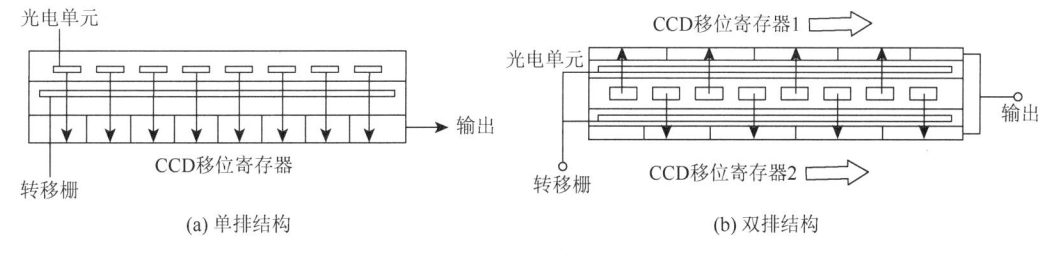

(a) 单排结构 (b) 双排结构

图 2.46　线列阵图像传感器结构

在光电元件进行曝光（或称光积分）后产生光生电荷。在转移栅作用下，将光电单元的光生电荷耦合到各自对应的 CCD 移位寄存器中，这是一个并行转换过程。然后光电元件进入下一次光积分周期，同时在时钟信号作用下，从 CCD 移位寄存器中依次输出各位信息直至最后一位信息，这是一个串行输出的过程。

由以上分析可知，线列阵图像传感器输出的信息是一个一个的脉冲，脉冲的幅度取决于对应光电单元上受光的强度，而输出脉冲的频率则与驱动时钟的频率一致。因此，只要改变驱动脉冲的频率就可以改变输出脉冲的频率。

（2）面列阵图像传感器。

如图 2.47 所示，面列阵图像传感器有四种基本构成方式。

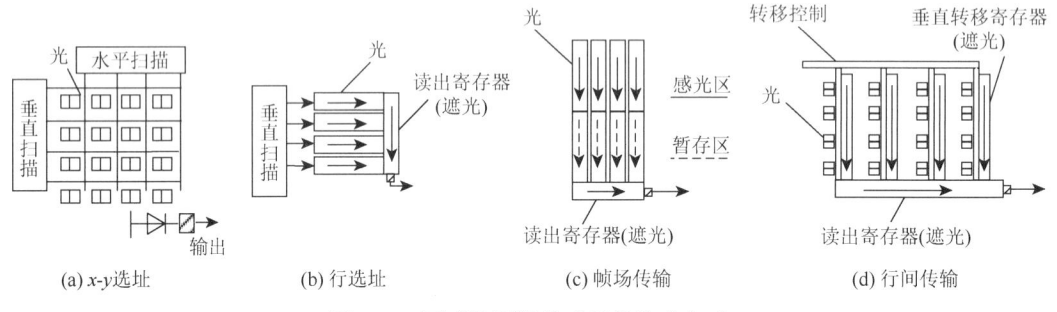

图 2.47 面列阵图像传感器的构成方式

图 2.47（a）为 x-y 选址方式，它也是用移位寄存器对光电二极管阵列进行 x-y 二维扫描，信号电荷最后经二极管总线读出。x-y 选址式面列阵图像传感器存在的问题是图像质量不佳。

图 2.47（b）为行选址方式，它是将若干个结构简单的线列阵图像传感器平行地排列起来而成的。为切换各个线列阵图像传感器的时钟脉冲，必须准备一个选址电路。同时，行选址方式的传感器，垂直方向上还必须设置一个专用读出寄存器，当某一行被选中时，就将这一行的信号电荷读至一列垂直方向的读出寄存器。这样，诸行间就会有不同的延时时间，为补偿这一延时，往往需要非常复杂的电路和相关技术；另外，由于行选址方式的感光部分与电荷转移部分共用，很难避免光学拖影劣化图像画面的现象。正是由于以上两个原因，行选址方式未能得到继续发展。

如图 2.47（c）所示，帧场传输方式的特点是感光区与电荷暂存区相互分离，但两区构造基本相同，并且都是用 CCD 构成的。感光区的光生信号电荷积蓄到一定数量之后，用极短的时间迅速送到有光屏蔽的暂存区，这时感光区又开始本场信号电荷的生成与蓄积过程；此间，上述处于暂存区的上一场信号电荷，将一行一行地移向读出寄存器读出，当暂存区内的信号电荷全部读出之后，时钟控制脉冲又使之开始下一轮信号电荷的由感光区向暂存区的迅速转移。

如图 2.47（d）所示，行间传输方式的基本特点是感光区与垂直转移寄存器相互邻接，这样可以使帧和场的转移过程合二为一。在垂直转移寄存器中，上一场在每个水平回扫周期内，将沿垂直转移信道前进一级，此间，感光区正在进行光生信号电荷的生成与积蓄过程。若使垂直转移寄存器的每个单元对两个像素，则可以实行隔行扫描。

帧场传输方式及行间传输方式是比较可取的，尤其后者能够较好地消除图像上的光学拖影的影响。

2）CMOS 图像传感器

（1）CMOS 图像传感器基本结构。

CMOS 图像传感器主要由以下部分构成：数字逻辑模块、信号处理模块及像阵列等。一共 $M×N$ 个像素单元在 CMOS 图像传感器的内部形成对应的像素阵列，每一个这里面的像素单元都有对应的一个信号处理单元和光敏探测器。一般来说，一个反偏的 PN 结可以构成一个光敏探测器，光敏探测器如果使用 P + NP 的二极管，则可以提高光响应率。光子可以在采样阵列时激发对应的光敏探测器，从而出现光电流，光电流信号可以被像素单元里的相关信号处理电路转化为电荷信号或电压信号等，然后利用总信号处理模块将生成的电荷或电压信号传送到片外。

（2）CMOS 图像传感器的发展与分类。

CMOS 图像传感器发展到如今，共经历了三个阶段，分别为无源像素 CMOS 图像传感器、有源像素 CMOS 图像传感器、数字像素 CMOS 图像传感器。数字像素 CMOS 图像传感器与前两个阶段的 CMOS 图像传感器相比，内部集成了模数转换模块，可以直接输出数字信号。CMOS 图像传感器最核心的部分为像素单元阵列，用于实现光电转换；随后电信号传输至增益放大电路将其转换成具有一定能量的信号；最后在模拟信号处理模块进行降噪，并通过模数转换模块将模拟信号转换为数字信号输出。

CMOS 图像传感器按照曝光方式可分为全局曝光和卷帘曝光两种。全局曝光的方式比较简单，在打开光圈后，整个图像传感器同时曝光，因此曝光时间与机械的开关速度有关，存在理论上的最小曝光时间。卷帘曝光是在光圈打开后，还存在一定间隔的卷帘来控制曝光时间，因此曝光时间完全取决于卷帘的运动速度和开口大小。卷帘曝光能实现更短的曝光时间，但不能拍摄高速运动中的物体，会存在拖影现象。

根据 CMOS 图像传感器芯片中像素排列的结构可以将其分为面阵型图像传感器和线阵型图像传感器。面阵型图像传感器通过二维面阵形式排列的像素对物体直接拍摄来获取二维图像信息，每次曝光获得一帧完整的图像。线阵型图像传感器通过一维线阵排列的像素对物体以扫描的形式进行拍摄，每次曝光获取一行图像信息，然后将多行扫描曝光的结果进行拼接来获取完整的二维图像信息。线阵型图像传感器虽然不能直接输出二维图像，但其成本较低，制备方法成熟，经过拼接可以组成上千像元的线阵，在推扫式运动中可以获得高分辨率的图像，故特别适用于航空航天、工业控制和医疗领域。

（3）高速 CMOS 图像传感器。

高速 CMOS 图像传感器能将人眼无法分辨的高速现象捕捉下来，广泛应用于科学研究、运动分析、工业机器视觉和航空航天等领域。高速 CMOS 图像传感器的像素性能决定了成像速度和质量，近年来相关研究机构提出了 4 个晶体管（4T）结构、5 个晶体管（5T）结构及 8 个晶体管（8T）结构的高速 CMOS 图像传感器像素，这些像素采用具有低噪声、低暗电流和高量子效率特点的钳位光电二极管（pinned photodiode，PPD）作为光电转换器件。

有研究在此基础上进行改进，芯片采用梯度掺杂钳位 PPD 和非均匀掺杂沟道传输管的像素结构，从而提高 PPD 中光生载流子的横向转移速度，降低了光生载流子的残留，减少了图像传感器芯片的拖尾现象。

（4）TDI-CMOS 图像传感器。

基于 CCD 的时间延迟积分（time delay integration，TDI）的图像传感器通过对级数和曝光时间的控制，可以提升对不同物体进行观测时的成像质量及信噪比。随着半导体行业在加工工艺上取得了长足的进步，将 CCD 和 CMOS 集成在同一芯片上成为可能，由此衍生出来的 TDI-CMOS 图像传感器采用 CCD 作为感光器件并配以 CMOS 读出电路，在保留了 CCD 优异成像质量的同时，还带来了低功耗、高集成度以及抗辐照等优点。

TDI-CMOS 图像传感器工作原理如图 2.48 所示，其在曝光过程中对目标物体进行扫描拍摄，使用沿轨方向上位于同一阵列的 N 个像素对目标物体曝光，在读出电路中将 N 次曝光所得的信号进行累加操作，然后读出。

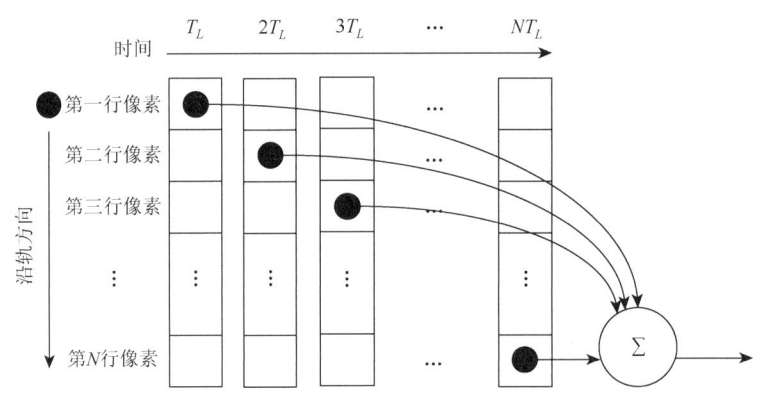

图 2.48　TDI-CMOS 图像传感器工作原理

（5）石墨烯 CMOS 图像传感器。

有研究通过使用分层和图案化方法在 CMOS 晶片上创建混合石墨烯和量子点系统，将石墨烯 CMOS 器件与量子点相结合，以形成一个阵列的光电探测器，产生高分辨率图像传感器。当作数码相机使用时，该设备能够同时感测紫外光、可见光和红外光。

2.6.2　MEMS 传感技术

MEMS 即微机电系统，由名字可知这类传感器的尺寸（微米）、实现方式（机械和电子相结合）及研究目标（系统）。MEMS 由微米量级的结构件、可动件、电子元器件及其组合组成，系统把电子功能、机械功能、光学功能、智能功能和其他功能融合形成一体，整个系统由计算控制、传感检测、执行、能量供给等部分组成。与宏观的机电传感器相比，MEMS 的机械部分和电子部分可以单片集成在一块很小（从 1μm 到 1cm 不等）的芯片里，减少了杂散电磁辐射等干扰噪声，避免了长导线带来的寄生电容，在集成化的基础上带来了两个重要的优点，即高灵敏度和低噪声。

MEMS 传感器中的核心元件一般包含两类：微传感单元和信号传输单元。与传统的传感器相比，它具有体积小、重量轻、成本低、功耗低、可靠性高、适于批量化生产、易于集成和实现智能化的特点。同时，微米量级的尺寸特征使得它可以完成许多传统机械传感器所不能实现的功能。

MEMS 传感器有多种分类方法，例如，根据传感原理可分为电容式、压阻式、压电式、光干涉式和热传递式等（前面章节所介绍的传感器原理基本上都可以通过 MEMS 传感器实现）；根据特性则可以分为微传感器、微执行器、微结构器件、微机械光学器件等。其中微传感器包括机械类（力学、力矩、速度、加速度、位置等）、磁学类（流量等）和生化类（成分、浓度等）；微执行器包括发动机、齿轮、开关甚至扬声器等；微结构器件包括薄膜、探针、弹簧、微梁、微腔、沟道、锥体和微轴等；微光学器件则包括（微）镜、斩光器、光阀、干涉仪、光开关等。

下面简要介绍一下 MEMS 传感器的制造工艺，然后介绍典型的 MEMS 传感器集成案例——智能手机。

1. MEMS 传感器制造工艺

目前世界上主流的 MEMS 传感器制造工艺主要分为三种：①以日本为代表的微机械工艺（形象来讲就是大机械制造小机械，小机械制造微机械）；②以美国为代表的类似于微电子的加工工艺（包括体硅工艺和表面牺牲层工艺，涉及物理或化学气相淀积、电镀、光刻、刻蚀、键合等）；③以德国为代表的光刻、电铸和注塑（lithographie, galvanoformung and abformung，LIGA）工艺。在此基础上还产生了一些新的工艺，下面重点介绍后面两种工艺。

1）体硅工艺与表面牺牲层工艺

体硅工艺实际上类似于腐蚀工艺，即通过相关流程的控制实现材料的可控去除。如图 2.49（a）所示，在裸片上通过对图形化氧化层的腐蚀，实现所需要的体结构。腐蚀方法通常包括干法和湿法，利用各向同性和各向异性实现不同结构的制作。表面牺牲层工艺则有点类似于集成电路（integrated circuit，IC）的制作工艺，如图 2.49（b）所示。尤

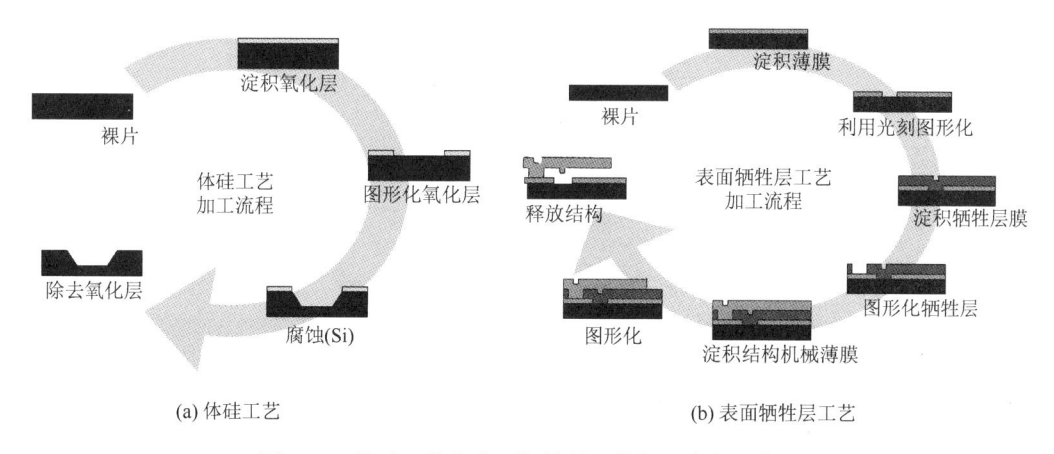

(a) 体硅工艺

(b) 表面牺牲层工艺

图 2.49 体硅工艺和表面牺牲层工艺加工流程示意图

其是针对 MEMS 结构中的微腔或可活动的微结构，一般先将特定的牺牲层材料淀积在硅底材料上，然后在牺牲层材料上淀积结构层材料，通过光刻或刻蚀等工艺形成所需的微结构，最后去除牺牲层材料得到未受损的所需微结构。

2）LIGA 工艺

LIGA 是一种基于 X 射线光刻技术的 MEMS 加工技术，主要包括 X 光深度同步辐射光刻、电铸制模和注模复制三个工艺步骤（图 2.50）。由于 X 射线有非常高的平行度、极强的辐射强度和连续的光谱，使用 LIGA 技术能够制造出高宽比达到 500、厚度大于 1500μm、结构侧壁光滑且平行度偏差在亚微米范围内的三维立体结构。此外，LIGA 工艺取材广泛，可以是金属、陶瓷、聚合物、玻璃等，可制作任意截面形状的图形结构。由于 LIGA 工艺的可重复性高，符合工业大批量生产要求，制造成本相对较低，因此在 MEMS 制造工艺中具有较大的优势，当然 LIGA 工艺对设备要求较高。

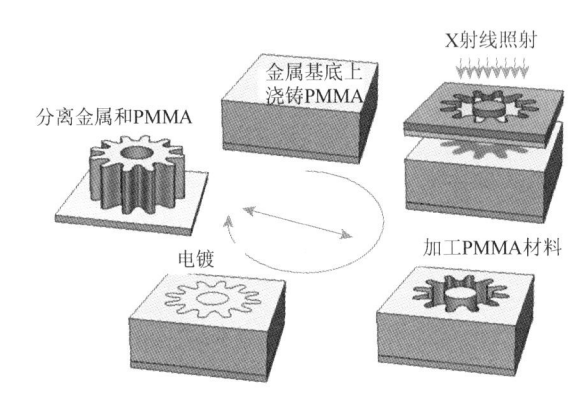

图 2.50　LIGA 工艺流程示意图

PMMA 指聚甲基丙烯酸甲酯（polymethyl methacrylate）

由于部分工艺具有相通性，为了更好地理解各自的特性，表 2.2 给出了 MEMS 制作工艺与传统 IC 制作工艺之间的对比。

表 2.2　MEMS 与 IC 工艺对比

工艺		MEMS	IC
光刻技术		可能需双面光刻	单面光刻
体工艺（腐蚀技术）	干法	深层、高深宽比	一般薄膜
	湿法	各向异性，深层体硅腐蚀，配合自停止技术	各向同性，电钝化腐蚀，限于表面加工
牺牲层工艺		表面微加工工艺，与 IC 工艺兼容，通常用于制造表面活动机构	不常用
键合		硅/硅直接键合；硅/玻璃阳极键合	高温键合制作绝缘衬底上的硅材料
LIGA		制作高深宽比结构，成本高	不用

2. 智能手机中的 MEMS 传感器

伴随着科技的发展，手机不再仅仅被人们用作一种通信工具，而是变成了功能强大的便携式电子设备。手机的智能化与人性化程度不断提高，而 MEMS 传感器无疑是推动这一切进步的幕后英雄。前面介绍了很多传感原理及传统的传感器，与 IC 芯片类似，很难想象，如果没有 IC 和 MEMS 传感器，基于传统电子元件和传感器的手机的大小（即使实现类似的功能）会有多么恐怖！智能手机可以说是 MEMS 传感器的集成典范，如图 2.51 所示，由于集成了很多种类的 MEMS 传感器，才有了智能手机的丰富功能。其中部分传感器原理较为简单（如距离、光照、磁场、气压、温度等），部分传感器与前面基本类似（如图像），而随着各大公司新款手机的不断推出，一些新的传感器也得到应用（如华为的色温、苹果的深度人脸、三星的健康类等）。下面介绍几种手机中广泛使用的 MEMS 传感器。

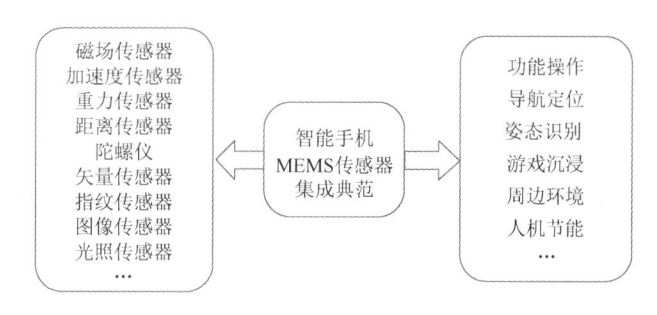

图 2.51 MEMS 传感器集成典范——智能手机

1）重力传感器

重力传感器通常是基于压电效应实现的，即外力作用在不存在对称中心的异极晶体上，除了使晶体发生变性，还将改变晶体的极化状态，在晶体内部建立电场。传感器内部有重物与压电片整合在一起，通过正交两个方向产生的电压大小来计算出水平方向（图 2.52（a））。智能手机的概念从苹果手机开始，因此最早应用手机重力感应器技术的就是苹果手机（图 2.52（b））。该技术主要用于切换手机横屏和竖屏，在一些游戏中也可以通过重力传感器来实现更丰富的交互控制，如平衡球、赛车游戏等。

(a) 重力示意图　　(b) 手机电路中的传感器芯片实物图

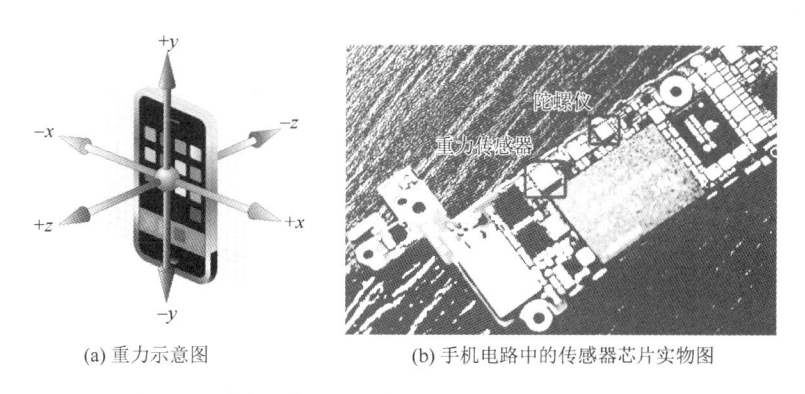

图 2.52 重力示意图和手机电路中的传感器芯片实物图

2）三轴 MEMS 陀螺仪

2.5.5 节介绍了传统机械式陀螺仪及激光/光纤陀螺仪，对于手机中的 MEMS 陀螺仪，虽然测量的目的类似（运动姿态），但结构原理差异较大。基于转动物体和支架的传统陀螺仪无法实现小型化。MEMS 陀螺仪主要是利用科里奥利力（Coriolis force，即旋转物体在径向运动时所受到的切向力）实现了芯片化。为了产生这种力，MEMS 陀螺仪通常安装有两个方向的可移动电容板，径向电容板加振荡电压迫使物体做径向运动，横向电容板测量由横向科里奥利运动带来的电容变化，对应得出角速度大小。

iPhone4 是世界上第一台内置 MEMS 三轴陀螺仪芯片的手机（图 2.53）。该芯片由意法半导体（ST）公司生产。芯片内部包含有一块微型磁性体，可以在手机进行旋转运动时产生的科里奥利力作用下向 x、y、z 三个方向发生位移，进而测出手机的运动方向。

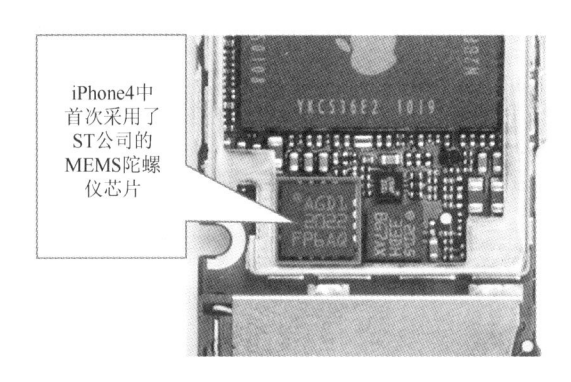

图 2.53 iPhone4 中的三轴 MEMS 陀螺仪芯片

陀螺仪对于手机来说非常重要，通过测量手机的三维（3-dimension，3D）动作可以实现诸多应用，如各类 3D 沉浸式游戏操控、虚拟现实（virtual reality，VR）全景体验、辅助 GPS 导航（惯性导航）及拍照中的防抖功能等，感兴趣的读者可以寻找相关资料进一步了解。

3）触摸传感器（触摸屏）

用手直接触摸实现操作一直是人类的梦想，1999 年摩托罗拉基于模拟四线电阻式触摸屏，标志着手写技术正式进入手机应用。目前触摸屏的两种主流技术分为电阻式和电容式。

电阻式触摸屏比较简单，这类触摸屏由两层涂有透明导电物质的玻璃和塑料构成，表面还有一层保护层。在表面保护层和玻璃底层之间有两层透明导电层（氧化铟锡（indium tin oxide，ITO）材料，二者之间的绝缘由细微透明的颗粒实现），分别对应 x 轴和 y 轴，手指触摸产生的压力会使两导电层接通，按压不同点会输出与该点位置相对应的电压信号，经转换后即可获取 x 和 y 坐标值。电阻式触摸屏成本低，触摸灵敏度也低，虽然目前在主流手机中已经淘汰，但仍然在一些涉及安全（操作）或可靠性要求高的场合使用，例如，银行 ATM 柜员机，以及不少生产现场操作设备或仪器仪表。

电容式触摸屏相对灵敏，主要原理是利用人体电流感应（图 2.54）。通常电容式触摸屏是一块四层复合玻璃屏,玻璃屏的内表面和夹层各涂有一层 ITO,最外层是一薄层保护层,夹层 ITO 涂层作为工作面,四个角上引出四个电极,内层 ITO 为屏蔽层。不同层间存在寄生电容 C_p,当手指触摸在金属层上时,由于人体电场,用户和触摸屏表面形成一个耦合电容 C_{finger},对于高频电流,电容是直接导体,于是手指能从接触点吸走一个很小的电流(对应改变了寄生电容值)。这个电流分别从触摸屏四角上的电极中流出,并且流经这四个电极的电流与手指到四角的距离成正比,控制器通过对这四个电流比例的精确计算,得出触摸点的位置。

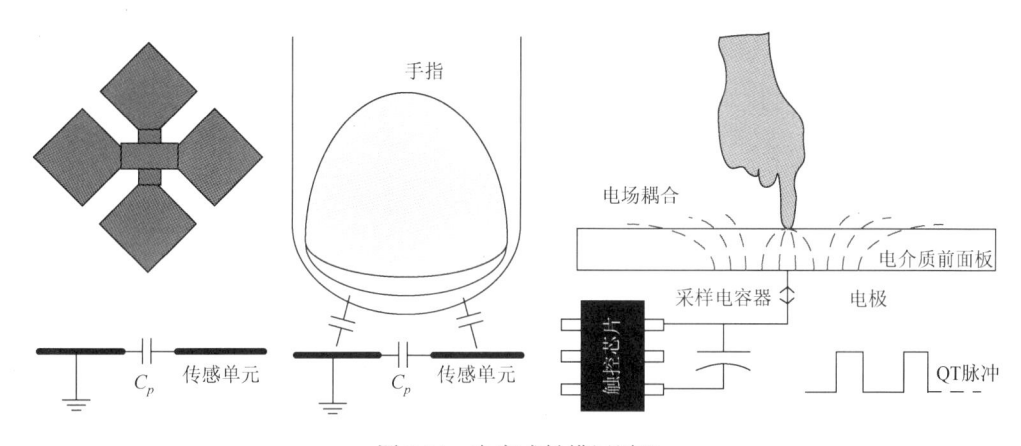

图 2.54 电容式触摸屏原理

在普通电容屏的基础上,可以进一步通过屏幕分块并结合分析处理软件,实现更复杂的多点触控,由此开发出更多场景或功能的应用软件。

2.6.3 光纤传感技术

光纤具有很多优点,用它组成的光纤传感器(fiber optic sensor,FOS)与常规电子类传感器相比也有很多优点,包括抗电磁干扰能力强、灵敏度高、重量轻、体积小及适于遥测等。

光纤传感器感知原理主要是温度或应变等外界参数的变化会导致光纤本身长度或折射率等特性的变化。光纤传感技术主要有两个分支,即(节)点式与分布式,如图 2.55 所示。根据所采用的技术,点式光纤传感器可分为基于光纤布拉格光栅(fiber Bragg grating,FBG)、法布里-珀罗(Fabry-Perot,F-P)谐振腔及马赫-曾德尔干涉仪(Mach-Zehnder interferometer,MZI)等;而分布式传感器可分为基于瑞利散射、布里渊散射及拉曼散射等不同类型。下面简要对各种光纤传感器进行介绍。

1. 点式光纤传感器

1)光纤布拉格光栅型光纤传感器

光纤光栅是利用光纤的光敏性在紫外光照射下产生光致折射率变化,在纤芯上形成

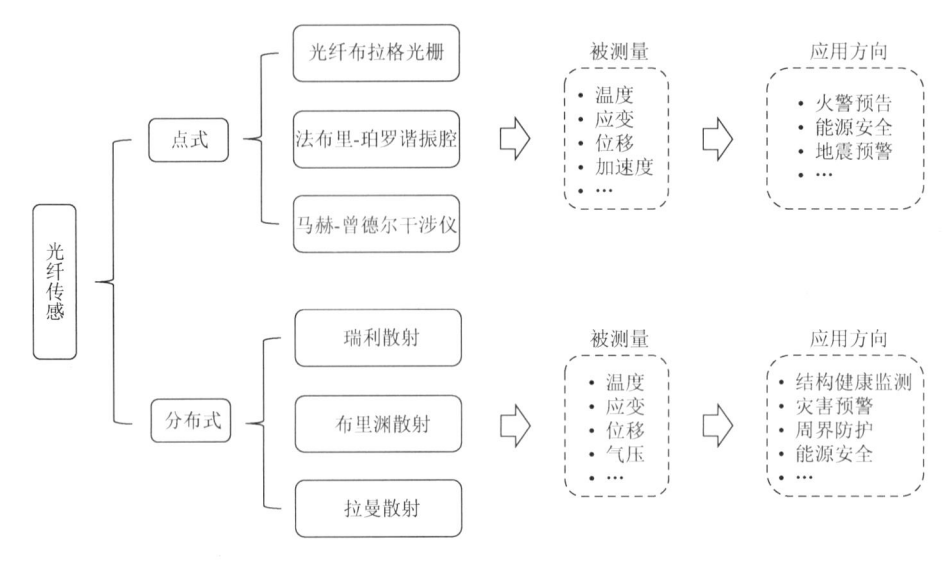

图 2.55 光纤传感器发展简介框图

周期性的折射率分布（类似于栅状），从而可以对入射光中相位匹配的频率产生相干反射，形成中心反射峰（匹配波长）。外界的温度或应力变化将会导致光栅的折射率分布产生变化，对应中心反射波长的漂移，这也是光纤光栅传感器的基本原理。如图 2.56 所示，通过引入众多折射率突变点，部分入射光发生反射，而其余光透射。折射率突变点间间距（光栅周期 Λ）引入前后反射光间固定相位差。因而反射光间干涉后，只有固定波长光波能够留存，而其他波长光则被损耗消除。反射谱中心波长 λ_B 与光栅周期 Λ 及非栅区光纤折射率 n_1 的关系如下：

$$\lambda_B = 2n_1\Lambda \tag{2-117}$$

当光纤光栅周围温度、应变发生变化时，光栅栅距及折射率发生改变，从而使反射谱发生（布拉格）波长漂移。温度、应变变化与布拉格波长变化间呈线性关系，标准温度及应变灵敏度分别为 10pm/℃ 及 1pm/με。

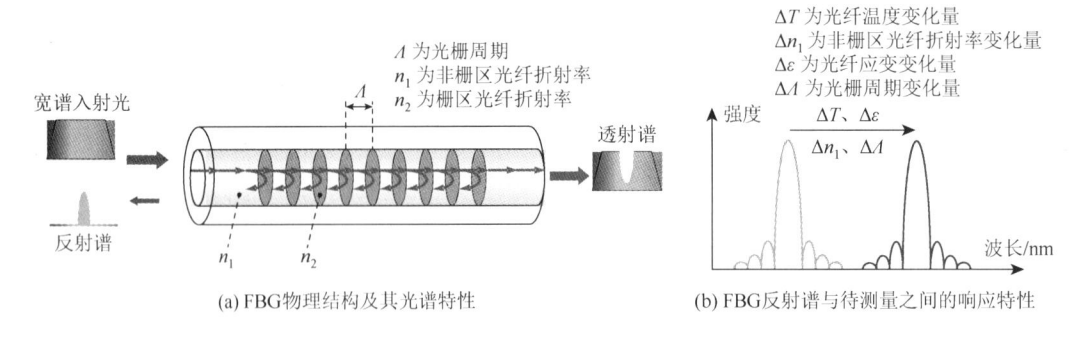

图 2.56 光纤布拉格光栅传感器

上述是单点检测的光纤光栅传感器原理，即只检测单个位置点的温度或应力变化情况。稍做拓展，就可以变成能同时多点进行检测的分布式传感器。只需要在同一条光纤中加入更多的光栅即可，但需保证各光栅的周期不同。这样不同位置光栅的反射波长各不同，多个反射波在同一路光纤中形成波分复用的传输方式，接收端很容易分离出各传感器信号，如图 2.57 所示。

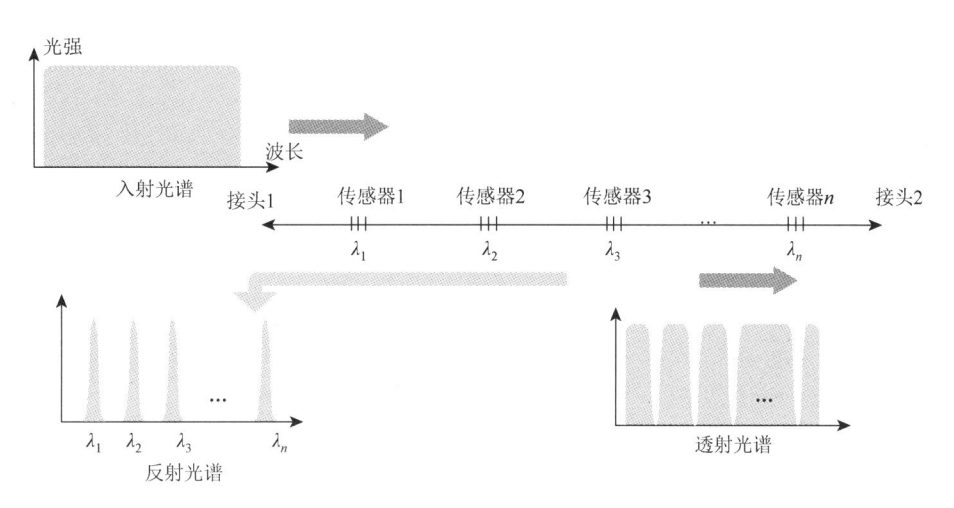

图 2.57　多点光纤光栅检测原理

对上述线状的分布式传感器再做进一步拓展，将多路分布式光纤传感器组合在一起，形成光纤光栅阵列，用于"面式覆盖"的检测场景。检测原理如图 2.58 所示，传感器敏感元件由多条光纤光栅形成的光栅阵列构成，各光栅的反射波通过光交换和耦合器后进入高速可调滤波器，再由光电探测器识别出光波信号。

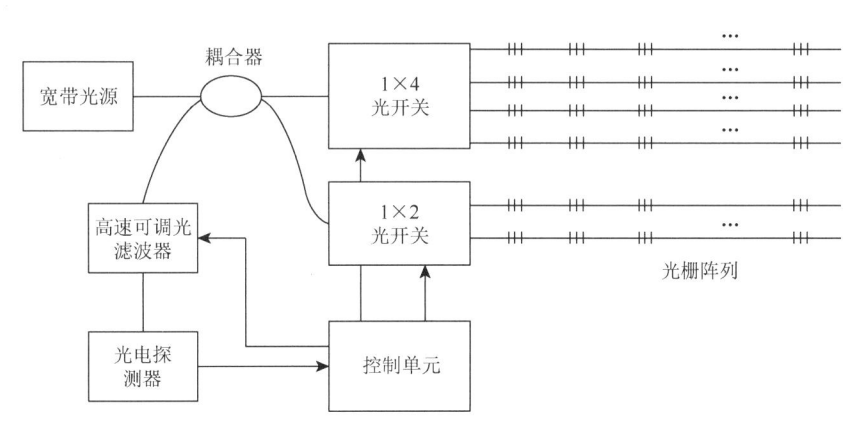

图 2.58　光纤光栅阵列检测原理

综上可以发现，利用光纤光栅的反射波长随温度和应力的变化特性，通过合理的配置光栅分布和解调技术，可以形成"点、线、面"的覆盖检测，大大提高了光纤光栅传感器的应用范围。

2）法布里-珀罗谐振腔型光纤传感器

薄膜型法布里-珀罗谐振腔型光纤传感器如图 2.59（a）所示。传感器由单模光纤及反光薄膜组成。敏感元件结构简单，在光路中添加两个距离非常近的平行反射端面，两者构成 F-P 腔，腔长为 d。

(a) 法布里-珀罗谐振腔型光纤传感器

(b) 对应光路

(c) 干涉光条纹波长变化与温度、应变变化关系

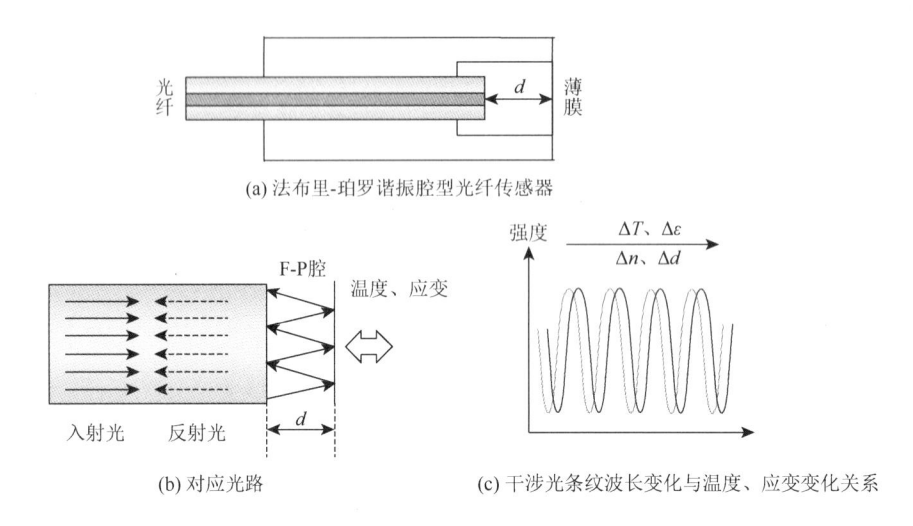

图 2.59 法布里-珀罗谐振腔型光纤传感器及其特性

该传感器通过多光束干涉对温度及应变变化进行传感，如图 2.59（b）所示。入射光经过光纤入射到两平行端面所构成的 F-P 腔内。多束光会同时照射在 F-P 腔的另一端，由于端面反射率比较高，光波在 F-P 腔的两个端面会发生多次反射。最后一些光线沿原路返回入射光纤之中，反射光满足相干条件，从而发生多波干涉，形成干涉条纹。

当发生温度、应变变化时，腔长 d 发生变化，对应干涉条纹也随之发生变化，如图 2.59（c）所示。腔长与干涉强度间的关系如下：

$$I_r = I_i \frac{R_1 + R_2 + 2\sqrt{R_1 R_2} \cos\varphi}{1 + R_1 R_2 - 2\sqrt{R_1 R_2} \cos\varphi} \tag{2-118}$$

式中，I_i、I_r 为入射、反射光强度；R_1、R_2 为光纤端面、反射薄膜反射率；φ 为相邻两束光间光程差，如下：

$$\varphi = \frac{4\pi}{\lambda} nd \cos\theta \tag{2-119}$$

式中，λ 为波长；n 为光纤有效折射率；θ 为光纤端面光线出射方向与光纤轴线的夹角。

3）马赫-曾德尔干涉仪型光纤传感器

图 2.60（a）为马赫-曾德尔干涉仪型光纤传感器。宽谱光由光源发出后分为两路，一路用于探知温度及应变变化引起的光纤长度、光波相位等的变化，如图 2.60（b）所示，从而实现温度及应变传感；另一路用于传输相位未发生变化的参考光。在接收端，两光束耦合并干涉，通过干涉光条纹波长变化就可测量温度及应变变化。

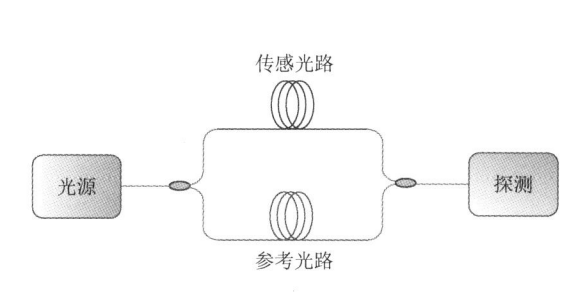

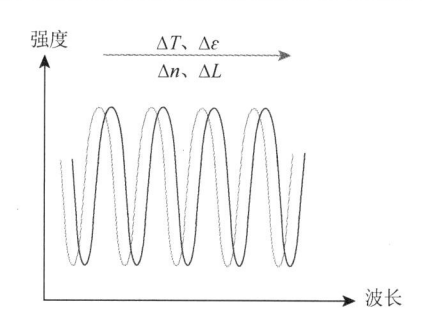

(a) 马赫-曾德尔干涉仪型光纤传感器　　　　(b) 温度、应变变化引起的光纤长度及折射率变化曲线

图 2.60　马赫-曾德尔干涉仪型光纤传感器以及温度、应变变化引起的光纤长度及折射率变化曲线

4）其他点式光纤传感器

（1）位移传感器。

通过上述三种光纤传感器对位移引起的应变变化进行测量就可测出位移变化。此外，利用一些其他光学特性也可实现位移测量。

图 2.61 为基于弯曲损耗的光纤位移传感器。位移引起的光纤弯曲使部分光由纤芯泄漏至包层，因而光纤中光束能量降低，输出光强下降。随后，通过与另一参考光路中未受损耗光的光强对比就可探知位移的变化。

全反射型位移传感器如图 2.62 所示。这是一种高灵敏度传感器，两支光纤的端面磨成如图中式样，端面倾角为 θ，以便形成全内反射。两光纤很靠近，绝大部分光功率可相互耦合。当有压力作用时光纤间有相对位移 d 从而改变两端面之间的间隙，光纤间的光耦合量发生变化。计算表明，当端面倾角 $\theta = 76°$、位移 $x = 0.15\mu m$ 时，输出光强会减少 1/10。为提高灵敏度，可用栅格方法。但这种结构因增加了光纤端面间的距离，需要在光纤端面上组装光学透镜，以提高光的传输效率。

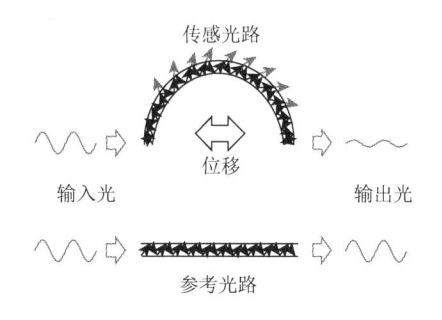

图 2.61　弯曲损耗型光纤位移传感器 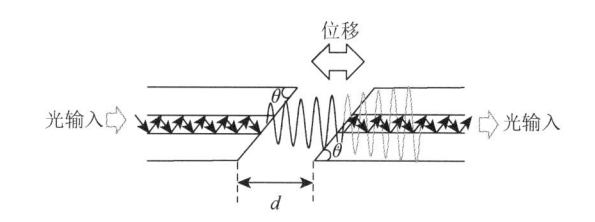　　　　图 2.62　全反射型位移传感器

（2）加速度传感器。

对于加速度的测量，其原理都是通过传感器内部重物惯性引起的内（重物）外（外壳）相对位移反映加速度的大小。通过各种光纤应力传感器测量相对位移，就可测量加速度的大小。下面以基于光纤布拉格光栅的加速度传感器为例，来延伸其他传感原理的加速度传感器。

基于光纤布拉格光栅的纵向及横向加速度传感器如图 2.63 所示，由光纤布拉格光栅、重物、弹簧及外壳所组成。重物的质量与灵敏度成正比，如图 2.63（a）所示，当传感器受到纵向加速度时，重物由于惯性会相对外壳产生移动，对光纤布拉格光栅施加应力。当加速度方向向上时，对光纤布拉格光栅施加拉应力，布拉格频移向长波长方向移动。而当加速度方向向下时，则对光纤布拉格光栅施加压应力，布拉格频移向短波长方向移动。

加速度不仅有纵向，也有横向，对于横向加速度的测量如图 2.63（b）所示。与纵向加速度传感器测量原理类似，当传感器受到左侧横向加速度时，重物对光纤布拉格光栅施加拉应力，布拉格频移向长波长方向移动。而当加速度方向向下时，则对光纤布拉格光栅施加压应力，布拉格频移向短波长方向移动。

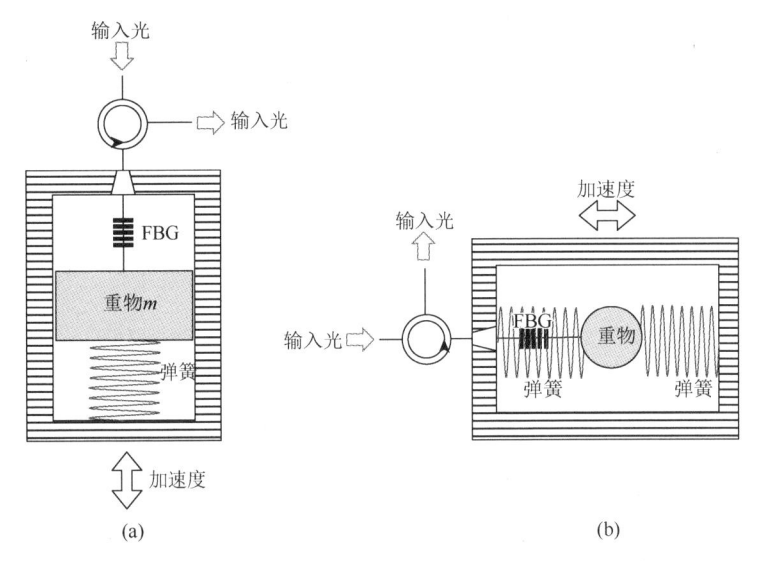

图 2.63 基于光纤布拉格光栅的纵向及横向加速度传感器

2. 分布式光纤传感器

分布式光纤传感器主要通过光纤中各种散射效应实现，如图 2.64 所示，主要包括基于瑞利、布里渊及拉曼散射三种效应。

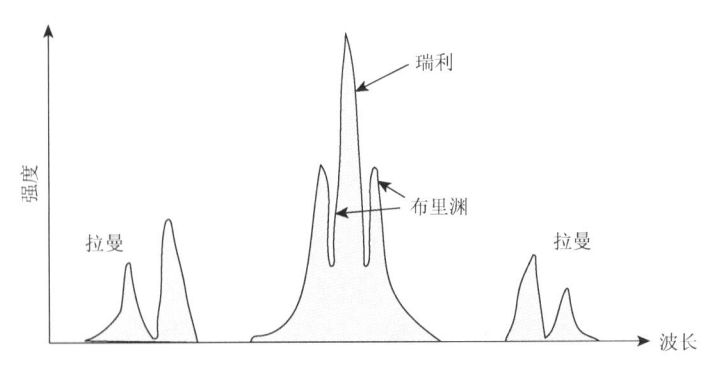

图 2.64 不同散射光间波长及强度

1）瑞利散射型分布式光纤传感器

（1）光时域反射计（optical time domain reflectometer，OTDR）。

光时域反射计技术于 1977 年提出，其利用了光纤中的后向瑞利散射和菲涅尔反射，结构如图 2.65 所示，所采用的光源为宽带光源。光纤中的损耗会影响后向瑞利散射信号的大小，则可以通过测量后向瑞利散射信号的强度分布来确定光纤长度及光纤中的损耗分布，该分布可用于判断光纤中的断点、熔接点以及活性接头等。OTDR 作为一种成熟的技术，目前已经广泛应用于光缆的维护、施工及故障检测中。通过不断的技术革新，目前可实现的空间分辨率已经高达 1～2m。

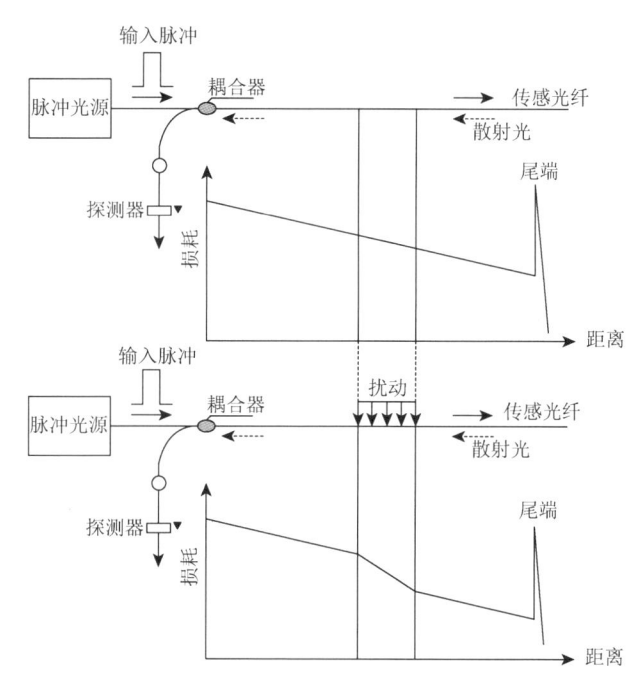

图 2.65　OTDR 传感器结构及传感原理示意图

（2）相位敏感光时域反射计（phase-sensitive optical time domain reflectometer，φ-OTDR）。

相位敏感光时域反射计技术于 1998 年提出，指同一时刻到达接收端的后向瑞利散射信号相互干涉，施加在光纤上的振动信号会改变干涉信号的强度及相位，通过测量该强度或相位变化可以测量出该振动信号的强度及频率，原理如图 2.66 所示。所采用的光源为窄带光源。φ-OTDR 技术的主要优势是高灵敏度，可以实现高达 1～2nε 的应变测量精度。然而由于 φ-OTDR 技术的测量灵敏度高，其极易受外界干扰，误报率高是其实际工程应用面临的主要问题。

2）布里渊散射型分布式光纤传感器

布里渊散射是入射光与传输介质相互作用产生的一种非弹性散射现象。由于散射光频率与入射光频率不同而形成的频率差，与光纤温度和应变呈线性关系，通过检测这种频率差即可感知外界变化。若使用单模光纤作为传感器，可以实现超长距离（百公里）、超高空间分辨率（厘米）和高精度的分布式测量。基于布里渊散射的光纤传感技术主要有下面两种。

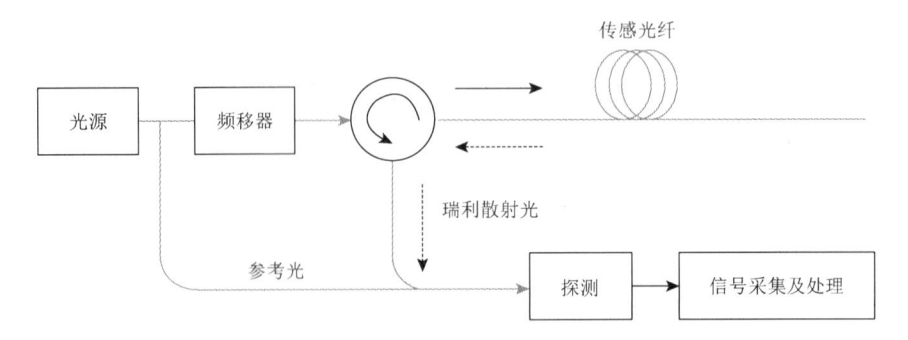

图 2.66 φ-OTDR 传感器结构及传感原理示意图

（1）布里渊光时域反射计（Brillouin optical time domain reflectometer，BOTDR）。

基于相干探测的布里渊光时域反射计基本结构如图 2.67 所示，该方案相对于直接探测型 BOTDR 可提高探测灵敏度。激光器输出的连续光分为两路，其中一路被调制成脉冲探测光注入传感光纤，另一路用作参考光。产生的自发布里渊散射与参考光经耦合器后进入光电探测器中拍频。经信号采集和处理，可解调出光纤沿线的布里渊频移分布，同时，通过计算脉冲往返飞行时间，可实现位置信息提取。

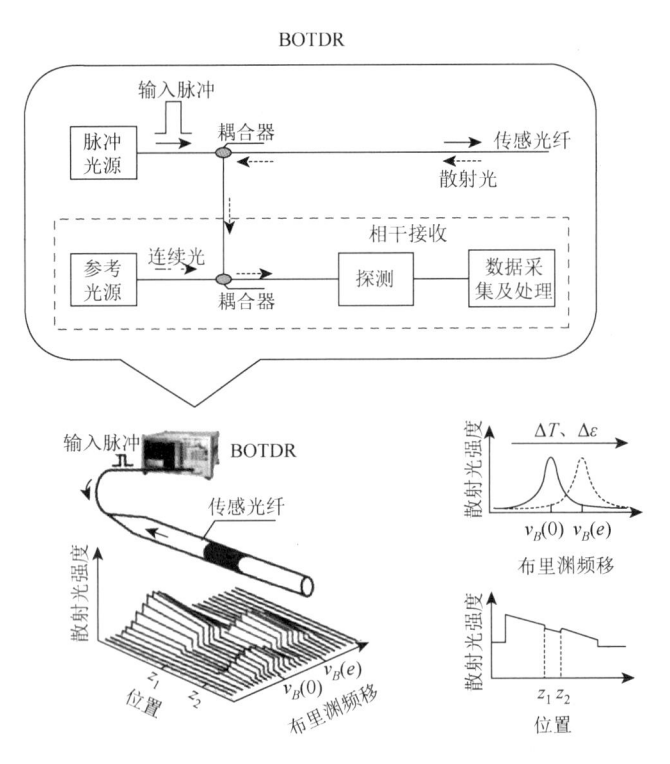

图 2.67 相干探测 BOTDR 传感器结构及传感原理示意图

（2）布里渊光时域分析（Brillouin optical time domain analysis，BOTDA）。

布里渊光时域分析技术利用时域分析的方法解调传感光纤中的布里渊频移（Brillouin

frequency shift，BFS）分布。BOTDA 传感器中，脉冲泵浦光和连续探测光分别从光纤的两端输入，脉冲泵浦光连续探测光干涉形成声场后向散射泵浦光信号，并叠加在探测光上导致探测光强度变化，在时域上测量该强度变化沿光纤的分布可以得到布里渊增益沿光纤的分布，如图 2.68 所示。改变脉冲泵浦光和连续探测光的频差可以得到布里渊增益谱（Brillouin gain spectrum，BGS）沿光纤的分布，通过进一步拟合 BGS 可以获得 BFS 沿光纤的分布，实现分布式光纤传感。基于受激布里渊散射的 BOTDA 相较于基于自发布里渊散射的 BOTDR 具有更强的能量转换，因此其信噪比更高，但缺点是需要双端输入，当光纤某处截断后则无法工作。

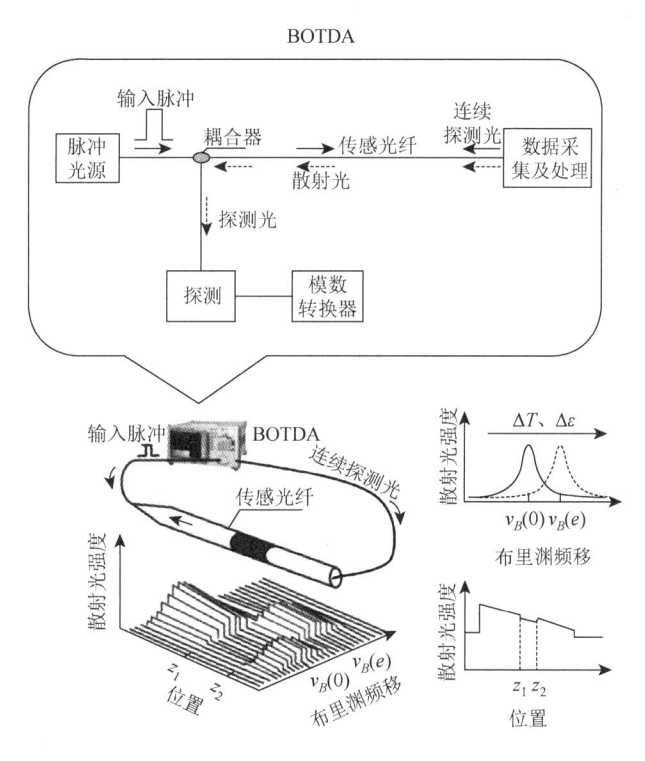

图 2.68 直接探测 BOTDA 传感器结构及传感原理示意图

3）拉曼散射型分布式光纤传感器

拉曼散射是光纤中一个重要的非线性过程，它是光波与光纤介质中振动着的分子相互作用而产生的一种非弹性散射，存在于任何分子材料中。自发拉曼散射能够散射部分入射光（典型值约 10^{-6}）并产生频移，对于石英光纤，从频率上看拉曼散射光分布在入射光的两侧，其中频率上移的称为反斯托克斯（anti-Stokes）光，频率下移的称为斯托克斯（Stokes）光，它们与入射光的频差约为 13.2THz。拉曼散射的 Stokes 光的功率随温度变化显著，在室温下其温敏系数可达 0.83%/℃，而 anti-Stokes 光的功率则几乎不受温度影响。基于拉曼散射的光纤传感技术通过求解 Stokes 光与 anti-Stokes 光功率的比值沿光纤的分布来实现温度的分布式测量，其基本结构如图 2.69 所示。

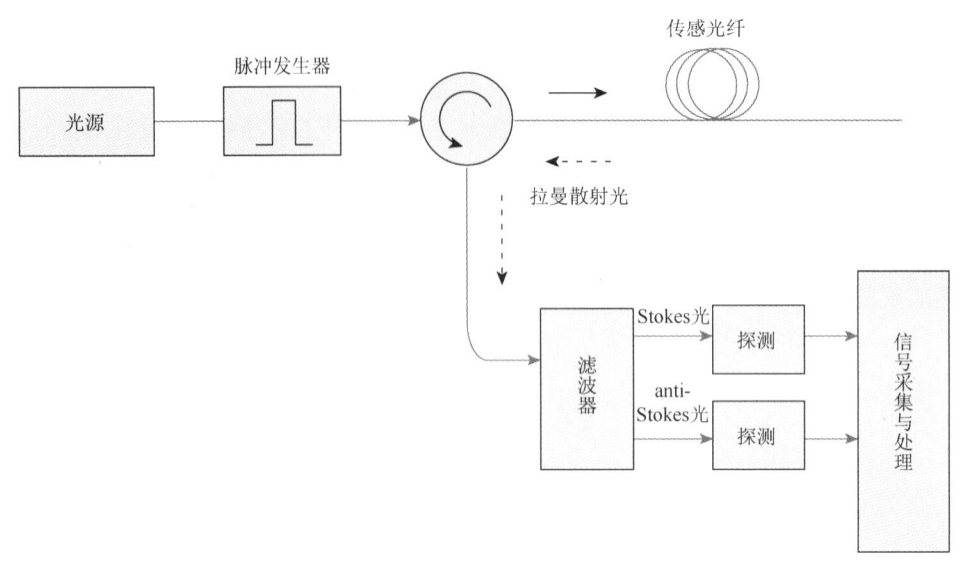

图 2.69　ROTDR 传感器结构示意图

思 考 题

1. 传感器的动静态特性主要包括哪些方面？能否利用矩形波实现传感器时域和频域特性的同时测量？

2. 当二阶传感器的动态响应特性即其输入的频率响应为正弦时，它的频率响应特性的优劣主要由什么决定？它们之间有怎样的关系？

3. 尝试以水质监测为例，按照图 2.1 所示思路进行传感器的应用系统设计。

4. 对手机中的各类 MEMS 传感器做简单的总结，包括基本原理和应用。

5. 陀螺仪如何结合 GPS 定位实现更为准确的动态目标跟踪（以飞行器或导弹为例）？

6. 调研光纤传感器在不同领域中的应用及其优势，尤其是轨道交通领域。

第 3 章 铁路基础设施常用传感检测技术

3.1 主要检测环节

　　铁路作为综合大系统，需要检测的环节非常多。本书根据铁路系统的构成和业务特点把检测环节分为基础设施检测、轨检车实施的检测及列车运行检测三个大类，本章及后续章节将分别介绍各类检测要点和相关传感检测技术及系统。需要说明的是，这三大类检测项目和检测技术并不是没有交集的，实际上对铁路系统的相同部分的检测也有不同的侧重点和技术，例如，钢轨状态检测既要使用钢轨探伤仪也要使用轨检车，但两种检测的形式和侧重点有所不同，本书将它们归到不同的类别进行介绍。本章主要讨论铁路基础设施相关的传感检测技术，后续两章会分别讨论轨检车与综合检测车，以及列车运行检测方面的内容。

　　本章所要讨论的铁路基础设施以地面静态设备为主，包含铁路路基、轨道、桥隧、周界及环境等，主要讨论相关检测需求和对应的检测技术、常用检测设备。当然，实际基础设施的范畴比上述要宽泛，但由于篇幅和侧重点的原因，本章关注的基础设施主要有铁路轨道、路基、桥梁和环境安全及周界等。

　　首先来说轨道。说起铁路，可能大家很容易想到轨道。轨道的确是基础设施中最重要的设备之一，经过一段时间运行后，其状态会发生变化，必须采取技术措施进行检测与维护。根据对轨道检测的要点和检测技术的不同，可以把它分为两类，一类是对轨道整体的几何状态的检测，如轨道高低平顺性、轨距、轨向等，一般采用轨检车完成，这部分内容在第 4 章介绍；另一类是对轨道的重要部件——钢轨的检测，主要对钢轨内部状态进行检测，如轨头内部损伤、接头裂纹、轨头/轨腰水平及纵向裂纹、轨底水平裂纹、焊缝损伤等，常用的检测设备主要有钢轨探伤仪和探伤车，一般采用超声波探伤技术或电磁探伤技术。

　　轨道的基础——路基，可能出现沉降病害。2009 年石太客运专线发生路基沉降事故，导致多趟动车降速运行，如果下沉量进一步加大可能造成重大安全事故。一般路基在填料自重力作用、长期的列车负载作用和软土路基情况下都会出现一定的沉降，但只要沉降量符合限定阈值还是安全的。铁路路基地质情况非常多，随时间推移沉降量也各不相同，所以长期稳定监测路基沉降对安全行车具有重要意义。

　　铁路桥梁结构的健康状态也是安全行车的基础之一，它的生命周期一般遵循从设计施工开始，到建成运用，再随时间逐渐老化、维修加固，最后重建或消亡的过程。随着服役时间的延长，桥梁结构受环境腐蚀、材料老化、结构性能退化和列车提速作用力等多重因素影响，可能造成结构性损伤，引发事故。目前一般都会加装各类传感器并利用健康监测系统对铁路桥梁的健康状态进行实时监测和评估。

另外，铁路运营周边环境和潜在各类灾害也需要检测。每年夏季我国东部沿海地区容易受到台风影响，一般台风登陆期间铁路列车都会停运。可以说强风是影响高速列车运行最为严重的自然灾害之一，在强风作用下，动车组空气动力性能恶化，空气阻力、升力、横向力迅速增加，严重时将导致列车倾覆。2007年，在新疆地区运行的列车遇到13级大风，11列车厢被吹翻，造成3名旅客死亡，100多名旅客受伤。所以对铁路周边环境的检测，特别是大风、雨量、雪量及地震灾害的检测等都是非常有必要的。

随着现代检测技术的提升，应用于铁路基础设施的检测装备与技术都有了很大的进步，检测覆盖范围也大大增加，下面分别介绍这些检测技术和设备。

3.2 常用维护检测设备与系统

3.2.1 钢轨探伤仪与探伤车

目前钢轨探伤技术主要使用无损检测。无损检测在铁路系统主要用于钢轨出厂焊接质量评定以及铁路工务设备日常探伤检测，其基本原理在3.5节进行详细介绍。

1954年，我国从瑞士MATISA公司购买了首部探伤仪，它是一种声响指示的共振探伤仪，自此我国科研部门对探伤仪器和探伤方法开展了深入的研究，并推出了自主研发的首部探伤仪，即手杖式钢轨探伤仪。在随后几年里，A型显示脉冲反射式钢轨探伤仪JGT-1型和双通道多探头反射/穿透两用的探伤仪JGT-2型相继研发成功。目前广泛使用的GT-2型探伤仪采用了数字技术。近些年也有各种能对结果做数据分析和智能化研判的智能探伤仪推出。

钢轨探伤仪检测速度较慢，若要对管内全线钢轨"健康"状况进行全面"体检"，就必须采用钢轨探伤车。钢轨探伤车能够在80km/h的运行速度下，对钢轨进行全断面无损探伤，及时发现钢轨内部细微损伤，并利用高清摄像机对轨道部件进行图像数据采集和分析，实现视频化线路巡检，确保各线路设备正常运行。

我国首台自主研发的钢轨探伤车（GTC-80X型）于2017年上线，由中国铁道科学研究院和位于襄阳市的金鹰重型工程机械股份有限公司联合研制。该车具有钢轨损伤智能识别、探轮二维（two dimension，2D）激光自动对中超声波检测、模块化动力下悬式车辆、超声数据模块化采集、大空间井字形转向架以及自主化整车集成等六大关键技术或设备。其中，针对车辆蛇行运动造成探伤系统不能满足现场检测的问题，采用2D激光检测技术、雨雾控制技术和追踪闭环控制算法，定制设计了大推力步进电机，完成了2D激光自动对中系统，满足了普速铁路探轮偏移标准差2.33mm、高速铁路探轮偏移标准差0.78mm的高精度控制要求。

钢轨在制造中内部可能有白点、气孔、缩孔、偏析、非金属夹杂等缺陷，一般称为制作缺陷。而钢轨在使用过程中可能因材质疲劳而出现的缺陷，称为钢轨损伤。钢轨损伤一般以裂纹为主，根据裂纹出现的位置可分为四大类，包括核伤、接头部位损伤、水平与纵向裂纹、轨道裂纹。

核伤是主要发生在钢轨内部的疲劳裂纹，呈椭圆形，是最危险的一种损伤，可导致钢轨横向折断。核伤在未发展到外表面时，肉眼看不见，称为白核；已扩展到外表面时，因为氧化而变黑，称为黑核。当核伤面积占轨头 5%～10%时，疲劳强度只有正常钢轨的 16%～40%；当核伤面积占轨头 10%～20%时，疲劳强度达不到正常钢轨的 10%；当核伤面积发展到占轨头 20%～30%时，将发生断轨。而核伤由 5%发展到 20%～30%，仅需 2000 万 t 的运量持续运行 2～3 个月时间。

钢轨接头部位通常是薄弱环节，轮对作用在钢轨接头上的最大冲击力比其他部位大 60%左右。钢轨接头部位的损伤主要表现在接头处轨腰螺孔裂纹，轨腰处因钻孔后强度被削弱，在列车载荷作用下，螺孔周围产生较高的局部应力，且沿纵向呈 45°的应力最大，此时容易萌生疲劳裂纹并逐步扩展。实际中，钢轨边缘的第一个螺孔裂纹最多约占 78%，第二个螺孔裂纹约占 20%。钢轨接头边角、断面或轨头下颚表面长期受到过大的偏载、水平推力及轨头挠曲应力等作用，也容易出现裂纹。

钢轨的水平裂纹主要发生在轨腰中部和轨头下颚处，纵向裂纹主要发生在钢轨中心处。发生裂纹的主要原因是早期钢轨在冶炼或浇铸时产生了严重偏析和非金属杂物，再加上运营过程中钢轨受到偏心载荷、水平力、弯曲力等合力作用加速了裂纹形成和扩展。

轨腰的垂直纵向裂纹向下发展也会形成轨底裂纹。在潮湿隧道内或严重渗水地段，轨底容易锈蚀，加上应力同时作用，可导致钢轨发生低应力破坏和脆断。

此外，钢轨的焊缝处也是容易出现损伤的部位，例如，采用铝热焊接工艺的焊缝，即使焊接质量良好，其接头屈服强度也只有母材的 70%左右，如果存在缺陷，其强度将明显下降，尤其是北方低温季节，接头本身受到巨大的温度应力，再加上列车动弯应力的联合作用，焊接头最易出现折断。

为了检测多种损伤，一般探伤仪或探伤车会有多个探测通道可配置，例如，GCT-8C 钢轨探伤仪有 9 个探测通道，0°通道 1 个、37°通道 2 个、70°通道 6 个，可使探头呈现不同角度达到检测不同损伤的目的。其中 70°通道用于检测轨头、轨腰部位（螺栓孔以上）的核伤和裂缝，钢轨焊缝轨头的夹渣、气孔和裂缝等；37°通道用于检测轨墙及其投影区的裂缝，轨底横向裂缝；0°通道用于检测轨腰及其投影区的裂缝，可与 37°通道之间相互校正。

3.2.2 沉降仪

路基沉降检测是铁路检测中不可或缺的一项，通过长期监测铁路线路路基的沉降与变形，可以及时对不符合要求的路基进行维护；通过分析沉降与变形的监测数据，可以研究不同条件下路基沉降与变形的规律，采取不同施工方式来控制其沉降量与变形量。

实际中测量路基沉降的方法有很多，如监测桩测量法（图 3.1），它利用木桩和钢钎钉入土中，通过水准仪持平来测量土体表面的沉降量。这种使用广泛且简单的沉降测量方法具有造价低、操作简便、易于测试的优点，但一个监测桩只能观察路基表面上一个点的沉降值，不能得到路基内部某一位置的沉降值，且对填土施工有干扰。

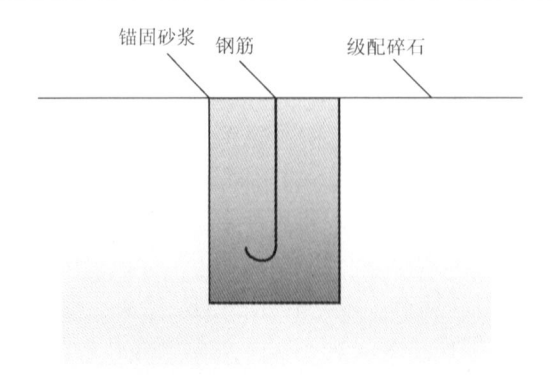

图 3.1 单个监测桩埋设图

为适应不同地层情况，并提高测量精度，更复杂的测量方法和测量仪器在铁路路基沉降检测中也得到应用，例如，磁环沉降仪，又称电磁式分层沉降仪，其构成主要包括磁环、标尺、磁性探测器和记录仪，各个土层都设有磁环，磁性探测器放入垂直导管（通常为聚氯乙烯（polyvinyl chloride，PVC）管）中，拉动标尺移动磁性探测器，由记录仪记录不同土层的高程变化（图3.2）。测量前将磁环或铁环套于垂直导管之外，埋设于被测点处作为测标，当测头通过磁环或铁环时发出蜂鸣信号，停止移动测头，读取钢尺数据作为该测标处高程，两次测量之间的高程变化即该处的沉降值。传统电磁式分层沉降仪在埋设时钻孔很深，可以认为最底层测标处无沉降，测量时将其作为高程测量基准点。

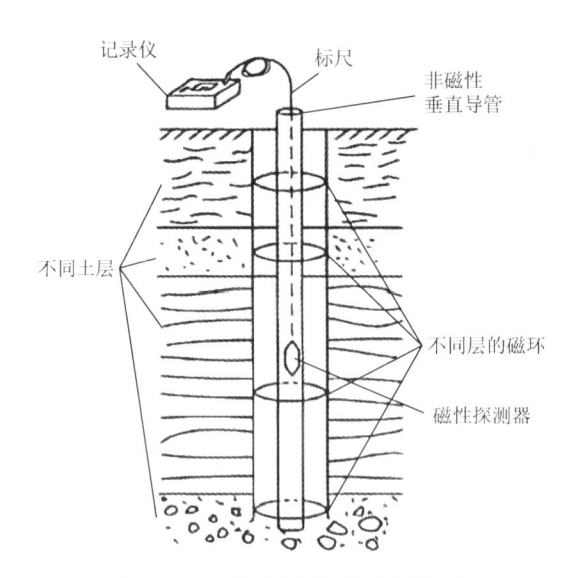

图 3.2 电磁式分层沉降仪埋设图

磁环沉降仪的管道倾斜和标尺拉伸会引起测量误差，而水压式分层沉降仪因采用水压探测器作为敏感元件，可以克服这个问题。水压式分层沉降仪包括带小孔的隔板、水压探测器、防水导线和测量装置。测量前在被测处钻孔，然后将带小孔的隔板分别安置于孔中不同土层，测头固定于隔板之上，通过防水导线与顶端测量装置相连，埋设完成之后在深孔中注水，由测头测得隔板处水压的变化，再根据水压与高程的关系计算出隔板处的沉降值（图3.3）。

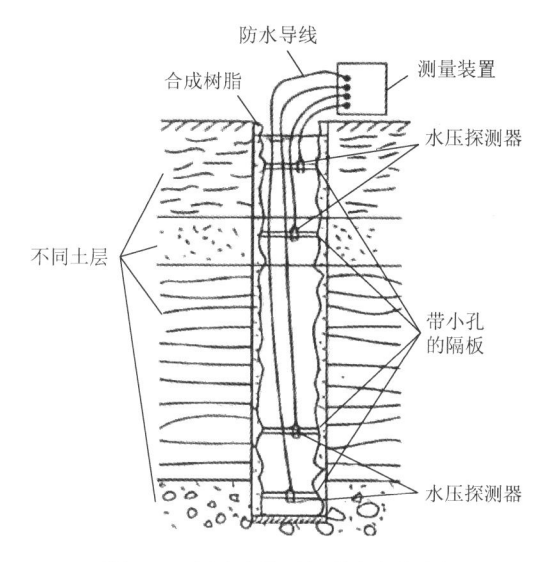

图3.3 水压式分层沉降仪埋设图

为了测量同一剖面上不同位置沉降值，还可用剖面沉降仪，例如，振弦式剖面沉降仪，主要包括一个振弦式传感器，即测头、连接测读仪的测线和一根一端作用于振弦另一端通水银仓的水银细管。当水银仓一端与大气相通，且水银面稳定在同一高度时，测头上下移动，振弦所受的水银压力将随高差变化，振弦的共振频率也随之改变，通过测量共振频率可以得到沉降值。

还可以使用水平倾角传感器测量沉降值。水平倾角传感器由特制的PVC沉降管、基于伺服加速度传感器的测头和读数仪组成。当路基发生沉降时PVC管随之发生变形，当测头沿PVC管移动时会有一定角度的倾斜，通过测量重力加速度在水平方向的分量即可精确计算测头与水平方向的倾斜角，测头移动的距离为已知量，因此可以通过几何关系计算出对应高程差，进而获得沉降值。固定埋设时每个传感器之间的距离已知，这个距离相当于活动式测量时两次测量间测头移动的距离，按照相同的方法可以获得剖面沉降值。

随着光纤光栅传感技术的发展和应用（参见2.6.3节），其在路基沉降的监测方面受到了越来越多的关注。光纤光栅传感法测量路基沉降的原理是：路基沉降会引起光纤的轴向应变，光栅周期和折射率均发生变化，从而使得光栅布拉格（Bragg）波长发生变化，引起Bragg波长漂移。对不同位置的反射光波进行信号处理后，通过检测光栅波长的漂移量大小，即可得到光纤沿线的沉降信息。

光纤Bragg光栅具有抗电磁干扰、体积小、抗腐蚀和使用寿命长等诸多优点，在路基沉降监测方法中的应用前景十分光明。但该方法对光缆的要求非常高,并且光缆埋设质量非常关键。

3.2.3 防灾安全监控系统

除了基础设施以外,各种灾害影响高速铁路行车安全情况时有发生。高速铁路常见灾害主要包括风、雨、雪、地震等自然灾害,以及各种异物侵限灾害。高速铁路防灾安全监控系统依赖于设置在铁路沿线的各种灾害传感器实时监测自然灾害和异物侵限。传感器监测数据信息通过铁路用信号线缆传送至监测单元和数据处理设备,并结合从气象部门收到的数据对灾害信息进行分析处理,形成灾害报警,发送至调度中心和维修中心,调度中心根据报警状态修改列车运行计划,在灾害到来之前及时调整行车管制措施,保障列车运行安全。防灾安全监控系统结构如图 3.4 所示。下面分别介绍各个子系统的传感技术和监测量。

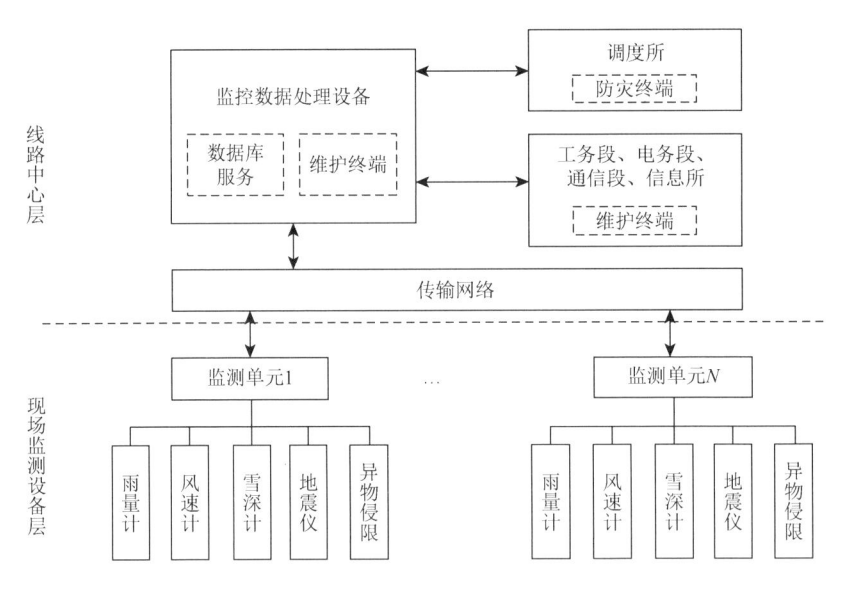

图 3.4 防灾安全监控系统结构图

1. 风监测设备

列车运行时,侧向风对列车的影响随着列车速度的增加而越来越明显。侧向风会影响列车运行的安全性、稳定性及舒适性。在强劲的侧向风作用下,尤其在特大桥梁、高路堤或风口线路上,列车所受到的侧向气动力有可能使列车横摆超限掉轨,甚至发生翻车和人员伤亡事故。因此,需要使用风速风向计对风速进行检测预警。

1)风速风向计分类

风速风向计分为机械式与非机械式两种。机械式是指机械式螺旋桨或风杯式传感器,而非机械式的风速风向计则是采用超声波传感器。在客运专线中多选用超声波式风速风向计，其抗电力牵引电磁干扰能力强，能适应复杂、恶劣的环境。另外，在寒冷地带通常采用热场式风向风速仪，避免结冰或结霜对测量结果的影响。表 3.1 对比了两种类别的风速风向计的性能指标。

表 3.1　机械式与非机械式风速风向计对比

类型	机械式	非机械式
测量方式	螺旋桨	超声波
测量要素	风速、风向	风速、风向、温度、气压、湿度、雨量
风速	1.5~75m/s	0~60m/s
风速精度	±0.5m/s	±0.3m/s
启动风速	≤1.5m/s	0.3m/s
风向	0~360°	0~360°
风向精度	±5°	±3°

2）风速风向计工作原理

机械式风速风向计由两部分构成，头部的螺旋桨或风杯用于测量风速，尾翼用来测量风向。在风力作用下，螺旋桨或风杯带动码盘旋转，码盘的一侧装有光源，另一侧装有光敏晶体管，码盘旋转不断切割从光源至光敏管的光路，使光敏管输出脉冲信号，利用脉冲信号计算风速大小。

超声波风速风向计由两对相互正交的超声波传感器构成，它们安装在同一平面上，具有超声波收发功能（图 3.5（a））。工作原理是利用超声波时差法来实现风速风向的测量。超声波在空气中传播时，顺风比逆风传播速度快，在传播同样距离的情况下，存在时间差，这个时间差和风速呈线性关系，通过测量或计算超声波发射和接收的时间差，计算当前风向风速。

热场式风速风向计主要应用于寒冷地带，由防雨罩和加热柱等组成，通过测量温差变相计算出风速和风向（图 3.5（b））。其测量主要是基于热平衡原理，通过电流加热金属丝，在流场中不同流速使得加热金属丝的散热速度不同，流速越大散热越快，利用反馈电路使热线温度和电阻保持恒定，根据施加电流大小可计算出风速。

(a) 超声波式风速风向计　　(b) 热场式风速风向计

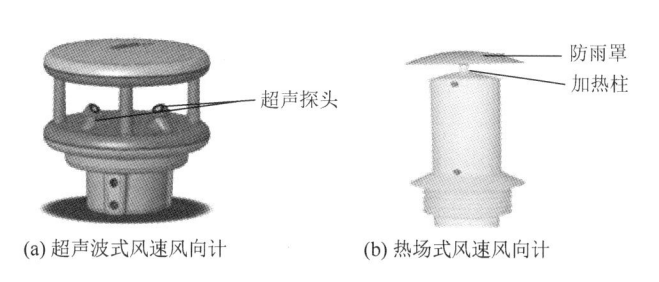

图 3.5　超声波式风速风向计和热场式风速风向计

3）风速风向计安装及报警

风速风向计通常安装在接触网支柱上（也有沿线散布的点位），每个监测点设置两套风速风向计，垂直于线路方向布置，距轨面4m（图3.6）。风速风向计测量角度范围为0°～360°，测量风速范围为 0～60m/s。现场控制箱采用小型化结构，固定在接触网支柱下部。当风速超过限制值时，报警信息上传到调度中心，由列车调度员根据预案发布限速或停运命令。

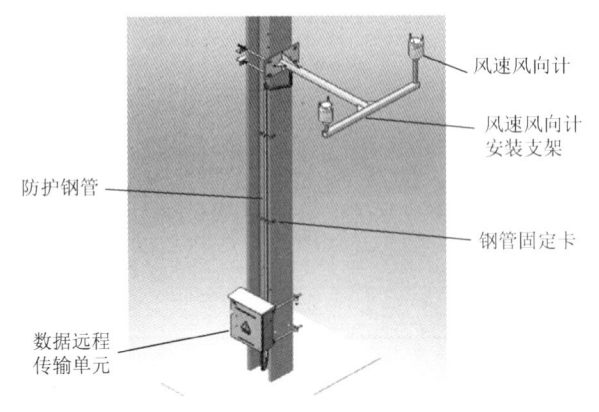

图 3.6　风速风向计安装示意图

大风临时限速情况如表 3.2 所示。报警时限为达到报警门限不大于 10s。解除报警时限为大风降级后不大于 10min。

表 3.2　风速报警门限表

风速级别	风速（V）	动车限速值
0（绿）	$V<15$m/s	不限速
1（蓝）	15m/s$\leqslant V<20$m/s	限速 300km/h 以下
2（黄）	20m/s$\leqslant V<25$m/s	限速 200km/h 以下
3（橙）	25m/s$\leqslant V<30$m/s	限速 120km/h 以下
4（红）	$V>30$m/s	封锁强风区间，禁止入内

2. 雨量监测设备

大雨或暴雨容易引发洪水或泥石流等灾害，从而危及桥梁和列车的运行安全，需要对铁路现场布置安装雨量计，由铁路防灾安全监控系统实时监测降雨量和洪水水位。

雨量计分为机械式和非机械式两种。机械式雨量计主要有翻斗式和虹吸式两种，虹吸式雨量计与双翻斗雨量传感器观测日降雨量的测量结果十分接近。非机械式雨量计又分为雷达式和压力感应式。雷达式雨量传感器通过水滴大小和下落速度的关系计算出降水量和降水强度；压力感应式雨量传感器则是探测单个雨滴的碰撞，碰撞产生的信号与雨滴的体积成正比，通过每个雨滴产生的信号可以直接转换成累计降雨量。

翻斗式雨量计由承水器、上翻斗、计量翻斗、计数翻斗等组成。雨水由承水口汇集，进入上翻斗；然后进入计量翻斗计量，计量翻斗翻动一次为 0.1mm 降水量；随之雨水由计量翻斗倒入计数翻斗，在计数翻斗的中部装有一块小磁钢，磁钢的上面装有干簧开关，计数翻斗翻转一次，则开关闭合一次，由开关的闭合送出信号。大多数翻斗式雨量计测量降水强度小于 4mm/min，精度为 0.1mm，最大误差为±4%。

压力感应式雨量计包括钢盖和压电传感器，主要是基于压电效应。材料受力作用变形时，其表面会有电荷产生，降雨时，传感器检测各个雨滴的影响，影响信号与雨滴数量成正比，最后将雨滴信号转换为累计降雨量。

雷达式雨量传感器多采用 24GHz 多普勒雷达，感知每一个雨点、每一片雪花，通过测量雨滴或雪花的降落速度与大小，计算出降水量和降水强度。

雨量计安装方式可参考风速风向计的安装。目前高速铁路使用的超声波式风速计多兼具雨测功能。雨量报警门限（根据实际情况修改）如表 3.3 所示，报警门限需参考当地工务部门的雨量监测标准。

表 3.3　铁路雨量监测报警门限表

连续雨量/mm	小时雨量/mm	限速值
140	20～40	160km/h
150	30～50	80km/h
200	50～65	封锁，列车停运

3. 雪深监测设备

铁路沿线经常经受大雪灾害的地方需要设置检测点实时进行雪量监测，因为积雪过大导致雪堆积在道岔尖轨处，使道岔不能密贴，会严重影响列车和铁路设备的正常运行，引起运输安全问题，降低运输效率。监测内容包括监测点的积雪深度、降雪量和降雪强度。

1）雪深传感器测量参数要求

雪深传感器实时监测无砟轨道轨道板/道床板或有砟轨道轨枕上的雪深，并将雪深值以数字信号输出。雪深检测设备要求分辨力不低于 1mm，测量范围为 0～1000mm，测量允许误差不大于±5mm，采集方式为连续自动采集，数据输出频率不低于 1 次/min。

2）雪深传感器分类及报警

雪深传感器分为三种，即激光式、红外式和超声式。三种传感器实际上都是距离传感器，通过测量地面与积雪后的高差计算出雪深。激光式雪深传感器和红外式雪深传感器属于光波传感器，通过相位测量距离，发射激光（红外线）后，传感器将自动计算得到探头的倾角，根据倾角计算高度，再通过计算偏移量得出雪深；超声波探头向目标表面发出信号，通过测量发出、接收到超声波的传播时间计算积雪深度。由于红外测距仪测量距离有限，测量精度低，目前已基本被淘汰。在铁路雪深监测实际应用中，使用更多的是激光式和超声式雪深传感器，图 3.7 是一种超声式深度仪。

图 3.7　HSC-SR80 深度仪

深度仪测量从探头到被测目标表面的距离智能推算出积雪深度,通过发出超声脉冲,再接收回波,测量这个传播过程的时间。传感器内有温度传感器,测量的温度对超声波速度进行修正。雪深报警门限如表3.4所示。

表3.4 雪深报警门限表

轨面积雪深度 H/cm	动车限速值
$9 \leqslant H < 17$	限速245km/h 以下
$17 \leqslant H < 19$	限速210km/h 以下
$19 \leqslant H < 22$	限速160km/h 以下
$22 \leqslant H < 30$	限速110km/h 以下
$H \geqslant 30$	封锁,列车停运

4. 地震监测设备

地震监测报警模式有横波(S波)检测报警和纵波(P波)检测报警两种。

P波指质点振动方向与传播方向一致的地震波,地震发生时引起上下振动,其传播速度为7~8km/s,但振动强度比较弱,一般不导致破坏性后果。

S波指质点振动方向与传播方向垂直的地震波,地震发生时引起晃动,其传播速度为4~5km/s,在地震中产生的破坏性后果较大。

P波的传播速度比S波快,在地震记录波形中,P波会先于S波到达。并且在一次地震中,P波引起的振幅要比S波振幅小。当两种波传到地表时,P波引起地表上下振动,而S波引起地表水平振动。从物理学的知识可知,机械振动产生的波的能量与振幅的平方成正比,所以地震P波的能量较S波的能量小,即P波的破坏性比S波小。

S波监测报警通过强震仪检测出S波,立即发出列车停止运行的控制信息;P波检测报警系统通过强震仪检测出的P波及强度,判别出震中、方向和震级,在对铁路危害较大的S波到达铁路沿线系统报警线前,提前发出列车停止运行的控制信息。整体而言,我国高速铁路地震预警已经实现了S波阈值报警,但是"P波+S波"的综合监测体系尚未完全建立,P波预警技术仍有待完善。

地震监测设备包括力平衡加速度传感器、强震记录器及传输线缆等,安装在沿线变电所或分区所。传感器判断出地震信号,立即作用于当地牵引变电所,切断接触网供电,同时将信息传送至调度中心,列控系统自动输出停车信号。

力平衡加速度传感器采用不锈钢防水密封舱,解决防锈和防水密封问题,舱内由三台(其中两台水平向、一台垂向)力平衡加速度计相互正交组成,分别为纵向、竖向和横向固定安装,当地震发生时,三分向力平衡加速度计把真实的地震波转换成模拟电压信号,经模数转换器和微控制器把模拟信号转换成数字信号,经长线传输给强震记录器记录。安装标准按15~20km间隔设置地震监控点,每处地震监测点均设置有两套地震监测设备,每套地震监测设备包括地震传感器和强震记录器各一台。两台地震传感器的安装距离要大于 40m，在地震监测点处设置仪器墩，传感器安装于仪器墩上。

5. 异物侵限监测设备

根据《铁路自然灾害及异物侵限监测系统工程技术规范》要求，在设计速度大于 160km/h 的区段内，上跨铁路的道路桥梁上应设置异物侵限监测现场采集设备。在公跨铁立交桥桥体两侧应安装异物侵限监测设备，监测机动车、大型货物因故跨过护栏、护网而侵入高速铁路限界。此外，在高速铁路隧道口和关键路段防护网也应安装异物侵限系统，监测各种异常事故或行为（如落石、攀爬防护网等）。

异物侵限现场监测设备由监控单元和现场采集设备组成。现场采集设备由轨旁控制器和异物检测传感器组成，主要负责采集异物侵限的实时数据，并将数据发送至监控单元。轨旁控制器用于异物监测的远程试验及现场恢复，设置位置应邻近传感器，依据现场实际条件选择安装到混凝土基础上或者接触网支柱上。监控单元负责接收、分析、处理、监测由现场设备采集的数据，并将这些监测、报警数据通过传输网传送至铁路局中心系统。异物侵限与信号系统通过继电接口连接，异物侵限监测继电电路负责检测是否发生异物侵限，并通过落物表示继电器状态来反映是否发生异物侵限。当发生异物侵限灾害时，触发列控系统响应，使列车自动停车。

由于异物侵限监测的关键基础是异物检测传感器，不同的传感器检测的范围和精度各不同。这里介绍两类铁路常用的异物传感器，一类是双电网传感器，另一类是安防光纤传感器。

1) 双电网传感器

双电网传感器用于采集异物侵限信息，一般设置在上跨铁路道路桥梁的两侧，如图 3.8 所示。双电网传感器主要由防护网、传感电缆及电缆终端组成。具体是在防护网上安装由两根绝缘电缆构成的双电缆传感器，当异物入侵撞击监测电网时，通过电缆通断

图 3.8 公跨铁立交桥双电网传感器

状态监测从上跨高速铁路的道路桥梁侵入铁路限界的异物,从而起到保障行车安全的作用。双电网传感器有一根电网断线时,防灾系统发出报警,但不触发列控和联锁系统;双电网传感器有两根电网同时断线时,防灾系统在发出报警的同时触发列控和联锁系统,使列车产生紧急制动。

此外,当发生异物侵限时,电缆受到的应力大小和方向发生改变,这片区域的电缆阻抗也会随之变化,此时电缆中的电磁波特性发生变化,检测此时电磁波的变化也可以得到受力电缆的变化,即使在电缆没有断线的情况下,也可以感知到异物侵限。

2)安防光纤传感器

随着光纤传感技术的不断发展,光纤传感器在铁路异物侵限的应用越来越多,包括基于光纤光栅的点阵式短距离安防系统和基于分布式光纤传感器(distributed optical fiber sensor,DOFS)的长距离安防系统。基于光纤光栅的系统原理比较简单,通过测量每个光纤光栅受到的扰动感知外界的变化,尤其是异物侵入的情况下。下面重点介绍两种有代表性的分布式光纤传感器周界防护技术原理,即干涉型与后向瑞利散射型。

(1)干涉型分布式光纤传感器周界防护技术。

干涉型分布式光纤传感技术是基于光波干涉原理,通常由传感臂和参考臂两个部分组成,外界扰动会引起光纤折射率和长度的变化,光波在光纤中传输时,外界扰动会转换为光相位变化,即探测光的相位会被扰动调制,通过干涉可以解调扰动引起的相位变化,进而实现入侵测量。因为探测光通常具有超高频率(>190THz),所以干涉型 DOFS 具有极高的灵敏度、超大动态范围和超高频率响应等突出优点,在动态测量 DOFS 中占有重要地位。经过多年的研究和发展,干涉型 DOFS 已经具有多种技术,包括典型的 Mach-Zehnder 干涉仪(MZI)、Michelson 干涉仪(Michelson interferometer,MI)以及 Sagnac 干涉仪(Sagnac interferometer,SI)等。此外,基于三种典型技术的复合技术 SI-MZI、SI-MI、双 MZI、双 SI 等也得到了长足发展。近年来,研究人员又将特种光纤应用到干涉型 DOFS 中进一步提升这类技术的传感性能,包括光子晶体光纤(photonic crystal fiber,PCF)及多芯光纤(multi core fiber,MCF)。在数据处理方面,多点振动同时监测的定位算法以及小波去噪等技术被提出来,用于提高系统定位精度。这里主要介绍干涉型 DOFS 中实用性相对更强的典型结构及其测量原理,包括双 MZI、双 MI 和直线型 SI。

①双 MZI。

2.6.3 节中介绍点式光纤传感器时以 MZI 结构(图 2.58)作为一个典型,实际上,当 MZI 两个臂由距离较长的光纤组成时,也可以被认为是分布式传感器,即沿着光纤的干扰都可以被测量出。单个 MZI 系统通过相位解调可以准确获得振动信号的时域和频域波形,并且具有很高的解调精度,但是单个 MZI 结构无法准确获取振动位置(也是称为点式传感器的原因)。为了获得准确的振动位置,双 MZI(dual Mach-Zehnder interferometer,dual MZI)结构被提出,如图 3.9 所示,与单 MZI 结构不同,双 MZI 结构中增加了一根引导光纤,双芯单模光缆作为传感链路(光缆中包含的两根等长光纤分别为传感臂 L_1 和参考臂 L_2)。探测光经过偏振控制器(polarization controller,PC)调节后由耦合器 1 分束形成上下两光路,上路光经过耦合器 2 后由耦合器 3 分为传感光和参考光并分别注入传感光纤 L_1 和参考光纤 L_2,下路光经耦合器 4 注入后再由耦合器 5 注入传感光纤和参考光纤，形成双 MZI 结构。设扰动 F 与光缆端点耦合器 3 的距离为 z，受到相同振动调制的两路干涉光到达光电探测器（photoelectric detector，PD）的时间差为

$$\Delta T = \frac{(L-2z)n}{c} \quad (3\text{-}1)$$

式中，L 为传感光纤的长度，等于 $2L_1$；n 为光纤折射率；c 为真空中的光速。

由式（3-1）可得扰动位置与两路信号时延的关系为

$$z = \frac{L - \Delta T \cdot c / n}{2} \quad (3\text{-}2)$$

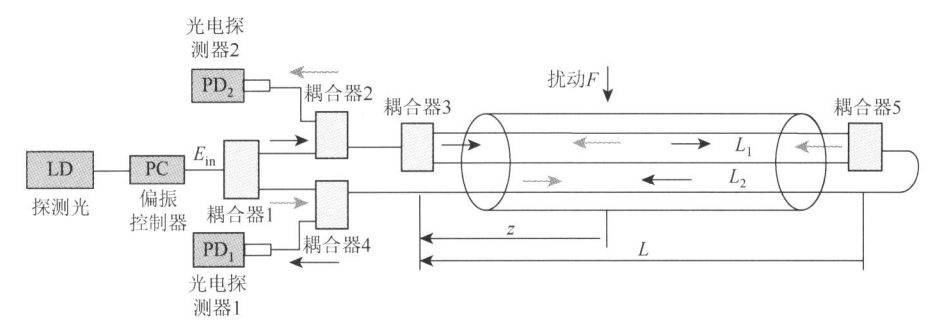

图 3.9 双 MZI 结构图

需要注意的是，由于该结构中传感光纤为单模光纤，单模光纤具有随机的偏振特性，而光干涉与两路光信号的偏振态相关，因此会导致输出光强对输入偏振态敏感，造成信号偏振诱导衰落现象，这在实际应用中需要密切关注。

②双 MI。

与单个 MZI 结构一样，单个 MI 结构的 DOFS 同样无法实现扰动准确定位。有研究利用波分复用器（wavelength division multiplexer，WDM）和法拉第旋光反射镜（Faraday rotator mirror，FRM）组成了传感臂和参考臂共用的双 MI 传感结构，如图 3.10 所示。在第 1 路 MI 中，波长为 1310nm 的分布式反馈（distributed feed back，DFB）激光器 1（简称 DFB1）发射探测光束 1，经 3×3 耦合器 C1 分束后用波分复用器（WDM）1~4 分别导入传感臂和参考臂中传播，经 FRM1 和 FRM2 反射后沿原路返回，最终在耦合器 C1

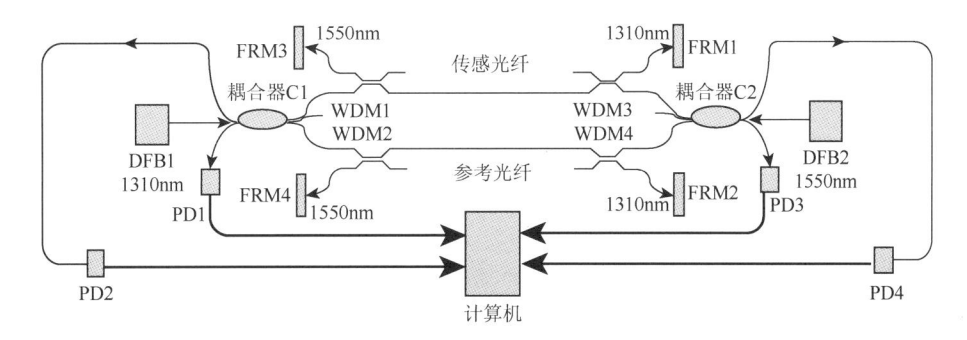

图 3.10 双 MI 结构

处发生干涉，耦合后的干涉光由探测器 PD1 和 PD2 接收并转换为电信号。第 2 路 MI 结构与第 1 路 MI 结构相似，不同之处在于第 2 路 MI 结构的探测光波长为 1550nm（DFB2），最终在耦合器 C2 处发生干涉并由探测器 PD3 和 PD4 接收。与双 MZI 类似，传感臂捕获的扰动信号经过互相关运算获得两路干涉信号的时延关系，可实现振动位置的确定。

需要注意的是，与双 MZI 相比，双 MI 结构利用 FRM 实现了良好的抗偏振衰落效果，测量精度更高；与直线型 SI 相比，该结构避免了定位精度严重依赖振动信号频谱特性的缺陷，从而降低系统的误报率。

③直线型 SI。

传统的 SI 干涉仪是环形结构，易受扰动互易性干扰，在实际应用中具有局限性，后来研究者将传统的环形结构改进为直线结构，振动信号同时作用在传感光纤的两个点，如图 3.11 所示，经路径 A→B→C→D→E→D′→C′→B′和 B′→C′→D′→E→D→C→B→A 的两路光信号传输的物理路径完全相同，满足干涉条件，但是两信号在接收端具有一个时延，二者不同但满足干涉条件，因此可以恢复外界的扰动。假设一个单频扰动施加在位置 C（或 C′），对光信号引入的相位调制可表示为

$$\varphi(t) = \varphi_0 \sin(\omega t) \tag{3-3}$$

式中，φ_0 为相位变化峰值；ω 为扰动信号的频率。

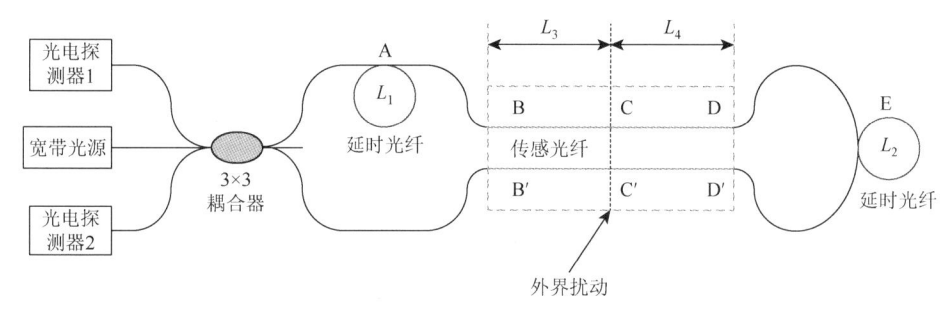

图 3.11 直线型 SI 结构

由于 A 点和 E 点光纤环的延时作用，两路信号光传播到 C 和 C′点时受到的相位调制也不同，两者之差为

$$\begin{aligned}\Delta\varphi(t) &= \varphi_0\{\sin[\omega(t+\tau_1+\tau_3)] + \sin[\omega(t+\tau_1+\tau_3+\tau_4+\tau_2+\tau_4)]\} \\ &\quad - \varphi_0\{\sin[\omega(t+\tau_3)] + \sin[\omega(t+\tau_3+\tau_4+\tau_2+\tau_4)]\} \\ &= 4\varphi_0\cos\left[\frac{\omega n_{\text{eff}}}{2c}(2L_4+L_2)\right]\sin\left(\frac{\omega n_{\text{eff}}L_1}{2c}\right)\cos\left(t+\frac{n_{\text{eff}}L}{2c}\right)\end{aligned} \tag{3-4}$$

式中，$L_1 \sim L_4$ 为图 3.11 中对应光纤段的长度；$\tau_1 \sim \tau_4$ 分别对应探测光在 $L_1 \sim L_4$ 中传播的时间；L 为传感链路的总长，$L = L_1 + L_2 + 2L_3 + 2L_4$；$c$ 为真空中的光速；n_{eff} 为光纤的有效折射率。

由式（3-4）可知，当 f_k^* 满足式（3-5）的条件时，$\Delta\varphi(t)$ 恒等于 0，并称 f_k^* 为零点频率。对包含丰富频率成分的探测相位信号 $\Delta\varphi(t)$ 进行傅里叶变换，通过寻找频谱图中的零点频率，由式（3-5）中的 L_2 已知，因此可以通过 f_k^* 得到振动源位置 L_4。

$$f_k^* = \frac{\omega}{2\pi} = \frac{(2k-1)c}{n_{\text{eff}}(4L_4 + 2L_2)}, \quad k = 1, 2, \cdots \tag{3-5}$$

（2）后向瑞利散射型分布式光纤周界防护技术。

相比于干涉型分布式光纤传感技术，基于后向瑞利散射的分布式光纤传感技术定位精度更高，通常可达到米级定位精度。光纤中主要有三种散射，分别是瑞利散射、布里渊散射及拉曼散射，其中瑞利散射是自发散射中最强的散射，基于瑞利散射的分布式光纤传感设备主要有光时域反射计（OTDR）、偏振光时域反射计（polarization optical time domain reflectometer，P-OTDR）、相位敏感光时域反射计（φ-OTDR）及光频率反射计（optical frequency domain reflectometer，OFDR）。其中，P-OTDR 和 φ-OTDR 主要用于分布式振动/声波测量，得益于二者的技术特点，非常适合用于周界防护，这里重点介绍这两种技术。

① P-OTDR。

在各种分布式光纤传感技术中，P-OTDR 利用散射光偏振态随外界扰动的变化来实现入侵监测。如图 3.12 所示，脉冲探测光的后向瑞利散射经过偏振分束器（polarization beam splitter，PBS）后用光电探测器检测后进行采集，通过前后散射曲线的差值变化来确定入侵信号的位置。假设散射光表达式为

$$E_R = A_R \exp(j\omega t + j\varphi_R) \tag{3-6}$$

式中，A_R 为散射光幅度。经过光电探测后的电信号为

$$I_R = A_R^2 \cos^2 \theta \tag{3-7}$$

θ 为散射光和 PBS 轴的夹角。

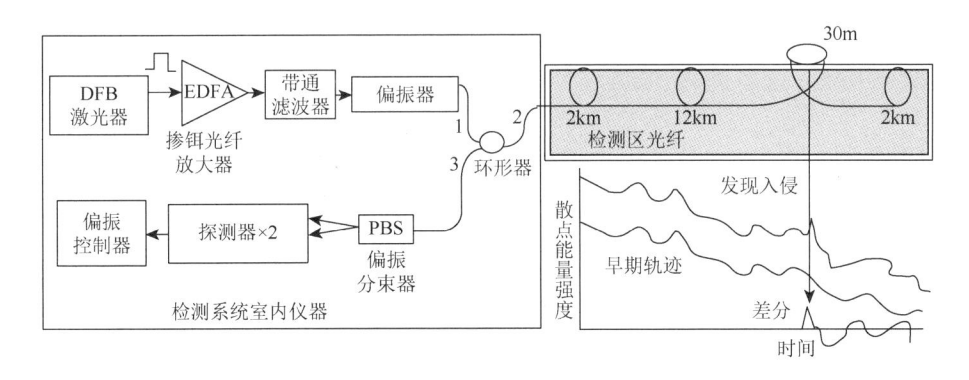

图 3.12 P-OTDR 系统结构

需要注意的是在该系统中，激光器的选择至关重要，为了保证散射光不被消偏，激光器线宽不能太宽，同时也不能太窄，否则强干涉同样会消除偏振影响，使得目标信号被消除。传统 P-OTDR 不能实现多个振动位置的确定，为了克服这个缺点，出现了多种解调方法，包括频谱分析、双折射矢量解析及采用特殊传感光纤。频谱分析法比较简单，通过对不同位置散射信号进行时频变换，根据频谱的相对变化来实现多个振动位置的获取，但该方法对不同位置具有相同或者相似的振动无法区分。

双折射矢量解析法通过将原始系统中的 PBS 替换为偏振分析仪,将光纤分解为 N 段并结合琼斯矩阵(式(3-8))实现对分段光纤的偏振态进行计算,从而获得每一段的偏振态,如图 3.13 所示。式(3-8)中,$\alpha = \cos(\Delta \mathrm{d}L)$,$\beta = \dfrac{\delta \sin(\Delta \mathrm{d}L)}{2\Delta}$,$\gamma = \rho \dfrac{\sin(\Delta \mathrm{d}L)}{\Delta}$,$\Delta = \left(\rho^2 + \dfrac{\delta^2}{4}\right)^{1/2}$,$\alpha^2 + \beta^2 + \gamma^2 = 1$。

$$M = \begin{bmatrix} \alpha + i\beta\cos(2\theta) & -\gamma + i\beta\sin(2\theta) \\ \gamma + i\beta\sin(2\theta) & \alpha - i\beta\cos(2\theta) \end{bmatrix} \tag{3-8}$$

图 3.13 本地双折射矢量解析法

但该方法容易造成误差累积,导致解调精度不高,为了消除该解调误差,在计算第 i 段短光纤的参量时,可将前面 $i-1$ 段的光纤看成一个整体,由一个线延迟器和一个圆延迟器串联而成,通过这种改进避免了各段光纤中线双折射和圆双折射的误差传递,但 θ_i 的计算仍需要利用前面各段光纤的参数才能求出,因此计算量大,实时性较差。由以上分析可知,基于解析本地双折射矢量的技术在对扰动定位和区分相同特征的扰动等方面具有优势,但由于利用偏振分析器测量传输矩阵时至少需要两种不同偏振状态的输入光,其测量速度较慢,难以用于高频的扰动测量。

除了上述方法,利用特殊光纤或单元可以实现多个位置的准确定位,例如,采用保偏光纤,利用振动引起的正交偏振模的能量转移可实现三个位置的准确测量;也可通过在单模光纤中插入很多 FBG 来实现多个位置的振动定位,但该技术复杂度高,且成本巨大。

②φ-OTDR。

第 2 章中已经对 φ-OTDR 做了初步的介绍,这里进一步剖析其检测原理。尽管 φ-OTDR 也是基于后向瑞利散射实现外界振动的测量,但其与 P-OTDR 原理完全不同。如图 3.14 所示,散射光由脉冲内部众多散射点组成,通过脉冲内部散射光的干涉将相位变化转换为光强度变化,因此通过散射光强度变化,可以实现振动,其散射光表达式为

$$E_s(t) = \sum_{i=1}^{N} r(\tau_i)\exp(\mathrm{j}\phi(\tau_i))\exp(-\alpha v_g \tau_i)\mathrm{rect}\left(\dfrac{t-\tau_i}{T_p}\right) \\ \cdot \exp\{\mathrm{j}\omega_p(t-\tau_i)\} \tag{3-9}$$

式中,$r(\tau_i)$ 为每个散射面的瑞利散射系数;τ_i 为光波从发射端到第 i 个散射面的距离;$\phi(\tau_i)$ 为第 i 个散射面的随机相位;α 为光波传输衰减系数;v_g 为群速度;$\mathrm{rect}(\cdot)$ 为脉冲表达式;T_p 为脉冲宽度;ω_p 为探测光角频率。

需要注意的是,φ-OTDR 系统的激光器对系统性能至关重要,需要采用相干性好、稳定性高的低频率漂移超窄线宽激光。

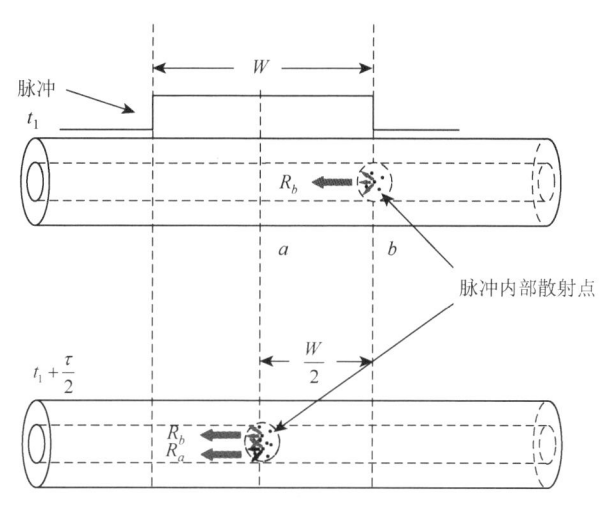

图 3.14 φ-OTDR 散射光原理

扰动位置产生的散射光强度可以准确反映出扰动位置，但因为信号强度与扰动信号没有线性对应关系，所以散射光强度不能用作入侵信号的分析和类别识别。

与散射光强度不同，φ-OTDR 中脉冲光散射信号的相位与外界扰动具有线性响应关系，如图 3.15 所示，扰动位置前后产生的散射光相位可以准确恢复入侵信号，从而可以实现入侵信号的模型分析等。图 3.15 中的位置ⓐ和ⓒ散射光相位差正比于ⓐ、ⓒ之间光纤段的长度和折射率：

$$\phi_{ac} = \phi_c - \phi_a = 2 \times \left(2\pi \cdot f_p \frac{zn}{c}\right) \tag{3-10}$$

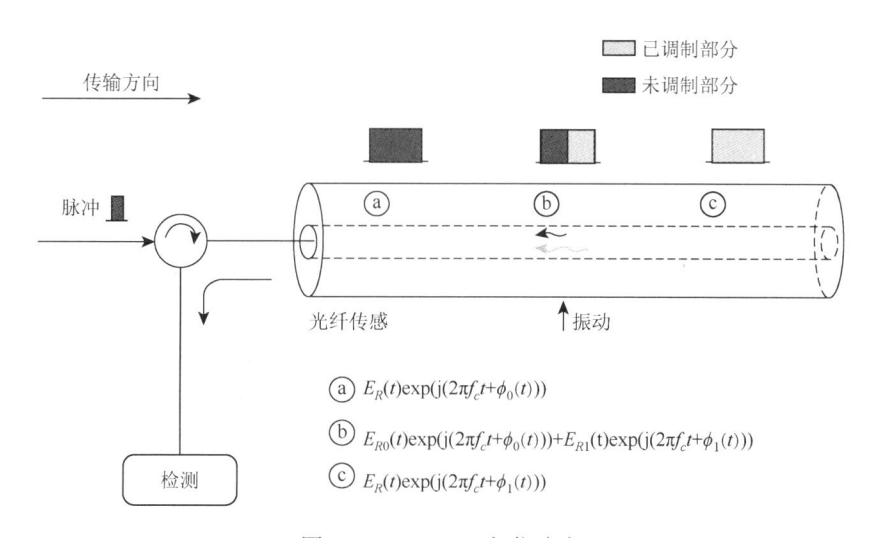

图 3.15 φ-OTDR 相位响应

目前，在 φ-OTDR 中既能获取散射光信号相位，同时可以实现相干衰落抑制的最有效的结构，如图 3.16 所示，即外差相干探测结构。在该探测结构中，信号解调全在数字域进行，能够有效抑制部分噪声，并且可以消除随机相位导致的相干衰落，目前有效的相干衰落抑制方法包括多频探测光、单脉冲多频提取及相位变换等算法，这些算法需要和旋转矢量及方法结合使用，具体原理和试验结果可以参考相关文献。

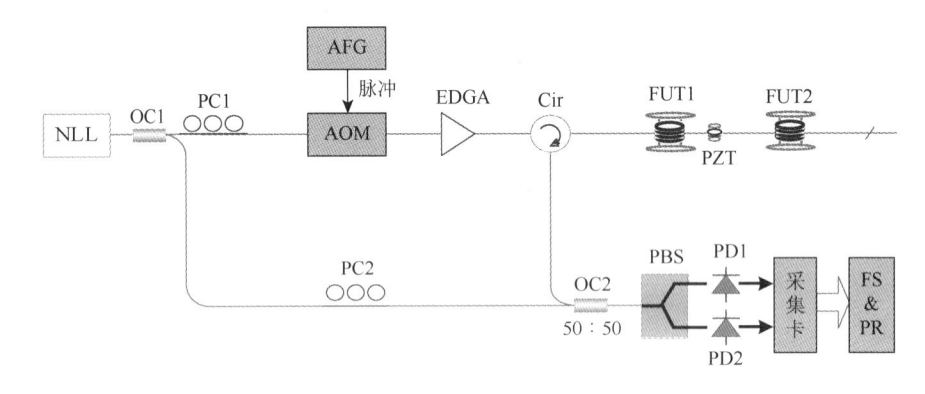

图 3.16　外差相干探测 φ-OTDR 结构

NLL 代表窄线宽激光器；OC 代表光耦合器；PC 代表偏振控制器；AFG 代表任意函数发生器；AOM 代表声光调制器；EDFA 代表掺铒光纤放大器；Cir 代表环形器；FUT 代表待测光纤；FS 代表衰落抑制；PR 代表相位恢复

3.2.4　桥梁结构健康监测

1. 基本组成

一般大型桥梁结构的使用年限可以达到几十年甚至上百年，但是在环境侵蚀、材料老化和载荷的长期效应、疲劳效应和突变效应等灾害因素的共同作用下将不可避免地出现结构系统的损伤累积和抗力衰减，从而导致抵抗自然灾害甚至应对正常环境作用的能力下降，而且有的构件损伤可能扩展很快，极端情况下易引发灾难性的突发事故。对桥梁结构采用有效的技术手段监测和评估其安全状况就显得非常重要，对大型桥梁一般都采用桥梁结构健康监测系统（structural health monitoring system，SHMS）监测和评估桥梁状态。系统的功能类似于人的神经系统——传感器相当于"神经系统"的末梢，用于感知结构的响应；传输网络相当于"神经网络"的神经中枢，其功能是在传感器和控制系统之间进行信息传输和控制；结构的状态评估类似于"神经网络"的大脑，其功能是对采集的数据进行处理和分析，并对结构的状态进行评估；对于已经发现损伤的部位通过实时的监测数据分析，能对损伤的发展变化以及损伤对结构的影响进行评估。

桥梁结构健康监测系统通常可划分为传感器检测、实时分析、损伤诊断、状态评估及维护决策五个部分。传感器检测模块利用各种传感器以及网络通信技术对桥梁结构的工作环境、载荷条件等各类外部载荷因素作用下的响应进行实时检测，并将检测信息传输至实时分析模块，然后依靠修正后的有限元模拟计算，得到当前时刻的结构状态。在此基础上，由损伤诊断模块为结构在特殊气候下进行损伤预警，在运营状况异常时进行损伤定位。在状态评估模块中，依据更新后的指标参数，对构件以及整个结构的承载力和耐久性进行评价。最后在维护决策模块中，为桥梁的运营管理、养护维修及科学决策提供建议。

2. 主要监测参数与传感器布置案例

大型桥梁结构复杂，检测项目多，主要包括环境及载荷参数、自身特性及结构响应三大类。

环境及载荷参数监测主要包括温度（包含环境温度、桥面温度、混凝土结构温度、钢结构温度、拉索温度等）、环境湿度、风速、气压、雨量和桥梁载荷情况（公路载荷和铁路载荷）。桥梁自身特性参数主要有载荷影响线、桥梁模态等参数。桥梁结构响应参数有位移、倾斜、振动、索力等。通常桥梁的结构响应是自身特性在一定环境影响下的反应。表 3.5 详细列举了桥梁监测项目与对应的传感器，图 3.17 则是香港昂船洲大桥的传感器布置示意图。

表 3.5 传感器及主要监测参数

监测类别	监测项目	传感器	主要监测参数
环境及载荷	风	超声波式风速仪（桥面） 螺旋桨式风速仪（桥塔顶） 气压计	风玫瑰图均值及阵风 风速均值 桥面起风发生率 湍流强度 水平和垂直黏度
	雨	雨量计	降雨量
	温度	电阻式温度计（测量钢结构、混凝土、沥青路面、环境温度） 热电偶（测量拉索温度）	桥面、索塔、拉索有效温度 桥面、索塔差分温度 环境温度 沥青路面温度
	公路载荷	动态地秤 动态应变计 视频摄像头	单车辆总重 轴重分布 车道系数 交通流量模式 拥堵情况下桥梁挠度 桁架/构架压力分布
	铁路载荷	动态应变计 视频摄像头	单转向架载荷 列车载荷谱 桁架/构架压力分布
	地震	加速度计	锚碇、索塔附近加速度谱 桥面、索塔响应谱
	侵蚀状态	侵蚀传感器 湿度计	有害物质（如氯化物、二氧化碳）侵入混凝土率
桥梁自身特性	静态影响系数	水平仪 GPS 动态应变计	铁路载荷影响线 公路载荷影响线 桥面影响面
	全局动态特性	加速计	模态频率 模态振型 模态阻尼比 模态参与因子

续表

监测类别	监测项目	传感器	主要监测参数
结构响应	拉索张力	加速计 光纤光栅传感器	各条拉索张力（主拉索、悬索等）
	几何变性	GPS 水平仪 位移计 加速计 倾角仪 静态应变计	拉索和桥面热位移 拉索、桥面风位移 桥面地震位移 拉索、桥面公路位移 拉索、桥面铁路位移 索塔混凝土徐变、收缩
	压力分布	箔型应变计 静态应变计 轴承传感器 磁力计	轴承及缓冲区应力分布 水平支撑构件应力分布 混凝土与钢材黏结面应力 桥梁构架应力
	疲劳估计	动态应变计	不同压力等级下雨流计数

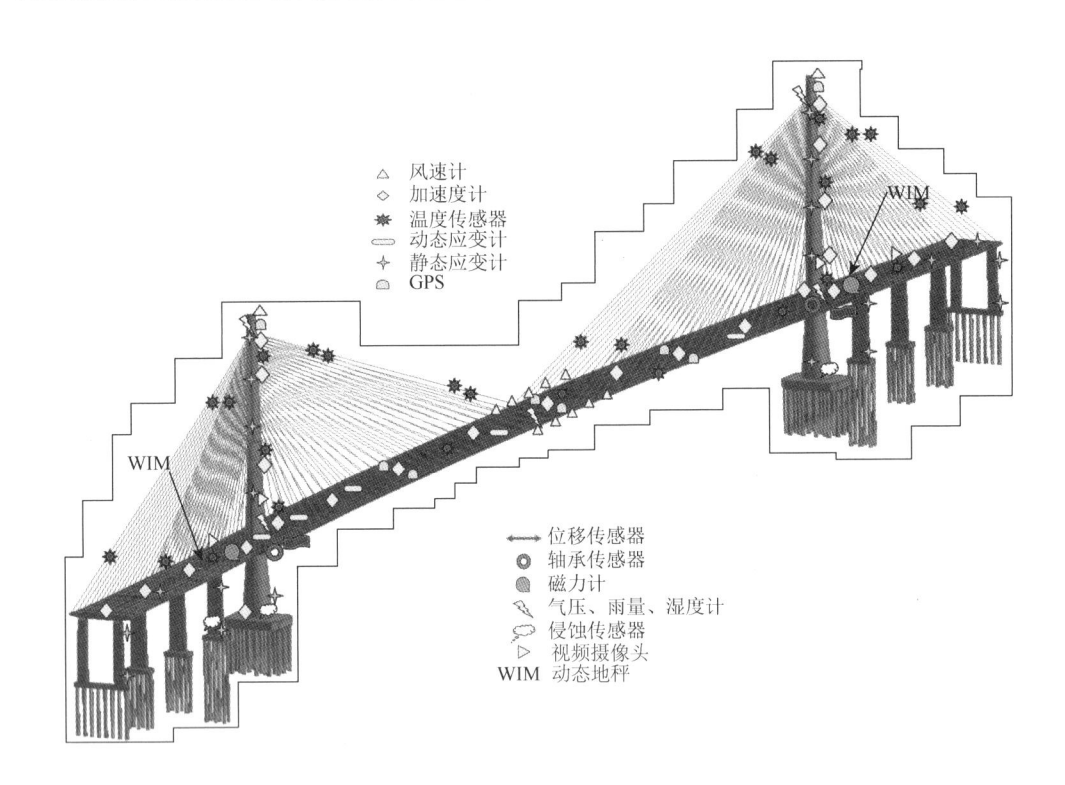

图 3.17　香港昂船洲大桥传感器布置示意图

公路桥梁与铁路桥梁的结构健康监测内容基本是相同的，但铁路桥梁是通过轮轨系统传力，因此除了监测桥梁结构本身的结构响应以外，一般还需监测轨道几何状态和梁端伸缩装置等特殊构件。

随着力学与信息等科学的发展，越来越多的新型传感器应用在桥梁健康监测领域，如光纤传感器。当检测结构应力时，传统的应变计只能以点式的方式检测，只有当传感器恰好安装在结构损伤部位的时候才能有效测出异常信号,这使得检测效果非常局限,只有大面积布设才可实现结构整体式的安全监测。而采用分布式光纤传感器可以在一定连续范围检测应力变化,可将传感光纤长标距化,在测量范围两端将光纤锚固,使得传感光纤能测量标距范围内的平均应变,从而建立应变与转角的关系,建立微观信息与宏观损伤信息的关联。当监测拉索式桥梁的钢索应力及变形时,可将光纤预制在其他纤维内部,然后植入钢索束中,实现光纤对钢索应力及变形的监测。

由表 3.5 和图 3.17 可以看出,大型桥梁的检测项目很多,考虑传感器经济原因和安装条件等因素影响,不可能也没有必要在结构的每个节点自由度上布置传感器。对于约束点多、空间跨度大、结构变形复杂的工程结构,就要研究在哪些关键节点安装传感器,能够尽量全面地获得反映整个结构健康状态的参数。通常传感器的布置需结合桥梁结构的有限元模型分析和传感器布置优化算法制定。建立桥梁有限元模型可以分析各节点应力情况,从而确定候选待测点,再利用传感器优化布置算法,从 N 个候选待测点中挑选出 M 个布设点,使目标函数达到最优。

要建立桥梁的有限元模型,首先需要了解桥梁的结构组成及其支承约束情况,并对结构做一定简化。以斜拉桥为例,根据材料类型不同可将桥简化为三类子模型,即索塔、主梁、拉索;根据模型细腻程度需求,每类可分若干个单元;然后根据不同载荷,分析各单元的应力、挠度、位移等。桥梁的载荷有恒载和活载,恒载是结构的主要载荷,包括自重载荷、拉索力和预应力载荷等。动态交通载荷为活载,随交通通行而变化,一般考虑满活载和最不利偏活载情况。此外,分析桥梁载荷时,需要叠加温度的影响。

最后在考虑恒载、活载、温度的组合作用下,利用有限元分析计算主梁的挠度值、应力值,主塔的应力值、纵向偏位以及拉索的索力等基本的受力情况。图 3.18 是斜拉桥主梁竖向挠度示意图,据此可以为主梁选择挠度监测候选点。

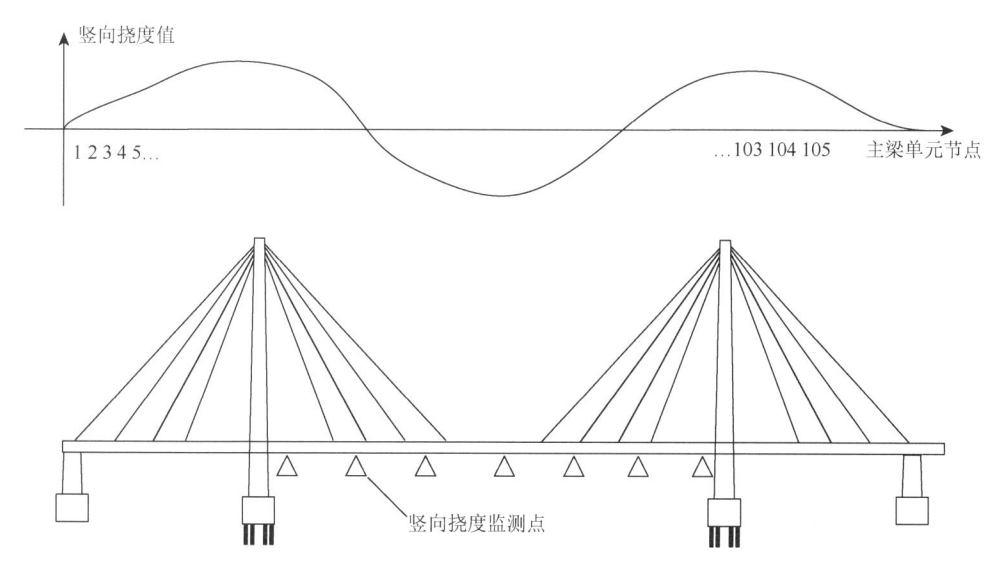

图 3.18 斜拉桥主梁竖向挠度示意图

完成全桥有限元模型分析，并得到全部监测候选点后，就可以采用传感器优化布置算法，确定最优布置方案。目前传感器优化布置方法主要分为两类：一类是传统优化方法，例如，有效独立法，它将测点独立性的贡献值作为判定准则，依次删除贡献最小的测点，最终留下线性无关性最大的点作为传感器布置方案；另一类是群智能优化算法，如遗传算法、神经网络算法、蚁群算法、模拟退火算法、人工鱼群算法、猴群算法、狼群算法、萤火虫算法等。具体的优化布置算法细节，这里就不再展开讨论，有兴趣的读者可以查阅相关资料。

下面以我国的郧阳汉江大桥（斜拉索桥，桥长 586m）为例，直观地观察其传感器的布置方案，其具体布置方案的分析计算过程就不再展开讨论（可参阅该桥梁的相关设计文献）。在经过有限元模型分析和传感优化布置算法分析后，在大桥的主梁上选取了 7 个点安装液位仪测量主梁的挠度值，如图 3.18 所示。为测试主梁应力情况，在主梁上选择了 4 个监测截面，如图 3.19（a）所示，每个截面布置 6 个光纤光栅应变传感器，截面上传感器布置如图 3.19（b）所示。大桥索塔的位移和变形采用倾斜仪测量，主要监测主塔的线形变化，将倾斜仪安装在两个索塔的塔顶，每个主塔设一个观测点（图 3.20），当索塔发生变形倾斜时，倾斜仪可以测量出主塔相对于重力轴线的倾角，可以进一步求出索塔的侧向位移。另外，斜拉桥的索塔承受着巨大的轴向压力，同时斜拉桥运营过程中出现的不对称载荷情况，会使索塔产生附加弯矩。这个附加弯矩对索塔的受力有较大的影响，易使索塔受到损伤甚至倒塌，所以，在索塔身上由上到下选择了 3 个监测截面，每个截面布置 4 个光纤光栅传感器，对索塔的应变进行监测，如图 3.20 所示。

(a) 主梁应变测点截面

(b) 主梁截面应变测点布置

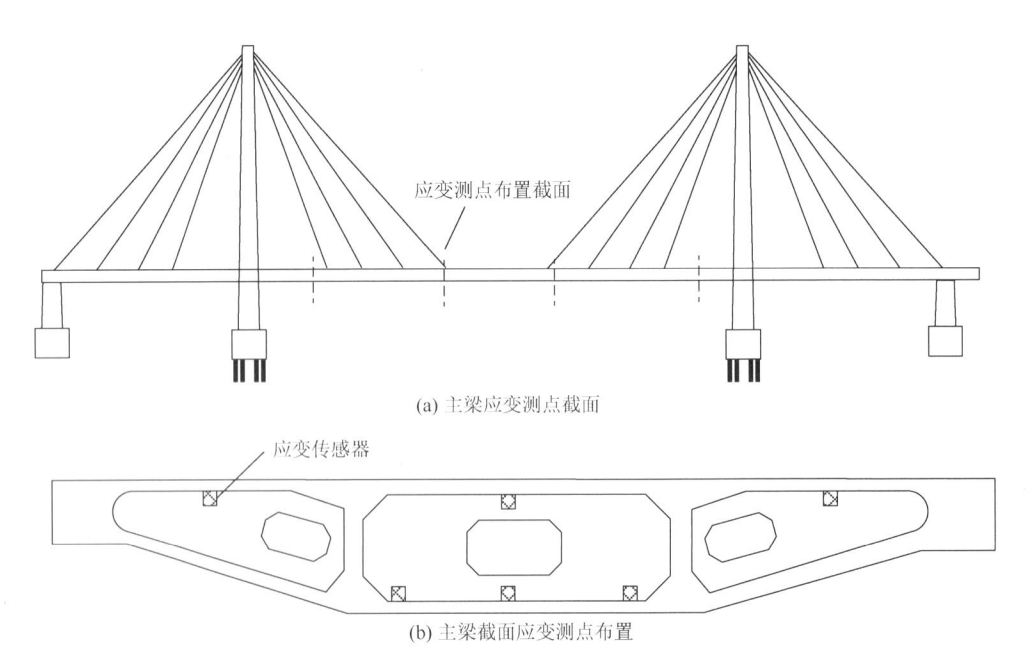

图 3.19　主梁应变测点截面及主梁截面应变测点布置

斜拉桥健康监测系统中，监测斜拉索的受力情况一般是判断其是否正常工作的一个重要途径。根据斜拉索索力的数值大小及变化规律，结合其与索塔和主梁之间的相互作用关系，可以明确地反映斜拉桥的实时状态。郧阳汉江大桥全桥共有两个主塔，每个主塔设 50 对斜拉索，其中边跨侧设 25 对，中跨侧设 25 对。为测拉索索力，每个边跨侧选 1 对拉索、每个中跨侧选 3 对拉索，一共选择 16 个拉索索力测试点安装传感器测量应力。

大桥的整体振动采用低频加速度传感器检测，分别安装在桥面竖向（垂直方向）、横向和纵向位置，实现桥梁振动特性的监测和动力指标的定期分析评估。主梁动态特性监测截面共选取 13 个，其中竖向传感器有 13 个，横向 9 个，纵向 3 个，如图 3.21 所示。为监测主塔动态特性，在每个塔上布设 2 个纵向传感器，2 个横向传感器，共有 4 个，如图 3.20 所示。

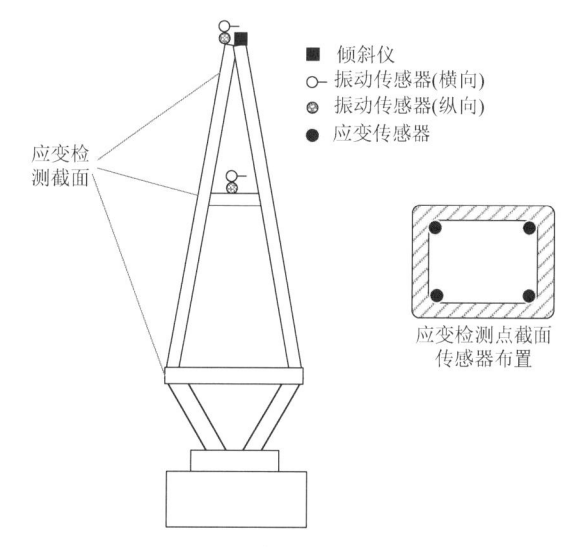

图 3.20　索塔传感器布置

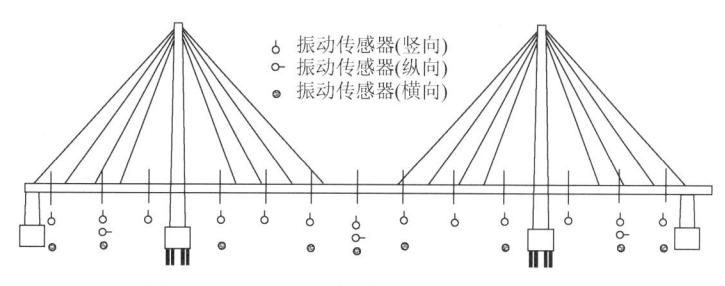

图 3.21　郧阳江汉大桥主梁振动传感器布置

由于环境温度变化，桥梁结构的表面温度快速升高或者降低。温度的变化会导致其他监测对象的数据随之变化，包括应力值、挠度值等。因此，需要准确监测桥梁的温度参数，以补偿应力、挠度等监测数据。温度传感器的布置与在主梁和索塔上的应力传感器布置的数量和位置相同。

3. 拉索应力检测原理

接下来以斜拉索的应力检测为例，介绍传感器检测应力的具体原理。

缆索作为大桥的承力部件，对保障桥梁安全与可靠运行非常重要，大桥的线形、内力分布、载荷、失效乃至桥梁结构整体安全都会集中表现在缆索的受力上。索力测量的方法主要有油压表法、压力传感器法、振动频率法和磁通量法等。这里具体介绍磁通量法和光纤光栅压力传感器法。

磁通量法的基本思想是利用磁体材料在受到外力作用时，内部磁特性（如磁导率）将发生改变，通过磁特性与应力的映射关系，从而计算出磁体应用大小。拉索一般由多根预应力钢绞线组成，属于铁磁材质，磁通量法正是基于拉索的磁弹性效应，利用磁通量传感器来测量索力的。通常安装于拉索上的磁通量传感器为套筒式，主要由励磁线圈、感应线圈、对应线圈骨架、外壳等组成，如图3.22所示。

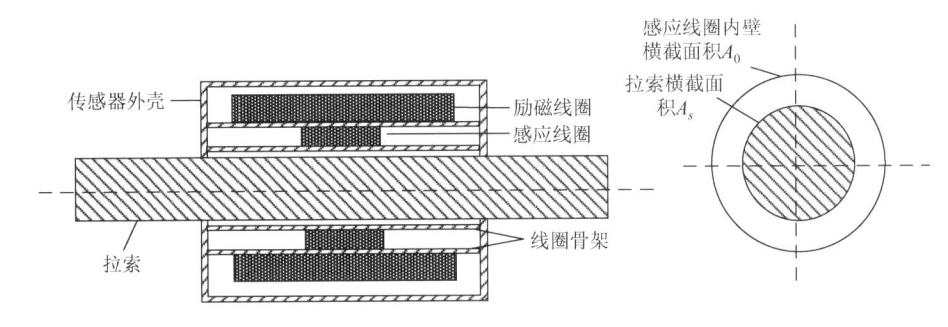

图 3.22 套筒式磁通量传感器结构

磁通量传感器工作时，励磁线圈以一定频率对拉索进行励磁，感应线圈产生相应的感应电压。感应电压大小取决于单位时间内通过感应线圈的磁通量，而磁通量又与线圈铁芯的磁导率有关。拉索作为线圈铁芯，其磁导率计算式为

$$\mu = \mu_0 \left[1 + \frac{A_0}{A_s} \left(\frac{U_s}{U_0} - 1 \right) \right] \tag{3-11}$$

式中，μ 为拉索磁导率；μ_0 为真空磁导率；A_s 为拉索横截面积；A_0 为感应线圈内壁横截面积；U_s 为感应线圈中含拉索时的感应电压；U_0 为感应线圈中不含拉索时的感应电压。

当拉索受到轴向拉力时，磁导率将发生变化，由式（3-11）可得

$$\Delta \mu = \mu_0 \frac{A_0}{A_s} \frac{U_f - U_e}{U_0} \tag{3-12}$$

式中，$\Delta \mu$ 为拉索磁导率变化量；U_f 为拉索承载时的感应电压；U_e 为拉索空载时的感应电压。

根据焦耳效应，拉索轴向应变与磁导率变化量间的关系为

$$\varepsilon_s = \frac{\Delta l}{l} = \frac{3\lambda_s M_s}{2K_\mu} \Delta \mu H \sin^2 \theta_0 \cos \theta_0 \tag{3-13}$$

式中，ε_s 为拉索轴向应变；l 为拉索长度；Δl 为拉索轴向伸长量；λ_s 为轴向变形常数；M_s 为饱和磁化强度；H 为外磁场强度；K_μ 为单轴磁各向异性常数；θ_0 为磁场与易磁化轴间角度。

再由应力与应变的关系得

$$\varepsilon_s = \frac{\sigma_s}{E_s} = \frac{F}{E_s A_0} \tag{3-14}$$

式中，σ_s 为拉索横截面应力；E_s 为拉索材料的弹性模量；F 为索力；A_0 为缆索截面面积。

结合式（3-11）～式（3-13），得索力与感应电压的关系为

$$F = EA_0 \frac{3\lambda_s M_s}{2K_\mu} \mu_0 H \sin^2 \theta_0 \cos \theta_0 \left(\frac{U_f - U_e}{U_0} \right) \tag{3-15}$$

由式（3-15）可发现，F 与 U_f 间具有线性关系，斜率和截距参数通过标定获得。这样，当传感器测得感应电压后，就可以计算出拉索应力。

此外，还可以利用光纤光栅传感器测量缆索索力。通常将光栅传感器与纤维增强复合材料进行筋式封装，制成光纤光栅智能筋，将其植入钢缆索中，然后通过测量光纤光栅波长变化计算出缆索应力大小。

由于光纤光栅波长变化会受温度影响，可通过温度参考光栅法、双参数矩阵法等对温度影响因素进行隔离。隔离温度影响情况后，应变计算公式为

$$\varepsilon_s = \frac{\Delta \lambda_\varepsilon}{\lambda_0 K_\varepsilon} \tag{3-16}$$

式中，$\Delta \lambda_\varepsilon$ 为由应变引起的中心波长变化；K_ε 为光纤光栅应变传感灵敏度系数；λ_0 为原始中心波长。

对于弹性变形的钢丝材料，钢丝的变形与应力大小成正比，如式（3-14）所示，将应变传感元件固定于缆索的钢丝上，使光纤光栅与钢丝协同变形，并采用温度补偿方法消除温度对中心波长的影响，结合式（3-16）可得钢丝应力为

$$\sigma_s = \varepsilon_s E_s = \frac{\Delta \lambda_\varepsilon}{\lambda_0 K_\varepsilon} E_s \tag{3-17}$$

若缆索内共有 n 根半径为 r 的钢丝，则缆索索力为

$$F = \sigma_s n \pi r^2 = \frac{E_s n \pi r^2}{\lambda_0 K_\varepsilon} \Delta \lambda_\varepsilon \tag{3-18}$$

对于特定缆索和光纤光栅，式（3-18）中 $\frac{E_s n \pi r^2}{\lambda_0 K_\varepsilon}$ 为常量，通过若干组标定试验后，即可确定其取值。随后只要测得光纤光栅波长变化即可换算出缆索应力值。

为测量缆索应力，需在施工阶段将智能筋沿缆身敷设，但在缆索扭绞过程中，智能筋要随着钢丝一起扭绞，易造成智能筋中应变传递层的结构破坏。此外，缆索应变量可能超过光纤光栅测量应变极大值，造成光纤光栅损坏。为解决以上问题，可将光纤光栅传感器安装在缆索锚头内部。

通常缆索可分为索身、连接筒、锚固区三个部分，目前常用冷铸锚法制作缆索锚头，

即将缆索的钢丝在其端部用分丝板散开，套入锥形钢质套筒（锚杯），如图 3.23 所示，然后灌入改性环氧料，经高温固化后使锚杯与钢丝合为一体。索身、连接筒的钢丝受力情况是一样的。在锚固区中，钢丝应变随深度 h 趋近于指数衰减：

$$\varepsilon_h = \frac{\sigma_{s2}}{E_s} e^{-ah} \tag{3-19}$$

式中，σ_{s2} 为锚固区起始端应力；a 为与钢丝材料、锚固工艺、锚固材料相关的应力衰减系数；h 为锚固深度。所以只要将应变传感器的安装位置由索身部分移至锚头内的一定深度，传感器超量程的问题就迎刃而解。

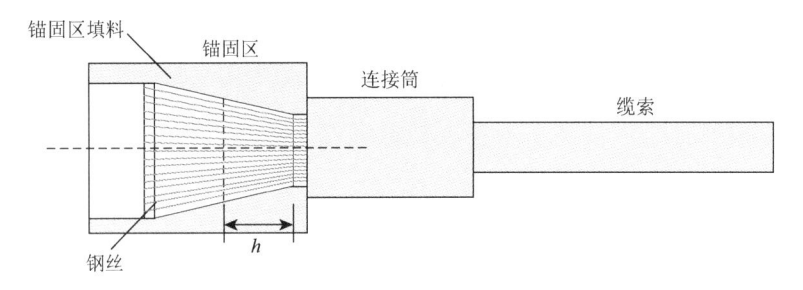

图 3.23 锚头结构示意图

通常索身应变范围较大，一般光纤应变传感元件难以满足量程要求，而锚固区的应变监测范围正好能符合光纤光栅的测量要求。通过将应变测量位置由索身变换为锚固区，不仅可以简化智能缆索的植入工艺，降低对光纤器件的使用要求及成本，而且还能将索身的大应变测量降低为锚固区的常规应变测量，大大减小对传感元件的性能要求。应用布置时，只需将光纤光栅以适当封装形式植入缆索锚固区，将传感器信号引出线自锚固区底部引出接至专用索力测量仪，就可实现对索力的实时监测，如图 3.24 所示。当应变传感元件埋于钢丝内部锚固料时，应变传感元件会同时受到传递于不同钢丝的剪切力作用，通常需要使传感元件处于周边钢丝的几何中心位置，使传感元件受到由钢丝传递来的剪切力大小相等、方向相同，从而避免因传感元件的结构发生扭偏导致测量数据失真或传感元件被破坏。

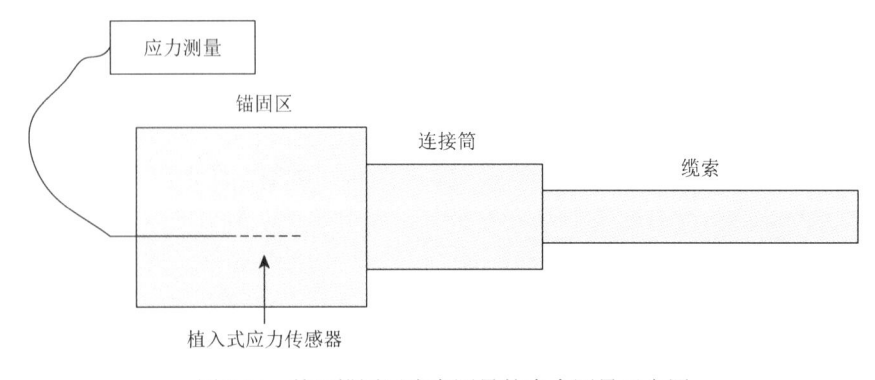

图 3.24 基于锚固区应变测量的索力测量示意图

4. 结构损伤识别与评估

虽然传感器获取了有关桥梁多处构件的大量参数，但这些参数并没有直接反映出桥梁内部损伤情况及状态，还需要对数据做分析、挖掘，即对桥梁结构做损伤识别与状态评估。结构损伤识别的目标就是利用现有的设备和仪器来测试结构在实际运营状态下的响应来判断结构是否发生损伤，同时还要对结构损伤的程度进行定量估计并估计结构的剩余寿命，可为工程结构进行整体性评价以及为后期的维修养护提供参考依据。一般来说，结构损伤识别有四个目标：一是判断结构损伤的存在；二是判断结构损伤发生的位置；三是确定结构损伤的程度；四是预估结构的剩余寿命。

一旦桥梁结构出现损伤，则某个构件的刚度就会被削弱，同时还伴随着结构的位移、应力、应变等参数的改变，借助于现有传感仪器可以测量出损伤结构的位移和应变等，最后通过比较这些参数在发生损伤时的计算值与测量值的残差，就可以完成对结构的损伤检测。这种方式主要利用了桥梁的静态测量数据，难以应对各种载荷作用下的构件小损伤识别。另一种是利用动态测量数据识别，例如，通过结构的固有频率、振型等动态信息的变化或结构的响应来诊断结构整体性能，其基本原理就是通过外界因素充当激励源引起结构振动，提取结构的动态响应信息，而结构动态响应是结构物理特性的函数，因此可以反推出结构的物理参数。基于动态特性的损伤识别方法的前提条件是要建立准确的有限元计算模型和正确估计模态参数，尤其是对损伤指标的选择，它将最终决定是否能够对损伤进行准确的定位和定量。因此，损伤识别要以灵敏度较高的损伤指标为标志量进行损伤识别，如结构的物理特性或模态特性。

利用结构模态频率变化进行损伤识别就属于利用动态数据识别的一种。固有频率是结构最基本的模态信息，容易测量且精度高。一旦结构发生损伤，结构的刚度就会被削弱，就引起结构各阶的固有频率发生变化，因此可以用频率的变化实现结构的损伤判定。还可以利用结构柔度变化进行损伤识别，结构发生损伤刚度降低，柔度增大，可以计算柔度差或柔度曲率实现损伤识别。除上述模态量可利用外，还有刚度变化、模态应变能可以作为识别损伤的模态量。随着研究的发展，还有很多识别方法产生，如无模型损伤识别法、基于概率统计信息的损伤识别法、基于频率响应的损伤识别法、基于人工智能的结构损伤识别法等，有兴趣的读者可以查阅资料进一步拓展阅读。

3.2.5　基于光纤传感的线路状态检测

线路状态的检测包含多方面内容，如钢轨的应力检测、线路边坡状态监测、道岔尖轨密贴状态检测以及冻土路段路基温度检测等。

钢轨的应变直接反映钢轨的状态，钢轨应变主要是受到温度力产生的应变和列车载荷产生的应变影响。现在铁路无缝线路大大减少了钢轨接头数量，减轻了列车运行过程中的冲击。一根无缝长轨条长达上百千米，会经历不同的地理、气候等条件，此外长轨条还会经过道岔、桥梁、隧道等不同区段，使得钢轨温度力分布不均匀，当钢轨本身温度变化较大时，温度力会产生较大的纵向附加力，此时会在钢轨的竖向和横向产生弯矩，严重时将导致胀轨跑道或断轨。此外，当钢轨受到车轮压力后，由于两端轨枕支撑，就像简支梁，在钢轨的下方产生拉应力，在上方产生压应力，在截面上产生剪应力，多项应力导致钢轨状态恶化，严重时出现断轨，引发安全事故。

利用光纤光栅做传感器可以测量钢轨的应力变化。为了消除温度和应力对光纤光栅传感的交叉影响，可以采取匹配光栅的方法进行单点钢轨应力、应变的测量。在常规路基地段，钢轨受到温度力和载荷作用力在纵、横、竖三个方向都会产生应变。当分析钢轨温度力时，最简单直接的方法就是一维测量模型，即仅测量纵向方向的应变，从而计算纵向应力。实践中，由于钢轨被扣件固定住，纵向的自由度非常小，温度力会导致竖向应变，所以采用二维测量模型更好，即通过测量纵、竖两个方向的应变，可换算纵向温度力与综合应变的关系，进一步还可以运用三维测量模型分析更复杂的受力情况及轨道弯矩变化。下面从一维到三维测量模型介绍测量原理及演变。

常见的一维梁模型主要测量钢轨在纵向的应变，检测量单一，虽不能很好地反映线路的综合状态，但测量方法简单易实施。图 3.25 为一维测量模型传感器安装示意图，图中 x 为钢轨纵向，y 轴为横向，z 轴为竖向，传感器 FBG 安装在轨腰部位。仅利用 FBG 的一维测量模型可以较为准确地测量钢轨的纵向应变。记 FBG 监测的应变值为 ε，钢轨温度变化为 ΔT，那么钢轨纵向（x）附加力可表示为

$$N_x = EA(\varepsilon - \alpha_s \Delta T) \tag{3-20}$$

式中，A 为钢轨截面面积；E 为杨氏模量；α_s 为钢轨热膨胀系数。

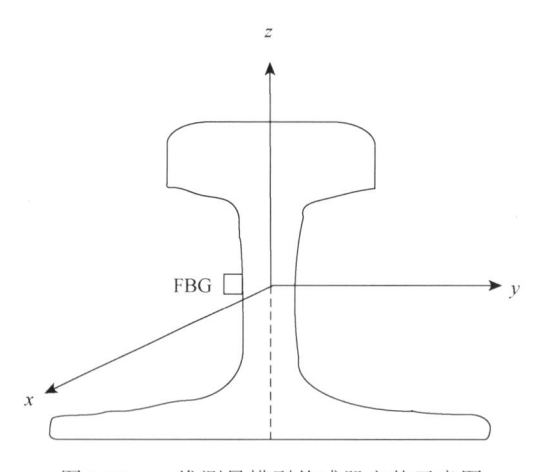

图 3.25　一维测量模型传感器安装示意图

由此在温度不变的情况下，钢轨的纵向力 N_x 只与钢轨中心轴的轴向应变 ε 有关。通过测量钢轨中心轴的应变可以得到钢轨纵向力。

对于无缝钢轨线路，由于新型扣件能牢牢锁住钢轨，钢轨的纵向方向应变非常小，因此仅测量钢轨纵向应变无法准确地测量温度力。虽然无缝钢轨的纵向应变很小，但是钢轨竖向处于半自由状态，因此可以利用钢轨竖向的应变来测量钢轨纵向温度力。

二维测量模型就是采用二维 FBG（纵向 FBG_2 和竖向 FBG_1）传感方案实现钢轨纵向

温度力的测量，如图 3.26 所示。两个方向的 FBG（纵向 FBG$_2$ 和竖向 FBG$_1$）能同时响应温度变化（且温度响应一致），但是两 FBG 对纵向和竖向应变不同，因此在温度引起的 FBG 中心波长变化被完全消除的前提下，建立纵向温度力与波长差的关系，实现纵向温度力的准确测量。

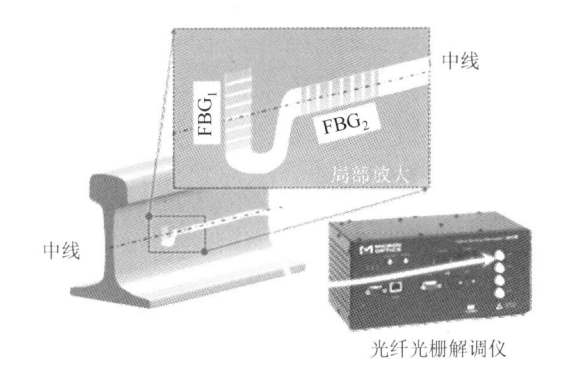

图 3.26 二维测量模型传感器安装示意图

因钢轨被扣件完全锁住，轨温变化产生的钢轨应变在扣件的约束下不能自由释放，受测钢轨被固定不能自由膨胀，从而可被视为半自由状态和受力状态两种状态的叠加，如图 3.27 所示。FBG 在图 3.27（a）、（b）状态的共同作用下的中心波长变化可表示为

$$\Delta\lambda/\lambda = [K_\varepsilon(\alpha_s - \alpha) + K_T]\Delta T - K_\varepsilon \alpha_s \Delta T = -K_\varepsilon \alpha \Delta T + K_T \Delta T \qquad (3\text{-}21)$$

式中，$\Delta\lambda$、λ 分别为中心波长变化和中心波长；K_ε、K_T 分别为光纤光栅的应变灵敏度常数和温度灵敏度常数；α、α_s 分别为光纤光栅和钢轨的热膨胀系数；ΔT 为钢轨温度变化。

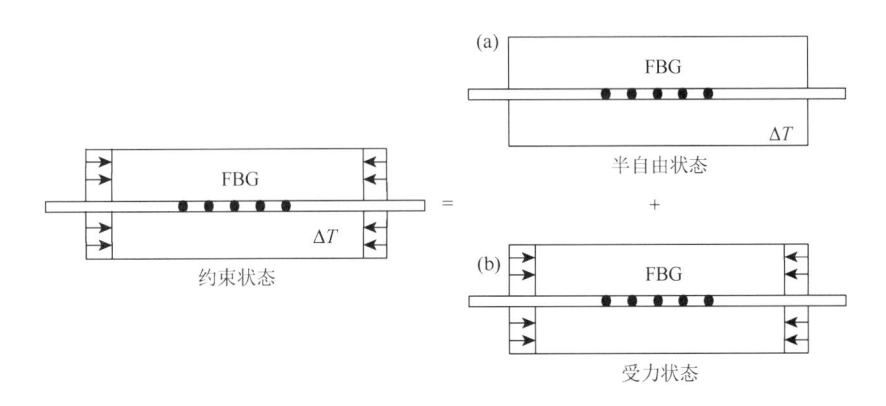

图 3.27 约束状态下的受测钢轨受力状态图

当受测钢轨被完全约束不发生纵向变形且钢轨温度改变时，由温度升高产生的钢轨纵向温度力可转化为光纤光栅波长的变化量，基于图 3.26 的光栅布置方案，可推导出二维测量模型下轨温变化产生的温度力 ΔF 与双向 FBG 相对波长变化关系为

$$\Delta F = EA\alpha_s \Delta T = EA\frac{\Delta\lambda_1/\lambda_1 - \Delta\lambda_2/\lambda_2}{K_\varepsilon(\mu+1)} \quad (3\text{-}22)$$

式中，$\Delta\lambda_1$、λ_1 分别为 FGB$_1$ 中心波长变化和中心波长；$\Delta\lambda_2$、λ_2 分别为 FGB$_2$ 中心波长变化和中心波长。根据式（3-22）可计算轨温与温度力曲线，如图 3.28 所示。

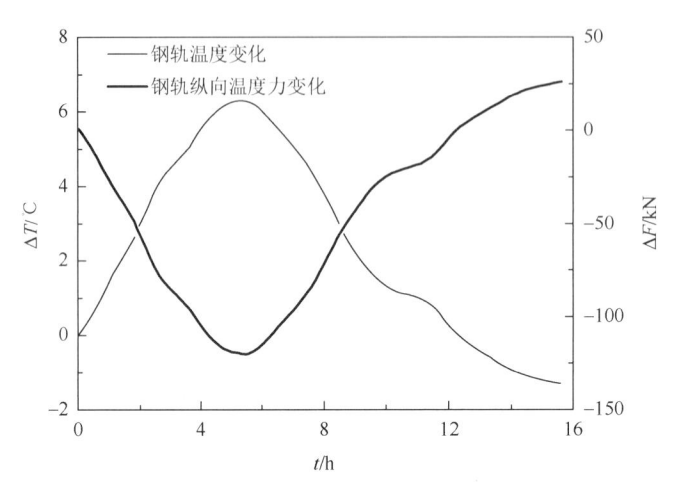

图 3.28 钢轨轨温与温度力变化曲线

铁路现场试验时光栅铺设如图 3.29（a）所示。为了避免其他应力影响，应选取远离桥梁及道岔的一段路基上的无缝线路作为测试点。根据测量设计方案，在钢轨轨腰处纵向和竖向方向分别安装 FBG 传感器，其中应变灵敏度系数较高的 FBG 沿竖向安装。同时为了防止传感器受到外界环境的物理损伤，需对 FBG 进行相应的保护封装。图 3.29（b）展示了 16h 的时间跨度、轨温变化为 6.3℃情况下，试验钢轨温度力和理论计算温度力曲线。纵向温度力理论值与测量值最大误差为 5%，能满足工程应用要求。

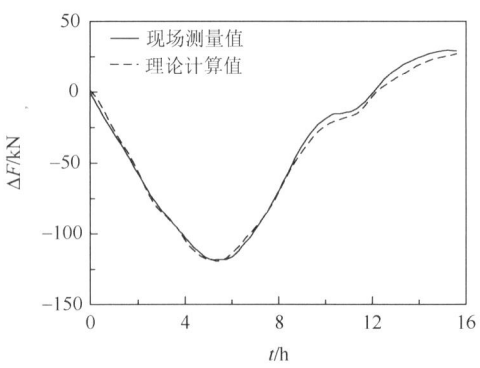

(a) 双向光栅现场铺设图　　(b) 试验钢轨现场测量值与理论值比较曲线

图 3.29 双向光栅现场铺设图以及试验钢轨现场测量值与理论值比较曲线

钢轨除了纵向、竖向应变，由于钢轨的横向方向也是半自由状态，温度力也会使钢轨产生横向方向应变。对于复杂受力情况分析，这里采用三维梁模型测量方法，考虑纵向温度力作用情况下钢轨纵向附加力、竖向和横向弯矩的测量。该方法需在钢轨的纵向、竖向和横向三个方向都测量应变。

三维梁模型测量方法和原理为：将三只光纤光栅传感器安装在钢轨中心轴两侧上，如图 3.30 所示的传感器 FBG$_1$、FBG$_2$、FBG$_3$，所对应的监测应变值分别为 ε_1、ε_2、ε_3：

$$\begin{cases} \varepsilon_1 = \dfrac{N_x}{EF} + \dfrac{M_y}{EI_y}d_1 - \dfrac{M_z}{EI_z}d_5 + \alpha_s \Delta t \\ \varepsilon_2 = \dfrac{N_x}{EF} - \dfrac{M_y}{EI_y}d_2 - \dfrac{M_z}{EI_z}d_3 + \alpha_s \Delta t \\ \varepsilon_3 = \dfrac{N_x}{EF} + \dfrac{M_y}{EI_y}d_1 + \dfrac{M_z}{EI_z}d_4 + \alpha_s \Delta t \end{cases} \quad (3\text{-}23)$$

式中，N_x 为 x 轴方向轴力；M_y 为 y 方向弯矩；M_z 为 z 方向弯矩；I_y 和 I_z 为惯性矩；α_s 为钢轨热膨胀系数。得到钢轨纵向附加力为

$$N_x = EF \frac{(d_2 - d_1)\varepsilon_1 + 2d_1\varepsilon_2 + (d_1 + d_2)\varepsilon_3}{2(d_1 + d_2)} - \alpha_s \Delta t \quad (3\text{-}24)$$

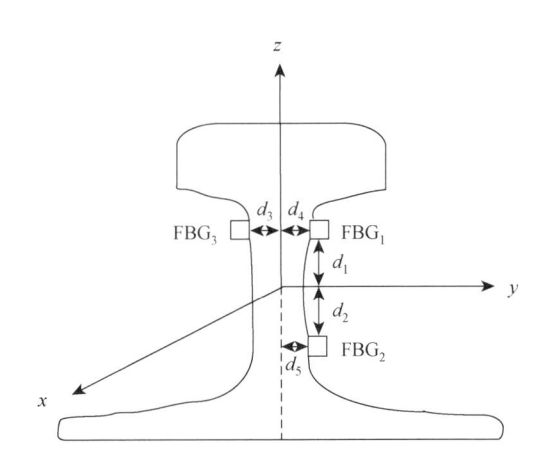

图 3.30　三维梁模型测量传感器安装示意图

同时可以得到钢轨在 y、z 轴向的弯矩计算式为

$$\begin{cases} M_y = EI_y K_y \\ M_z = EI_z K_z \end{cases} \quad (3\text{-}25)$$

式中，K_y、K_z 为 y 和 z 方向的弯曲曲率，分别为

$$\begin{cases} K_y = \dfrac{\varepsilon_1 - \varepsilon_2}{d_1 + d_2} \\ K_z = \dfrac{\varepsilon_3 - \varepsilon_1}{d_4 + d_5} \end{cases} \quad (3\text{-}26)$$

通过以上传感器测量方法，可以计算出钢轨三个方向的应力情况，进而可以分析钢轨疲劳程度。基于光纤光栅对各种情况下的钢轨受力分析是一个较为复杂的研究体系，感兴趣的读者可以参阅本书作者的相关工作。

另外，铁路边坡存在滑坡风险。由于边坡内部组成结构和力学性质极其复杂，并且外界环境（如降水、风化、裂变等）都会对边坡的稳定性产生影响，仅靠理论计算只能从有限的角度来预测和控制边坡的稳定性。对铁路高大边坡工程，一般都需要采用边坡工程监测预警技术对边坡状态进行实时监测。通过监测边坡的变形、活动特征等，掌握变形规律，探测潜在失稳滑坡的滑移面，进一步确定滑体位移的速率和方向及其发展趋势，为滑坡体稳定性分析和整治设计提供依据。

图 3.31 为基于 BOTDR 的分布式光纤测斜管监测滑坡深部变形的原理图。在测斜管的两个对称侧面开有平行凹槽，槽里粘贴分布式应变传感光缆。当滑坡沿滑动带移动时，会造成测斜管相应位置挠曲变形。通过对光缆监测到的应变进行积分计算可得测斜管的挠曲变形，具体原理及计算过程为：选取测斜管中性线段 O_1O_2 上长度为 dz，中性层上的 O_1O_2 段曲率半径为 ρ，管的旋转角度为 $d\theta$，则中性面处的弯曲应变 $\varepsilon_m(z)$ 满足：

$$\frac{1}{\rho(z)} = -\frac{\varepsilon_m(z)}{y(z)} \tag{3-27}$$

测斜管挠度值 $\omega(z)$ 满足：

$$\frac{1}{\rho(z)} = -\frac{d^2\omega(z)}{dz^2} \tag{3-28}$$

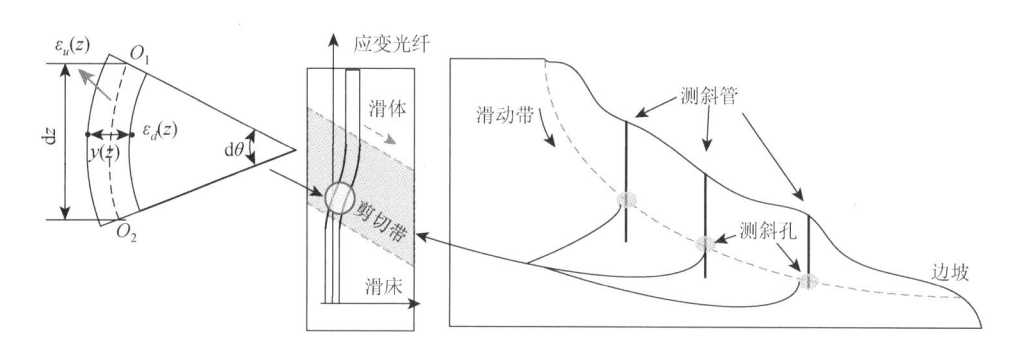

图 3.31　基于 BOTDR 的分布式光纤测斜管变形分析示意图

测斜管在弯曲时，其转角很小，可对挠度进行积分计算。考虑测斜管底部埋设在滑坡基岩中，可认为测斜管底部固定不发生位移，即积分的常数项和一次项为零，则得到测斜管的挠曲方程为

$$\omega(z) = \int_0^z \int_0^z -\frac{\varepsilon_u(z) - \varepsilon_d(z)}{y(z)} dz dz \tag{3-29}$$

式中，$\varepsilon_u(z)$ 和 $\varepsilon_d(z)$ 为测斜管对称侧面上光纤的应变测值，有 $\varepsilon_m(z) = \varepsilon_u(z) - \varepsilon_d(z)$。

由式（3-29）即可计算出测斜管上任意一点的挠曲值。

由于裸纤十分纤细且极易折断，对于滑坡这种环境恶劣的野外监测场景，还需对光纤进行封装。那么就需要考虑光纤与土体的变形耦合问题，即土体的变形能否全部传递到光缆中，二者的变形协调性仍是需要解决的关键问题。此外，由于积分法在使用时存在很多假设，计算得到的结果往往与实测值存在差异，还有由于计算方法导致的误差以及误差的修正也是分布式光纤变形监测需要解决的问题之一。有关这两个问题的解决方法，可参考相关研究，留给读者思考。

除上述应用外，还可利用光纤位移传感器检测道岔尖轨密贴状态。转辙机内部齿轮在电机的带动下转动，带动标尺杆移动来驱动尖轨移动，而尖轨是否移动到位，标尺杆是最直接、最准确的反映设备。为了测量标尺杆的位移，并进而确定尖轨是否移动到位，可采用应用于铁路道岔尖轨密贴检测的光纤位移传感器。如图3.32所示，在标尺杆上固定一个贴片，当标尺杆移动时，贴片随之移动，光纤位移传感器固定在转辙机内部的支撑架上，标尺杆的移动使贴片压到光纤位移传感器的传动杆上，根据传动杆位移量的变化就能确定和测量尖轨是否移动到位。

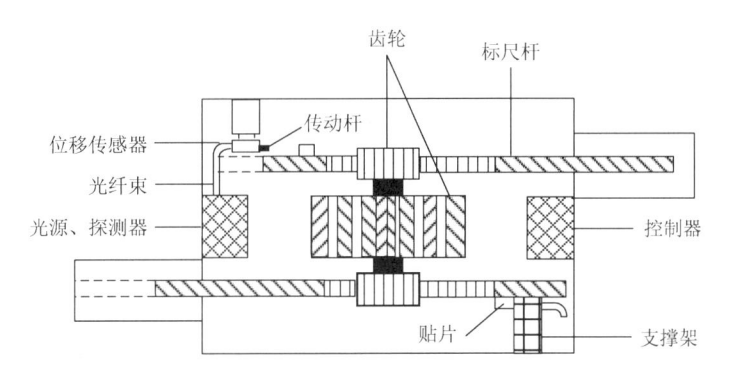

图3.32 转辙机结构及传感器安装位置图

我国的青藏铁路有数百公里的冻土路段，内部温度变化会引起冻土路基热融沉陷和冻胀变形，进而影响线路的安全运营。因此，需要对冻土路段做长期监测，主要监测参数是冻土温度。光纤光栅传感器集检测和传输于一体，可覆盖数百公里的范围，能满足青藏高原每个测站测点数量多、分散性大、测站位置距测点较远的要求。实际应用时，光纤光栅传感器采用不锈钢保护，传输线采用埋入式铠装光缆，其具有良好的机械强度和抗化学腐蚀能力。在青藏高原恶劣的气候环境下，传感器和测试仪器仍可以具有较高的使用寿命和良好的性能稳定性。此外，光纤光栅传感器能够实现多传感器的复用，在一根传输光纤上可以串联多个传感器，简化了实际工程应用时的传输线布置（见2.6节）。

实际应用时还需要考虑布设工艺对光纤传感器的成活率和监测结果的影响。光缆布设工艺主要分为附着式与埋入式。附着式是指通过粘贴、绑扎等方式将光缆附着于锚杆（索）、工字钢、钢筋笼等构件；或通过在预制桩、抗滑桩等构筑物表面刻槽；或在生产构件时同步将光缆布设于其中，与构件融为一体。此方法多用于边坡支护和基坑开挖支护的岩土体变形监测。例如，对于软硬介质交杂的边坡，采用直接埋设方法会造成光缆应变数据不均匀,且碎石易造成光缆破断,故多选用附着于杆件等方式进行布设;而对于表面形态较为平整的岩质边坡或已对坡表进行处理的岩质边坡,可采用刻槽和表面粘贴的方式进行布设。埋入式是通过人工开挖横向沟槽与施工垂向钻孔等方式,将感测光缆直接植入岩土体内部,并回填细沙、黏土及细骨料等,待回填稳定后进行光纤监测数据采集。

3.3 智能视频监控技术

高速铁路的视频监控系统是采用铁路系统 IP 网络构建的数字化、智能化、分布式的网络视频监控系统,可满足公安、安监、客运、调度、车务、机务、工务、电务、车辆、供电等业务部门及防灾监控、救援抢险和应急管理等多种需求,实现视频网络资源和信息资源共享。高速铁路视频监控的主要需求场景包括:①路基、路口、桥梁、隧道、公跨铁和咽喉区等关键路段或点位,以确保车辆安全;②车站广场、站台、候车大厅和旅客通道等人流密集区,以了解旅客情况;③无人值守变电站及其他无人值守场合的设备状态集中监控,以及时了解设备运行情况;④对出现的紧急状况,如暴风雪、泥石流、洪水、交通意外等,需远程了解并及时反应。高速铁路视频监控系统监控场景多、范围广,具有自身特色,例如,视频监控点位通常比较分散、跨度比较大,一般几百甚至上千公里;视频监控摄像机需要户外工作,环境通常比较恶劣;视频采集、编解码及部分存储设备分散分布在无人值守机房,安装调试成本高;用户数量众多,系统需要有良好的权限管理、视频流并发访问及转发能力;视频分析环境复杂,风、霜、雨、雪、雾、摄像机抖动、灯光等干扰因素可能导致误报警。此外,高速铁路视频监控系统还需考虑沿线的强电磁干扰。下面结合上述需求介绍智能视频监控技术相关知识。

视频监控技术的发展已经有二十几年的历史,由早期的人工操作控制发展到基本自动化、智能化监控阶段和嵌入式智能监控阶段。从技术层面来说,历经三次更新,其中第一代为模拟视频监控系统,基于模拟信号的视觉传感器和传输为基础,采集的视频流作为模拟信号简单地传输到远程控制中心并显示在大型监视器上,然后,由操作员观察、分析并对结果进行分类和判断,整个过程没有利用计算机视觉算法辅助分析。第二代则是基于"PC + 多媒体卡"的数字视频监控系统,采用多媒体数字图像压缩技术,节省了传输带宽和存储空间。采集的视频可以通过网络交换机传播到 IP 网络,并能在个人计算机上查看和操控,基于初步的视频分析技术可以实现联动报警。第三代是当前最先进的基于 TCP/IP 的全数字智能视频监控系统,通过有线或者无线 IP 网络进行视频信息的传输和数字化存储。系统可根据带宽情况调整视频压缩率,并可以扩展组件复杂监控网络。该类系统最显著的特点是采用智能图像处理和视频分析技术使得系统可以自动监控和报警。从视频监控系统的架构上看,系统已迈入云和边缘计算时代,更适合大规模智能视频分析场景需要。本节将从基于边缘计算的视频监控系统、视频编码技术和视频图像分析技术等三个方面展开视频监控系统的介绍。

3.3.1 基于边缘计算的视频监控系统

1. 系统框架

在简化的应用场景中，视频监控系统可仅仅由若干摄像头负责输入、一个服务器负责运行识别程序就能实现。而随着实际应用中终端分辨率的提升、输入终端个数的增加和对系统实时性要求的提高，大规模智能视频分析已经成为视频监控的迫切需求，其具体实现面临两个问题：首先是智能算法的准确性，其次是构建分析平台进行大规模视频分析时满足低时延计算所需要的计算能力。以高铁安全检测系统为例，即使局部的检测系统与图像数据应用水平可以满足局部设施设备状态和运行环境安全检测监测的需求，但它们分散部署于路网的不同地域，还需要将局部信息进行综合汇总和协同处理。

解决上述问题的传统方式是上传到云服务器，即云计算。图 3.33 是一个基于云计算的视频监控系统结构图，靠近数据输入端的边缘计算节点（edge compute node，ECN）实

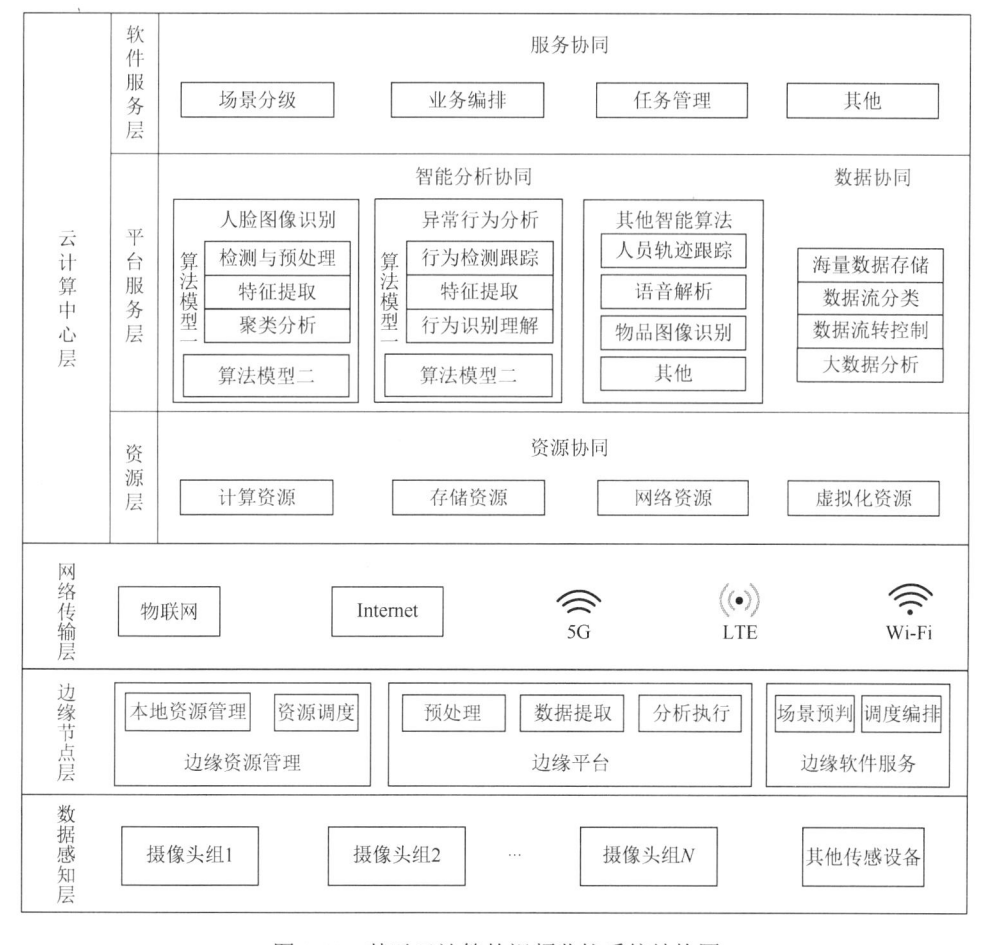

图 3.33 基于云计算的视频监控系统结构图

现视频图像数据预处理和预分析，并对感知层的设备进行统一管理；云计算中心层管理系统资源的虚拟化，并对海量视频监控数据进行集中存储和智能分析，如人脸图像识别、异常行为分析、人员轨迹跟踪等，同时对边缘计算节点进行协同管控，实现视频监控系统在资源、分析、应用服务方面的协同。

但随着用户数据爆炸式的增长，集中式的云计算暴露了一些不足，即由于传输带宽、数据处理和物理距离带来的时延问题和较高的传输成本。视频传输通过流媒体协议向云端进行传输时，尽管存在成熟的视频压缩算法，但是实时视频流传输时，从输入端传输到云端再把结果返回耗时不菲。例如，动车组运行故障动态图像检测系统（trouble of moving EMU detection system，TEDS）在探测站获取图像并经过压缩后，需要传送到动车段监控中心进行查阅分析图像以确认动车组各零部件的运行状态是否存在缺陷，这种情况下动车组各零部件运行状态判别周期较长，无法满足实时性需求。

解决计算集中带来的传输开销等问题的方式就是云的去中心化。2012年，思科推出的分布式云计算基础设施——雾计算，其概念很大程度上与现在的边缘计算理念相似，引入了分布式系统，如区块链、点对点或混合系统等。2014年欧洲电信标准化协会（European Telecommunications Standards Institute，ETSI）对移动边缘计算（mobile edge computing，MEC）的术语进行了标准化，此后提供边缘计算的服务商与应用领域日渐繁多。其中"边缘"就是指在传统的数据源到云中心路径中靠近数据输入端设置的计算节点，利用其进行预处理以大大减少需要远程传输的数据量。图3.34为基础的边缘计算通用框架。

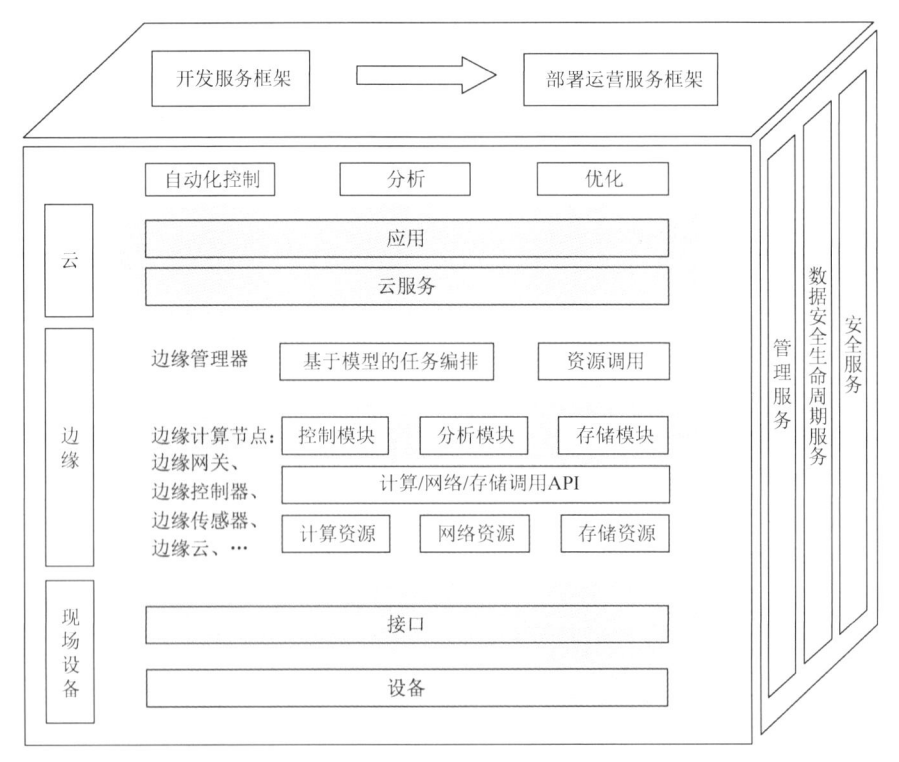

图3.34 边缘计算通用框架

API指应用程序接口（application programming interface）

边缘计算是一种新型计算模式，它并不是取代云计算，而是对云计算的补充和延伸。边缘和云的关系有点像章鱼的腕足和大脑，章鱼拥有巨量的神经元，但有60%分布在章鱼的八条腿（腕足）上，脑部神经元却仅有40%，也就是说它有60%的算力分布在腿上，由腿来进行感知和制定捕猎动作，是一个典型的"一个大脑+多个小脑"的分布式边缘计算网络。

相较于云计算，边缘计算的优势主要包括：更多的节点进行流量负载均衡，使得数据传输速度更快；更靠近终端设备，传输更安全，数据处理也更及时；更分散的节点，故障所产生的影响更小，降低了数据中心高负载导致的高能耗。同时，"边缘+云"的结构还允许系统接入更多元的数据输入方式，在边缘处分别进行对应处理，再上传到云平台进行信息综合。

以一个需要接入接触网数据、过车数据、车载视频等多元信息的高速铁路智能安全监测系统为例，图3.35展示了系统功能拆分到边缘和云的过程。边缘计算节点主要负责高速铁路运行安全图像检测系统设备端数据的采集，按照数据筛选规则和部署的智能识别模型对视频数据进行初步的预处理与实时识别，并将预处理和识别结果及相关数据上传到云端主数据中心的高速铁路运行安全图像智能识别平台；云端主数据中心提供全路运行安全图像数据的统一存储和分析，以及系统的动态维护。

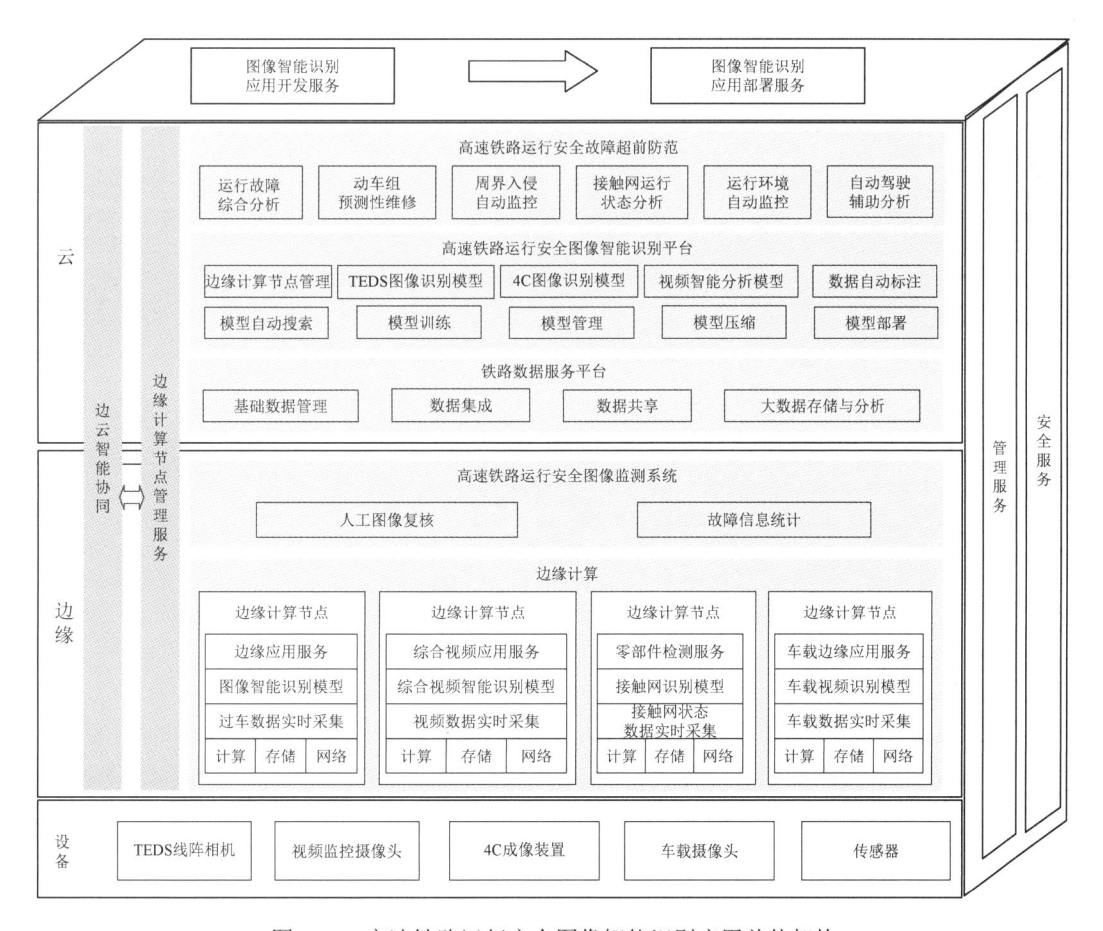

图 3.35 高速铁路运行安全图像智能识别应用总体架构

边缘计算下的视频监控系统实时读取本地的视频监控边缘设备（摄像头、网关、边缘服务器等），对视频侧收集到的大量原始数据进行预处理，将采集、特征分析、行为识别、决策等功能放在智能边缘设备中，去除图像冗余信息，进行部分判断、决策，让更复杂的视频处理在具有判断、决策、反馈功能的边缘计算中心（视频监控云平台或其他计算中心）进行。由于边缘前端视频预处理能减少冗余数据，降低系统对存储及传输需求，视频数据的实时性也能得到更好的保障。

图 3.36 为基于边缘计算的视频监控系统结构示意图。视频监控框架主要由边缘计算节点和边缘计算节点管理器（ECN controller）组成。ECN 对采集到的多路视频进行预处理，具体可能包括目标检测、目标识别、行为分析、视频帧过滤等。边缘计算节点管理器可连接多个 ECN，处理边缘计算节点的上传请求，将预处理后的资源或者数据传输到远端的云中心服务器集群，提供给系统做更进一步的识别或者综合分析。

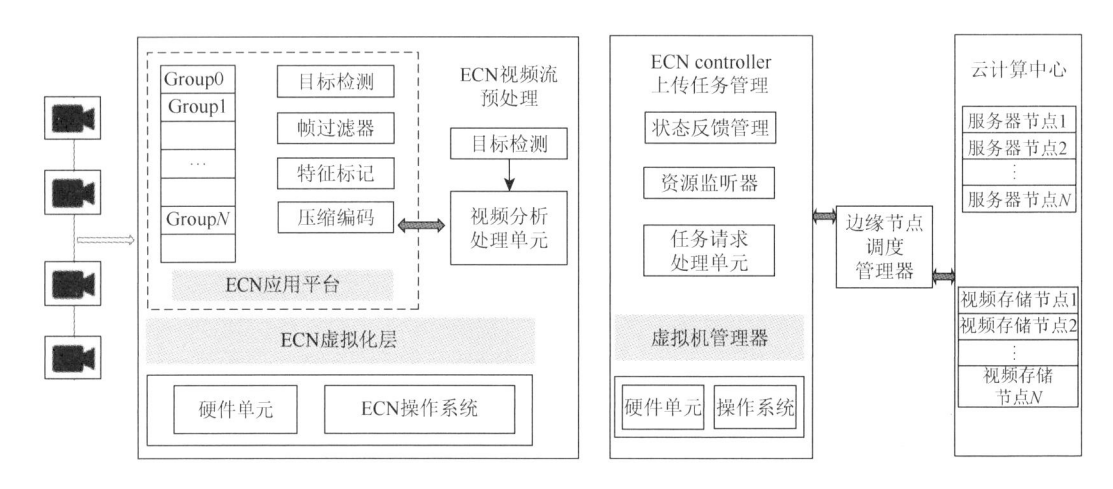

图 3.36　基于边缘计算的视频监控系统结构示意图

在基于边缘计算的视频监控系统中，为了减少边缘和云之间的数据传输，有效地管理来自不同边缘计算节点的上传任务，必要的视频过滤策略和合理的边缘计算节点调度算法是不可或缺的，下面简要介绍这两项技术。

2. 帧过滤技术

在一个需要把图像帧向上传输到云中心的视频监控系统中，数据采集过程会产生大量视频图像数据，传统的视频监控系统对采集的视频图像数据过滤较少，对重复性监控场景数据无差别存储，因而在中心服务器产生了大量冗余无效数据，不仅浪费系统存储资源，也增加了数据处理的复杂性和计算量。而帧过滤，正是发挥边缘系统计算能力以减少传送数据的关键步骤。

帧过滤可以视为一个功能模块的统称，它通过视频关键帧提取和图像识别技术从视频流数据中准确筛选出目标相关片段，可以减少存储和传输大量重复无用的视频帧数据，提高系统的资源利用率。

由于不同系统在边缘计算节点执行的任务不尽相同，下面以一个主要以帧内目标识别数目作为关键参数进行过滤的视频系统为例，简要介绍其过滤方法，其中目标识别数为同一类别目标的识别结果，如人脸识别场景下的面部数量、道路车辆场景下的车辆数量等。如图3.37所示，系统在边缘计算节点完成目标识别并且计数，赋予目标数目较多的节点或帧更高的权重，过滤帧时优先过滤目标数目较少的帧，同时可以把目标数目变化率大的帧当作关键帧保留。

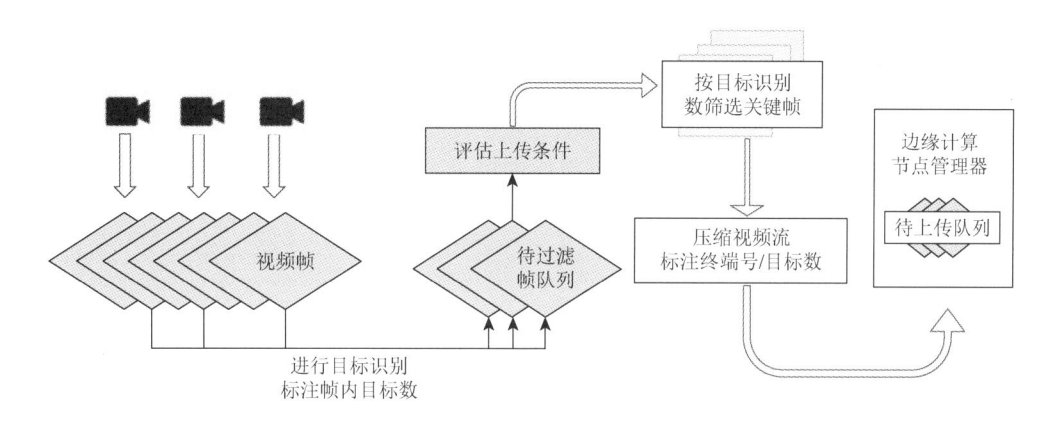

图3.37 帧过滤流程图

当视频监控系统中存在两路输入终端有较大重合区域时，则对比两路视频流保留目标数目较多的关键帧。例如，当两组摄像头（S1和S2）和画面内目标数目分别如表3.6所示时，保留的帧为[S1, 0, 2]、[S1, 2, 5]、[S1, 5, 4]、[S1, 7, 2]（[来源, 帧号, 目标数目]）。

表3.6 帧和目标数标记队列

帧号	0	1	2	3	4	5	6	7	8	9
S1	2	2	5	5	5	4	4	2	2	2
S2	1	1	3	3	3	2	2	1	1	1

在有些系统中，帧丢弃策略是把不同的权重赋予不同的输入终端（提前写入配置文件），根据权重大小对视频流排序；需要丢帧时选取其中权重最小的视频流（若含有多个，则随机选取其中一个），将其视频流帧数丢掉一部分（如二分之一）。每次对一路视频流执行丢帧策略后，提高其权重，避免其被频繁丢帧。例如，学校视频监控系统在算力不足时，选择保留校门口的视频流，丢弃一半来自楼梯角的数据并增加其权重。这种策略保证高权重的摄像头得到充足的计算资源，同时由于不涉及目标识别，避免了边缘计算节点在目标识别步骤耗时过长，特别适用于目标密集而边缘算力不足的系统。在计算节点出现负载过高、计算能力不足时调用该策略，可以使计算资源向重要数据倾斜，以保证系统的稳定性。

更为复杂的模型可以考虑调节帧大小、分辨率和帧率，甚至根据系统网络情况获取当前网络单位时间内允许传输的最大数据量，根据系统负载动态调整丢弃帧率。根据系统规模和网络情况制定合适的帧丢弃策略,能有效提高系统的实时性。

3. 计算卸载和边缘计算节点调度

计算卸载是边缘计算中的关键技术,可以有效解决传统云计算中传输时延大、用户数据安全性不够高、传输带宽压力大以及终端移动设备计算能力受限、能耗大等问题。计算卸载是指设备与设备之间的任务转移,也可以指终端设备将计算量大的任务按照一定策略,通过网络分配到计算资源充足的服务器进行处理,再按需返回结果的过程。

根据衡量目标或场景的不同,计算卸载有多种不同的模型,尤其在有能耗限制的移动边缘计算中,分别围绕最小总能耗、最小时延、时延能耗和最小等不同目标,利用马尔可夫决策和强化学习等算法,可以构建出多种模型。而基于边缘计算的视频监控系统一般不考虑平衡服务器的负载和能耗,更加侧重于系统的实时性,例如,在视频监控系统的云计算中心存在多个服务器节点和视频存储器节点,系统需要考虑如何把任务优先分配给能最快响应的服务器,也需要考虑来自不同终端的视频流的存储节点,以使其下次被调用时传输开销尽可能小。

除了需要在云中心对服务器算力和存储空间进行统筹以外,视频监控系统还需要管理大量视频数据的上传请求。由于有多个边缘计算节点的数据同时排队请求网络资源,系统需要管理上传次序,规定哪些数据组(如视频流)在排队中获得优先权,从而尽可能实时地将视频传输到云计算中心,这个步骤称为边缘计算节点调度。

传统的调度算法主要包括先到先服务(first come first served,FCFS)调度策略、短作业优先调度策略和优先权调度算法。当 FCFS 调度策略被用于任务调度时,每轮调度的策略是从待选的任务队列中按任务的到达时刻顺序依次选择一个或若干最先进入该队列的任务,为它们分配相应的计算资源。在短作业优先调度策略中,首先预估待执行任务队列各个任务的执行时间,然后从中选择一个或多个估计运行时间最短的任务,为它们分配相应的计算资源。此方法可能出现长任务一直在等待的情况,因此可以设置最晚完成时间标记,等待超过一定时间则在下轮上传中被优先选择。在优先权调度中,首先需要设计任务优先权重的计算方法,然后从备选任务队列中选择权重较大的任务并为之分配计算资源,例如,对于之前以目标识别数为依据进行帧过滤的系统,可以把来自边缘计算节点的一组视频帧中目标识别数之和作为权重,这样在排队等待上传时优先选择目标数较多的任务;同时可以增加未被选中的视频流的权重,避免小权重任务持续等待。

此外,更加复杂的边缘计算调度策略还可以根据用户所处的实时位置造成的执行应用程序的额外开销来执行不同的调度策略,需评估网络传输能力,判断任务处理时延和传输时延是否满足上传条件;在复杂任务系统中还需要考虑子任务之间的有向拓扑关系、最早和最晚完成时间等。

3.3.2 视频编码技术

一段监控视频如果不经任何的编码处理,所占内存空间是非常庞大的。以一个分辨率 1920×1280、帧率为 30 帧/s 的视频流为例,视频每分钟大约是 11GB。这种大码率的视频流数据既不利于传输,也无法有效地存储,所以就必须对视频进行编码压缩。

20 世纪 80 年代以来,国际电信联盟远程通信标准化组(ITU Telecommunication Standardization Sector,ITU-T)和国际标准化组织/国际电工委员会(International Organization for Standardization/International Electrotechnical Commission,ISO/IEC)先后发布了一系列有关视频编码的国际标准。从 1990 年 ITU-T 发布的 H.261 到 2013 年 ITU-T 与 ISO/IEC 联合发布的 H.265/高效视频编码(high efficiency video coding,HEVC)标准,随着标准的不断更新,视频编码技术进入了突飞猛进的发展时期。图 3.38 是各个编码标准推出的时间。

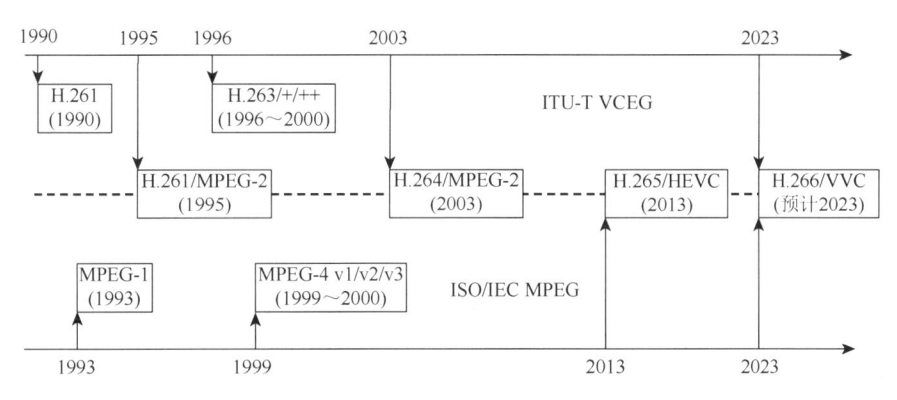

图 3.38 各编码标准推出时间

通常来说,视频中包含大量的冗余信息,这些冗余主要包括空间冗余、时间冗余、图像构造冗余、知识冗余和视觉冗余。每一代编码标准的提出,都致力于将视频信息进行进一步的压缩,消除视频中的冗余信息。表 3.7 列出了各种冗余的定义及压缩技术。

表 3.7 视频中冗余信息定义及压缩技术

种类	内容	压缩方法
空间冗余	像素间的相关性	变换编码、预测编码
时间冗余	时间方向上的相关性	帧间预测、运动补偿
图像构造冗余	图像本身的构造	轮廓编码、区域分割
知识冗余	收发两端的共有认知	基于知识的编码
视觉冗余	人的视觉特性	非线性量化、位分配

目前应用最广泛的视频编码技术是 H.265。而 H.265 的成功,促使 ITU-T 和 ISO/IEC 继续合作编写 H.266,并预计将在 2023 年推出。下面主要介绍 H.265 编码技术。

1. H.265 编码技术

主流视频编码技术虽然经历了三代发展,但基本框架都类似,采用基于块的混合编码框架,该框架在 H.261 标准中就已经确定。每一代标准的制定,都是对框架内的各个模块进行改进。这里以 H.265 编码框架为例，介绍基本的编码过程。

H.265 的编码框架流程图可归纳为：编码单元划分→预测→变换→量化→熵编码→环路滤波过程，如图 3.39 所示。

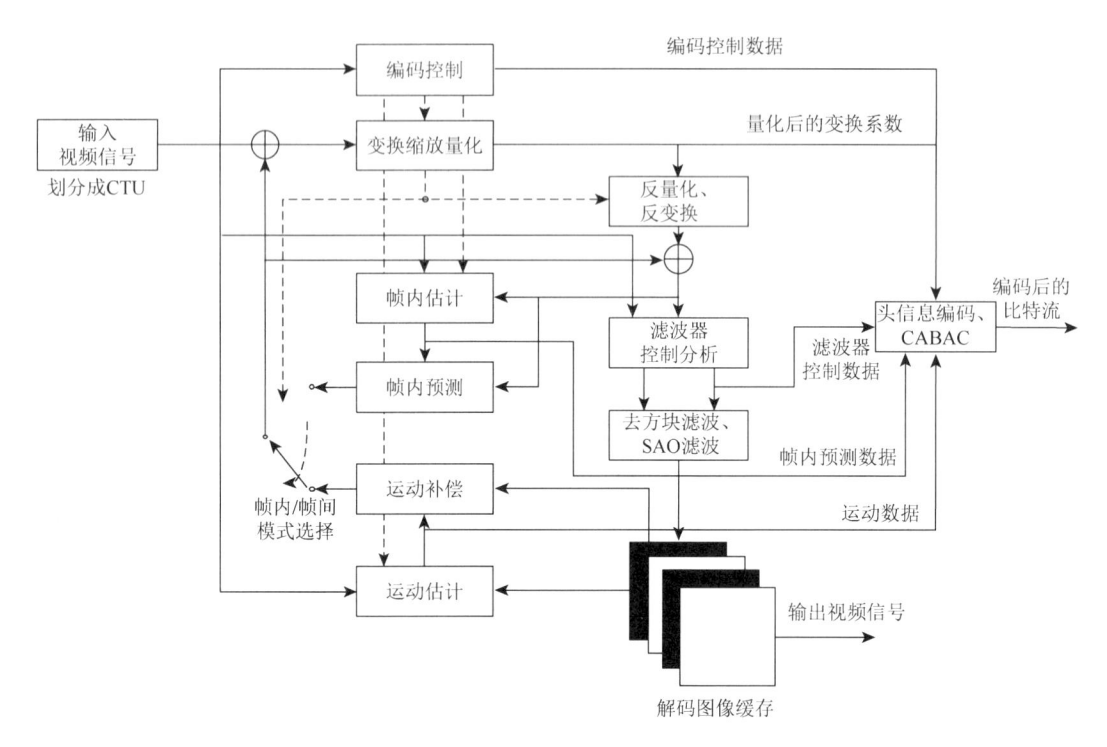

图 3.39 H.265 编码框架

编码单元划分就是将图像划分为树编码单元（coding tree unit，CTU），根据编码区域的不同，树编码块的尺寸可以设置为 32×32、16×16、8×8 的子区域，如图 3.40 所示。通常，较小的编码单元被用在细节区域（如边界区域），而较大的编码单元被用在平面区域。

预测编码包括帧内预测编码和帧间预测编码。帧内预测编码用本帧图像中已编码重建的数据对当前编码块进行预测，功能是去除图像的空间相关性；帧间预测编码则需要用前面已经编码重建的图像进行预测，功能是去除时间相关性。为了更准确地反映纹理特性，降低预测误差，H.265 采用了更为精确的帧内预测技术。对于亮度信号，H.265 提供了 35 种帧内预测模式，包括 33 种角度预测以及直流模式预测和平面（planar）模式预测，增加的预测模式可以更好地匹配视频中复杂的纹理，得到更好的预测效果，更加有效地去除空间冗余。帧间预测主要包括运动信息融合（merge）技术、高级运动矢量预测（advanced motion vector prediction，AMVP）技术等，提高了压缩效率。

变换编码和量化模块从原理上属于两个相互独立的过程，但是在 H.265 中，两个过程相互结合，减少了计算的复杂度。变换编码将图像从时域信号变换至频域，将能量集中至低频区域。量化模块可以减小图像编码的动态范围，实现了对数据进行有损压缩。

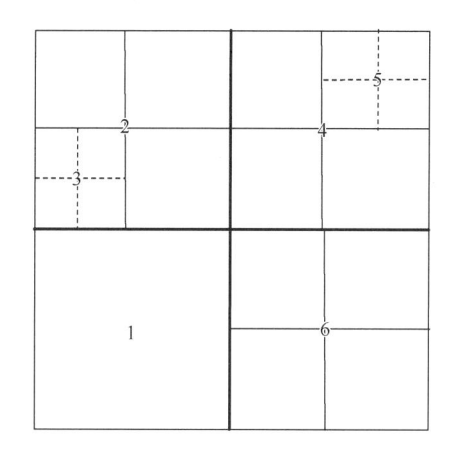

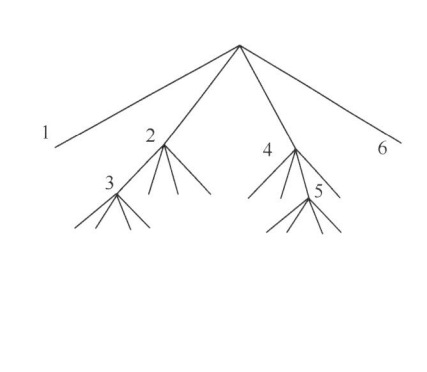

图 3.40　树编码单元结构图

熵编码模块将编码控制数据、量化变换系数、帧内预测数据、运动数据、滤波器控制数据编码为二进制进行存储和传输。熵编码模块的输出数据即原始视频压缩后的码流。在 H.265 中，采用了基于上下文的自适应二进制算术编码（context-based adaptive binary arithmetic coding，CABAC）进行熵编码，引入了并行处理架构，在速度、压缩率和内存占用等方面均得到了大幅度改善。

环路滤波模块是一种用于解码端的后处理滤波模块，主要包括去块滤波器（deblocking filter，DBF）和样点自适应补偿（sample adaptive offset，SAO）滤波。DBF的主要作用是去方块效应（方块效应就是图像中编码块边界的不连续性），而 SAO 的主要作用是去除振铃效应。

造成方块效应的主要原因有三个：一是各个块的变换、量化编码过程相互独立（相当于对各个块使用了不同参数的滤波器分别滤波，因此各块引入的量化误差大小及其分布特性相互独立，导致相邻块边界的不连续）；二是运动补偿预测过程中，相邻块的预测值可能来自于不同图像的不同位置，导致预测残差信号在块边界产生的数值不连续；三是时域预测技术使得参考图像中存在的边界不连续可能会传递到后续编码图像。在 H.265 中，DBF 的处理顺序是：首先对整个图像的垂直边缘进行水平滤波，然后对水平边缘进行垂直滤波。

造成振铃效应的主要原因是高频信息的丢失。H.265 仍采用基于块的离散余弦变换（discrete cosine transform，DCT），并在频域对变换系数进行量化。对于图像里的强边缘，由于高频交流系数的量化失真，解码后会在边缘周围产生波纹现象，即吉布斯现象，如图 3.41 所示，这种失真就是振铃效应，振铃效应会严重影响视频的主客观质量。

SAO 的解决思路是从像素域入手降低振铃效应，对重构曲线中出现的波峰像素添加负值进行补偿，波谷添加正值进行补偿，由于在解码端只能得到重构图像信息，因此可以根据重构图像的特征点，对其划分类别，然后在像素域进行补偿处理。

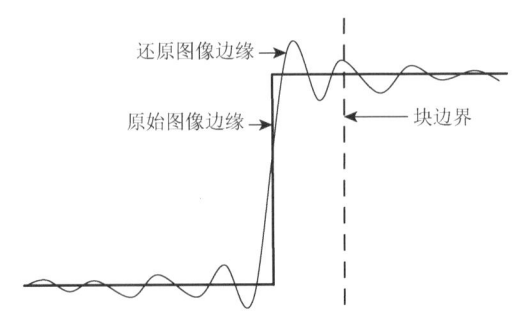

图 3.41 振铃效应示意图

2. 编码发展趋势

国际标准中视频压缩编码技术的发展有几个研究方向值得关注。一是对 H.265 现有技术进行扩展，如更大的编码 CTU、更多的帧内预测方向、更大的变换块等。在已经公布的相关技术中，H.266 将 CTU 的最大尺寸扩大到了 128×128，同时将帧内预测方向提升到了 65 种。二是将 H.265 制定过程中没有采纳的技术进行改进，如利用亮度分量预测色度分量技术、二次变换技术等，但是从这些技术来看，都没有突破传统的基于块的混合编码框架，只是在该框架上进一步改进和精细化。三是将深度学习应用到视频编码上，这有希望改变传统的编码框架，成为今后视频编码发展的新方向。

除了在技术上进行改进，应用的多样化也是未来视频编码技术发展的新趋势。虽然目前 H.265 标准都是通用标准，面向各个行业应用，但在标准制定过程中，所采用的测试序列都是广电级别的视频，从图像质量到拍摄方法都与影视节目类似。而随着技术的发展，其他类型的视频源增长迅速。例如，智能手机的普及，用户用手机录制的视频越来越多；监控点位越来越多，每天产生数量巨大的监控视频；视频会议、远程教育等的发展。不同的视频源的特性不同，采用不同的方法压缩可以进一步提高性能。

虽然每一代标准都致力于更大分辨率的应用，但分辨率的增加，给视觉带来的主观质量提升幅度减小。所以在未来标准的制定过程中，提升视觉质量将是非常重要的一个方面，如高动态范围（high dynamic range，HDR）和宽色域（wide color gamut，WCG）的编码。

3.3.3 视频图像分析技术

视频监控的关键研究内容之一就是开发智能且实时的计算机视觉算法，用于视频图像分析和信息提取。其主要任务是持续监视某个场景，检测可疑目标活动，并自动发出警告信号，涉及多学科系统，如图像配准、图像融合、目标检测、目标分类、目标跟踪和行为理解与描述。

其中图像配准、图像融合为预处理步骤，目标检测和目标分类属于低级处理部分，目标跟踪属于中级处理部分，而行为理解与描述则属于高级处理部分。在智能视频监控系统中，运动目标的检测和跟踪是目标行为理解的前提，其性能直接影响监控系统的有效性，是智能视频监控系统的关键组成部分。下面从三个方面介绍视频图像分析技术：一是图像预处理技术，包含图像配准和图像融合；二是目标检测和目标跟踪；三是行为理解和描述。

1. 图像预处理技术

视频监控系统可采集多源信息来提高图像质量，图像配准就是几何校准两个或多个图像的过程，由于摄像头位置不同或者随时间变化的光线条件变化导致图像在平移、旋转和缩放方面有所不同。图像融合是指将不同光学传感器源获得的补充信息融合成复合图像或视频。图像融合的目的是减少数据存储量，且保留所有源图像的显著特征，提高监控场景的信息量。

1）图像配准

图像配准的目的是将两幅图像几何匹配，通常将两幅图像分为源图像和参考图像。这两幅图像来自不同的传感器，例如红外光谱和可见光谱，其有不同的视角，在纵、横方向存在旋转、平移或缩放比例的差异。图像配准过程通常分为四步：

（1）特征检测，也称为控制点选择，特征可以为线、边缘、角等。

（2）特征匹配，在选定的控制点之间建立匹配。

（3）映射估计，包括估计最佳参数，最佳参数用于源图像与参考图像配准。

（4）图像重采样，用上述步骤中找到的最优参数对源图像进行变换或扭曲。

图像配准方法主要有两种，即手动配准和自动配准。手动配准就是人工选择控制点，但手动配准法不精确且费时，无法应用于实时场景。自动配准由算法负责选择相应的特征点，如角、线等，然后进行特征匹配并通过适当搜索找到扭曲系数。但从源图像中提取特征既烦琐又费时，并不适合资源有限的平台。

采用金字塔结构的方式可减少特征提取、匹配及搜索的复杂度。首先对源图像和参考图像都进行多分辨率分解，形成金字塔形态的多分辨率图层；配准从最低分辨率层开始，在这个分辨率层上找到配准参数的估计值；估计值通过金字塔结构逐步进行优化，直到达到最高分辨率。而图像的多分辨率分解算法以离散小波变换（discrete wavelet transformation，DWT）最著名。在 DWT 中，图像先沿行经过低通、高通滤波，再沿列进行低通、高通滤波，进行降采样，得到 4 个图像子带，每一个子带都是源图像的四分之一；根据通过的滤波器类型，4 个子带分别记为低低（LL）、低高（LH）、高低（HL）、高高（HH），LL 子带包含了低分辨率图像的近似值，其余子带分别为图像水平、垂直、对角的细节信息；对 LL 子带再进行同样的分解，可得到分辨率再低一级的子带，依次类推，可形成金字塔结构的多分辨率子图。采用金字塔结构的图像配准流程如图 3.42 所示。

有了多分辨率图像后，就可以提取控制点进行图像配准，常用的方法有在子图中模值取极大提取边缘，再根据相关性进行匹配，还可以利用特征空间 DWT 系数最大值，搜索空间相关性进行配准。方法有多种，总的来说就是先多分辨率分解图像，再利用互相关、互信息、绝对误差及平方差等匹配标准，采用 DWT 极大值提取、模板匹配、梯度下降、详尽搜索等方法来配准图像。

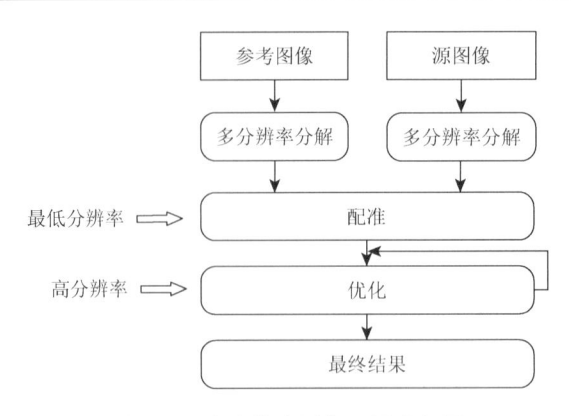

图 3.42 多分辨率图像配置流程图

假设有 $\text{IM}_{\text{src}}(x,y)$ 和 $\text{IM}_{\text{ref}}(x,y)$ 为源图像和参考图像，要实现两图像的配准，实际上就是找到两图像的最佳几何平移。也就是对任意的像素采用 $T(x,y)$ 变换运算后，使得 $\text{IM}_{\text{src}}(x,y) \approx \text{IM}_{\text{ref}}(x,y)$。这里 $T(x,y)$ 表示一个几何平移，定义为

$$T(x,y) = \begin{bmatrix} s\cos\alpha & s\sin\alpha & t_x \\ -s\sin\alpha & s\cos\alpha & t_y \\ 0 & 0 & 1 \end{bmatrix} \begin{bmatrix} x \\ y \\ 1 \end{bmatrix} \tag{3-30}$$

式中，s 为比例因子；α 为旋转角；t_x、t_y 分别为 x、y 方向的平移系数。而配准问题实际就是找到一个最优的平移系数向量 $v = [s, \alpha, t_x, t_y]$。而计算最优解的过程就是反复迭代搜索最优向量值使得两图的互信息最大的过程。两图的互信息定义为

$$\text{MuInf}(\text{IM}_{\text{src}}, \text{IM}_{\text{ref}}) = \sum_{\text{im\_s,im\_r}} p(\text{im\_s}, \text{im\_r}) \log \frac{p(\text{im\_s}, \text{im\_r})}{p(\text{im\_s}) p(\text{im\_r})} \tag{3-31}$$

式中，im_s、im_r 为源图像和参考图像的灰度值；$p(\cdot)$ 为边缘分布；$p(\cdot,\cdot)$ 为联合分布。实际中，计算两图的统计相关性也可以计算互相关性，但互信息计算量要小一些。

多分辨率分解就起到了降低运算量和提高速度的作用。具体的优化迭代算法有多种方式，有兴趣的读者可以继续查阅相关文献。

2）图像融合

图像融合的目的是把不同图像或视频流的信息合成一个图像，以获取更多的场景信息。例如，可见光摄像可在白天提供高质量的图像，而红外传感器在夜间、雾天可提供质量较好的图像，并能透过墙壁、地表探测到目标，而图像融合就是合并不同源图像的补偿信息和冗余信息。图像融合由低到高分为三个等级：信号级（或像素级）、特征级、决策级。

信号级（或像素级）图像融合是三个层次中最基本的融合，经过像素级图像融合以后得到的图像具有更多的细节信息，如边缘、纹理的提取，有利于图像的进一步分析、处理与理解，还能够把潜在的目标暴露出来。通常将位于不同源图像位置相同的两个像素通过一定的策略合并计算出一个新的像素值，这样各点像素都进行融合后形成一幅新的融合图像。基于空间域的融合方法和基于变换域的融合方法是常用的像素级图像融合手段。其中空间域融合方法包括逻辑滤波法、加权平均法、数学形态法、图像代数法和

模拟退火法等。变换域方法包括金字塔图像融合法、小波变换图像融合法和多尺度分解法等。

例如，最简单的加权法，就是将图 A 和图 B 的相同位置 (x, y) 像素点加权合并成新像素 $F(x, y)$：

$$F(x,y) = \omega_1 \cdot A(x,y) + \omega_2 \cdot B(x,y) \tag{3-32}$$

式中，ω_1 和 ω_2 为融合权重，如果都取值为 0.5，就是均值法。显然这种固定权值的方法适应性比较弱。

由于人类视觉系统对局部对比度变化敏感，变换域方法应运而生。小波变换和金字塔融合策略是比较早的此类融合方法，例如，基于拉普拉斯金字塔的融合方法，首先对两个图像建立高斯和拉普拉斯金字塔；然后比较每层子图相同位置的两个像素，选择绝对值较大的像素作为此位置融合后的像素。但拉普拉斯金字塔计算量大，后来又采用小波变换技术，小波变换提取出显著的纹理、边缘信息，选择合适的母小波或高通、低通滤波可抑制噪声，经该技术分解的多尺度图像具有更高的独立性。

特征级图像融合处理的对象是图像的特征信息，得到的融合结果是一组特征。一般先分别提取源图像的特征，之后将各个特征进行融合，最后输出融合特征。

决策级图像融合处理的对象是决策信息，是以认知为基础的方法，抽象等级也是最高的。决策级图像融合是有针对性的，根据所提问题的具体要求，将来自特征级图像所得到的特征信息加以利用，然后根据一定的准则以及每个决策的可信度（目标存在的概率）直接做出最优决策。三个融合层级中，决策级图像融合的计算量是最小的，但是这种方法对前一个层级有很强的依赖性，得到的图像与前两种融合方法相比不是很清晰。决策级图像融合实现起来比较困难，但图像传输时噪声对它的影响最小。

像素级的应用和研究是比较活跃的，随着人工智能技术快速发展，近些年基于深度学习技术的图像融合研究越来越多，但与深度学习在目标检测、跟踪、识别等领域的突破性进展形成对比的是，在图像融合领域深度学习并没有取得压倒性优势，非深度学习方法，如基于多尺度变换、指导滤波、压缩感知、稀疏表达等的方法依然有大量研究。从性能表现上来看，传统方法的性能并不输给深度学习方法。以可见光与红外图像融合为例，根据一些公开的研究和试验结果，深度学习方法的性能甚至和传统方法还有差距。当然，考虑深度学习在其他领域的优势，基于深度学习的图像融合正成为一个很好的研究方向，或许将来不久就会以压倒性优势超越传统融合算法。

2. 目标检测和目标跟踪

图像序列或视频流经过预处理后，就可以对图像中的目标进行检测和跟踪，这两项也是计算机视觉的关键技术。显然目标检测是目标跟踪的前提，前景区域能否准确地分割出目标决定了目标检测结果的好坏，直接关系到后续的运动目标识别及跟踪，并影响系统的性能和实用性。传统的检测算法主要是通过对图像特征分析和图像背景建模，在此基础上再检测前景。下面先介绍传统的目标检测算法和近几年发展较快的基于深度学习的目标检测算法，再介绍目标跟踪。

1）传统目标检测

传统的目标检测算法的基本思想是，通过背景建模方式分离图像背景，前景检测将当前帧与背景比较，识别出显著变化的像素，即前景像素。

在许多场合下，采集图像数据的监控摄像机一般固定在某处不动，针对这种静止成像平台下的应用场景，有三种运动检测方法：时间差分法（又称序列帧间差分法）、背景差分法（又称背景相减法）和光流场法。因为这三种方法都适用于固定背景的场景，所以统称为背景建模法。

时间差分法是利用视频序列中相邻帧图像具有连续性的特性，通过计算连续图像序列中的两个或三个相邻帧间的基于像素的时间差分，并且阈值化来提取运动区域的一种方法。以相邻两帧做差分为例（图 3.43），设 $k-1$ 时刻收到的图像灰度化后为 f_{k-1}，k 时刻收到的图像灰度化后为 f_k，则定义差分图像 D_k 为

$$D_k = f_k - f_{k-1} \tag{3-33}$$

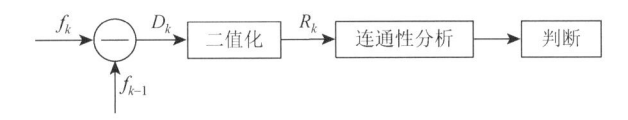

图 3.43 时间差分法原理

利用图像分割技术选取合适的门限 T，对差分图像进行图像二值化分割处理得到运动前景像素 F_k 为

$$F_k = \begin{cases} 1, & |R_k| > T \\ 0, & 其他 \end{cases} \tag{3-34}$$

其中，R_k 为 D_k 二值化处理后所得。

由以上过程可知，时间差分法只需要把两幅不同时刻的图像在每个像素点进行简单的像素值相减和判决操作，其复杂度是很低的，而且易于实现，运算量小，速度快。此外，由于时间差分法做差分的两幅图像时间间隔很短，差分图像受光照条件的影响小，也能够在一定程度上适应动态变化的场景。时间差分法缺点也很明显，它无法完整提取出运动区域，只能检测出运动区域周围的轮廓，当目标运动速度较慢时，如果选取间隔帧数太小，甚至有可能无法检测出运动目标。

背景差分法是利用当前帧和背景图像做差分来检测场景中的运动目标，如图 3.44 所示。背景图像是预存的，它可以根据场景的变化不断地进行更新，也是背景差分法的主要影响因素。

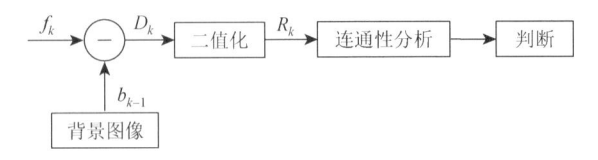

图 3.44 背景差分法原理

背景差分法能够提取出比较完整的运动目标的区域信息。对于室内的场景检测，检测算法相对户外来说容易设计。户外场景的影响因素较多，如天气变化、太阳光照变化及场景中某些背景的干扰（摇曳的树、池塘表面的水波纹、飘扬的旗帜），要排除这些背景干扰准确检测出场景中的有效运动还是比较复杂的。背景差分中背景模型的建立和更新影响着算法的准确性。

光流场法是利用运动目标随着时间变化的光流特征，通过计算光流来检测运动。光流场法能够检测出独立运动的对象，不需要预先知道场景的任何信息，而且在摄像机运动的情况下也可以检测出运动目标。但是大多数的光流场法计算过程相当复杂，抗噪性能差。

当需要在背景多变、干扰较多的情况下对背景建模时，基于像素的高斯混合模型对此类背景建模很有效。它能够适应背景重复性运动和照明缓慢变化，适合于在摄像机固定的情况下从图像序列中分离出背景和前景。高斯混合模型算法对场景中每个像素点值的分布维护了一个概率密度函数，将场景中每个特定像素点的值用 K（一般取 3~5）个高斯分布去拟合，每个高斯分布具有自己的权重，因此它能处理多模态背景分布的情况。另外，高斯混合模型是参数化的，模型的参数会自适应更新，而且不用缓存过去的视频帧。在算法处理的过程中，随着新图像的到来，更新每个像素点各个高斯分布的权重、均值和方差。对每个像素点的 K 个分布排序，排序靠前的分量有较低的方差和较高的权重，它们能很好地反映背景的特性。当新像素点到达时，用它去匹配前 B（根据背景的度量比例阈值和模型分量权重学习率计算）个高斯分布，若像素匹配上这 B 个分布中任何一个分布，则判定其为背景像素，否则为前景运动像素。

2）基于深度学习的目标检测

随着近些年深度学习技术的发展，基于卷积神经网络（convolutional neural network, CNN）和注意力机制的检测算法层出不穷，大大推动了目标检测的效果。传统算法通常需要背景建模，然后分析前后帧的变化，而基于深度学习的方法与此完全不同，通过建立卷积网络、训练网络，就可直接提取图像中的目标，并完成分类。下面就主流的深度学习的目标检测算法进行介绍。

目标检测算法中，循环卷积神经网络（recurrent-CNN，R-CNN）、Fast R-CNN、Faster R-CNN 是经典之作，后来很多目标检测算法都是在此基础上衍生而来的。为了检测图像中的物体，R-CNN 将候选区域与卷积神经网络相结合，模型接收图像并提取约 2000 个自下而上的候选区域；然后，使用大型 CNN 计算每个候选区域的特征；此后，使用特定类的线性支持向量机（support vector machine，SVM）对每个区域进行分类。R-CNN 结构如图 3.45 所示。

模型中的物体检测系统有三个模块：第一个模块负责生成与类别无关的候选区域，这些候选区域定义了模型检测器可用的候选检测器集；第二个模块是一个大型卷积神经网络，负责从每个区域提取固定长度的特征向量；第三个模块由一类支持向量机组成。

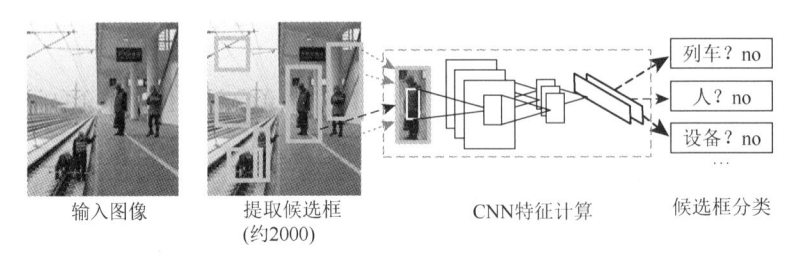

图 3.45 R-CNN 结构图

对每个候选框单独使用卷积网络计算特征值，导致 R-CNN 的计算量非常大。Fast R-CNN 便提出将图片整体放入基础网络运行完毕后，再传入 R-CNN 子网络，这样可以共享大部分卷积计算，从而提高了处理速度，Fast R-CNN 结构如图 3.46 所示。

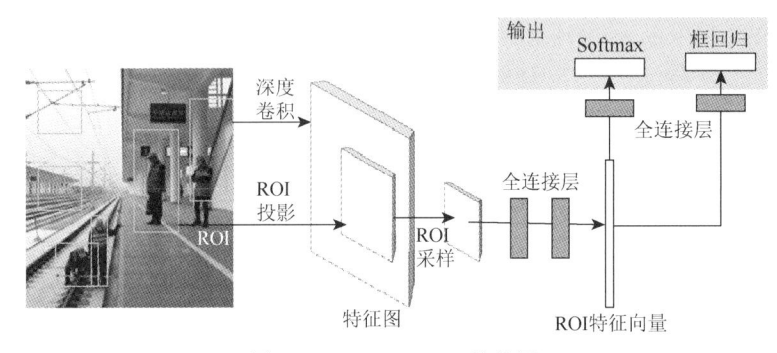

图 3.46 Fast R-CNN 结构图

ROI 指感兴趣区域

因 Fast R-CNN 在生成候选框的时候采用的是传统的选择性搜索（selective search，SS）算法，生成候选框数量大，导致计算量也不小，Faster R-CNN 方法则提出了采用候选框生成网络（regional proposal network，RPN）方法来产生候选框（图 3.47），是该算法的核心。

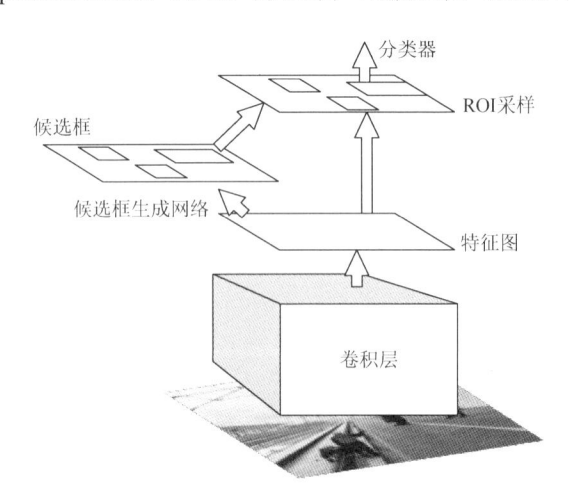

图 3.47 Faster R-CNN 结构图

RPN 层连接的是 CNN 产生的特征图，通过计算来产生一些候选框，并对这些候选框进行二分类，判断是物体还是背景，把判断为物体的那些候选框进行微调，尽可能使这些框与离它最近的那些标签重叠，找到合适的边框回归位置。

Faster R-CNN 系列算法是典型的二阶段处理方法，即需要先利用候选网络处理再到第二阶段的分类网络处理，精度上较高一些，但速度上受到一定影响，后来又有端到端的一阶段检测算法，如 YOLO（you only look once）、单发多框检测（single shot detection, SSD）等，YOLO 将单个神经网络应用于整个图像，将图像分割成多个区域，同时预测每个区域的边界框和概率；而 SSD 引入了多参考和多分辨率检测技术，在网络的不同层检测不同尺度的对象，使得对于一些小目标检测有提升。

当然以上都是基于候选框的方法，后来发展出不需要候选框的技术。最近，有研究将注意力机制应用到目标检测领域，此前注意力机制一般应用场景是自然语言处理。利用注意力机制，目标检测任务被视为一个图像到集合的映射问题。给定一个图像，模型必须预测出一个无序的集合（目标集合），每个对象都由其类别表示，并在每个对象的周围生成一个紧密的边界框。这种不需要候选框的方式，可以解决当同类物体遮挡时无法检测的问题。采用候选框技术，当检测框同类且存在重叠时，一般会采取最大值抑制方法，仅保留置信度最高的检测框，在目标密集或有重合的情况下，检测效果会大打折扣。

目前基于深度学习的目标检测技术研究很活跃，发展非常快，由于篇幅限制这里就不做详细讨论，有兴趣的读者可以自行查找相关文献阅读。

3）运动目标跟踪

在前面通过目标检测在序列图像中分割出属于运动目标的图像区域，接下来需要对运动目标进行跟踪。目标跟踪就是在序列图像不同时刻检测到的目标之间，根据目标的某些特征，在时间上建立起联系，根据帧间的关系为运动目标赋予始终一致的编号，并推测目标的轨迹。在视频分析领域，对多个目标跟踪的主要困难是在相邻两帧间建立起目标正确的关联关系，尤其是在复杂场景里多个相似目标之间存在遮挡、合并、分离等情况时，确定目标之间的正确对应关系变得很困难。

目标跟踪可分为目标状态初始化、表观建模、运动估计及目标定位四个步骤。目标状态的初始化一般采用人工标定或目标检测的方法实现；表观建模主要包括了对目标的视觉特征（颜色、纹理、边缘等）的描述，以及如何度量视觉特征之间的相似性；运动估计则是采用某种运动假设来预估目标可能出现的位置，常用的运动估计方法主要有线性回归、均值漂移、隐马尔可夫模型、卡尔曼滤波及粒子滤波等；再采取最优化策略获取目标最可能的位置，实现对跟踪目标的定位。一般来说，目标跟踪按有无检测过程的参与，可以分为生成式跟踪与判别式跟踪。生成式跟踪方法是在目标检测已完成的基础上，对目标进行表观建模，然后按照一定的跟踪策略估计跟踪目标的最优位置；判别式跟踪方法则是通过对每一帧图像进行目标检测，再对前后帧的检测目标关联与跟踪，因此这类方法也常称为基于检测的跟踪方法。随着检测技术的发展，基于检测的跟踪方法已经成为目标跟踪的主流方法。

Nicolai Wojke 提出的 Deepsort 算法实现的多目标跟踪具有一定代表性。首先在跟踪之前，先采用预训练卷积神经网络完成目标检测，并实现特征建模，也就是当视频第一帧到达时，运用卷积神经网络检测目标，以检测到的目标初始化并创建新的跟踪器，标注身份标识号（identity document，ID）；然后，当后续视频帧到达时，在完成目标检测的同时，基于前帧目标数据采用卡尔曼滤波器产生本帧的预测目标（状态预测和协方差预测），计算预测目标与本帧检测目标间的交并比（intersection over union，IoU）；接着运用匈牙利算法（Hungarian algorithm）完成预测目标与检测目标的指派，也就是前后帧间目标的关联；最后，运用本帧的检测目标和新卡尔曼跟踪器，计算卡尔曼增益、状态更新值和协方差更新值，并将状态更新值输出，作为本帧的跟踪结果，对于本帧中没有匹配到的目标重新初始化跟踪器。

上述多目标跟踪过程中，前后帧间目标的匹配是核心，基于卡尔曼滤波的方法是一种广泛应用的运动跟踪和预测方法。

3. 行为理解和描述

能够检测出图像中的物体后，进一步对视频图像中运动物体的行为进行分析，描述画面内容，是视频图像高阶处理的重大挑战。目前，对连续图像序列的运动目标行为理解的研究还比较少，但对图像描述的研究已经有不少，这里主要讨论图像描述方面的内容。最早提出的问题是对静态图像描述，即根据给定图像自动生成语言描述。初期解决方案分为图像预处理、特征提取和文本生成三个模块，例如，图像算子提取特征，SVM检测可能存在的目标，根据目标属性生成句子。

图像描述方法大致可分为四大类：基于模板的方法、基于检索的方法、基于编码器-解码器架构的方法和基于复合架构的方法。

基于模板的方法通过对语法和语义的约束过程来生成图像描述。通常先检测出图像中特定的一系列视觉概念，然后通过语句模板、特定的语法规则或组合优化算法等将这些概念进行连接以生成描述语句。例如，利用四元组＜名词，动词，场景，介词＞作为生成图像描述的语句模板，通过检测算法检测图像中的物体和场景，然后利用语言模型预测可能用于构成描述语句的动词、场景和介词，利用隐马尔可夫模型推理得到最佳四元组，最后填充四元组生成图像描述。这类方法能生成语法正确的语句，且与图像内容的相关性强，但高度依赖于易描述的图像，而且与人工结果对比生成的描述语句不够自然。

基于检索的方法是通过从预先定义的语句集中利用相似度匹配的方法检索出 1 个或 1 组语句作为该图像的描述语句。生成的描述语句可以是 1 个现有的语句，也可以是 1 个由检索结果得到的多个语句组合而成的语句。一般处理步骤为，先提取待处理图像的特征；再与检索库中的图像做相似度匹配；最后将提取检索到的图像队列打分排序，选择其中相关度最高的图语句作为生成的描述，或者对检索到的多图语句进行重新组合得到给定图的描述。这种方式虽然生成的语句通常语法正确、流畅，但是若将图像描述约束到已经存在的语句中并不能适应新的物体或场景的组合，有时候生成的描述甚至可能与图像内容无关。

近些年采用深度学习的方案不断出现，这种方案结合了计算机视觉和自然语言处理两个研究领域，不仅要求完备的图像语义理解，还要求复杂的自然语言表达。其主要思路是，将图像描述生成看成一个序列到序列的翻译问题，输入的是图像，而输出的是自然语言，并利用编码器-解码器架构完成图像理解和语言生成的任务，编码器通常采用卷积神经网络提取图像特征，而解码器通常采用循环神经网络生成自然语言描述。这就是基于编码器-解码器架构的方法，这方面的研究比较活跃，架构方面有采用 CNN 和长短期记忆（long short-term memory，LSTM）网络、循环神经网络、图神经网络、注意力机制。这种方法是当前图像描述生成的主流方法。网络框架可采用端到端的方式，参数可以联合训练，具有简洁有效的特点，但有时难以识别复杂图像中的细节，从而影响描述语句的质量。

基于复合架构的方法首先检测输入图像中的视觉概念，然后将检测到的视觉概念发送到文本生成部件以生成多个候选描述语句，最后使用一个多模态相似度模型对候选描述语句进行后处理，选择其中的高质量语句作为输入图像的描述。例如，有的研究采用神经网络来检测视觉概念、提取单词，采用最大熵语言模型生成候选描述语句，并使用深度多模态语义模型进行描述语句排序。基于复合架构的方法一般专注于识别复杂图像中的细节，期望生成高质量的图像描述，但这类方法通常包含多个独立部件，训练过程比较复杂。

有关更多的行为理解和图像描述方法，感兴趣的读者可以进一步拓展阅读。

3.4 激光雷达技术

激光是 20 世纪重大的科学发现之一，具有方向性好、亮度高、单色性好、相干性好的特性，常被用于振动、速度、长度、方位、距离等物理量的测量。伴随着激光技术和电子技术的发展，激光测量也已经从静态的点测量发展到动态的跟踪测量和三维测量。20 世纪末，美国的 CYRA 公司和法国的 MENSI 公司已率先将激光技术运用到三维测量领域，为测量领域提供了全新的测量手段。

激光雷达，常见的英文翻译有 light detection and ranging（LiDAR）、laser scanning technology 等。雷达（radar）是通过发射无线电信号，在遇到物体后返回并接收信号，从而对物体进行探查与测距的一种技术。LiDAR 和雷达的原理是一样的，只是信号源不同，又因为 LiDAR 的光源一般都采用激光，所以一般都将 LiDAR 译为激光雷达，也可称为激光扫描仪。

激光雷达具有一系列独特的优点，包括角分辨率和距离分辨率高、速度分辨率高、测速范围广、能同时获得目标的多种图像、抗干扰能力强，以及比传统微波雷达的体积和重量都小等。

3.4.1 LiDAR 基本原理

1. 基本结构

图 3.48 为典型 LiDAR 系统组成图，通常由激光发射器、接收器、时间计数器、马达控制可旋转的滤光镜、控制电路板、处理计算机或 CCD 相机以及配套软件等组成。

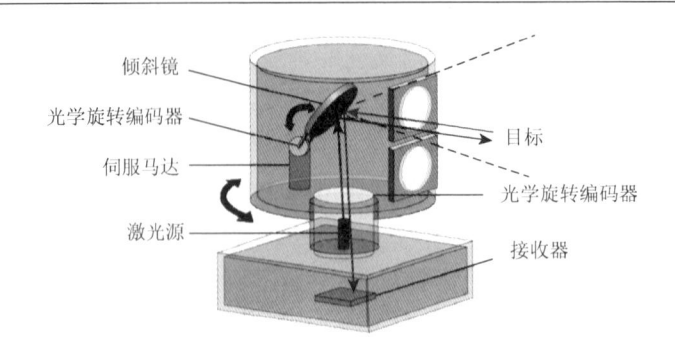

图 3.48 典型 LiDAR 系统组成

2. 几种测距技术原理

激光测距技术是三维激光扫描仪的主要技术之一，其原理主要包括脉冲测距法、相位测距法、三角测距法和脉冲-相位式测距法四种类型。脉冲测距法与相位测距法对激光雷达的硬件要求高，多用于军事领域。三角测距法的硬件成本低，精度能够满足大部分工业与民用要求。

1）脉冲测距法

脉冲测距法是一种高速激光测时测距技术。脉冲式扫描仪在扫描时，激光器发射单点激光，记录激光的回波信号（图 3.49）。通过计算激光的飞行时间（time of flight，TOF），利用光速来计算目标点与扫描仪之间的距离。

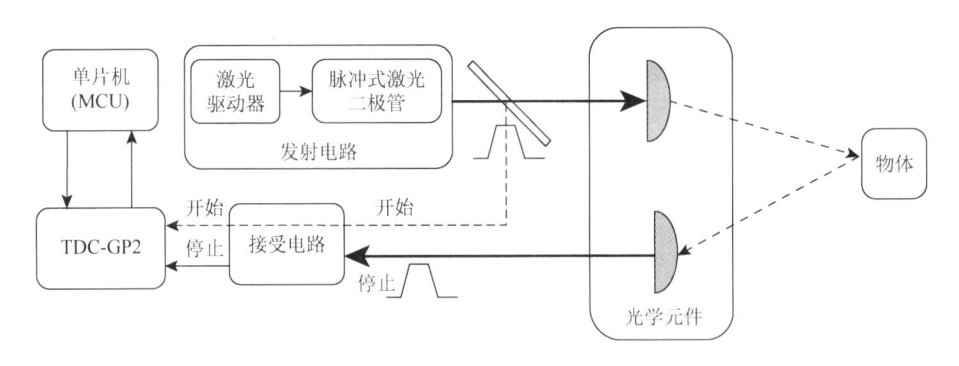

图 3.49 脉冲测距法原理示意图

设光速为 c，待测距离为 S，测得信号往返传播的时间差为 Δt，具体计算公式如下：

$$S = \frac{1}{2} c \cdot \Delta t \tag{3-35}$$

这种原理的测距系统测距范围可以达到几百米到数千米的距离。由于采用的是脉冲式的激光源，适用于超长距离的测量，但精度不高。测量精度主要受脉冲计数器工作频率、激光源脉冲宽度以及控制处理电路的限制，精度可以达到米级，随着距离的增加，精度呈降低趋势。

2）相位测距法

相位测距法的具体过程是：相位式扫描仪发射出一束不间断的整数波长的激光，通过计算从物体反射回来的激光波的相位差,来计算和记录目标物体的距离,如图 3.50 所示。

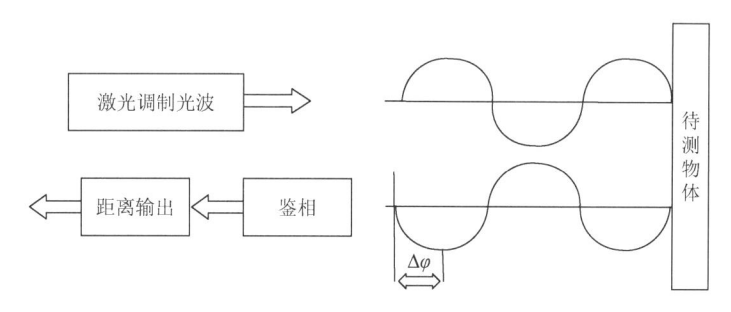

图 3.50 相位测距法原理示意图

根据"飞行时"原理,可推导出所测距离 D 为

$$D = \frac{1}{2}ct_{2D} = \frac{c}{2f}\left(N + \frac{\Delta\varphi}{2\pi}\right) = \frac{\lambda}{2}(N + \Delta N) \tag{3-36}$$

式中,$\lambda/2$ 代表一个测尺长 u。u 的含义可以描述为:用长度为 u 的"测尺"去量测距离,量了 N 个整尺段加上不足一个 u 的长度就是所测距离 $D = u(N + \Delta N)$。由于测距仪中的相位计只能测相位值尾数 $\Delta\varphi$ 或 ΔN,不能测其整数值,因此存在多值解。为了求单值解,采用两把光尺测定同一距离,这时 ΔN 可认为是短测尺(频率高的调制波,又称精测尺)用以保证测距精度,N 可认为是长测尺(频率低的调制波,又称粗测尺)用来保证测程,一般仪器的测相精度可以达到 1‰。

基于相位测量的方法由于采用连续光源,功率一般较低,所以测量范围也较小,主要用于中等距离的扫描测量系统。扫描距离通常在 100m 内,精度可以达到毫米级,主要受相位比较器的精度和调制信号的频率限制。增大调制信号的频率可以提高精度,但测量范围也随之变小,所以为了在不影响测量范围的前提下提高测量精度,一般需要设置多个调频频率。

3)三角测距法

三角测距法的基本原理是由仪器的激光器发射一束激光投射到待测物体表面,待测物体表面的漫反射经成像物镜成像在光电探测器上。光源、物点和像点形成了一定的角度关系,其中光源和传感器上的像点位置是已知的,由此可以计算出物点所在的位置。三角测距法的光路按入射光线与被测物体表面法线的关系分为直射式和斜射式两种测法。一般来说,斜射式测量精度要高于直射式。

直射式三角测距法是半导体激光器发射光束经透射镜会聚到待测物体上(入射光线与待测物体表面法线共线),经待测物体表面反射(散射)后通过接收透镜在光电传感器(CCD 或位置敏感探测器(position sensitive detector,PSD))敏感面上成像。工作原理如图 3.51 所示,位移量(或变形量)x 计算公式为

$$x = \frac{ax'}{b\sin\theta - x'\cos\theta} \tag{3-37}$$

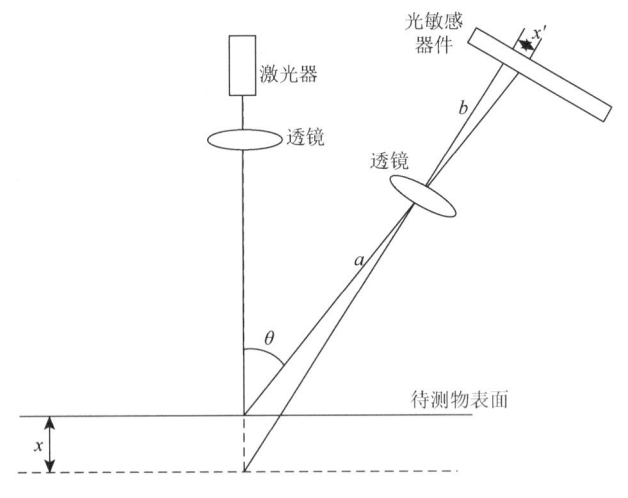

图 3.51 直射式三角测距法原理图

斜射式三角测量法是半导体激光器发射光轴与待测物体表面法线成一定角度入射到待测物体表面上，被测面上的后向反射光或散射光通过接收透镜在光电传感器敏感面上成像。工作原理如图 3.52 所示，位移量的计算公式为

$$x = \frac{ax'\cos\theta_2}{b\sin(\theta_1+\theta_2) - x'\cos(\theta_1+\theta_2)} \quad （3-38）$$

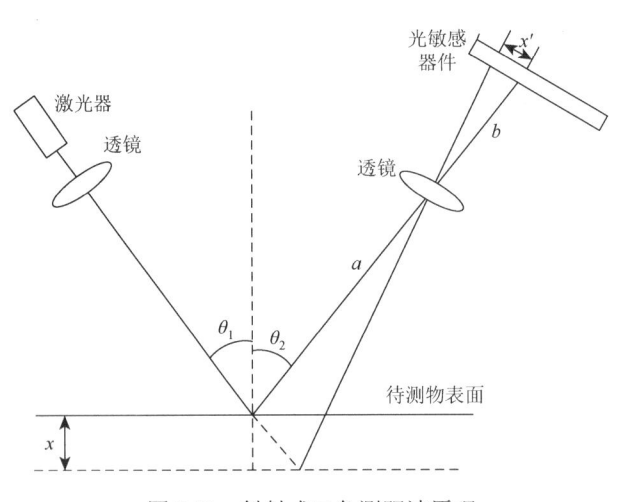

图 3.52 斜射式三角测距法原理

为了保证扫描信息的完整性，许多扫描仪扫描范围只有几米到数十米。这种类型的三维激光扫描系统主要应用于工业测量和逆向工程重建中，可以达到亚毫米级的精度。

4) 脉冲-相位式测距法

将脉冲式测距和相位式测距两种方法结合起来，就产生了一种新的测距方法，即脉冲-相位式测距法。这种方法利用脉冲式测距实现对距离的粗测，利用相位式测距实现对距离的精测，具体原理就不再赘述。

3. 三维扫描原理

三维激光扫描仪的工作原理是通过测距系统获取扫描仪到待测物体的距离,再通过测角系统获取扫描仪至待测物体的水平角和垂直角,进而计算出待测物体的三维坐标信息。假设三维激光扫描仪到被测对象的斜距为 D,水平角为 φ,竖直角为 θ,如图 3.53 所示,则所测对象激光点的三维坐标 (x,y,z) 可计算为

$$\begin{cases} x = D\cos\theta\cos\varphi \\ y = D\cos\theta\sin\varphi \\ z = D\sin\varphi \end{cases} \tag{3-39}$$

三维激光扫描仪的扫描装置可分为振荡镜式、旋转多边形镜式、章动镜式和光纤式四种,扫描方向可以是单向的也可以是双向的。在扫描的过程中再利用本身的垂直和水平马达等传动装置完成对物体的全方位扫描,这样连续地对空间以一定的取样密度进行扫描测量,就能得到被测目标物体密集的三维彩色散点数据,称为点云。

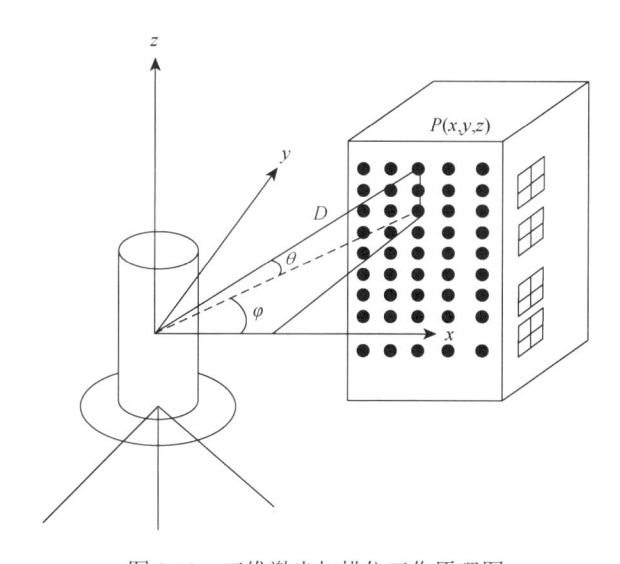

图 3.53 三维激光扫描仪工作原理图

4. 激光扫描(雷达)系统分类

从实际工程和应用角度来说,激光雷达的分类方式繁多,可以依据激光波段、激光器工作介质、激光发射波形、功能用途、承载平台、激光雷达探测技术等进行区分。本书借鉴一些学者的研究成果,从承载平台、扫描距离、扫描仪成像方式这几个方面进行分类,下面做简要介绍。

1) 依据承载平台划分

(1) 星载激光扫描系统。

星载激光扫描系统也称为星载激光雷达,是安装在卫星等航天飞行器上的激光雷达系统。星载激光雷达是 20 世纪 60 年代发展起来的一种高精度地球探测技术,试验始于

90年代初。美国公开报道的典型星载激光雷达系统有火星轨道激光测高仪（Mars orbit laser altimeter，MOLA）、水星激光测高仪（mercury laser altimeter，MLA）、月球轨道激光测高仪（lunar orbit laser altimeter，LOLA）、地质学激光测高仪系统（geosciences laser altimeter system，GLAS）、高级地形激光测高系统（advanced topographic laser altimeter system，ATLAS）、地面地形激光雷达（lidar surface topography，LIST）等。

星载激光扫描系统的运行轨道高并且观测视野广，可以触及世界的每一个角落，并提供高精度的全球探测数据，在地球探测活动中起着越来越重要的作用，对于国防和科学研究具有十分重大的意义。目前，它可以在植被垂直分布测量、海面高度测量、云层和气溶胶垂直分布测量，以及特殊气候现象监测等方面发挥重要作用。它也广泛应用于全球测绘、地球科学、大气探测、月球、火星和小行星探测、在轨服务、空间站等领域。

我国多家高校与科研机构开展了星载激光雷达技术研究。2007年我国发射的第一颗月球探测卫星"嫦娥一号"上搭载了一台激光高度计，实现了卫星星下点月表地形高度数据的获取，为月球表面三维影像的获取提供服务，是我国发射的首例实用型星载激光雷达。近年来，我国多家单位也开始进行星载激光雷达的研究。

星载高分辨率对地观测激光雷达在国际上仍属于非常前沿的工程研究方向。在地形测绘、环境监测等方面的应用中，它具有独特的优势，未来的应用场景主要包括构建全球高程控制网、获取高精度数字地表模型（digital surface model，DSM）/数字高程模型（digital elevation model，DEM）、特殊区域精确测绘、极地地形测绘与冰川监测等。

（2）机载激光扫描系统。

机载激光雷达是一种新型主动式航空传感器，通过集成定位定姿系统（position and orientation system，POS）和激光测距仪，能够直接获取观测点的三维地理坐标。按其功能主要分为两大类：一类是测深机载LiDAR（或称海测型LiDAR），主要用于海底地形测量；另一类是地形测量机载LiDAR（或称陆测型LiDAR），已广泛应用于各个领域，在高精度三维地形数据的快速准确提取方面，具有传统手段不可替代的独特优势。尤其对于一些测图困难区高精度DEM数据的获取，如植被覆盖区、海岸带、岛礁地区、沙漠地区等，LiDAR的技术优势更为明显。

机载激光雷达由激光扫描仪（laser scanner，LS）、惯性导航系统（inertial navigation system，INS）、差分全球定位系统（differential global position system，DGPS）、成像装置、计算机以及数据采集器、记录器、处理软件和电源构成。DGPS给出成像系统和扫描仪的精确的空间三维坐标，INS给出空中的姿态参数，由LS进行空对地式的扫描，以此来测定成像中心到地面采样点的精确距离，再根据几何原理计算出采样点的三维坐标。

传统的机载LiDAR系统测量往往是通过安置在固定翼的载人飞行器上进行的，作业成本高，数据处理流程也较为复杂。近年来随着民用无人机的技术升级和广泛应用，将小型化的LiDAR设备集成在无人机上进行快速高效的数据采集已经得到应用。LiDAR系统能全天候高精度、高密集度、快速和低成本地获取地面三维数字数据，具有广泛的应用前景。

空中机载三维扫描系统的飞行高度最大可以达到1km，这使得机载激光扫描不仅能用在地形图绘制和更新方面，还在大型工程的进展监测、现代城市规划和资源环境调查等诸多领域都有较广泛的应用。

（3）车载激光扫描系统。

车载激光扫描系统的车载含义广泛，不仅是汽车，还包括轮船、火车、小型电动车、三轮车、便携式背包等。

车载激光扫描系统是集成了激光扫描仪、GPS 接收机、CCD 相机以及相机的数据采集和记录等功能模块的测量系统，它基于车载平台，由激光扫描仪和摄影测量获得的原始数据作为三维建模的数据源。该系统的优点包括：能够直接获取被测目标的三维点云数据坐标；可连续快速扫描；效率高，速度快。车载激光扫描系统一般能够扫描到路面和路面两侧各 50m 左右甚至更远的范围，目前已被各种自动驾驶系统广泛采用。

（4）地面三维激光扫描系统。

地面三维激光扫描系统由一个激光扫描仪和一个内置或外置的数码相机，以及软件控制系统组成。激光扫描仪本身主要包括激光测距系统和激光扫描系统，同时也集成了 CCD 和仪器内部控制和校正系统等。二者的不同之处在于固定式扫描仪采集的不是离散的单点三维坐标，而是一系列的点云数据。点云数据可以直接用来进行三维建模，而数码相机的功能就是提供对应模型的纹理信息。

地面三维激光扫描系统是一种利用激光脉冲对目标物体进行扫描，可以大面积、大密度、快速度、高精度地获取地物的形态及坐标的一种测量设备。目前已经广泛应用于测绘、文物保护、地质、矿业等领域。

（5）手持式激光扫描系统。

手持式激光扫描系统（手持式三维扫描仪）是一种可以用手持扫描来获取物体表面三维数据的便携式三维激光扫描仪，是三维扫描仪中最常见的扫描仪。它用来侦测并分析现实世界中物体或环境的形状（几何构造）与外观数据（如颜色、表面反射率等性质），搜集到的数据常被用来进行三维重建计算，在虚拟世界中创建实际物体的数字模型。它的优点是快速、简洁、精确，可以帮助用户在数秒内快速地测得精确可靠的结果。

此类设备大多用于采集比较小型物体的三维数据，可以精确地给出物体的长度、面积、体积的测量数据，一般配备有柔性的机械臂使用，大多应用于机械制造与开发、产品误差检测、影视动画制作及医学等众多领域。

2）依据扫描距离划分

按三维激光扫描仪的有效扫描距离进行分类，目前我国无相应的分类技术标准，大概可分为以下三种类型。

（1）短距离（<10m）激光扫描仪。

这类扫描仪最长扫描距离只有几米，一般最佳扫描距离为 0.6~1.2m，通常主要用于小型模具的测量。它不仅扫描速度快而且精度较高，可以在短时间内精确地给出物体的长度、面积、体积等信息。手持式三维激光扫描仪属于这类扫描仪。

（2）中距离（10~400m）激光扫描仪。

最长扫描距离只有几十米的三维激光扫描仪属于中距离三维激光扫描仪，它主要用于室内空间和大型模具的测量以及室外运动环境的扫描（自动驾驶）。

（3）长距离（>400m）激光扫描仪。

扫描距离较长，最大扫描距离超过百米的三维激光扫描仪属于长距离三维激光扫描仪，它主要应用于建筑物、大型土木工程、煤矿、大坝、机场等的测量。

3）依据扫描仪成像方式划分

按照扫描仪成像方式可分为如下三种扫描类型。

（1）全景扫描式。

全景式激光扫描仪采用一个纵向旋转棱镜引导激光光束在竖直方向扫描，同时利用伺服马达驱动仪器绕其中心轴旋转。

（2）相机扫描式。

它与摄影测量的相机类似，适用于室外物体扫描，特别对长距离的扫描很有优势。

（3）混合型扫描式。

它的水平轴系旋转不受任何限制，垂直旋转受镜面的局限，集成了上述两种类型扫描仪的优点。

3.4.2 激光雷达数据处理

1. 数据处理流程

三维激光扫描数据处理是一个复杂的过程，从数据获取到模型建立，需要经过一系列的数据处理过程，通常包括数据配准、地理参考、数据缩减、数据滤波、数据分割、数据分类、曲面拟合、网格建立、三维建模等。

2. 点云数据预处理

1）数据配准

点云数据处理时，坐标纠正（又称坐标配准，也称为点云拼接）是最主要的任务。由于目标物的复杂性，通常需要从不同方位扫描多个测站，才能把目标物扫描完整，每一测站扫描数据都有自己的坐标系统，三维模型的重构要求把不同测站的扫描数据纠正到统一的坐标系统下。在扫描区域中设置控制点或标靶点，使得相邻区域的扫描点云图上有三个以上的同名控制点或控制标靶，通过控制点的强制符合，将相邻的扫描数据统一到同一个坐标系下，这个过程称为坐标纠正。在每一测站获得的扫描数据，都是以本测站和扫描仪的位置和姿态有关的仪器坐标系为基准，需要解决的坐标变换参数共有7个：3个平移参数、3个旋转参数、1个尺度参数。

点云配准是指把不同站点获取的地面三维激光扫描点云数据变换到同一坐标系的过程。点云数据配准时应符合下列要求：①当使用标靶、特征地物进行点云数据配准时，应采用不少于3个同名点建立转换矩阵进行点云配准，配准后同名点的内符合精度应高于空间点间距中误差的1/2；②当使用控制点进行点云数据配准时，二等及以下应利用控制点直接获取点云的工程坐标进行配准。

常见的配准算法有四元数配准算法、六参数配准算法、七参数配准算法、迭代最近点（iterative closest point，ICP）算法及其改进算法。点云数据的坐标配准目前国内外研究得都比较多，不同品牌仪器有与设备配套成熟的软件，如Cyclone、PolyWorks软件等。

点云数据配准是点云数据处理过程中非常重要的环节，配准后数据精度直接影响三维建模与应用。近年来，数据配准已经成为国内学者研究的热点问题。

在实际作业过程中，通常是根据拼接基元的特征对配准方法进行如下分类。

（1）标靶拼接。

标靶拼接是点云拼接最常用的方法，首先在扫描两站的公共区域放置三个或三个以上的标靶，对目标区域进行扫描，得到扫描区域的点云数据，测站扫描完成后再对放置于公共区域的标靶进行精确扫描，以便对两站数据拼接时拟合标靶有较高的精度。依次对各个测站的数据和标靶进行扫描，直至完成整个扫描区域的数据采集。在外业扫描时，每一个标靶对应一个 ID 号，需要注意同一标靶在不同测站中的 ID 号必须要一致，才能完成拼接。完成扫描后对各个测站数据进行点云拼接。

以 Cyclone 软件为例，完成拼接的点云数据可以通过拼接窗口查看拼接误差精度等信息，该方法的拼接精度较高，一般小于 1cm。如果需要将其统一到所需要的坐标体系下，就需要在满足拼接精度的前提下将拼接好的数据进行坐标转换，以满足实际要求。

（2）点云拼接。

基于点云的拼接方法要求在扫描目标对象时要有一定的区域重叠度，而且目标对象特征点要明显，否则无法完成数据的拼接。由于约束条件不足无法完成拼接的，需要再从有一定区域重叠关系的点云数据中寻找同名点，直至满足完成拼接所需要的约束条件，进而对点云进行拼接操作。此方法点云数据的拼接精度不高。

采用三维激光扫描仪采集数据时，要保证各测站测量范围之间有足够大的公共部分（大于 30%），当点云数据通过初步的定位定向后，可以通过多站拼接实现多站间的点云拼接。公共部分的好坏会影响拼接的速度和精度，一般要求公共部分要清晰，具有一些特征比较明显的曲面。一般公共部分可利用的点云数据越多，多站拼接的质量越好。

特殊情况下，可将标靶拼接与点云拼接结合使用。通常在外业放置一定数量的标靶，而在内业进行数据配准时当标靶数量不能满足解算要求时，就人工选取一些特征点，以满足配准参数结算的要求。这种方法在实际的点云配准中是很常用的，而且实践证明其精度也能达到要求。

（3）控制点拼接。

为了提高拼接精度，三维激光扫描系统可以与全站仪或 GPS 技术联合使用，通过使用全站仪或 GPS 测量扫描区域的公共控制点的大地坐标，然后用三维激光扫描仪对扫描区域内的所有公共控制点进行精确扫描。其拼接过程与标靶拼接步骤基本相同，只需要将以坐标形式存在的控制点添加进去，以该控制点为基站直接将扫描的多测站的点云数据与其拼接，即可将扫描的所有点云数据转换成工程实际需要的坐标系。使用全站仪获取控制点的三维坐标数据，其精度相对较高。因此，数据拼接的结果精度也相对较高，其误差一般在 4mm 以内。

目前已经有一些仪器支持以导线方式（假定坐标系、用户已有坐标系）进行扫描，在与设备配套的软件中会自动完成数据的拼接，减少了数据拼接的工作量。

另外，有的学者提出基于特征点云的混合拼接，该方法要求扫描实体时要有一定的重合度，拼接精度主要依赖于拼接算法，可分为基于点信息的拼接算法、基于几何特征信息的拼接算法、动态拼接算法和基于影像的拼接算法等。

2）数据滤波

地面三维激光扫描数据处理的一个基本操作是数据滤波，对于获取的点云数据，由于各方面原因，不可避免地会存在噪声点。产生噪声点的原因主要如下：

（1）被扫描对象表面因素产生的误差，如受不同的粗糙程度、表面材质、波纹、颜色对比度等反射特性引起的误差。在被摄物体的表面较黑或者入射激光的反射光信号较弱等光照环境较差的情况下，也很容易产生噪声。

（2）偶然噪声，即在扫描实施过程中由于一些偶然的因素造成的点云数据错误，例如，在扫描建筑物时，有车辆或行人在仪器与扫描对象间经过，这样得到的数据就是坏点，应该删除或者过滤掉。

（3）由测量系统本身引起的误差，如扫描设备的精度、CCD 摄像机的分辨率、振动等。对于目前常见的非接触式三维激光扫描设备，其受物体本身性质的影响更大。

由于以上因素，如不对点云数据进行去噪处理，这些噪声点将会影响特征点提取的精度及三维模型的重建质量，其结果将导致重构曲面、曲线不光滑，降低模型重构精度，甚至导致构建的实体形状与原研究对象大相径庭。因此，在三维模型重建之前，需对点云数据进行去噪处理。

在处理由随机误差产生的噪声点时，要充分考虑点云数据的分布特征，根据分布采用不同的噪声点处理方法。目前，点云数据的分布特征主要有：①扫描线式点云数据，按某一特定方向分布的点云数据，如图 3.54（a）所示；②阵列式点云数据，按某种顺序排列的有序点云数据，如图 3.54（b）所示；③格网式（三角化）点云数据，数据呈三角网互联的有序点云数据，如图 3.54（c）所示；④散乱式点云数据，数据分布无章可循，完全散乱，如图 3.54（d）所示。

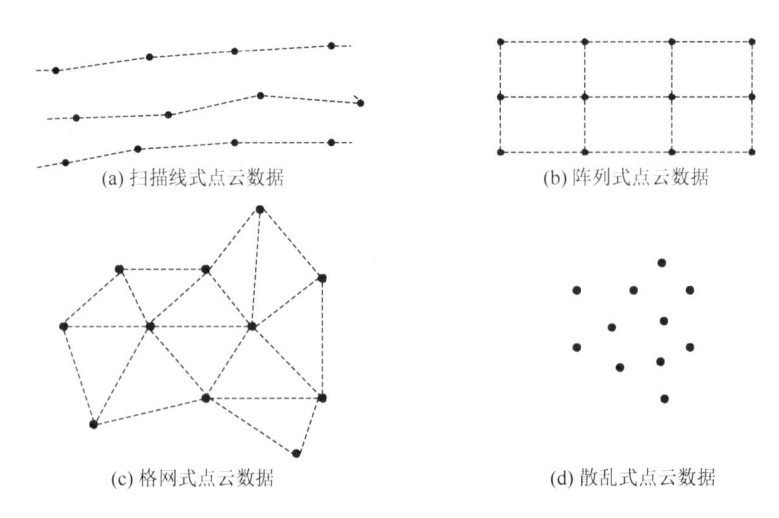

(a) 扫描线式点云数据

(b) 阵列式点云数据

(c) 格网式点云数据

(d) 散乱式点云数据

图 3.54 不同点云数据的分布特征图

第一种数据属于部分有序数据，第二种和第三种数据属于有序数据，这三种形式的数据点之间存在拓扑关系，去噪压缩相对简单，采用平滑滤波的方法就可以进行去噪处理。常用的滤波方法有高斯滤波、中值滤波、平均滤波。

对于散乱点云数据，由于数据点之间没有建立拓扑关系，散乱点云数据的去噪处理还没有一种快速、有效的方法。目前对散乱点云数据滤波的研究主要分两类：一类是将散乱点云数据转换成网格模型，然后运用网格模型的滤波方法进行滤波处理；另一类是直接对点云数据进行滤波操作。常见的散乱点云数据滤波方法有双边滤波算法、拉普拉斯（Laplace）滤波算法、二次Laplace滤波算法、平均曲率流算法、鲁棒滤波算法等。

根据噪声点的空间分布情况，可将噪声点大致分为以下四类：

（1）漂移点，即那些明显远离点云主体，飘浮于点云上方的稀疏、散乱点。

（2）孤立点，即那些远离点云中心区，小而密集的点。

（3）冗余点，即那些超出预定扫描区域的多余扫描点。

（4）混杂点，即那些和正确点云混淆在一起的噪声点。

对于第（1）、（2）、（3）类噪声，通常可采用现有的点云处理软件通过可视化交互方式直接删除，而第（4）类噪声必须借助点云去噪算法才能剔除。

3）数据缩减

三维激光扫描仪可在短时间内获取大量的点云数据，目标物要求的扫描分辨率越高、体积越大，获得的点云数据量就越大。大量的数据在存储、操作、显示、输出等方面都会占用大量的系统资源，使得处理速度缓慢，运行效率低下，故需要对点云数据进行缩减。

数据缩减是对密集的点云数据进行缩减，从而实现点云数据量的减小，通过数据缩减，可以极大地提高点云数据的处理效率。通常有两种方法进行数据缩减：

（1）在数据获取时对点云数据进行简化，根据目标物的形状及分辨率的要求，设置不同的采样间隔来简化数据，同时使得相邻测站没有太多的重叠，这种方法效果明显，但会大大降低分辨率。

（2）在正常采集数据的基础上，利用一些算法来进行缩减。常用的数据缩减算法有基于德洛奈（Delaunay）三角化的数据缩减算法（主要方法有网格法、顶点聚类法、区域合并法、边折叠法、小波分解法）、基于八叉树的数据缩减算法、点云数据的直接缩减算法。

点云数据优化一般分两种：去除冗余和抽稀简化。冗余数据是指多站数据配准后虽然得到了完整的点云模型，但是也会生成大量重叠区域的数据。这种重叠区域的数据不仅会占用大量的资源，降低操作和存储的效率，还会影响建模的效率和质量。某些非重要站的点云可能会出现点云过密的情况，则采用抽稀简化。抽稀简化的方法有很多，简单的如设置点间距，复杂的如利用曲率和网格来解决。

降噪与抽稀应符合下列规定：①当点云数据中存在脱离扫描目标物的异常点、孤立点时，应采用滤波或人机交互进行降噪处理；②点云数据抽稀应不影响目标物特征识别与提取，且抽稀后点间距应满足相应的要求。

点云压缩主要是根据点云表征对象的几何特征，去除冗余点，保留生成对象形面的主要特征，以此提高点云存储和处理效率。理想的点云压缩方法应做到能用尽量少的点来表示尽量多的信息，目标是在给定的压缩误差范围内找到具有最小采样率的点云，使由压缩后点云构成的几何模型表面与原始点云生成的模型表面之间的误差最小,同时追求更快的处理速度。针对不同排列方式的点云数据,许多学者提出了不同的压缩方法,常见的方法如下:

(1)对于扫描线式点云数据,可以采用曲率累加值重采样、均匀弦长重采样、弦高差重采样等方法。

(2)对于阵列式点云数据,可以采用倍率缩减、等间距缩减、弦高差缩减等压缩方法。

(3)对于格网式点云数据,可采用等密度法、最小包围区域等方法。

(4)对于散乱式点云数据,可采用包围盒法、均匀网格法、分片法、曲率采样、聚类法等方法。

点云压缩有多个准则可以遵循,包括压缩率准则、数量准则、点云密度准则、距离准则、法向量准则、曲率准则等。其中法向量准则和曲率准则可以使简化后的数据集在曲面曲率较小的区域用较少的点表示整个形面,而在曲率较大或尖锐棱边处保留较多的点,其他准则无法满足这种要求。

3. 三维模型重建

三维建模技术的核心是根据研究对象的三维空间信息构造其立体模型,并利用相关建模软件或编程语言生成该模型的立体图形显示。

根据三维模型表示方式的不同,对点云数据进行三维模型重建有两种方法:一种是三维表面模型重建,主要是构造网格(三角形网格等)逼近物体表面;另一种是几何模型重建,常见于计算机辅助设计(computer aided design,CAD)中的轮廓模型。

基于三维激光扫描获取的点云数据进行三维建模主要是对点云数据进行一系列后续处理完成的。后续处理过程主要包括点云数据的预处理、数据的配准、点云滤波、模型的构建、纹理映射等。不同的系统所使用的技术和方法不尽相同,但是主要步骤大致相同,简要介绍如下:

(1)点云数据获取。

(2)点云数据预处理。在本节前文中已有描述。

(3)模型的构建。模型的构建就是根据点云数据来提取扫描对象的模型。

(4)模型的编辑。经过模型的构建之后,往往还需要对三维模型进行补漏洞、修正拓扑错误、简化、平滑、压缩等后处理。

(5)纹理映射。纹理映射就是模拟景物表面纹理细节,用图像来替代物体模型中的细节,提高模拟逼真度和系统显示速度。

(6)成果输出。成果的类型有很多,包括原始点云数据、数字影像数据、三维点云模型、彩色点云模型、三角网模型、深度图像模型、漫游视频等。

4. 纹理分析

1)纹理特征

纹理是一种重要的视觉线索,是图像中普遍存在而又难以描述的特征,对纹理的分析是图像处理领域很多研究的基础,如图像纹理描述、分类、分割等,因此一直广受人们的关注。近年来,纹理特征作为高程信息或强度信息的一种衍生属性,被大量应用于 LiDAR 数据的分类过程中,用以提高整体分类精度。

纹理特征原本是遥感和摄影测量领域中的概念,其反映影像灰度空间中变化和重复出现的局部模式及其排列规则,但由于其形式上的广泛性和多样性,到目前为止还没有统一的定义。图像纹理特征可按提取方法分类为统计方法、几何方法、结构方法、模型方法和信号处理方法。其中,灰度共生矩阵(gray level co-occurrence matrix,GLCM)是目前应用最广泛的一种从统计学角度出发分析图像纹理特征的方法,它描述了图像灰度空间中像素对之间的相关性和空间结构特性,被证实可以有效改善图像分类结果。GLCM 最早由 Haralick 等于 1973 年提出,用以描述在 θ 方向上,相隔 d 距离的一对像素分别具有灰度值 i 和 j 出现的概率。GLCM 是 d 和 θ 的函数,并且是对称矩阵,其阶数由图像的灰度等级 K 决定,由 GLCM 能推导出 14 种图像纹理特征。

2)应用于 LiDAR 点云数据分析

将纹理分析应用于 LiDAR 数据分析时,大多数算法首先将 LiDAR 数据的高程或强度信息内插成栅格格式的 DSM 图像或强度图像,并将生成的图像视为一个波段的光谱图像,再利用统计或变换的方法提取图像的纹理属性,从而在图像纹理特征的约束下,结合一些比较成熟的图像处理方法进行分类。

这种分类方法的优点是充分利用了栅格图像数据结构简单和易于实现算法的特点;缺点是生成图像纹理特征的过程中,需要对点云进行内插处理,这必然会损失激光脚点的高程精度和原始结构。此外,纹理特征图像的分辨率不可能无限小,一般为点云的平均点间距,因此在利用图像纹理特征约束进行点云分类时,会出现多个距离较近点被分配到同一个像素中的多义性问题,如图 3.55 中 a、b 点所示。图 3.55 中心像素的像素值是通过 a、b 点的属性值内插得到的,虽然通过对图像纹理特征的分析可以将该像素与其周围像素分为同类或异类,但并不能通过该像素的图像纹理特征属性推断出 a、b 两点之间的类别关系。

图 3.55 点云与栅格图像叠加显示图

为了解决这一问题,有研究指出,应直接从原始离散点云出发,提取反映离散点之间相关性和结构特征的点云纹理特征。图像纹理特征反映的是像素与其周围空间邻域像素的灰度分布情况,点云纹理特征反映的是点与其邻域点的属性值分布情况。但点云中的原始离散点之间并不存在拓扑信息,若要直接从原始点云中提取点云纹理特征,需要构建离散点之间的拓扑关系,以满足点云中点邻域查询的需求。而 K 维(K-dimensional tree,KD)树在邻域查询方面具有较好的性能,常用于单个激光点云数据在相邻区域的索引,因此选用 KD 树对 LiDAR 点云数据进行索引,进而借鉴图像纹理特征的提取方法,提出点云纹理特征提取算法。

3.4.3 机载激光雷达铁路勘察技术

铁路线路走廊带的三维地理信息的精确获取是铁路勘察设计的重要前提。基于机载激光雷达获取密集的激光点云和高分辨率数码影像，可生产铁路设计所需的 3D 数字产品（数字线划地图（digital line graphic，DLG）、数字正射影像（digital orthophoto map，DOM）、DEM）和线路纵、横断面，从而安全、快速、高精度地服务于铁路勘察。

1. 铁路机载激光扫描方案

1）机载激光雷达数据获取流程

针对铁路勘测设计的机载激光雷达数据获取流程如下：

（1）航摄设计。根据线路方案及其稳定性，确定航摄宽度。铁路机载激光雷达点云密度应优于 1 点/m^2，影像地面分辨率应优于 0.2m。

（2）空域申请。准备航空摄影空域申请资料，办理航空摄影批文及调机手续。

（3）收集控制网资料。收集铁路勘测的基础控制网资料，确保控制网基站在摄区合理分布，控制网有效范围覆盖整个摄区。

（4）航飞实施。航飞时，在基础控制网上同步架设 GPS 地面基站，进行数据采集。

（5）数据预处理与检查。航飞完成后应及时对获取的数据进行检查，重点检查 POS 数据、点云和影像的质量。

2）密林测区机载激光雷达采集方法

密林测区机载激光雷达穿透性差，是机载激光雷达在该类测区应用的瓶颈。为了获取高密度的地面点云，可采用具有多脉冲功能的机载激光雷达设备。同时，为进一步加大点云密度，可每条航线飞行两次，通过两次航飞数据互补，获取密林下的高度地面激光点，从而保证测量精度。

为了保证两次航飞数据的配准精度，同时解决密林测区明显地物少、像控点测量难的问题，在航飞前，可在测区人工布设控制标志，布设的同时完成测量工作。标志布设在硬质的平地，该标志可作为影像控制点，同时也可作为激光点云的高程控制点。布设标志后，航飞完成后不必再出外控，可立即进行数据生成，有效地缩短了工期。

2. 机载激光雷达与铁路设计协同

当 LiDAR 航飞及数据处理完成后即可得到原始的激光点云、数码影像。基于原始的激光点云和数码影像，采用专业的激光雷达数据处理软件即可快速地生成数字高程模型、数字正射影像和数字地形图，并用于目前刚刚兴起的数字孪生勘探运维。

铁路勘测设计除了需要常规的 3D 数字产品外，还需要大量的纵、横断面信息。目前，断面测量主要依靠全站仪、水准仪和 GPS，利用这些方法生成断面需要耗费大量人力、物力，效率很低。近些年出现应用机载激光雷达技术生产断面，通常其获取过程是：先利用激光点云生成数字高程模型，再利用数字高程模型生成断面信息。但是生成数字高程模型的过程损失了原始的激光点云信息，降低了后续成果的精度，因此可直接利用原始激光点云信息生产断面，并通过人工可视化核查断面成果，这样既保证了断面的高精度，又保证了断面的高可靠性。具体步骤如下：①给定线路方案文件，生成断面剖线；②提取出到横断面剖线平面距离小于一定阈值的原始地面激光点；③对提取出的激光点构三角网；④求断面剖线与三角网的交点，并计算出交点高程；⑤将原始激光点、数字正射影像和生成的断面线展绘在一起，通过人工可视化核查、编辑断面线；⑥简化断面线并输出。

3.4.4 铁路线路障碍物检测

相较于传统信息采集设备，如照相机、摄影机、红外摄像仪等，激光雷达拥有全天候 24 小时工作且不受天气干扰等独特的优势，获取三维空间目标物体点云信息具有精确度高、速度快等突出特性，有助于对场景变化进行更准确的判断。根据激光雷达安装位置可将障碍物检测方案分为车载激光雷达和固定位置安装激光雷达两种方案。

1. 车载激光雷达

基于车载激光测距仪的铁路障碍物检测系统工作原理如图 3.56 所示，检测系统实时向前方发射激光光束，当列车前方存在障碍物时，激光发生反射，返回激光被检测系统接收，再通过测量激光的飞行时间推算出目标距离。为了扩大检测范围，在系统下方安装旋转镜（角分辨率为 0.25°），使激光光束能向列车前方各个方向发射（最大辐射半径可达 180°）。最后，将测量信息（距离、速度）一方面发送给车载安全计算机，为生成列车自动防护曲线提供数据支持；另一方面通过无线发送给地面控制中心，辅助调度人员识别障碍物。

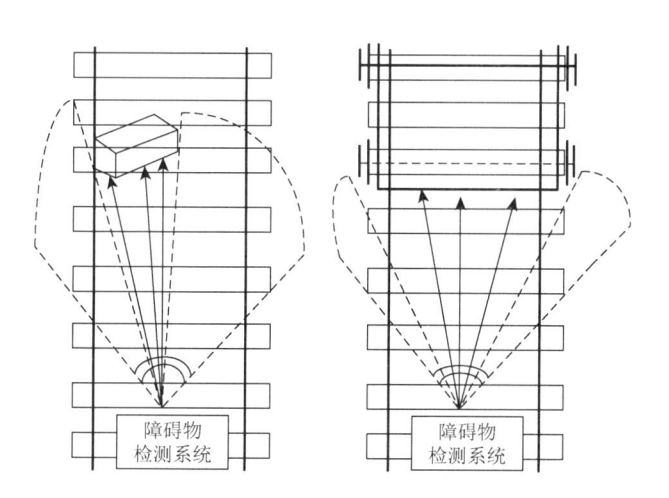

图 3.56 基于车载激光测距仪的障碍物检测系统工作原理示意图

2. 固定位置安装激光雷达

对点云数据进行坐标转换之后，各反射点的位置就可以在笛卡儿三维坐标系下表示出来。激光雷达的激光束对需要监测的目标防护区域进行实时扫描获得点云图像信息。激光雷达在进行实时扫描过程中能够充分地覆盖目标监测区域的铁轨、轨下枕木、路基石以及目标监测区附近的部分环境点云信息。

一些研究者认为数据采集装置应分布于铁路沿线需要实时监测的地点。将设备放置在固定位置的好处在于系统的检测背景不会随时间而不断变化，因此系统所采集到环境数据中的大量背景数据是基本相同的。基于以上系统的特点，障碍物检测系统首先对背景数据进行处理，之后利用背景的相关数据对采集到的实时数据中的背景数据进行滤除，滤除后再进行障碍物的检测与识别。采用滤除背景数据的方法对降低计算量具有显著效果，节省处理时间，降低对数据处理硬件的要求，降低系统搭建成本，增强了系统的经济性并且在一定程度上增强系统的实时性。如果检测到存在影响列车运行安全的障碍物信息，则将检测结果数据传输到系统的其他模块，进一步处理。

3.4.5 基于 LiDAR 的地铁列车自动驾驶

随着城市轨道交通技术的不断发展，自动驾驶在地铁中的应用越来越多。IEC 标准 IEC 62290 中将自动驾驶的自动化等级（grade of automation, GoA）分为 5 个，即 GoA0~GoA4，如表 3.8 所示。

表 3.8 地铁自动驾驶等级

等级	名称	描述
GoA0	人工驾驶运行	完全人工驾驶，无自动防护（ATP）设备
GoA1	非自动列车运行	司机手动驾驶，但列车处于 ATP 保护下
GoA2	半自动列车运行	有司机值守，由信号系统提供安全防护、控制列车运行和站台停车，但是关门和发车指令由司机下达
GoA3	无司机驾驶列车	无司机值守，列车自动驾驶，列车的启动、停站、运行均由信号系统控制，车上仅安排乘务人员以应对突发事件
GoA4	无人值守列车运行	全无人值守列车运行，列车运行的所有功能均自动。列车的休眠、唤醒、启动、停车、车门开关、洗车、停站和列车的设备管理以及故障和突发情况的应对全部由系统自动管理

目前，我国多个城市的地铁已经探索运用了 GoA4 的地铁全自动驾驶技术。GoA4 是地铁自动驾驶的最高等级，根据规范定义，系统需要满足多项自动化功能，如确保列车的安全移动（确保安全进路、确保列车间的安全距离、确保安全速度和授权列车移动）、驾驶列车（列车的启动、停车和速度控制）、监视轨道（防止与障碍物碰撞、防止与轨道上的人碰撞）、监视乘客乘降（门的控制、防止车辆之间或车辆与站台之间的人员伤亡、确保列车离站发车条件）等。而激光雷达在其中多个方面发挥着重要作用。下面从乘降监视（车门与屏蔽门控制）和防止障碍物碰撞及列车安全距离控制角度介绍应用案例。

众所周知，地铁站台门设置在站台边缘，将列车与车站站台隔离，防止乘客进入轨行区而发生危险。然而，站台门的设置位置需满足线路限界要求，因此与列车车体之间存在间隙。运营过程中，如有乘客被夹在关闭的站台门与列车门中间，将造成人员伤亡事故。现在有很多线路采用了激光雷达技术实现对该边界区域扫描，识别出遮挡物的外形和位置，并反馈给信号系统禁止车辆启动，保证人员安全。实际应用中，在每道站台门和车门间的顶部安装激光雷达传感器，如图 3.57 所示。传感器光学机构向范围内各角度发射出一定强度的激光，形成如图 3.58 所示的三维扇形光幕，照射到障碍物表面后，会发生漫反射，只有部分光会反射，被探测器接收，产生的点云记录了探测范围内物体的反光位置，根据产生的点云数据采用目标检测方法识别出物体。

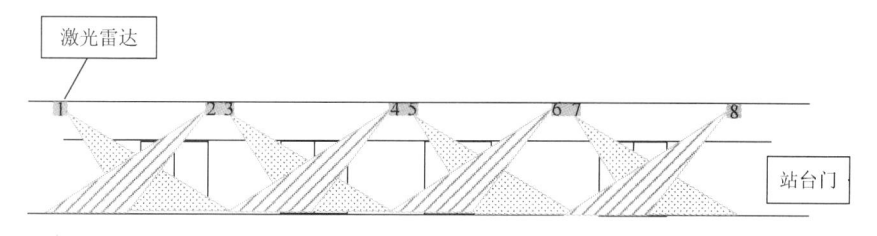

图 3.57 激光雷达传感器顶装安装示意

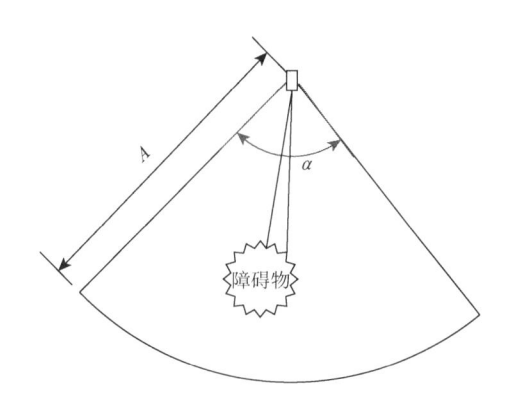

图 3.58 激光雷达扫描面示意（A 为激光照射有效长度，α 为激光扫描角度）

具备检测前方障碍物的能力对自动驾驶列车非常重要。以激光雷达为核心传感器的列车主动防撞系统能够对可能造成碰撞事故的异常状况提前检出、预警或进行相应的控制。激光雷达采集列车行驶前方一定距离内的扫描三维信息，然后基于预设逻辑对点云信息进行处理分析，识别出列车行驶前方的异常状况，同时转化成预警信息在驾驶室内的显示器上呈现，及时发出预警，列车可根据探测结果做出相应的预警、减速、制动等动作。

激光雷达传感器（如面阵固态激光雷达）安装在列车头部，随着车体的运动，激光雷达坐标系不断移动，不同时刻下点云数据的基准坐标不同。因此，需要建立列车初始位置坐标系、车体坐标系和激光雷达坐标系的转换关系，对所有点云数据进行坐标变换。识别障碍物的基本思想是，根据点云数据检测出轨道平面，根据轨道平面和先验知识建立限界断面模型，然后计算扫描范围内的点云数据是否落入限界断面内，从而检测出障碍物。轨道上表面是一个狭长的平面，从点云中直接提取轨道难度较大，可以先提取点云中所有的平面，然后根据长宽比筛选出轨道平面。有了轨道平面后，再建立限界模型，限界范围内的点云都被识别为障碍物。利用该技术和同样的原理，也可以进行前车距离检测，以实现在信号系统故障、ATP 切除情况下的最后一道安全防护手段。

3.5 无损检测技术

3.5.1 无损检测概述

无损检测（non-destructive testing，NDT）技术是指在工件无损的条件下，检查工件宏观缺陷或测量工件特征的各种技术方法的统称。其目的和意义在于保障零件与组件的安全使用，在零部件无损的条件下检测零件、部件、组件、设备、材料和大型工程项目，使之能够安全有效地生产与工作。

通常来讲，无损检测技术包括了五个方面的基本要素：①源，提供适当的探测介质或激励被测物体产生某种特殊运动；②响应，探测介质或特殊运动方式受到被测物体结构异常（突变）影响产生的变化；③探测器，检测探测介质或特殊运动方式的变化；④记录与显示装置，用于记录或指示探测器发出的信号；⑤信号处理方法。其中对探测信号的处理或解释逐渐成为无损检测技术发展的关键。

在公认的 6 大类 70 多种无损检测方法中，较为常见的包括超声波检测（ultrasonic testing，UT）、磁粉探伤（magnetic particle testing，MPT）、渗透检测（penetrate testing，PT）、射线检测（radiographic testing，RT）、涡流探伤（eddy current testing，ECT）、泄漏检测（leak testing，LT）、光全息照相（optical holography，OH）、微波检测（microwave testing，MT）等。这里着重介绍目前轨道交通领域常用的两种无损检测手段，即电磁检测和超声波检测。举个简单的例子，轮对是机车车辆的关键部件，除了要进行外观检查以外，必须对轮轴外露部位进行电磁探伤检查（加工过程中更是需要多个复探环节），还需要对轮轴镶入部位及轮轴内部进行超声波穿透探伤检测。

3.5.2 电磁探伤

1. 应用背景

电磁探伤主要用于发现金属表面的裂纹。《铁路技术管理规程》中指出：车辆轮对在装配前，应对车轴各部位用探伤仪器进行检查；检修时，应对轴颈、防尘板座及轴身用探伤仪器进行检查。

电磁探伤除了使用时间较长的磁粉法以外，近年来又相继出现了磁相法、仪表探伤法、磁阻法等。其理论基础就是如何检测漏磁场，研究漏磁场与缺陷的相互作用。目前的主要理论包括磁偶极子法和有限元法。检测工具则包括霍尔探头、磁二极管（magnetic diode，MD）和磁探针。下面简单介绍相关的基础知识和应用，感兴趣的读者可以进一步查阅相关文献。

2. 基础知识

1）电磁学基本概念

根据表 3.9 简单复习一下电磁学基本概念，然后根据表 3.10 进一步回忆磁与电的区别。具体含义这里就不再一一赘述。

表 3.9　电磁学基本概念一览表

名词	含义	表述或备注
磁极	磁性最强的地方	南极（S）与北极（N）
磁力	对铁磁性物质吸引或排斥的能力	
磁场	方向和大小确定的物理场	方向由右手定则给出，大小 $H=\dfrac{\Phi}{\mu \cdot S}$，$S$ 为导体横截面面积
磁化	没有磁性的铁磁性物质在外磁场（永久或临时）作用下具有磁性	
磁畴	铁磁性物质内部所含有的微小自发磁化区，大小约百分之一到万分之一毫米	存在紊乱态（无外磁场作用）到磁畴扩大（弱磁场）到饱和磁化（强磁场）阶段
居里点	原子热运动破坏磁畴使得铁磁性物质失去磁性对应的温度	铁（Fe）为 769℃，镍（Ni）为 358℃，钴（Co）为 1131℃
磁路	磁感应强度曲线的轨迹	在同一磁路里磁通相同
磁感应强度 B	又称磁通密度	$B=\dfrac{\Phi}{S}$
磁通 Φ	反映磁感应强度的物理量	
磁导率 μ	反映物质导磁能力的物理量	
磁阻 R_m	磁路上的阻力	$R_m=\dfrac{l}{\mu \cdot S}$，$l$ 为导体长度
磁场强度 H	表示磁场强弱的物理量	$H=\dfrac{\Phi}{\mu \cdot S}=\dfrac{B}{\mu}$

表 3.10　磁路与电路的比较

磁路	电路
磁通 Φ	电流 I
磁通势 F_m	电势 U
磁通密度 $B=\dfrac{\Phi}{S}$，S 为导体横截面面积	电流密度 $J=\dfrac{I}{S}$
磁阻 $R_m=\dfrac{l}{\mu \cdot S}$，$l$ 为导体长度	电阻 $R=\rho \dfrac{l}{S}$，ρ 为电阻率
磁导 $\Lambda=\dfrac{\mu \cdot S}{l}$	电导 $G=\dfrac{\gamma \cdot S}{l}$，$\gamma=\dfrac{1}{\rho}$
$F_m=R_m \Phi$	$U=RI$
$\sum \Phi=0$	$\sum I=0$

2）电磁探伤的两大电磁学概念

电磁连续性原理：在磁场中，磁感应强度对任意闭合曲面的面积积分恒等于零，即

$$\oint B \cdot dS = 0 \tag{3-40}$$

安培环路定律：在磁场中，磁场强度沿任意闭合路径的线积分等于穿过该闭合路径所限定面积的总电流代数和，即

$$\oint H \cdot dl = \sum i \tag{3-41}$$

3. 电磁探伤在铁路中的应用

1998 年，一辆从德国慕尼黑开往汉堡的特快列车在途中脱轨，造成了世界高铁历史上第一次严重的伤亡事故，导致 101 人死亡，后经查明，引起这起事故的主要原因是车轮的钢圈产生金属疲劳而断裂，自此，德国铁路公司大力地增加了高铁运行中安全隐患的检测频率，同时也研发了高速铁路车轮探伤系统，涉及车轮出厂检测以及在役车轮不同检修层次的探伤需求。

高铁动车组在高速运行过程中，车轮与钢轨接触面积微小，工作在极其复杂的应力状态下，容易形成踏面损伤和疲劳缺陷两类主要问题。高铁车轮踏面损伤主要表现为踏面剥离、磨损和热裂等缺陷，尤其以剥离缺陷最为突出。在高速运行时，快速启动和制动及车轮的滚滑都会引起车轮踏面浅表面受到剧烈的热摩擦作用，导致车轮踏面浅表面产生剥离缺陷。车轮疲劳缺陷是由运行时间延长及周期性振动造成的，主要分为轮辋裂纹和辐板裂纹两种形式。

而今铁路部门采用了多种技术手段对列车进行安全检测，电磁探伤是其中一种重要检测方式，常用的电磁探伤方式及应用如表 3.11 所示。

表 3.11 常用电磁探伤方式

检测技术	原理	特点	应用案例
电磁声换能器（electro-magnetic acoustic transducer，EMAT）	洛伦兹力及磁致伸缩效应	非接触式探伤、表层裂纹	列车车轮踏面、钢轨表面及浅表面缺陷
漏磁场（magnetic flux leakage，MFL）	铁磁性材料、导磁性、介质磁导率不同，磁力线方向改变	非接触测量，需要强激励源磁化，仅适用于铁磁材料、低速场合	踏面或轮辋表面及浅表缺陷
涡流检测	法拉第电磁感应原理	非接触、速度快	车轮表面、钢轨表面及浅表缺陷
脉冲涡流（pulse eddy current，PEC）	法拉第电磁感应原理	非接触、检测深度较深	车轮表面、钢轨表面及浅表缺陷
磁粉检测	铁磁性材料的导磁性	显示直观、操作方便、磁粉聚集、检测成本低、速度慢	车轮表面、钢轨表面及浅表缺陷
电磁层析成像（electro-magnetic tomography，EMT）	法拉第电磁感应原理及层析成像技术	非接触、无损、高速、检测精度高	车轮表面、钢轨表面及浅表缺陷

此外，车钩缓冲装置是车辆连接的关键设备，而钩尾框是其重要组成部分，在列车高速运行中，由于负荷过大造成的内应力，容易对钩尾框造成损伤。如果钩尾框在探伤检测时未被探测或漏探其表面的裂纹，而使用在运行中的列车上，将直接影响列车的运行安全。我国铁路车钩检修技术规程要求，钩尾框的电磁探伤是必要的检测环节。

电力机车杆类零件的检修一般也采用磁粉检测技术。例如，和谐型交流传动机车检修技术规程要求对杆类零件（如轴箱拉杆、电机吊杆、连杆）采用磁粉检测，并且探测范围从加工表面探伤升级为整体探伤。

针对高速动车组转向架闸片托吊座、齿轮箱等部件的在线监控，一般磁粉检测法只能查出表面或贯通至表面的裂纹，而对齿轮箱内部部件的检测无能为力，为此我国开发了涡流检测方案，能够有效解决该问题。涡流检测是建立在电磁感应原理基础之上的一种无损检测方法，适用于导电材料。当把一块导体置于交变磁场之中，在导体中就有感应电流存在，即产生涡流（也称为动生涡流）。由于导体自身各种因素（如电导率、磁导率、形状、尺寸和缺陷等）的变化，会导致涡流的变化，利用这种现象判定导体性质、状态的检测方法，称为涡流检测。实际上涡流检测也主要适用于浅表检测，对于转向架齿轮箱深层检测，常用的方法有目视内窥、超声波、荧光检测、敲击等。一般涡流仪器误报、误判率较高，或仅能检测表面开口裂纹，采用铝合金压铸件专用的低频高渗透型传感器配合涡流探伤仪，能够检测到表面以下 6mm 以内的裂纹。

有关车辆部件的检测，在第 5 章会有较系统的介绍。这里以动生涡流检测为例，介绍钢轨探伤的原理。当电磁探头与金属构件（钢轨）之间存在相对运动时，钢轨表面会产生动生涡流。该动生涡流在金属构件表面存在缺陷时会发生变化，利用这种变化即可检测出金属构件的缺陷，具体检测原理和过程如下。

根据法拉第电磁感应定律，金属构件表面的动生涡流可表示为

$$J_m = \sigma v \times B \tag{3-42}$$

式中，J_m 为动生涡流密度；σ 为金属构件电导率；v 为探头与金属构件之间相对运动速度；B 为探头中激励线圈所产生的磁感应强度。

利用动生涡流进行钢轨探伤是指在激励线圈中通入直流电产生恒定磁场，探头与钢轨之间会产生相对运动，通过测量钢轨表面产生的动生涡流从而对钢轨构件表面缺陷进行检测，如图 3.59 所示。在动生涡流检测系统中，根据麦克斯韦方程组及式（3-42），探头与运动钢轨构件的控制方程可写为

$$\nabla \times \left(\frac{1}{\mu} \nabla \times A \right) = J_0 + \sigma v \times (\nabla \times A) \tag{3-43}$$

式中，μ 为金属构件的磁导率；A 为磁矢量势（$B = \nabla \times A$）；J_0 为外部载荷产生的电流密度。

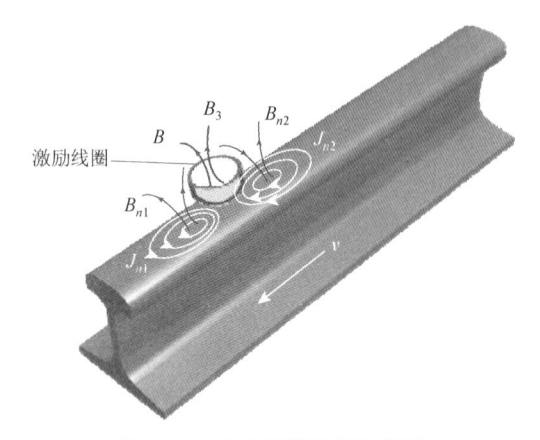

图 3.59 动生涡流检测示意图

图 3.59 中，动生涡流 J_m 可表示为 J_{n1} 和 J_{n2}，其中 J_{n1} 和 J_{n2} 的方向相反。根据楞次定律，J_{n1} 和 J_{n2} 所产生磁场分别表示为 B_{n1} 和 B_{n2}，其方向可由安培定律确定。金属构件为钢轨等铁磁性材料时，铁磁性材料将会被检测系统内部的磁场所磁化而产生磁化场，记为 B_3。因此，根据式（3-43），当金属构件表面不存在缺陷时，动生涡流检测系统中的综合磁场 B_c 可表示为

$$B_c = B + B_{n1} + B_{n2} + B_3 \tag{3-44}$$

当金属构件表面存在缺陷时，动生涡流分布情况将会被缺陷扰乱而进行重新分布，将重新分布的动生涡流记为 J_{c1} 和 J_{c2}，J_{c1} 和 J_{c2} 所产生的磁场记为 B_{c1} 和 B_{c2}。对于铁磁性材料，其内部的磁化场 B_3 将会在缺陷位置产生泄漏磁场，记为 B_3'。那么，此时动生涡流检测系统内部的综合磁场 B_c' 可表示为

$$B_c' = B + B_{c1} + B_{c2} + B_3' \tag{3-45}$$

动生涡流产生的磁场 B_{c1} 和 B_{c2} 会因缺陷参数的不同而不同，所以 B_c' 的值随着缺陷的大小而发生改变。因此，通过 B_c' 的大小可实现缺陷的定量检测。

3.5.3 超声波探伤

1. 超声波检测基本原理

声波是物体机械振动状态或能量的传播形式。波长 λ 是指声波在一个振动周期中传播的距离，波频率 f 是每秒钟声波振动的次数，声速 C 是指介质中声波传播的速度，是介质的固有属性，它们的关系如下：

$$C = \lambda \cdot f \tag{3-46}$$

声阻抗 Z 是介质密度 ρ 和声速 C 的乘积，声压 P 是指声波传播过程中对介质中某点产生的压力：

$$\begin{aligned} Z &= \rho \cdot C \\ P &= \rho \cdot C \cdot v = Z \cdot v \\ I &= \frac{p^2}{2Z} \end{aligned} \tag{3-47}$$

式中，v 为质点振动速度；声强 I 是指垂直于声波传播方向上单位时间内通过单位面积的声波能量。

当声波传播过程中遇到声阻抗不同的介质时，大部分声波会在分界面发生反射现象，一部分声波会在另一种介质中发生如图 3.60 所示的折射、吸收等现象。由于吸收、散射等物理现象的发生，声波的能量在传播过程中会逐渐衰减。当介质的体积较大时，主要是吸收现象导致声波能量衰减，当介质体积较小时，主要是散射现象导致声波能量衰减，通常在气体介质中声波能量衰减最大，液体介质次之，固体介质最小。

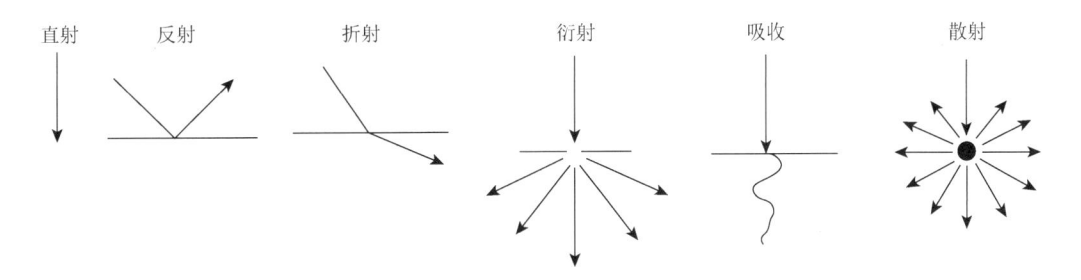

图 3.60 声波的物理现象

造成声波能量衰减的主要原因如下。

1) 扩散

在理想介质中，声波能量仅通过扩散而减小。当物体发生机械振动时，声波向四周扩散。

2) 黏性和热传导

任何时候介质中的颗粒均存在相对运动。当声波传入介质时，由介质颗粒黏性引起的应力会使得声波中的能量转化为热量，并通过热传导，在介质中进行热交换，最终导致声波能量不断衰减。

3) 散射

介质内部颗粒的大小、形状、数量、分布等原因导致声波发射到这些颗粒表面时向四周分散或者发生能量转化，最终使得声波能量衰减。

声波在某种介质中传播时，其单位长度的衰减大小可用衰减系数 α 表示，如式（3-48）所示。其中 x 表示从声源到当前位置的距离，P 表示当前位置的声压，P_0 表示声源位置的声压。

$$\alpha = \frac{1}{x} 20 \lg \frac{P}{P_0} \tag{3-48}$$

声波按照频率不同，可按如图 3.61 所示进行分类。超声波是一种频率在 20kHz～1GHz 的声波，具有声波传播过程中的物理特性，同时又具有高频率、高能量、强穿透力、良好指向性、不易衍射等特点，因此被广泛应用于工业上的质量控制和设备完整性研究，主要用途包括探伤和厚度测量。

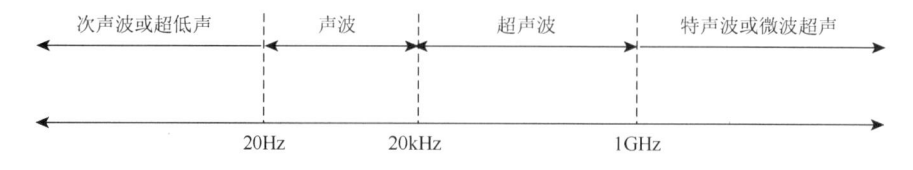

```
|←——— 次声波或超低声 ———→|←— 声波 —→|←— 超声波 —→|←— 特声波或微波超声 ———→|
                       20Hz      20kHz         1GHz
```

图 3.61 声波分类示意图

超声波检测是在不损伤待测工件本身的前提下,利用超声波在传播过程中遇到声阻抗不同的界面会发生反射等物理现象,对待测工件内部缺陷进行检测的方法。该方法适用于任何可传递机械振动的工件,具有穿透能力强、检测深度大、检测速度快的特点,但需要耦合剂,且不易检查形状复杂的工件,并对检测人员有一定要求。

检测的基本流程如下:首先脉冲发生器产生特定电脉冲信号加在超声探头上,其次超声探头将电脉冲转化为机械振动即超声波,接着超声波通过耦合剂进入待测工件传播,当遇到缺陷或者遇到其他表面时,会发生反射、折射、散射等物理现象,然后超声探头接收返回的超声波并将其转化为电信号,最后将接收到的电信号进行相应处理,在显示界面绘制,并根据显示结果对待测工件进行分析和评估。其中超声探头是一种利用晶片等材料的压电效应实现电信号和超声波转换的换能器。当超声探头上的晶片被施加交流电压时,其尺寸和形状会发生改变并产生振动,振动频率即超声探头工作频率。振动产生的超声波在进入待测工件后随着传播距离的增加而不断扩散,扩散后形成的区域即超声场。超声场又可以分为近场区和远场区,如图 3.62 所示。近场区的超声波非常密集,容易发生波的干涉,导致声压变化剧烈,没有规律,故存在探伤盲区。当超声探头的圆晶片直径为 D 时,近场区长度 N 的计算方式如式(3-49)所示。近场区之外的其他区域均为远场区,在该区域声压随着距离的增加而逐渐减小,存在一定规律,适合进行超声波检测。

$$N = \frac{D^2}{4\lambda} \quad (3\text{-}49)$$

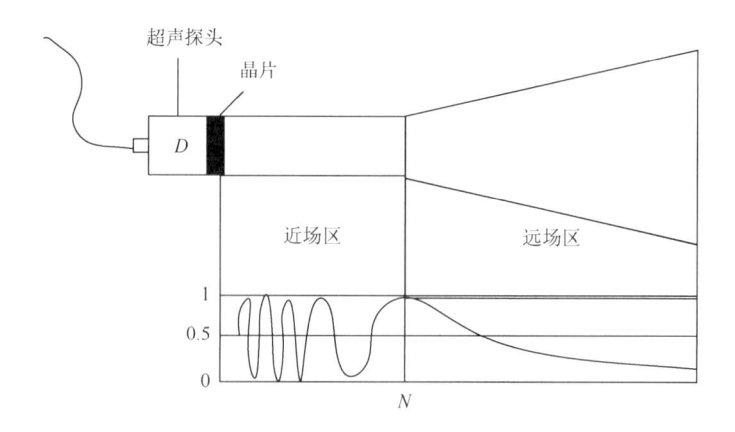

图 3.62 超声场示意图

需要注意的是,超声波检测时需要根据检测的最小缺陷尺度计算出超声探头频率。若超声探头频率高,则灵敏度高、定向性好、检测准确,但同时近场区长度增大、超声能量急剧衰减,检测范围受到限制。因此,在实际检测时会在保证灵敏度的情况下,选择工作频率尽量小的超声探头。

2. 超声波检测方法

超声波检测方法有很多。按照耦合方式的不同,超声波检测方法可分为接触法、液浸法和电磁耦合法。接触法是在超声探头和待测工件之间涂一层耦合剂再进行检测,适用于表面光滑的工件。液浸法是将超声探头和待测工件全部或者局部浸入耦合剂液体中再进行检测。电磁耦合法是利用电磁超声探头进行超声波检测,该技术在应用时无须与工件接触。按照实现原理的不同,超声波检测方法可分为脉冲反射法、衍射时差(time of flight diffraction,TOFD)法、脉冲透射法及共振法。其中脉冲反射法是目前无损检测领域中应用最广泛的方法,该方法的原理是当超声波发射到声阻抗不同的介质分界面时,会发生反射现象,根据判断缺陷的方式不同,其还可以细分为缺陷回波法、底波高度法和多次回波法。

1)缺陷回波法

缺陷回波法是脉冲反射法中最基本的方法,利用缺陷回波信号对缺陷的基本特性进行判断。具体如图 3.63 所示,超声波射入待测工件后,若工件内部没有缺陷,则显示设备上只会出现始波和底波;若工件内部存在小缺陷,则显示设备上会出现始波、缺陷回波和底波;若工件内部存在的缺陷较大,则显示设备上会出现始波和缺陷回波。

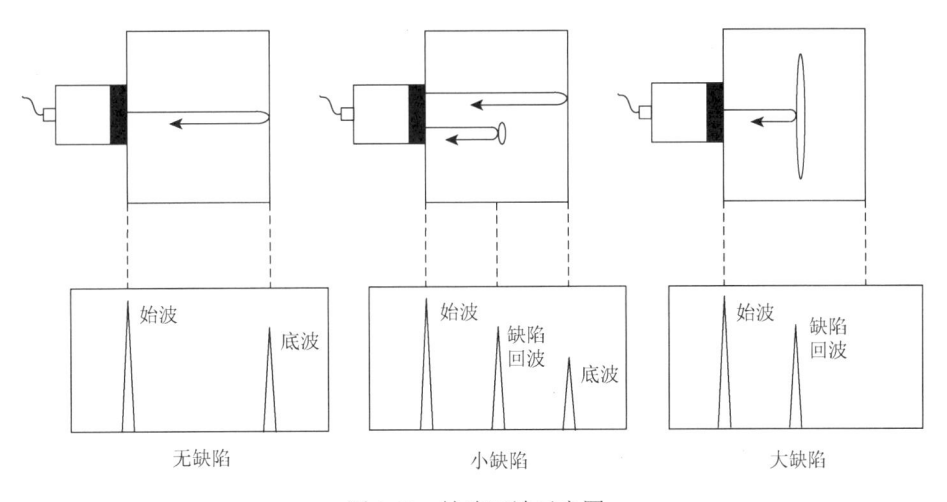

图 3.63 缺陷回波示意图

2)底波高度法

底波高度法是针对相同厚度、相同材料的同一待测工件,利用探头移动时底波幅度的变化来判断该工件内部是否存在缺陷。具体操作方法是将超声波射入相同厚度、相同材料的待测工件中,若工件内部没有缺陷,则显示设备上的底面回波幅度相同;若工件内部存在缺陷,则显示设备上的底面回波幅度将减小甚至为零。该方法由于只能定性判断缺陷,故一般作为缺陷回波法的辅助手段。

3)多次回波法

多次回波法是针对较薄的待测工件,利用超声波在工件内部多次反射时的能量衰减情况来判断是否存在缺陷。超声波射入薄的待测工件后,会在工件表面和底面发生多次反射。若工件内部没有缺陷,则显示设备上将出现有规律且幅度递减的回波信号;若工件内部存在缺陷,则显示设备上将出现无规律且减幅不定的回波信号。与底波高度法类似,由于多次回波法只能进行定性判断,故一般也作为缺陷回波法的辅助手段。

3. 超声波扫描成像技术

超声波检测后,将接收到的回波信号经过一定处理,以图像方式进行呈现,就是超声波扫描成像技术。这项技术常用于判断工件中缺陷的基本特性,最基本的扫描成像方式有 A 扫描、B 扫描、C 扫描、D 扫描、S 扫描、P 扫描等,它们分别是超声脉冲回波在荧光屏上不同的显示方式,表 3.12 为超声波几种扫描成像技术对比。

表 3.12 扫描超声成像技术

扫描方式	显示方法	特点
A 扫描	超声脉冲幅度或波形与超声传播时间的关系	一维显示,是各种扫描的基础
B 扫描	与声束传播方向平行且与测量表面垂直的剖面	一幅 B 显示是一系列 A 显示叠加
C 扫描	显示样品的横断面	成像范围由几平方毫米到几平方米,优越性强,但不能实时成像
D 扫描	数据的二维显示	视图与 B 显示方向垂直
S 扫描	探头延时和折射角已做校正,特定通道所有 A 显示叠加而成的二维图像	能由二维显示再现体积;能在扫描过程中显示图像;能显示实际深度
P 扫描	显示探头在管内壁检测或在圆筒形工件外壁检测时所得数据	可提供缺陷周向分布和径向深度位置信息

A 扫描是一种波形显示,其显示内容是将超声探头驻留在待测工件上某一点时,沿着声束传播方向的回波振幅分布。B 扫描是一种二维视图,其显示内容是待测工件厚度方向的投影图像显示。C 扫描是另一种二维视图,其显示内容可简单地理解为待测工件自顶向下方向的投影图像显示。另外,在实际进行 C 扫描检测时,C 扫描方式主要有双向式和单向式两种。

典型的超声波探伤系统的构成如图 3.64 所示。该系统可分为超声波检测系统硬件部分和软件部分,其中硬件部分包括数据采集模块、数据加工模块、数据通信模块,软件部分包括数据通信模块、数据处理模块、数据显示模块和人机交互模块。数据采集模块在实际检测时需要通过探头线与超声探头连接,协同超声探头实现超声波的发射和接收。数据加工模块主要负责对超声回波信号进行检波滤波等操作处理。数据通信模块主要负责超声探伤仪软硬件之间的数据通信,包括下行数据和上行数据。数据处理模块主要负责对传输到软件的超声回波数据进行解析和处理。数据显示模块主要负责绘制相应的超声波扫描图像。人机交互模块主要负责与超声波检测人员之间的互动,包括基础功能、超声波检测功能等部分。

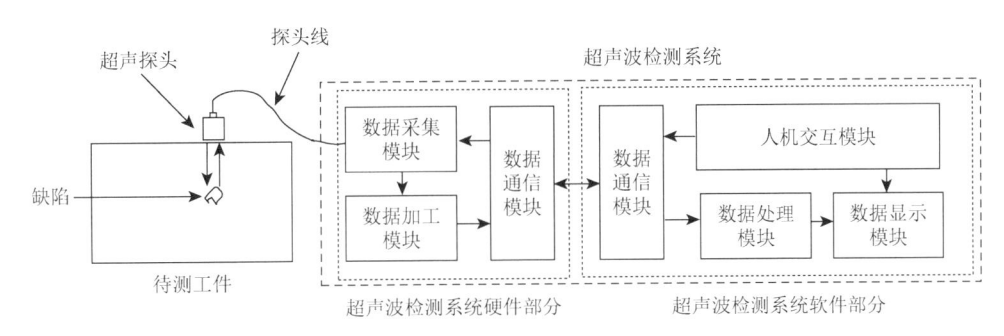

图 3.64 典型的超声波探伤系统结构示意图

4. 超声波探伤在铁路的应用

超声波探伤技术在铁路运维领域有广泛的应用,可对各种铸件、锻件内部缺陷尤其是疲劳裂纹进行探伤,目前动车组运用检修中对车轮踏面、轮辋的表面缺陷检查、车轴探伤检测也使用超声波检测。

对在役车轴的超声波探伤,主要检测其使用过程中产生的疲劳缺陷,目前铁路行业使用的车轴主要有两大类:一类是实心车轴,主要用于普通客、货列车;另一类是空心车轴,主要用于高速动车组列车。对于实心车轴,尤其在不退轮、不退轴的情况下,必须选取合适角度的斜探头进行探伤,对车轴主要受力部位轮座进行探伤,为保证超声波能够到达轮座处,应使超声波以一定的角度入射到被检测的车轴中,用斜探头发射超声波。对空心车轴进行探伤可直接采用直探头,将探头直接深入车轴空心腔内可实现全方位探伤,一次可检出各个位置的缺陷。

为保证列车运行平稳舒适,对列车轮对踏面探伤是非常有必要的。动车组检修对车轮踏面缺陷检查周期更短,且探伤修程提至二级修,而二级修作为运用检修,检修时动车组不分解,一般采用可移动式超声波探伤仪进行探伤。

这里以超声波相控阵技术实现钢轨探伤为例,介绍其探伤的原理。相对于常规超声波检测技术,超声相控阵检测技术是采用多阵元的阵列换能器,依靠计算机控制各阵元发射超声波的时间来控制各阵元的合成声束在声场中的偏转、聚焦,或者控制接收阵列换能器中各阵元接收回波信号的时间,进行偏转、聚焦及成像检测的一种检测技术。

当超声波相控阵发射出超声信号时,可以通过控制每个阵元的激励信号延时,使阵列的超声波偏转和聚焦,如图 3.65 所示。应用中在探头和钢轨间还应加入耦合介质(如楔块)将超声波导入钢轨中,这里为了简化分析过程而省略了耦合介质,但原理和方法是一致的。当需要在一定范围进行扫描时,通过控制各个阵元的延时使得超声合成波束偏转和聚焦,达到对一定区域进行超声扫描的目的,图 3.65 为扇形扫查区,这也是实际中使用最为广泛的一种扫查方式。合成声束在扇形区域进行扫描时,也就是在扇形检测区域的每条扫描线上都进行聚焦。扇形扫查可以根据探测需要灵活地改变扫描角度范围和聚焦深度。当超声波扫描到钢轨中缺陷位置时，由于传播的介质出现不连续，超声波反射回相控阵，然后运用超声波成像技术可以分析出缺陷位置。由于每个阵元接收的信号延时不同，在融合各阵元的反射信号时需要先对每块阵元信号独立控制延时。可将超声波相控阵探测钢轨缺陷分为三个步骤：一是根据扫描聚焦点，计算每个阵元的延时，也就是相控阵发射波束形成；二是当阵元接收到反射波时，计算每个阵元反射信号的延时并融合；三是根据融合信号检测和定位缺陷。

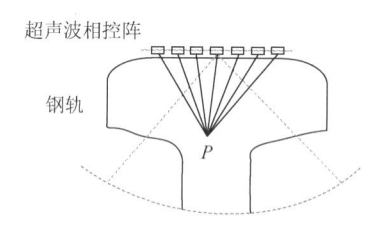

图 3.65 超声波相控阵扫描钢轨示意图

相控阵发射波束形成是基于声波的叠加干涉原理，发射模块电路根据一定的延时时序激励各个阵元的晶片，使得声束偏转和聚焦，从而达到对被测钢轨的扫描检测。如果需要扫描钢轨中 P 位置，那么就需要超声波相阵的波束能聚焦到 P 点（图 3.66），需要计算每个阵元的激励延迟。假设 P 与阵列中心线的夹角为 θ，相控阵阵元数量是 N，相邻阵元的中心间距为 d，焦距为 F，t_i 为第 i 个阵元的激励延迟时间，则阵元位置、延迟时间、焦距和偏转角度应满足式（3-50）：

$$(F\cos\theta)^2 + \left[F\sin\theta - (i-1)d + \frac{N-1}{2}d\right]^2 = [F - (t_i - t_0)c]^2 \quad (3\text{-}50)$$

式中，c 为超声波声速。

根据式（3-50）可以得到第 i 个阵元的激励延迟时间 t_i 为

$$t_i = \frac{F}{c}\left\{1 - \left[1 + \frac{d^2}{F^2}\left(n-1-\frac{N-1}{2}\right)^2 - \frac{2d}{F}\left(n-1-\frac{N-1}{2}\right)\sin\theta\right]^{1/2}\right\} + t_0 \quad (3\text{-}51)$$

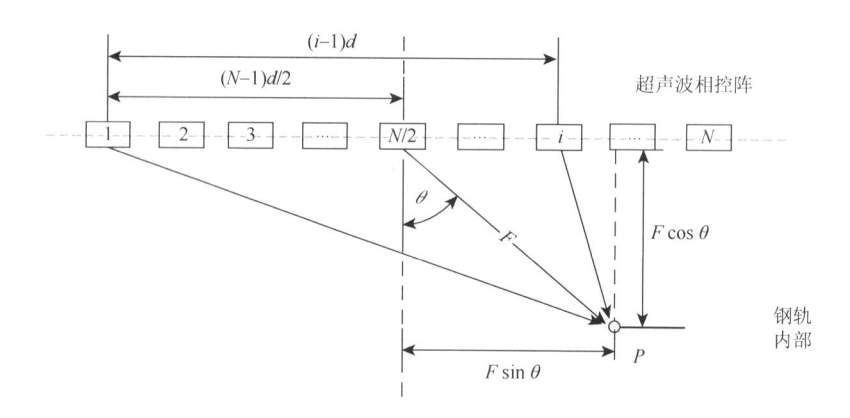

图 3.66 相控阵发射声束偏转及聚焦法则示意图

超声反射回波接收过程是上述的逆过程，因介质出现不连续导致超声波发生反射和折射。因为缺陷位置相对于各个阵元的距离各不同，所以各个阵元接收到目标点反射回波的时间也不同，那么各个阵元接收到的回波信号之间存在偏移，因此就要对反射回波进行一定的延时处理，使得声束对齐后再叠加，如图 3.67 所示。延时补偿叠加使得缺陷处的回波由于相位一致而得到加强，其他位置的回波（即噪声）因为没有相关性而减弱甚至抵消。

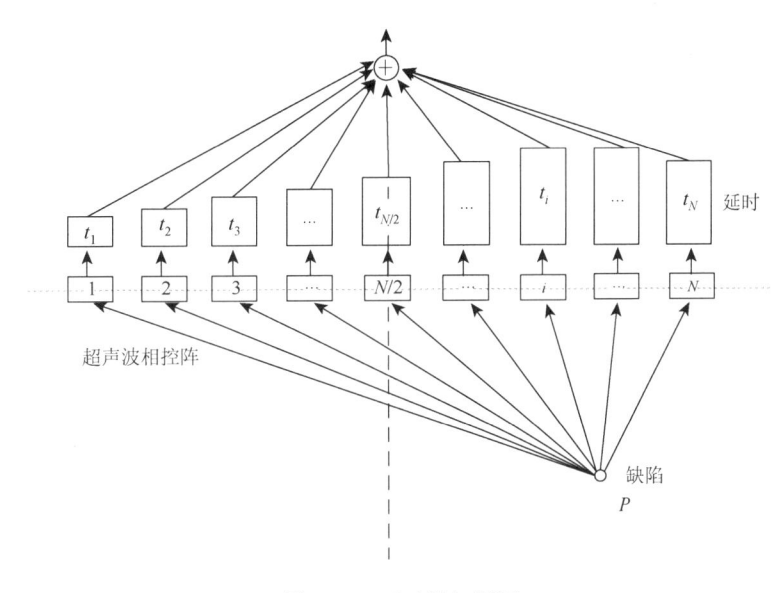

图 3.67 延时叠加框图

延时叠加一般有定点聚焦、动态聚焦和分段动态聚焦方式。定点聚焦就是在发射端通过控制阵列的延时使声束聚焦于一点，在接收端对一点进行聚焦接收，定点聚焦在发射和接收波束形成时，每一条扫描线都只需要根据一组延时参数进行延时。动态聚焦就是在发射端聚焦于一点，接收端则在声束轴上的多点进行延时叠加。由于是在声束轴上的多点进行聚焦，这些点称为虚拟聚焦点，可以在这些位置上都得到较为清晰的成像效果，但是接收波束形成时需要根据虚拟焦点位置实时调整延时参数，这对延时计算的要求较高。

这里以动态聚焦方式进行接收延时计算。接收动态聚焦就是将扫描线上一定间隔的点作为虚拟聚焦点，根据各个虚拟聚焦点的位置，调整各个阵元接收数据的延时量。如图 3.68 所示，假设阵列有 N 个阵元，阵元间距为 d，动态聚焦的虚拟聚焦点之间间隔为 d_F，超声声速为 c。那么偏转角为 θ 的扫描线上的第 j 个虚拟焦点 P_j 坐标(x_j, y_j)为

$$\begin{cases} x_j = k \cdot d_F \cdot \sin\theta \\ y_j = k \cdot d_F \cdot \cos\theta \end{cases} \quad (3\text{-}52)$$

超声阵列上第 i 个阵元 A 的坐标(x_A, y_A)为

$$\begin{cases} x_A = \dfrac{2i-N-1}{2}d \\ y_A = 0 \end{cases} \quad (3\text{-}53)$$

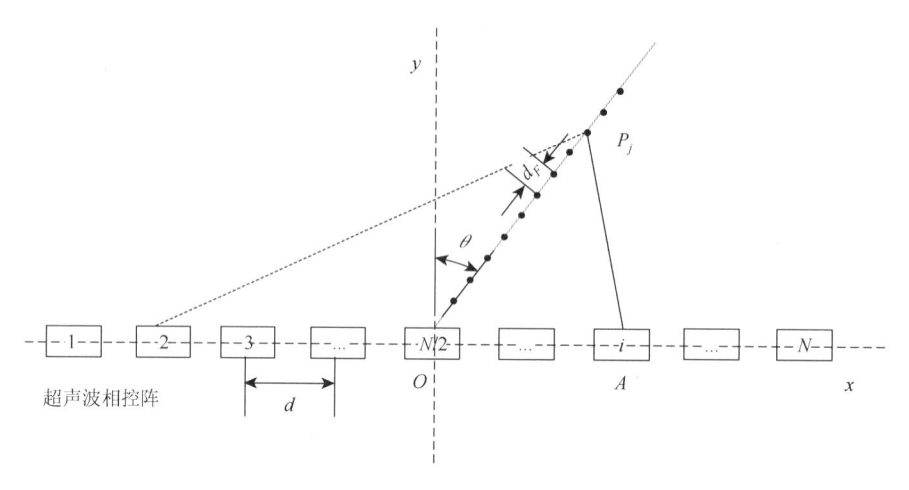

图 3.68　动态聚焦延时计算示意图

由于发射聚焦时，各阵元以阵列中心作为参考点进行延时控制，也就是相当于合成波束从 O 点发出。当聚焦于虚拟焦点 P_j 时，由 O 点发出的合成声束经过 OP_j 和 P_jA 到达第 i 个阵元，也就是说第 i 个阵元接收到从原点发出并由虚拟聚焦点 P_j 反射的回波信号的延时 τ_{ij} 为

$$\tau_{ij} = \dfrac{k \cdot d_F + \sqrt{y_j^2 + (x_j - x_A)^2}}{c} \quad (3\text{-}54)$$

当声束聚焦于声束轴上的某一点时，回波只在扫描线上的一段区域能量比较集中，如果聚焦于近焦场，那么远焦场的能量就比较小，影响远焦场的检测效果。采用分段聚焦即可解决该问题，也就是在扫描线上进行多次聚焦，例如，分别在近、中、远三处聚焦一次，即每条扫描线进行三次聚焦，接收时也采用相应的分段接收即可。

最后根据接收的叠加回波数据，进行分析和成像，即可检测出钢轨的缺陷和位置。

有关超声波检测技术在铁路的应用还有很多，具体场景采用的分析方法各有不同，但基本原理是相似的，读者可以试着找一些案例分析或根据场景需要尝试自行设计检测方法。

思 考 题

1. 轨道交通基础设施常用的传感检测技术有哪些？
2. 电磁式分层沉降仪和水压式分层沉降仪有哪些相似和不同之处？
3. 什么是图像配准？什么是图像融合？图像融合由高到低的三个等级有什么区别？

4. 对比基于深度学习的目标检测与传统的目标检测算法的原理。
5. 视频监控中运动目标跟踪的难点是什么？如何解决？
6. 分析基于光纤传感技术实现周界防护的原理。
7. 超声波探伤与电磁探伤各自的原理与优缺点是什么？
8. 分析激光雷达扫描距离的原理，调研激光雷达的地铁自动驾驶场景的应用案例。
9. 分析光纤光栅传感器测桥梁结构应力的原理。

第4章 轨检车与综合检测车

4.1 轨检车概述

铁路轨道检测是轨道科学养护维修的先决条件。轨道检测工作由专门研制的轨道检测车（简称轨检车）进行。轨道检测技术的进步，集中体现在轨检车及相关设备的发展过程。自 1877 年第一辆简易轨检车诞生以来，轨检车已有上百年的历史。在各种静态检测设备和手推式检测工具的基础上，20 世纪 40 年代，瑞士、联邦德国、美国、法国、日本等，相继研制开发了采用弦测法检测技术，利用接触式机械测量、检测速度在 60km/h 以下的轨检车。

第二次世界大战后，轨检车由机械式向电气式转变，测试仪表电子化，检测项目增加，检测速度提高，并开始应用惯性基准原理。之后，电子技术和检测技术的发展进一步带动了轨检技术的革命，惯性检测技术以及光电、电磁、电容等非接触传感器、伺服跟踪、自动补偿修正、激光、摄像、图像处理、无接触测量、计算机/网络测试、通信与信号处理等技术得到广泛应用。现在的技术以计算机为中心，经过模拟和数字混合处理，保证轨检车检测结果不受列车速度和方向的影响，并通过数字滤波技术扩充轨道不平顺的可测波长范围，改善了轨检系统的传递函数特性，大大提高了检测精度和可靠性。

我国的普速铁路轨检车经历了机械传动式轨检车、电磁传动式轨检车、数据处理系统型轨检车（GJ-3、GJ-4、GJ-4G、GJ-5）几代的发展，按车辆速度等级划分为 120km/h 等级、140km/h 等级、160km/h 等级。目前最新的 GJ-6 型轨检系统主要装备在高速综合检测车上，有关这部分的内容在 4.4 节介绍。

4.2 轨检车检测项目

经过长时间运行后，轨道的几何状态会发生变化，可能产生病害，轻则影响行车舒适性，重则危害行车安全。常见的轨道病害有轨道高低不平顺、轨距病害、轨向病害、钢轨水平病害、三角坑病害等。

轨道高低不平顺会增加列车通过时的冲击力，加速轨道结构和道床变形，对行车造成不同程度的危害。危害大小与高度波长（高低幅值、变化率）有关，波长在 2m 以内，高低幅值较小、波长较短，但是变化率较大，对车轮的作用力也较大。如果列车行驶速度为 60~110km/h，高低不平顺引起的振动频率接近客车转向架的自振频率，将会产生很大的轴箱垂直振动加速度。而在桥头、道口、隧道及道床翻浆地段软硬结合部常见波长为 10m 左右，一般高低幅值较大、波长较长，能使车体产生沉浮和点头振动，车速在一定范围内时其振动频率接近车体自振频率，将产生较大的车体垂直振动。还有一些波长可达 20m 的起伏，高低幅值也较大，能使车体产生点头振动。

轨距病害是指钢轨距离偏差过大，可能引起列车脱轨或爬轨。轨距病害也可以由多种原因引起，例如，轨道结构不良，表现为钢轨肥边、硬弯、曲线不均匀侧磨、扣件爬离等；或者是几何尺寸不良，表现为轨距超限、轨距递减不顺、方向不良等；再或者是框架刚度减弱和轨距加宽值偏差等。

轨向病害主要指直线轨道不平直、曲线轨道不圆顺。轨向病害过大会使车轮受到横向冲击，引起车辆左右晃动和车体摇摆，影响列车行驶平稳度和乘坐舒适度，也会加速轨道结构和道床变形。

钢轨水平病害主要指两条钢轨的水平高度出现偏差。偏差值过大会使车辆产生倾斜和侧滚振动，引起轮轨作用力变化。引发该病害的主要因素有施工偏差、钢轨下沉量不一致、一股钢轨存在空吊暗坑现象及缓和曲线超高顺坡不良等。

三角坑病害指轨道扭曲不平顺，左右两股钢轨顶面相对于轨道平面发生的扭曲状态，表现为先是左股钢轨高于右股钢轨，接着是右股钢轨高于左股钢轨，或反之。三角坑病害偏差值过大会引起轮轨作用力变化，引起车辆的侧滚和侧摆，严重的三角坑病害会导致车辆转向架呈三轮支撑一轮悬浮的恶劣状态，甚至使转向架扭曲变形。

现代轨检车的检测项目主要针对上述轨道的几何变形。除此之外，还能测量车体、轴箱振动和轮轨相互作用力等。具体检测项目包括以下几个方面：

（1）高低不平顺。是指轨道沿钢轨长度方向，在垂向上的凸凹不平顺，如图 4.1（a）所示。

（2）轨向不平顺。是指轨顶内侧面沿长度方向的横向凸凹不平顺，如图 4.1（b）所示。

（3）水平不平顺（超高）。是指同一轨道横截面上左右钢轨顶面所在水平面的高度差。不含圆曲线上设置的超高和缓和曲线上超高顺坡量（曲线上是指扣除正常超高值的偏差部分；直线上是指扣除一侧钢轨均匀抬高值后的偏差值），如图 4.1（c）所示。

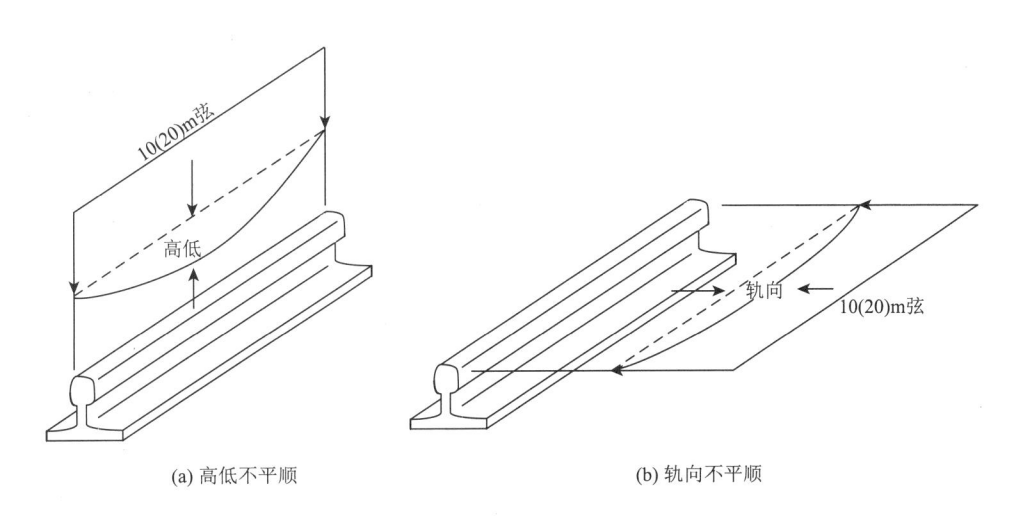

(a) 高低不平顺

(b) 轨向不平顺

(c) 水平不平顺(超高)

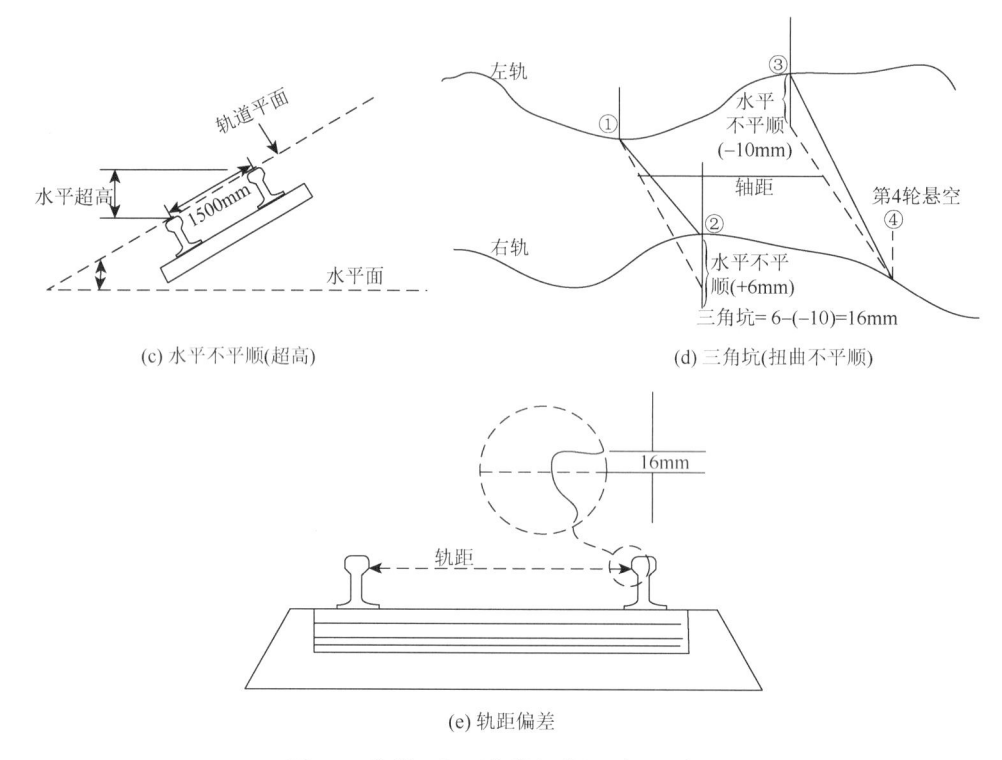

(d) 三角坑(扭曲不平顺)

(e) 轨距偏差

图 4.1 轨道几何形位常规检测项目示意图

（4）三角坑（扭曲不平顺）。是指左右两轨顶面相对于轨道平面的扭曲，用相隔一定距离（车辆的轴距或心盘距）的两个横截面水平幅值的代数差度量，如图 4.1（d）所示。

（5）轨距偏差。是轨道同一横截面、钢轨顶面以下 16mm 处、左右两根钢轨之间的最小内侧距离相对于标准轨距值有 1435mm 的偏差，如图 4.1（e）所示。

（6）轨道复合不平顺。在轨道同一位置上，垂向和横向不平顺共存时称为轨道复合不平顺，目前主要指轨向不平顺与水平不平顺组合的逆向不平顺，计算公式为 $|X-1.5Y|$（其中 X 为轨向不平顺值，Y 为水平不平顺值）。

（7）钢轨断面磨耗。包括垂直磨耗（标准钢轨断面宽度内侧 1/3 处实际钢轨垂直磨耗）和侧面磨耗（标准钢轨顶面以下 16mm 处实际钢轨垂直磨耗），如图 4.2 所示。总磨耗定义为垂直磨耗 + 1/2 侧面磨耗。

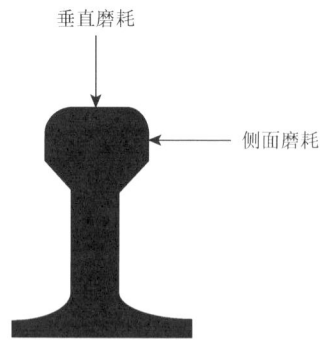

图 4.2 钢轨断面磨耗

（8）钢轨波形磨耗。是指钢轨顶面上出现的波状不均匀磨耗，按其波长分为短波磨耗（或称波纹形磨耗，即波长为 50～100mm、波幅为 0.1～0.4mm 的周期性不平顺）和长波磨耗（或称波浪形磨耗，即波长 100～3000mm、波幅 4mm 以内的周期性不平顺）两种。

4.3 轨道检测原理

4.3.1 轨道状态分析方法及预测模型

轨道几何形位检测分为静态检测和动态检测，动态检测设备主要是轨检车。在轨检技术发展过程中，世界很多国家都经历了由弦测法检测到惯性基准法检测的转变过程，只有日本等少数国家仍坚持应用弦测法检测。

1. 弦测法

弦测法（chord principle）包括两点差分法、三点中弦法（正矢法）、三点偏弦法、多点弦测法。苏联（俄罗斯）等国轨检车采用两点差分法，法国国铁轨检车采用多点弦测法，其他许多国家轨检车采用三点中弦法或三点偏弦法。

弦测法检测原理如图 4.3 所示，利用图 4.3 中 A、C 两轮与轨道接触点的连线 $\overline{ac}$ 弦作为测量的基准线，将 B 轮与轨道接触点 b 偏离 $\overline{ac}$ 弦线的数值作为轨道不平顺的测量值。弦测值 L 通过测量 A、B、C 三轮的轴箱相对于车体主梁的位移按式（4-1）求得，即

$$L = \overline{bb'} - \frac{1}{2}(\overline{aa'} + \overline{cc'}) \tag{4-1}$$

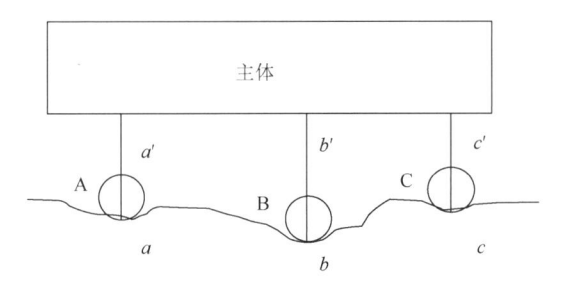

图 4.3 弦测法检测原理

弦测法存在的主要问题是：作为测量的基准线，$\overline{ac}$ 弦是随轨道的高低不平而起伏变化的，这就使得弦测法不能正确反映轨道的高低不平顺；同时测量正弦形轨道不平顺的传递函数比（测量值/实际输入值）在 0~2，只有少数情况下为 1，无法正确反映实际的不平顺状况。而对于非正弦形不平顺，传递函数比还会出现大于 2 的情况。因此，应用弦测法的轨检车必须考虑这些问题，在检测系统中予以修正。

2. 惯性基准法

惯性基准法（inertial principle）是利用惯性原理获得测量基准的现代检测方法，其主要思路是利用加速度计和位移计协同工作的方法检测轨道不平顺，加速度计主要反映频率低、加速度值小的长波，位移计主要反映短波，两者之和得到整个波长范围的轨道

高低值。理论上这种方法可以检测任何波长的轨道不平顺，但实际上加速度计和积分放大器存在零偏电压和积分漂移，使得这种方法对短波不平顺更有效。该方法检测原理如图4.4所示，其中M为质量块，A为加速度计，D为位移计，K为弹簧，C为阻尼，R为车轮半径。设Y为轨道短波不平顺值，Z为质量块M相对惯性基准线的位移，W为质量块M相对轴箱的位移。由图4.4可知短波不平顺值Y可表示为$Y = Z - W - R$。

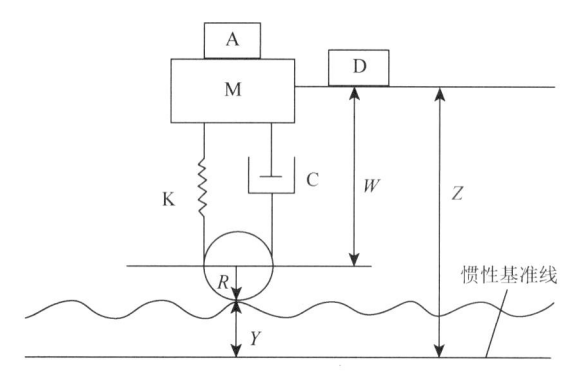

图4.4 惯性法检测原理图

位移Z可通过加速度计的输出值o经过2次关于时间t的积分计算得到，位移W可通过位移计测得，则短波不平顺值Y可以进一步写为

$$Y = \iint o \mathrm{d}t \mathrm{d}t - W - R \tag{4-2}$$

尽管弦测法存在不收敛为1的问题，但相对惯性基准法，其优点是不受速度、动态作用及运行方向的影响，这是日本等国家坚持采用弦测法的依据。

4.3.2 国内外轨道状态分析方法及预测模型

1. 日本的轨道状态预测模型

日本主要采用的轨道状态预测公式有S式、新S式和T605式等，下面简单介绍杉山德平提出的轨道状态预测S式和比较流行的功率谱法，关于其他方法，读者可以参阅相关文献。

道床下沉的离散性非常大，无法利用一般的理论分析方法及室内试验方法来代替，为此，人们利用轨检车的实测信息，进行数据统计分析，找出其规律。具有代表性的是日本杉山德平提出的下列回归公式：

$$S = A \cdot T^{\beta_1} \cdot V^{\beta_2} \cdot M^{\beta_3} \cdot L^{\beta_4} \cdot P_1^{\beta_5} \cdot P_2^{\beta_6} \cdot P_3^{\beta_7} \tag{4-3}$$

式中，S为轨道不平顺发展的平均值（mm/100天）；T为通过吨数（百万t/年）；V为平均速度（km/h）；M为构造系数（以50ps轨、PC轨枕、44根/25m、$C = 200$mm为标准）；L为表示有无接头的变量；P_i（$i = 1, 2, \cdots$）为表示路基状态的变量；A、β_i（$i = 1, 2, \cdots, 7$）为待定系数。

日本通过近两年轨道检测车资料的分析，得出每 25m 长轨道的最大高低不平顺增长为 0.16~1.08mm/100 天，回归公式为

$$S = 2.09 \times 10^{-3} \cdot T^{0.31} \cdot V^{0.98} \cdot M^{1.10} \cdot L^{0.21} \cdot P^{0.26} \tag{4-4}$$

一般而言，轨道不平顺发展依赖于轨道状态，其变化率随轨道状态的变化而增加，也就是说，虽然轨道不平顺发展和通过运量是非线性的，但是短时间内可认为轨道不平顺发展是线性的，即把轨道不平顺发展看成一种线性系统，这时通过运量由 t 变化到 $t+\Delta t$ 时，轨道不平顺波形的功率谱变化如下所示：

$$\text{PSD}_t(\omega) \xrightarrow{H(\omega)} \text{PSD}_{t+\Delta t}(\omega) \tag{4-5}$$

式中，$\text{PSD}_t(\omega)$ 为运量为 t 时的轨道不平顺对应的功率谱；$\text{PSD}_{t+\Delta t}(\omega)$ 为运量为 $t+\Delta t$ 时的轨道不平顺对应的功率谱。

若已知系统的传递函数为 $H(\omega)$，则利用滤波器逆变换计算通过运量 t 时的输入轨道不平顺波形为 $x_t(\xi)$，可推求出 $t+\Delta t$ 时轨道不平顺波形为 $x_{t+\Delta t}(\xi)$。$H(\omega)$ 与轨道结构及行走的车辆等因素有关，要利用轨检车数据进行推算。

2. 加拿大 PWMIS 预测模型

工务管理信息系统（permanent way management information system，PWMIS）轨道维修预测系统主要包含轨道寿命预测模型、数据库、轨道质量状态和轨道维修标准。轨道寿命预测模型又由若干个轨道部件寿命分析子系统组成，包括钢轨寿命分析子系统、道床寿命分析子系统、轨道几何状态变化周期分析子系统和失效轨枕报告子系统。

例如，钢轨寿命预测模型分为两部分，即钢轨疲劳分析和钢轨磨耗分析，系统模块结构如图 4.5 所示。钢轨分段或铺设数据库是建立在 PWMIS 预测模型轨道结构数据库基础之上的，韦布尔（Weibull）分析进行钢轨疲劳速率估算，磨耗分析通过数理统计和回归计算进行，工程分析用于检验数理统计分析、预测的合理性。当原始数据质量存在问题时，用工程分析代替统计分析结果来预测钢轨寿命。

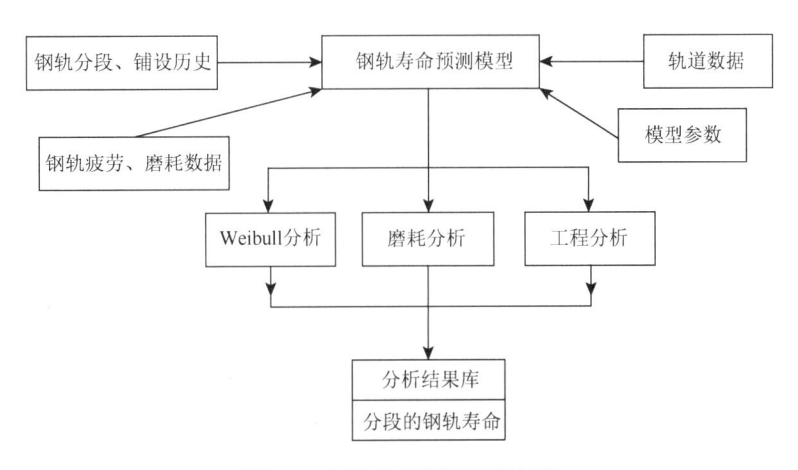

图 4.5 钢轨寿命预测模型结构

3. 国际铁路联盟研究试验所（ORE）的研究情况

在研究轨道高低不平顺发展时，ORE 定义了下沉的平均值、下沉的标准偏差及轨道高低不平顺的标准偏差，如图 4.6 所示。

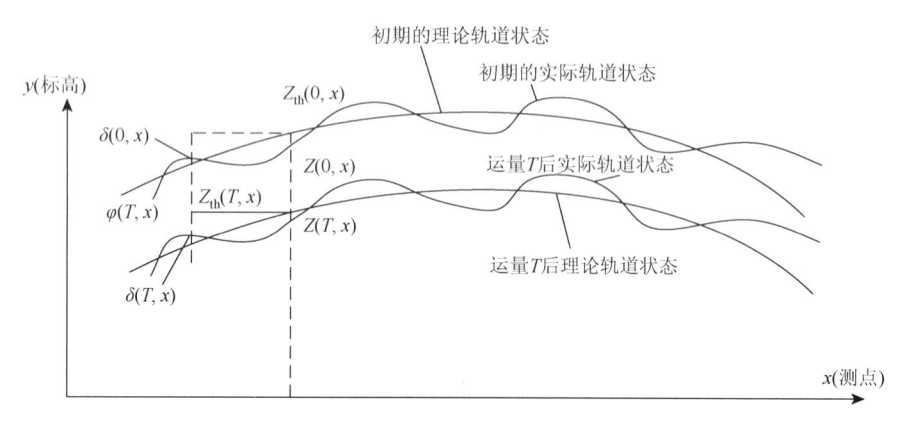

图 4.6 ORE 轨道不平顺示意图

1）下沉的平均值

首先，轨道高低形状 $Z(T,x)$ 定义如下：

$$Z(T,x) = \frac{Z_w(T,x) + Z_n(T,x)}{2} \tag{4-6}$$

式中，$Z_w(T,x)$ 为外轨的轨面高；$Z_n(T,x)$ 为内轨的轨面高；T 为养护作业后 x 处的累计通过运量。

当累计通过运量为 T 时，在 x 处下沉定义为 $Z(0,x)$ 和 $Z(T,x)$ 之差：

$$e(T,x) = Z(0,x) - Z(T,x) \tag{4-7}$$

因此，长度为 L 的区间内通过运量 T 后，下沉的平均值为

$$m_e(T) = \frac{1}{L}\int_0^L e(T,x)\mathrm{d}x \tag{4-8}$$

2）下沉的标准偏差

区间长为 L，通过运量为 T 后的下沉标准偏差为

$$\sigma_e(T) = \sqrt{\frac{1}{L}\int_0^L [e(T,x) - m_e(T)]^2 \mathrm{d}x} \tag{4-9}$$

3）轨道高低不平顺的标准偏差

实际的轨道形状是在理论规定形状 $Z_{th}(T,x)$ 的周围上下浮动。因理论形状无法从实际数据中求得，为此，求 2λ（2λ 为不平顺的波长）长度内实际形状平均值作为 $Z_{th}(T,x)$，并定义 $Z_{th}(T,x)$ 为理论形状，为

$$Z_{th}(T,x) = \frac{1}{2\lambda}\int_{x-\lambda}^{x+\lambda} Z(T,\varepsilon)\mathrm{d}\varepsilon \tag{4-10}$$

将通过运量 T 后的轨道不平顺定义为轨道实际形状和理论形状 $Z_{th}(T,x)$ 之差：

$$\delta(T,x) = Z(T,x) - Z_{\text{th}}(T,x) \tag{4-11}$$

区间 L 内的不平顺平均值为

$$m\delta(T,x) = \frac{1}{2\lambda}\int_0^L \delta(T,x)\mathrm{d}x \tag{4-12}$$

因此，标准偏差为

$$\sigma_\delta(T,x) = \sqrt{\frac{1}{L}\int_0^L [\delta(T,x) - m\delta(T)]^2 \mathrm{d}x} \tag{4-13}$$

4. 国内轨道状态分析的一般方法及预测模型

相对国外轨道状态分析，我国轨道状态分析和研究还处于起步阶段。目前，我国广泛使用超限峰值评分法和轨道不平顺质量指数，又称轨道质量指数（track quality index，TQI）分析法对轨道状态进行分析、管理和评定。

超限峰值评分法是测量轨道各参数每个测点的幅值大小，据此判断测点的幅值是否超过管理限定，并根据超限的不同等级进行扣分。目前各项偏差等级划分为四级：Ⅰ级每处扣 1 分，为保养标准；Ⅱ级每处扣 5 分，为舒适度标准；Ⅲ级每处扣 100 分，为临时补修标准；Ⅳ级每处扣 301 分，为限速标准。以 km 为单位，统计每千米的扣分总数，其中每千米的扣分总数是各级、各项偏差扣分总和。然后根据每千米扣分总数评定、分析轨道状态。每千米扣分总数在 50 分及以内的为优良，每千米扣分总数在 51~300 分的为合格，每千米扣分总数在 300 分以上的为失格。

轨道状态的均值管理利用 TQI 进行。我国以 200m 的轨道区段作为单元区段，分别计算单元区段上左右高低、左右轨向、轨距、水平、三角坑等 7 项几何不平顺幅值的标准差，各单项几何不平顺幅值的标准差称为单项指数，将 7 个单项指数之和作为评定该区段轨道平顺性综合质量状态的轨道质量指数。利用 TQI 反映真实的轨道质量状态，用数值明确表示各个轨道区段的好坏。各级工务管理部门可以利用 TQI 对轨道状态进行宏观管理和质量控制，并利用 TQI 编制轨道维修计划，指导养护维修作业。

4.3.3 数据处理及评价方法

通过现代轨检车的传感器获得大量轨道几何状态的真实信息，进一步利用获得的大量离散性的轨道几何状态数据来客观评价轨道区段的质量状态，从而制订养护维修计划。目前常用的有两种方法：一是测量轨道的局部不平顺（峰值管理）及其评价方法；二是单元轨道区段的整体不平顺（均值管理）及其统计方法。

各国所取的单元轨道区段长度不尽一致。英国、荷兰、中国取 200m 作为单元轨道区段长度，法国取 300m，美国取 320m，加拿大一般取 400m（有时根据线路标志物来划分），澳大利亚取 100~500m 作为各自的单元轨道区段长度。由于各国所取的轨道单元区段长度不同，计算公式不同，轨检车摘取的不平顺种类和频率也不尽相同。另外，各国的线路质量及维修能力也不一样，所以用于评价轨道质量状态的评判标准值也不同。

1. 轨道局部不平顺分析

轨道局部不平顺分析又称峰值管理，峰值管理以保证行车安全为目标。这种方法是测量轨道各项几何参数每个测点的幅值大小，判断幅值是否超过规定的限界、超过哪一级限界、有多少测点连续超过规定的限界，并摘取连续超限测点中的峰值，在确定的轨道区段范围内，统计各级超限峰值的个数和长度，用加权计算方法获得的数值来评价轨道质量状态。我国轨检车长期采用的就是这种方法，超限峰值分为三个等级，超限界值和各级超限每处扣分数如表 4.1 所示。

表 4.1 轨道超限界值及扣分数

测量项目	超限等级	Ⅰ（保养）	Ⅱ（计划维修）	Ⅲ（紧急维修）
轨距超限/mm		−4，+3	−6，+12	−10，+20
高低(实际波形)/mm		8	12	20
轨向(实际波形)/mm		8	10	16
水平/mm		8	12	18
三角坑(基长2.4mm)/mm		80	10	14
车体振动加速度/g	上下	0.10	0.15	0.20
	左右	0.06	0.09	0.15
扣分数/处		1	5	100

2. 轨道区段整体不平顺分析和 TQI 分析

轨道区段整体不平顺管理又称均值管理，均值管理以保证线路质量均衡为目的。均值管理主要采用 TQI 管理，对高低、轨向、轨距、水平、三角坑等指数超过 15 的区段认为线路质量较差，应有序安排综合维修。这种方法是测量并记录被测轨道区段中全部测点的不平顺值，并把它们作为轨道状态的一个元素参与运算，同时选择若干个单项几何参数的指数进行加权运算获得综合指数来评价轨道的质量状态，即用几何不平顺的统计特征值来评价轨道区段的质量状态。常用的统计特征值有单项几何参数的标准差、多项几何参数的综合指标——轨道质量指数和轨道质量系数等。表 4.2 是我国主要干线 TQI 管理值。

表 4.2 我国主要干线轨道 TQI 管理值

项目	高低	轨向	轨距	水平	三角坑	TQI
管理值	2.5×2	2.2×2	1.6×2	1.9×2	2.1×2	15.0

TQI 数据的分析可以用不同的方式表达，包括以下三种。

1）轨道状态图

轨道状态图是将线路上 TQI 总和数据（或单项 TQI 指数）以直方图的形式表示出来，即轨道状态图（图 4.7），图中横坐标表示单元区段的位置，纵坐标表示 TQI 数值。从轨道状态图可直观看出轨道状态的好坏，便于进行质量控制，并且可以将不同年份同一时期的 TQI 检测值（或某一 TQI 单项）做同比分析。

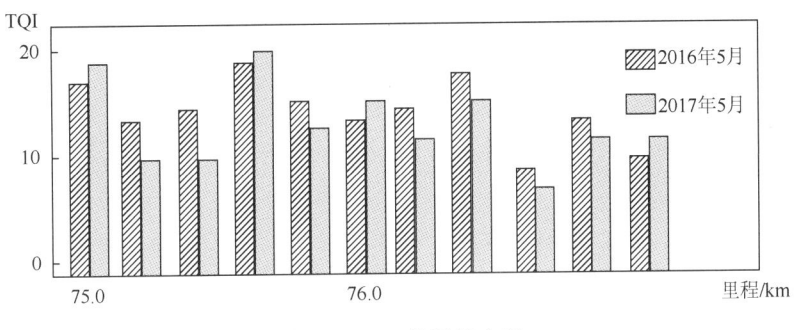

图 4.7　TQI 轨道状态图

2）频数分布图

频数分布图是反映不同数值区域中 σ_i 和 TQI 值的频数分布状况，如图 4.8 所示。频数分布图直观地显示出频数分布的峰值位置和幅值大小。峰值位置和大小是反映轨道区段状态好坏的重要指标，峰值位置对应的横坐标值越小，峰值越大，表示该轨道区段的质量状态越好，反之则越差。如果将多次检测的图形在同一幅图中进行叠加，就可以分析出轨道质量状态的变化趋势。

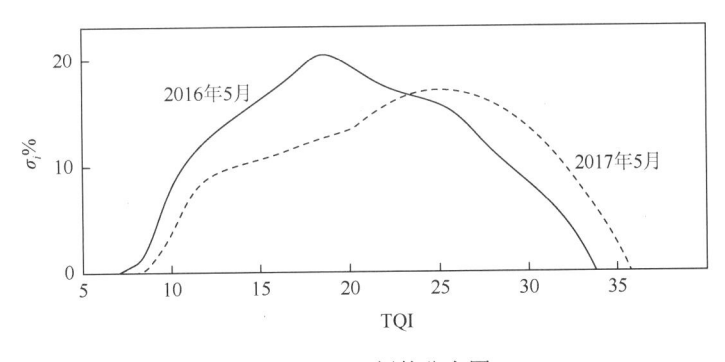

图 4.8　TQI 频数分布图

3）TQI 频数累计图

TQI 频数累计图反映不同数值区域中 σ_i 和 TQI 值的累计频数分别占所有单元区段频率总数的百分比，如图 4.9 所示。频数累计曲线是条"S"形曲线，该曲线越陡则表示轨道状态越好。从 TQI 频数累计图中可确定任一 TQI 数值与线路上 TQI 值小于该数值的单元区段百分比的对应关系。利用此图既可根据 TQI 管理目标值确定线路对应的维修工作量，也可根据工务段的维修能力反算 TQI 管理值。

图 4.9 TQI 频数累计图

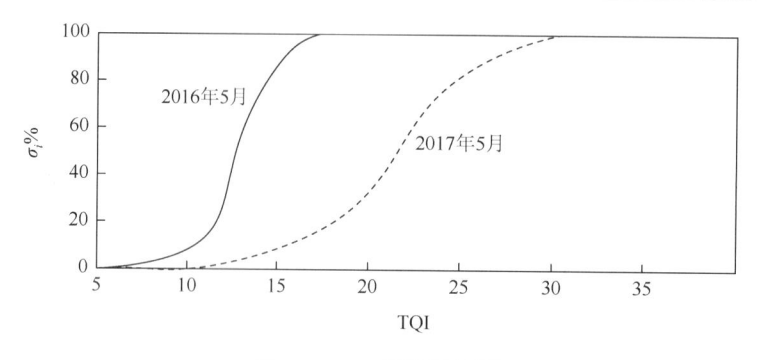

3. 两种评价方法的比较

轨道局部不平顺分析能够找出轨道局部病害的类型、程度和位置，特别是对确定需要紧急补修和局部维修的轨道病害非常实用，因而得到广泛使用。但是，这种方法仅用超限峰值的大小和多少来判断，无法全面、客观地评价轨道区段的平均质量状态。它没有充分地利用检测数据，既没有反映超限长度的影响，也没有反映轨道不平顺变化率，更无法反映轨道状态的均衡程度，存在明显的缺陷。这种方法对杜绝大的超限和确保列车安全有一定用处，但无法对轨道区段整体质量进行综合评价。

用轨道区段整体不平顺分析评价单项几何参数的不平顺情况相对合理。它能利用所测的全部数据来对该项几何参数的情况进行计算和评价，但影响轨道质量的因素并非某个几何不平顺，而是诸多因素共同影响的结果，并且各个因素对轨道质量的影响是不相同的。在相同不平顺的情况下有些因素的影响大些，有些因素的影响小些。因此，采用该法评价轨道质量必须找出影响轨道质量的主要因素和每种因素对轨道质量的不同影响程度，即权重。此外，列车运行速度不同，产生的轮轨动力作用对列车的安全性和舒适度的影响是不同的，即动态不平顺是不同的。因此，还应考虑列车运行速度对轨道质量的影响。只有这样，才能充分利用检测资料，比较准确地评价轨道质量。

4.4 高速铁路综合检测车

4.4.1 综合检测车概述

我国每天有上千列高速列车和动车组奔驰在数十条高速铁路线路上，以快捷、安全、舒适的良好运营品质为广大旅客出行提供了便利。高速铁路系统复杂，基础设施与各子系统之间以及基础设施与移动设备之间关联性极强。国铁集团要求对高速铁路线路定期开行高速综合检测车，对列车运行品质及基础设施状态进行检测与评价，查找安全隐患与病害，并将检测结果作为指导基础设施养护维修的重要依据。

先进的综合检测车具有以下几个技术特点：强调可靠性、可用性、可维修性和安全性（reliability, availability, maintainability and safety, RAMS）；具有时空定位网络系统；有完善的检测系统与数据分析处理系统等。各个检测子系统有独立的存储数据库，在速度、时间和空间上保持同步，所有的子系统检测数据集成到车载中央数据库，再将数据通过无线网络传输到地面的数据处理中心进行综合分析和比较，从而制订科学的维修保养计划，指导铁路线路的养护维修。

随着 2007 年 4 月 18 日铁路列车第六次大提速 200~250km/h 动车组的开行，出现了新型综合检测车（速度为 200km/h 等级），不仅具有 GJ-5 的功能，还可以检测供电接触网、信号检测、列车运行动力学指标等。之后我国又陆续开发了 15 列高速综合检测车：

（1）CRH2A-2010（原 CRH2-010A）是中国第一列高速综合检测列车，是在 CRH2A 型电力动车组的基础上加装检测设备改造而成的，于 2006 年 7 月下线交付使用，以满足中国铁路第六次大提速的需求，以及 0 号高速综合检测车交付之前的线路检测需要。

（2）CRH5J-0501（原 CIT-001）是以 CRH5A 型电力动车组为基础的速度为 250km/h 的综合检测车，正式名称为 0 号高速综合检测车，2008 年 6 月交付使用。

（3）CRH2C-2061（原 CRH2-061C）是中国第一列速度为 300km/h 的高速综合检测车，是在 CRH2C 型电力动车组基础上加装检测设备改造而成的，于 2007 年 12 月下线交付使用。

（4）CRH2C-2068（原 CRH2-068C）是中国第二列速度为 300km/h 的高速综合检测车。为满足武广客运专线开通前的检测需求，于 2009 年 1 月在 CRH2C 型电力动车组的基础上加装检测设备改造而成。

（5）CRH2C-2150（原 CIT380A）是基于 CRH2C 型电力动车组的速度为 350km/h 的高速综合检测车，同时也是 CRH380A 型电力动车组的原型试验车，于 2010 年 11 月改造成为正式的高速综合检测车。

（6）CRH380AJ 系列（原 CIT400A）是以 CRH380A 型电力动车组为基础的速度为 400km/h 的高速综合检测车，设计最高试验速度为 500km/h，于 2011 年 2 月下线交付使用，3 月起奔赴各地开始进行检测任务。目前，CRH380AJ 系列有 CRH380AJ-0201~0203、CRH380AJ-2808、CRH380AJ-2818，共 5 列。

（7）CRH380BJ 系列（原 CIT400B）以 CRH380B 型电力动车组为基础，设计最高试验速度为 500km/h，于 2011 年 3 月下线，同年 5 月出厂。目前，CRH380BJ 系列有 CRH380BJ-0301、CRH380BJ-A-0504，共两列。

（8）CRH380AM-0204（原 CIT500）是速度更高的试验列车，力争冲击 600km/h，2011 年 12 月在中国南车青岛四方机车车辆股份有限公司（现中车青岛四方机车车辆股份有限公司）下线。

（9）CRH2J-0205 综合检测车，由 CRH2 型电力动车组改造而来，是速度为 250mk/h 的检测车。

（10）CR400BF-J-0511 是速度 400km/h、世界领先高速综合检测车，以 CR400BF 型电力动车组为基础，同时采用了京张高速铁路智能型 CR400BF-C 的头型。列车为 8 节编组，设计最高试验速度为 400km/h（4M4T）。

高速综合检测车以高速动车组为载体，集现代测量、时空定位同步、大容量数据交换、实时图像识别和数据综合处理等先进技术于一体，涉及高速铁路多个技术领域，是实现高速铁路周期性高速综合检测的关键技术装备，也是高速铁路最具代表性的高新技术装备之一。

4.4.2 检测内容

接下来主要以我国的 0 号高速综合检测车为例,介绍综合检测车的结构和检测技术。0 号高速综合检测车的常规检测内容如表 4.3 所示,检测车的检测系统结构如图 4.10 所示,编组如图 4.11 所示。

表 4.3 综合检测车常规检测内容

检测项目	检测内容
轨道	轨道几何尺寸(轨距、纵断面、线路的平面位置、曲线路段外轨超高和三角坑等)、轮轨相互作用、轴箱加速度短波缺陷分析、钢轨表面擦伤、车轮噪声等
接触网	接触网动态性能检测、电弧检测、接触导线磨耗检测、接触网静态几何检测和供电频谱分析,主要测量弓网之间的垂直、纵向和横向三维接触力,接触导线相对轨面的高度、拉出值和磨耗等参数
信号	站控速度监视系统检测、短路电流(I_{cc})检测、锁相环(phase locked loop,BSP)检测、横向阻抗(Z_t)检测、回路电流(I_t)检测和发射信息检测等
通信	地面-车上无线信号(模拟信号频率为 400MHz)检测和 GSM-R 检测

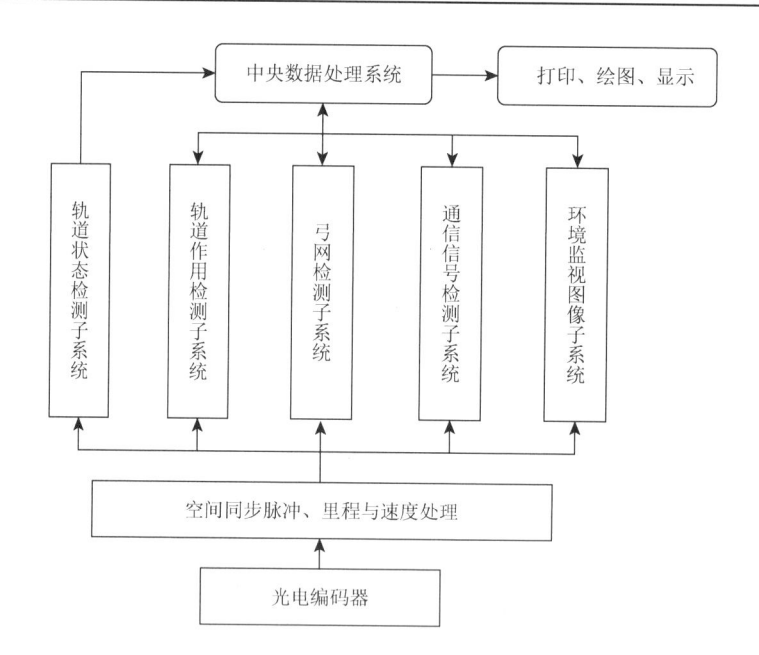

图 4.10 综合检测车系统结构图

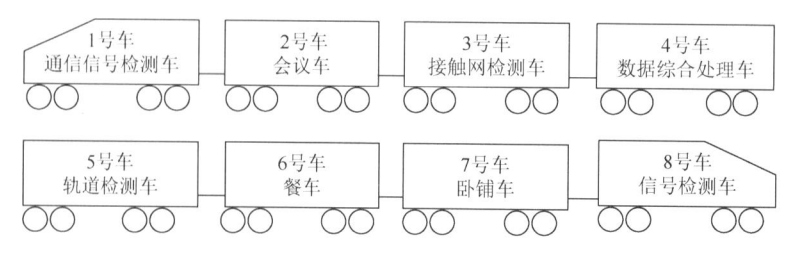

图 4.11 0 号高速综合检测车编组示意图

1. 轮轨动力学检测

1）主要测量方法

20世纪50年代以来，国内外针对轮轨作用力的测量方法开展了大量试验研究工作，研制了多种测力轮对，基本方法主要有辐条应变法、辐板应变法、轮轴弯曲法等，其主要特点如表4.4所示。

表4.4 三种轮轨力测量方法的比较

测量方法	测量项目	误差	费用	制作周期	备注
辐条应变法	垂向力 水平力 纵向力	<5%	高	长	①灵敏度较高； ②垂向力、水平力相互间交叉串扰小； ③需进行热应力标定； ④轮对形状与运行车轮不一致，测试结果不能完全反映运行车轮情况
辐板应变法	垂向力 水平力 纵向力	<5%	中等	中等	①无热应力、离心力影响； ②轮轨作用点影响较小； ③应变片离轮轨接触点近，能较真实地反映轮轨作用力； ④测量频率范围大，为0～100Hz
轮轴弯曲法	垂向力 水平力 纵向力	<5%	中等	中等	①与辐板应变法结合，能测量轮轨接触点变化； ②布置在车轴上的应变片离轮轨作用点较远，不能完全反映轨面较短波长不平顺引起的高频轮轨力； ③频率范围较小，为0～30Hz

高速高精度连续测量法测力轮对，是近年来发展并日趋成熟的轮轨力检测技术，它不仅可以用于动车组运行安全检测，为基础设施检测提供有价值的评估数据，也是提高高速铁路轮轨关系理论研究水平的重要手段。我国的0号高速综合检测车首次采用此方法。

2）系统组成与功能

0号高速综合检测车安装了测力轮对、轴箱加速度传感器及数据采集处理传输系统，实现连续测量轮轨垂向力、横向力、纵向力、轮轨接触点及左右轴箱横向和垂向振动加速度，完成实时计算轮轴力、脱轨系数、减载率等动力学指标，具有实时采集和处理检测数据、存储原始信号数据和轮轨力检测数据的功能。它能实时地连续输出各种动力学检测指标数据，能再现各种原始数据并具有数据检索查询和统计分析功能。将轮轨力检测系统与轨道检测车局域网连接，并通过列车专用网络与网络中心连接，可实现里程同步、环境视频检测和数据传输综合分析功能。

轮轨测力子系统主要技术指标如表4.5所示。轮轨测力子系统组成如图4.12所示。

0号高速综合检测车配备连续式测力轮对2条，布置在5号车的1、2轴位上，装备高精度标定设备，测量速度在0～250km/h。

表 4.5 轮轨测力子系统主要技术指标

检测项目	测量精度	频率范围	量程
垂向力（P左、P右）	±4%或2.0kN	0～100Hz	0～160kN
水平力（Q左、Q右）			±200kN
纵向力			±30kN
轮轨接触点	±3mm		±60mm
左右轴箱横向和垂向振动加速度	≤1%，分辨率0.1g	0～500Hz	±100g
计算指标	脱轨系数		
	减载率		
	轮轴横向力		

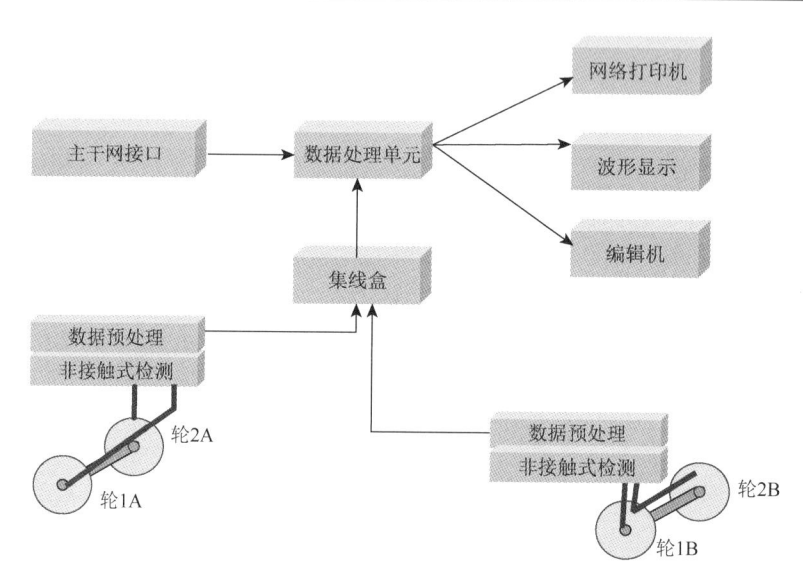

图 4.12 轮轨测力子系统组成示意图

2. 接触网检测

弓网检测技术是随着铁路电气化的不断发展而产生的。发展弓网检测技术较早的是联邦德国，20世纪40年代初，只研制了接触网参数的单项测量装置，到了50年代才开始研制整车检测装置，联邦德国在线路上进行了包括受电弓空气动力学特性、接触网悬挂的振动及受流性能等试验。20世纪90年代初，日本研制了集接触网检测、信号检测和无线电检测于一体的新型电气检测车，该车可以在100km/h的运行速度下检测接触网的高度、拉出值、定位器坡度、离线、硬点、支柱号、跨距等参数。

法国研制的接触网检测车可以测试接触网静态几何特性和受电弓与接触网的动态情况，可在270km/h的运行速度下检测接触网线高度和拉出值。德国的接触网检测车可采用接触式检测方式在300km/h的运行速度下检测弓网间的接触压力、接触网的导线高度、拉出值、网压、网流、冲击加速度、车体振动、速度、温度等参数。

各国的弓网检测技术各有自己的侧重点，例如，德国的检测车突出检测弓网间的接触压力，法国的检测车突出检测接触悬挂的动态弹性，日本的检测车则突出检测弓网离线、接触线磨耗。

我国的高速综合检测车可测量接触线动态高度（一跨内最高高度、最低高度、高差）、硬点（垂向加速度）、冲击（纵向加速度）、弓网接触力（一跨内最大压力、最小压力、平均压力）、拉出值超限检测、网压状态、离线火花、支柱定位、车速、里程等参数。

1）检测系统组成及技术指标

0号高速综合检测车接触网检测系统分为接触式检测系统与非接触式检测系统，采集传感器由4个压力传感器、4个加速度传感器（横向和纵向）、1个角位移传感器、1个车体振动加速度传感器、1个火花探测传感器、1台视频摄像机、1个光电速度传感器、4个CCD摄像机、2个垂向位移传感器、1个水平位移传感器、2个杆位传感器组成。检测的参数包括弓网接触压力、硬点、冲击、接触线高度、拉出值、磨耗、车体加速度、车体水平位移、车体垂直位移、火花次数、火花时间、定位点、跨距、接触线抬升量等，同时进行接触网运行环境视频采集。该检测系统的主要技术指标如表4.6所示。

表4.6 检测系统主要技术指标

检测项目	定义	测量方式	测量范围	分辨率	允许误差
接触线高度	接触网底面距钢轨水平面或轨面连线的垂直距离	非接触式测量	5000~7000mm	5mm	±10mm
接触线高度变化率（接触线坡度）	接触线沿线路方向的高度变化率		0~10‰	1‰	1%
拉出值	在定位点处接触线距受电弓中心线行迹的距离		±625mm	5mm	±10mm
硬点	受电弓滑板沿接触线滑行时受到的垂直方向和沿线路方向上加速度的最大值	接触式测量	±200g	1g	1%
弓网接触力	动车组在运行中受电弓滑板与接触网线之间垂直方向的动态接触力		0~350N	1N	±5N
离线燃弧	受电弓滑板机械脱离接触线产生燃弧的时间	监测火花	0~500ms	2ms	5%
接触线间水平距离	接触网的线岔或锚段关节处，两条接触线的水平距离	非接触式测量	0~800mm	10mm	±20mm
接触线间垂直距离	接触网的线岔或锚段关节处，两条接触线的垂直距离		0~800mm	10mm	±20mm
定位器坡度	定位器相对于两钢轨轨面连线的斜度		0~1/3	—	5%
接触网电压	接触网对地的电位值	接触式测量	0~31.5kV	10V	1%
动车组侧电流	接触网通过受电弓进入动车组主变压器的电流		0~1000A	2A	±5A
环境温度	车外温度		−40~70℃	1℃	1%
速度	检测列车运行速度		0~250km	1m	±0.1km/h
跨距	接触网两相邻悬挂点间的距离	脉冲法	0~80m	1m	<1%
里程	检测里程		0~10000km	1m	<1%

2）技术方案

0号综合检测车在3号车、6号车的受电弓上各安装了一套接触式检测系统（包括火花探测系统、网压网流测量系统、视频采集系统），在 4 号车安装了一套非接触式检测系统，由这些系统构成了接触网检测系统。检测数据处理系统通过主干网络与 6 号车、4 号车上的检测系统建立通信连接，把检测数据发送到 3 号车进行集中处理，同时利用网络控制设备通过全车主干网络对 6 号车、4 号车上的检测系统在 3 号车上进行集中控制，系统处理流程如图 4.13 所示。

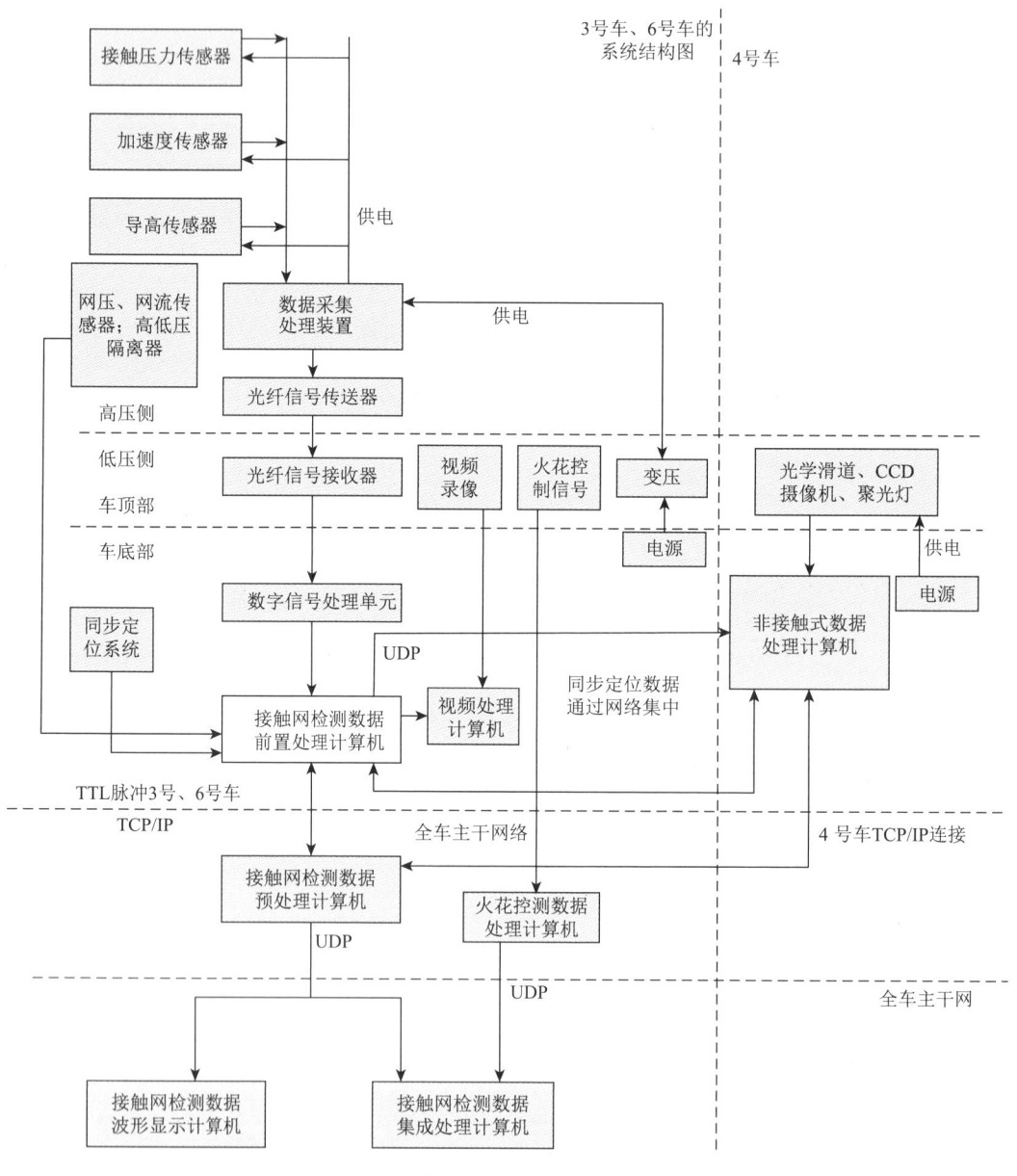

图 4.13 接触网检测系统处理流程图

TTL 指晶体管-晶体管逻辑（transistor-transistor logic）电路，UDP 指用户数据报协议（user datagram protocol）

（1）接触式检测系统。

接触式检测系统用于测量受电弓与接触导线之间的垂直接触力、硬点（受电弓弓头的加速度）、拉出值（根据力传感器信号计算）、接触导线高度及受电弓基座处的加速度，另外还对网压、网流进行测量，并对弓网间产生的火花次数和时间进行测量，同时也对受电弓运行环境进行监测和采集，图 4.14 为接触式检测系统示意图。接触式检测系统的功能模块简要说明如下。

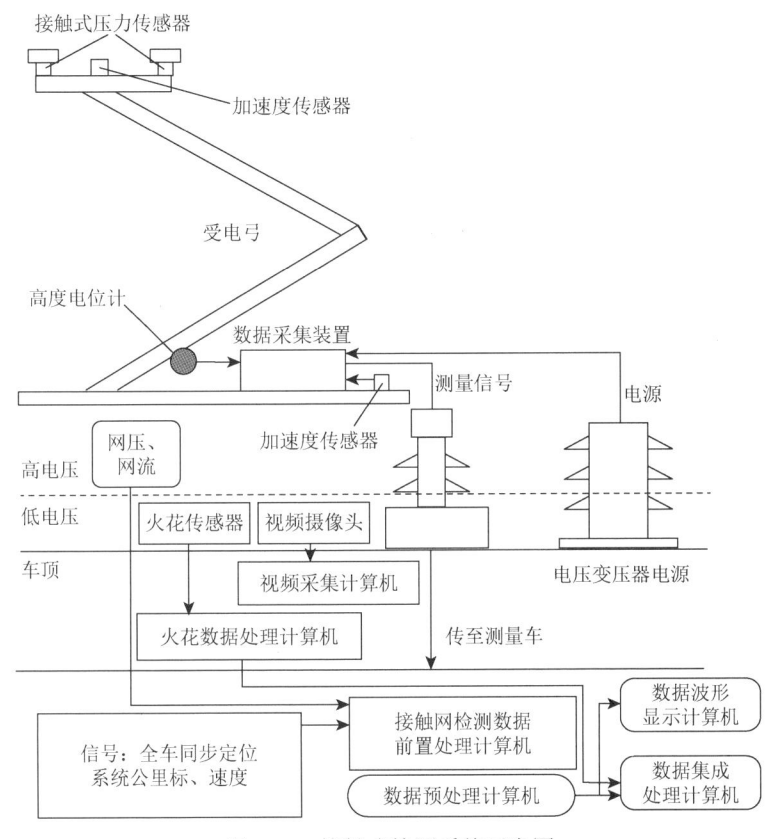

图 4.14 接触式检测系统示意图

①接触压力检测功能模块。

接触压力检测功能模块包括接触式压力传感器和受电弓基架的加速度传感器（图 4.14）。受电弓与接触线滑动接触是为了确保电能通过受电弓从高架线路系统中不间断、无故障地传输到运行中的列车上，同时必须保证接触线和受电弓滑板的运行磨损尽可能小，这就要求接触力保持在限定范围内。接触力过高，会由于摩擦和高动应力而增加磨损量；接触力过低，则会由于电弧形成产生的接触点电腐蚀进而增加磨损量，甚至烧损设备。

接触点处的接触力主要是由受电弓滑板与接触网间的静态向上力、受电弓与减振器连接处的摩擦力、空气动力（正升力或负升力）、瞬时纵向冲击形成的动态力组合而成的合力。

静态向上力可通过调节弹簧弹力或受电弓浮升系统的空气压力加以控制。摩擦力大小取决于受电弓的设计，并在一定范围可调（如10~30N）。空气动力产生于上下架、受电弓弓头和接触片周围的气流，该力取决于车辆速度、列车顶部接近受电弓的组件结构以及受电弓的位置和结构。空气动力可通过气动翼片的设计和定位加以控制。动态力是一种惯性力，由受电弓和接触网联合作用的垂直运动产生。

前三种力共同形成了平均有效抬升力。随着车速的提高，接触力受动态分力的影响大，该力由受电弓、高架线路系统及车辆运行装置激振的设计参数决定。高架线电杆跨度之间的弹力差异和高架线系统的不规则性导致受电弓上下运动，从而造成接触力持续浮动。聚集点高度的连续变化引起接触网摆动。这些在受电弓前随接触网快速传递的连续振动在质量累积点和中断点被反射回来，使接触力在接触网与受电弓接触点处受到进一步破坏。多个此类反射相遇时这种作用就会被放大，并最终导致产生的扰动幅度随车速的不断增加而增大。

②接触线高度检测功能模块。

在受电弓底部横轴上安装精密的角位移传感器，产生的电阻值随着受电弓抬升的高度而变化，根据电路原理获得不同的电压值，按照一定的线性比例关系将电压值换算成受电弓的高度值，然后加上车体高度，即接触线高度。

计算接触线高度时，采用来自受电弓弓头弹簧处的力传感器的信号，对来自适用于基架回转接头旋转电位计的信号进行修正，并且考虑弓头弹簧的偏转和上下臂在瞬时抬升力作用下的弯曲变形对高度位移测量精确度的影响。这种方法可确保接触线高度测定的高精确度。

（2）非接触式检测系统。

非接触式检测系统利用车顶安装的 4 台倾角摄像机，采用三角测量方法检测。该系统主要检测接触线相对于轨平面的高度、拉出值、接触线磨耗。

系统通过分析照相机采集的信号测定角度（照相机的视野垂直于接触网的剖面），确定接触线在（Y', Z'）轴坐标系上的位置（图4.15）。在充分考虑车体的滚动后，将结果转换成基于轨道的（Y', Z'）轴坐标系的位置。为了增加检测系统的可靠性，使用第 3 个和第 4 个摄像头，恶劣条件下也可识别接触线。

如图 4.16 所示，将摄像机固定在车辆上的抗扭曲光学轨道上，调节摄像机使其视野覆盖接触网所在平面并处于最佳角度，同时确保覆盖整个测量区域。通过分析摄像机信号，计算接触线与 4 个摄像机位置之间的角度。如果已知此角度及测量系统的基线长度，就可利用标准的三角关系计算（Y', Z'）轴坐标系的接触线位置。

为获得接触网相对于轨道表面的绝对位置，就必须把测量（Y', Z'）轴坐标系的位置数据转换成轨基（Y, Z）轴坐标（图4.15）系的坐标数据。通过车体和转向架之间安装的 3 个位移传感器来测量车体运动，对检测结果进行修正，从而保证检测的精确性。两个位移传感器用来测量垂直振动位移，另一个则用来测量车体相对于转向架的水平位移，然后把测量数据传输给分析计算机，这样就保证了计算出的接触网高度和水平位置（拉出值）及接触线磨耗的数据的精确性。

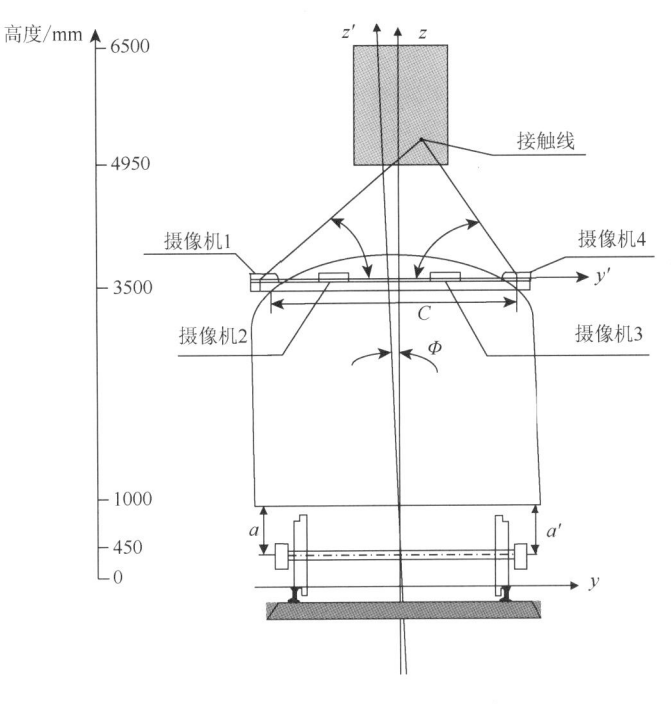

图 4.15 非接触式检测系统测量原理

图 4.16 非接触式检测系统光学轨道

需要再指出的是，并不是必须使用第 3 个和第 4 个摄像机，但同时使用它们可提高测量系统的可靠性。如果其中一个摄像机提供的输出信号不适于分析（如太阳光线过强导致摄像机过度曝光，或者拍摄到大树、灌木等干扰物体）时，仍可利用其他摄像机的输出信号确定接触网。

3. 信号检测

检测车上装备的信号动态检测系统，能实现列控设备的周期性检测。既有铁路的信号动态检测适应最高速度为 160km/h 制式的信号设备动态检测，高速铁路采用的 CTCS-2/3 列控系统与既有铁路的列控系统相比，因此在系统结构、功能性能、包含设备等方面都有很大不同。我国高速综合检测车的信号检测系统是面向中国高速铁路信号动态检测的需求，融合传感器、计算机通信、卫星定位、数字信号处理、射频、嵌入式等技术，成功开发的具有完全自主知识产权的新一代信号动态检测系统。该系统可对轨道电路信号、补偿电容、应答器、牵引回流、车载 ATP 等信号的基础设施和设备进行检测和综合数据分析处理。

信号检测系统主要用于新建客运专线验收试验和日常周期性检测。新建客运专线验收试验的主要目的是检查信号系统是否满足设计要求（特别是在设计速度条件下），对信号系统的功能和安全性进行检测和验证。运营中的周期性检测，除对信号系统功能进行检测，还对设备隐患、设备状态演变趋势进行检测和分析，对设备异常实施实时报警，对设备状态的演变趋势进行分析和预警报告。

高速综合检测车信号检测系统的关键检测项目如下。

1）应答器检测

应答器是用于发送数据报文的车地信息传输设备，能提供上传数据链路，实现地面到列车的单向数据传输。应答器是保证列车安全运行的关键设备，是我国高速铁路列控系统的核心基础设备之一，布设于各进站信号机、各出站信号机、各闭塞分区入口处及其他地方，用于向车载设备传输定位信息、进路参数、线路参数及限速信息等安全数据。

应答器检测子系统实现应答器安全性、可靠性检测，检测内容主要包括：应答器位置检测；应答器上传信号强度、频率等电气特性参数实时检测；应答器报文的检测，包括应答器链接关系正确，报文正确、完整和有效。无源应答器报文内容固定，对无源应答器的检测能实现对应答器报文实时对比、报文内容（链接关系、逻辑关系等）的实时检测。有源应答器发送的报文随着不同的进路、不同的限速命令而变化，该系统具有结合地面信息对有源应答器报文内容检测的能力。

2）轨道电路检测

我国高速铁路区间线路采用 ZPW-2000 系列无绝缘轨道电路，车站正线、股道采用 ZPW-2000 系列有绝缘轨道电路。轨道电路完成列车占用检测及列车完整性检查，并能连续向列车传送控制信息。

信号检测系统实现对轨道电路全面特性的检测，具备轨道电路信息连续检测和干扰分析功能，满足 ZPW-2000 系列以及移频四信息、八信息和十八信息等不同轨道电路制式的检测需要。检测内容主要包括：

（1）轨道电路信号传输特性参数的检测，包括轨道电路区段入口、出口电压，轨道电路信号传输电压（里程-电压变化曲线），轨道电路传输衰耗检测。

（2）轨道电路信号频谱特性参数的检测，包括载频频偏、低频信息分配及码序的检测。

（3）轨道电路调谐区（绝缘节）位置及绝缘破损检测。

（4）相邻区段及邻线干扰、50Hz 牵引回流干扰检测。

3）补偿电容检测

补偿电容是保证 ZPW-2000 无绝缘轨道电路正常工作的重要器件。补偿电容的数量多、安装分散、受外界因素影响大。随着列车运行速度的提高和列车运行密度的加大，依靠维护人员上道静态测试电容的工作形式已经非常困难，也容易带来人身安全事故。在列车运行过程中对补偿电容工作状态进行测试是简单而高效的检测手段。

检测系统针对补偿电容的检测内容主要包括补偿电容位置和补偿电容工作状态。

4）牵引回流检测

电气化对信号设备的影响主要表现在牵引回流对信号设备的干扰，例如，传输电缆受牵引网系统的感性、容性耦合的干扰，机车信号受电力机车强电设备的电、磁、电磁放射源的影响，轨道电路受到干扰等，其中最为严重的干扰是牵引回流对轨道电路信号的干扰。电气化区段牵引回流对轨道电路的干扰主要是指钢轨中不平衡牵引电流回流、瞬间脉冲电流及谐波电流的干扰。牵引电流通过扼流变压器中性点，经两个半边线圈和两根钢轨回归牵引变电所。如果扼流变压器的两个半边线圈匝数相等（阻抗相等）、两根钢轨的长度相等（钢轨阻抗相等），那么理论上两根钢轨上通过的牵引电流应是相等的。但实际上通过两根钢轨的牵引电流是不平衡的，产生不平衡电流的原因有很多，这里不再详述。这种不平衡电流对轨道电路产生干扰的原因是两轨间的电流差使两轨产生轨间干扰电压，轨间干扰电压经扼流变压器后，又在二次侧产生更高的干扰电压，导致轨道电路的送受电端受到干扰。

所以，在电气化的轨道电路区段，除了应满足一般轨道电路的基本要求，还有一项重要的技术要求，即在受到牵引回流（基波和谐波）的干扰下，具有抗干扰能力，能保证轨道电路正常工作。系统对牵引回流的检测内容主要有牵引回流大小、电流不平衡率、牵引回流基波和谐波对轨道电路信号的干扰。通过上述检测，可及时发现安全隐患，保证轨道电路正常工作。

5）车载 ATP 监测

车载 ATP 设备是高速铁路列车运行控制系统的关键设备，它能接收轨道电路信息、应答器信息，结合列车本身参数计算目标距离速度曲线，监督、控制列车安全运行。检测系统记录车载 ATP 设备内部工作状态，并将车载 ATP 内部工作状态信息与轨道电路信息、应答器报文等信息结合，实现对车载故障的记录及故障的分析，同时也为分析轨道电路信号、应答器报文等提供辅助信息。

4. 通信检测

我国既有铁路无线列车调度通信过去一直使用 450MHz 的模拟通信制式，检测方式由各铁路局自行加挂检测车进行测试，主要检测无线列车调度系统的场强覆盖，检测速度通常小于 140km/h。后来国家发布了《铁路数字移动通信系统（GSM-R）智能网试验方法》（TB/T 3366—2018）、《铁路专用 GSM-R 系统终端设备射频指标技术要求及测试方法》（YD/T 3283—2017）等 GSM-R 测试相关系列标准，使得测试有据可依。对电路交换数据（circuit switch data，CSD）业务的测试也是采用固定设备和车载设备结合的方式，固定设备测试终端通常放置在移动交换中心（MSC）所在地。

根据综合检测车通信检测系统的功能需求，检测系统的技术要求如下：

（1）应能完成铁路沿线无线场强覆盖测试和统计分析，测试项目分为 GSM-R 移动通信系统无线覆盖测试和 450MHz 列车调度无线覆盖测试，GSM-R 系统测试要求同时测量服务小区和列车运行方向相关相邻小区的场强覆盖。

（2）应能完成 GSM-R 移动通信系统通信服务质量（quality of service，QoS）测试，包括语音通信、分组数据通信、列车调度应用数据传输质量，能够完成为 GSM-R 网络优化所需的各项参数测试。

（3）应能完成 GSM-R 移动通信系统电路域数据通信 QoS 测试。

（4）应能与其他测试项目同步进行，完成铁路沿线电磁环境测试。

（5）应能对客运专线通信系统设备运行特性进行检测，检测系统应有较高的运行效率，能够在限定时间内完成通信系统多项指标特性的检测。

根据综合检测车总体技术要求，系统测试在较高速的运行列车上（速度为200~250km/h）进行，目前单台接收设备不能在要求的采样间隔下同时测试多个频点的接收场强。为提高测试效率，一般配置4台测量接收机同时完成GSM-R服务小区和相邻小区的检测，能够满足交叉基站覆盖方式（我国铁路客运专线GSM-R覆盖方案）线路的检测覆盖率要求。考虑客运专线实际的应用可能性和系统测试能力的远期预留，测试频带上限定为7GHz，为未来宽带无线测试预留功能。

通信检测系统通常由场强覆盖、电磁环境和通用性能测试子系统组成，包含系统控制器、测量接收机、测试手机、标准信号源、GPS定位单元、脉冲触发单元、数据存储设备、测试软件和分析处理软件等。

由于GSM-R通用功能的检测技术相对成熟，主要进行系统集成性检测，重点检测铁路专用功能，如铁路无线列车调度场强覆盖测试、GSM-R场强测试、铁路专用呼叫测试、语音测试、列控数据传输特性测试、列车运行调度数据测试等。

4.4.3 CRH380BJ系列高速综合检测车

CRH380BJ系列高速综合检测车是我国比较有代表性的高速综合检测车，该检测车以CRH380B平台为基础，采用了全新的外观设计。目前该系列有两组检测车，其中的CRH380BJ-0301检测车就是CIT400B。该检测车采用中国北车股份有限公司（中国北车）CRH380C新头型，设计最高试验速度为500km/h。列车由中国北车集团唐山轨道客车股份有限公司和中车长春轨道客车股份有限公司研制，已于2011年5月下线交付使用。

CRH380BJ-0301高速综合检测车在功能和技术上都远超国际水平，具有完全自主的知识产权，国外目前尚无此速度等级的综合检测车。CRH380BJ-0301高速综合检测车为8辆编组，采用6动2拖配置结构，外观黄色腰线装饰（图4.17）。列车编组设置和任务分别为01通信信号检测车、02接触网综合检测车、03轨道与动力学检测车、04会议车、05设备车、06生活车、07接触网及卧铺车、08试验车。

图 4.17 CRH380BJ-0301型高速综合检测车

CRH380BJ-0301 高速综合检测车分别在除 5 号、6 号车之外的车顶、车内和车下安装了 GPS 天线、语音检测天线、数据检测天线、激光位移传感器、摄像头、火花传感器等上千个传感器和相关检测设施，车上配备了 ATP、信号参数、无线场强、弓网关系、轨道几何形态、动力学及加速度检测的设备和监视系统，具备了对速度 250~350km/h 高速铁路轨道、接触网、轮轨、动力学、通信、信号六大系统 200 多个参数进行实时同步检测、试验及综合处理的能力，并可将数据通过车地无线数据传输系统传至地面控制中心，可以称为移动的实验室。该检测车已累计检测线路超过 160 万 km，为我国高速铁路安全和高速路网的能力保持提供了强有力的运维支持和保障。

电磁兼容性好是该检测车的另一大优点。一般来说，列车牵引功率的加大、电气设备密度的增大，使动车组电磁环境更加恶劣和复杂，同时精密检测设备对电磁干扰提出了更高的技术要求，通过对受电弓离线电弧引起的电磁干扰与防护、电力电子器件引起的电磁干扰与防护、电磁干扰抑制技术等方面进行专题研究，分析检测车的电磁空间分布特性，制定了电缆走行径路、电磁敏感设备安装位置、电缆电磁防护、敏感设备的电磁屏蔽、接地方案等一系列技术措施。检测试验结果表明，车内最大干扰电场低于标准要求的 10%，效果良好，完美地实现了电磁兼容技术的创新，实现高速条件下检测数据实时采集和精确测量，构建的车载综合数据处理系统满足各检测系统同步检测、数据集成、综合处理和分级评判的需要，不仅进一步保障了高速列车运营的安全性、平稳性、舒适性，同时还提高了高速铁路基础设施检测效率，为我国高速铁路基础设施管理和养护维修辅助决策系统提供支持，保证高速铁路高效安全地运营，也为我国高速铁路基础理论研究和高速列车应用技术研究提供了试验平台。

思 考 题

1. 常见的轨道病害有哪些？对应有哪些检测方法？
2. 弦测法存在什么问题？有什么优点？
3. 我国的轨道管理采用了哪两种方法？它们各自有什么优缺点？
4. 我国的综合检测车对于接触网要检测哪些内容？
5. 0 号高速综合检测车有哪些检测功能？
6. 调研 CRH380BJ 系列高速综合检测车的技术优势。

第5章 列车运行安全监控与传感检测

前面的章节主要介绍了铁路静态基础设施和基于检测车辆（轨检车和高速检测车）的传感与检测技术，本章主要介绍承担铁路运输工作的主角——机车车辆，介绍对货车、客车及动车等列车相关子系统进行监控与检测的方法和系统。铁路机车车辆属于动态设备，随着运行时间的增加，车辆本身的结构、健康状态等都会发生变化，如果不及时检测和检修，会直接导致事故发生。由于机车车辆组成部件多，需检测的点多，经过多年的发展，对铁路车辆的检测已经有一系列检测技术和监测系统投入使用，例如，对铁路普速列车的运行检测和监测，有"5T"监测系统（即TPDS、TADS、THDS、TFDS、TCDS），主要监测货运列车运行的关键部件，如轮对、轴箱、轴温等，监测客车的转向架、车体、制动系统、供电系统和通信系统等；对高速列车的运行检测和监测，有动车组运行故障动态图像检测（TEDS）、动车组走行部检测、牵引传动监测系统等，它们分别从动车组的车辆结构、转向架、动力、控制系统等方面全面掌握动车组的运行状态，确保动车组处于良好的工作状态。

5.1 TPDS

5.1.1 TPDS 概述

铁路货车运行状态地面安全监测系统（truck performance detecting system，TPDS）又称车辆运行品质轨边动态监测系统，是针对货车空车直线脱轨问题而开发的一种轨边监测系统。利用设在轨道上的检测平台，动态测量列车轮轨作用力、监测车轮踏面损伤和铁路货车超偏载状态，并进行分级评判，在此基础上各TPDS探测站联网识别运行状态不良的车辆。通过对运行状态不良车辆预警、追踪、处理，可以减少货车提速后空车脱轨事故的发生。

TPDS利用设在轨道结构中的测试系统对过往车辆进行轮轨力检测，根据检测结果判定车辆的运行状态、超偏载、车轮擦伤等。传统的轮轨力测试方法——钢轨剪力法，一般有效检测区长度只有300~400mm，行车速度较高时，轮轨间垂向力和横向力的检测精度、车轮踏面擦伤的检测率都很低。TPDS采用移动垂向力测试和板式传感等技术，实现了轮轨垂向力和横向力的连续测量，再加上高平顺测试平台、状态不良车辆识别技术和车号自动识别技术等，不但大幅度提高了较高速度条件下垂向力的检测精度，增长了测量区，还可对车轮全周长范围内的踏面擦伤进行检测，提高车轮踏面擦伤的检测率；最重要的是TPDS增加了车辆横向性能测试功能，该装置安装在直线段，可准确地识别货车是否蛇行失稳及失稳的严重程度。

TPDS 通过轮重减载系数、轴横向力与垂向力比、轴横向力大小及变化可识别车辆的运行状态；通过检测和计算轮对的冲击载荷强度变化可识别车轮踏面擦伤情况；通过分析各车轮轮载、轴载、转向架载荷大小和分布可实现超偏载检测。若要实现上述检测和识别功能，首先要测量轮轨力。

5.1.2 TPDS 轮轨力测试方法

传统的钢轨剪力法一般存在有效检测区长度较短、检测精度不高的问题。为提高检测精度，通常的方法是增大有效检测区长度。增大有效检测区长度的方法主要是通过增大轨枕间距或在所跨越的多根轨枕之间设置多个检测区来实现。增大轨枕间距来增长有效检测区的方法在日本、美国和德国等国家都得到较普遍的应用，但轨枕间距不可能大幅度增加，所以检测区长度也不可能大幅度延长，并且枕距增大后，人为造成的轨道不平顺会直接影响检测结果的准确度和列车通过测试区的运行状态。此外，这种检测方法对车轮踏面损伤的捕获率仍然较低。在所跨越的多根轨枕之间设置多个测区的方法虽然增加了有效检测区的长度，但检测区断续设置，轨枕支撑处的轮轨力无法检测，因此无法获得连续的轮轨力。

TPDS 克服了上述测试方法的缺点，采用了"剪力+支撑"的轮轨力连续测试方法，即移动垂向力综合检测方法，如图 5.1 所示。该方法使连续测试区的长度达到了米级，从而在不增大轨枕间距、不恶化轨道平顺性的条件下大幅度增加了连续测试区的长度。

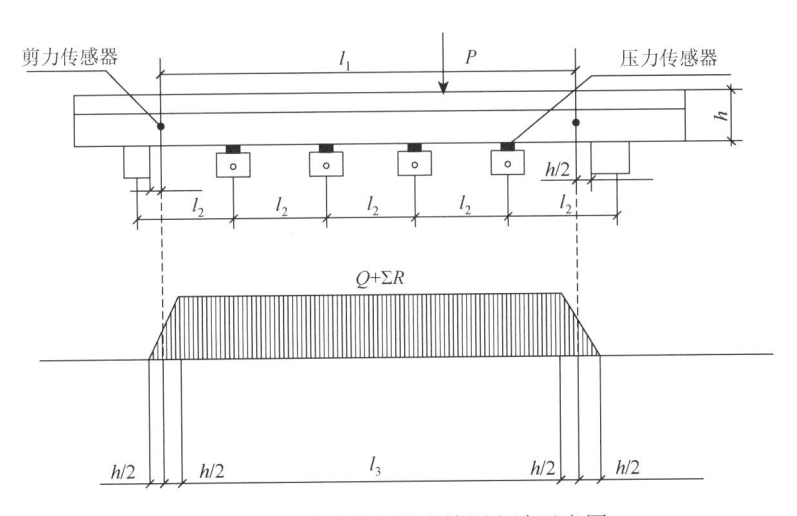

图 5.1 移动垂向力综合检测方法示意图

图 5.1 中，轮轨垂向力 $P = Q + \sum R$，Q 为剪力，R 为传感器压力；$l_1 = l_3 + h$，l_1 为剪力传感器的间距，l_2 为压力传感器的间距，l_3 为测试区的长度，h 为钢轨高度。

移动垂向力综合检测方法的基本原理是在两剪力传感器之间设置若干个轨下垂向压力传感器，组成一个综合检测区。两种传感器采集的数据通过计算机合成处理，从而得到测试区内的垂向力之和。由于有较长的连续检测区，可测得较长时间内车轮垂向力变化的平均值，而不是波动过程中的某个瞬时值，这不仅提高了检测精度和整个轮周踏面损伤的捕捉率，还大大提高了系统适用的速度范围。这种新方法彻底打破了常规检测装置检测功能单一的局面，使得同时测量车轮踏面损伤、车辆超载、偏载、平均轴重、通过总重等成为可能。同时，TPDS 使用整体性和抗轨道扭曲能力更强，平顺性和稳定性更好的特殊框架式轨道结构取代测试区的普通轨道结构，进一步减小测量区段内轨道扭曲、高低和水平不平顺，尽可能消除引起动态增量载荷误差的根源，使测试结果更加如实反映车辆自身的动力学特征。

轮轨横向力通过钢轨施加到钢轨支承点上，根据钢轨横向受力的影响线，通过标定可以获得支承点处的横向载荷比例，再依据轮对在测试区的位置，由钢轨支承点处的横向载荷的组合可得到轮对在整个测试区连续横向载荷及变化情况。

5.1.3 车载 TPDS 动态检测系统

TPDS 垂向力标定一直采用砝码车标定方式。随着铁路的快速发展，铁路线路运量不断增大，开行列车数量随之增加，使得砝码车标定所需的"天窗"时间申请难度增大，且砝码车标定事宜涉及单位、部门多，协调工作烦琐，效率不高。早期地面保有设备逐步进入大修、改建期，按照设备安装要求，新建、改建或大修后的设备在正式投入运用前须进行标定。于是开始采用车载 TPDS 动态检测系统来检测、标定 TPDS 垂向力，从而确保垂向力测试精度。

车载 TPDS 动态检测系统安装在红外线检测车上，检测车结构如图 5.2 所示。其总质量由车体质量、车上承载物质量、转向架构架质量及轮对总质量组成。其中车上承载物质量为变化量，包括水、油、人员及装载货物，是影响测试结果的主要因素。为测试检测车总质量，根据检测车结构特点及部件间的相互作用关系，在车体一系轴簧与转向架构架之间加装轮辐式传感器，在车体轴箱与转向架构架间的纵向减振器上端安装垫片式传感器，通过上述传感器实现检测车车体质量、车上承载物质量、转向架构架质量的自

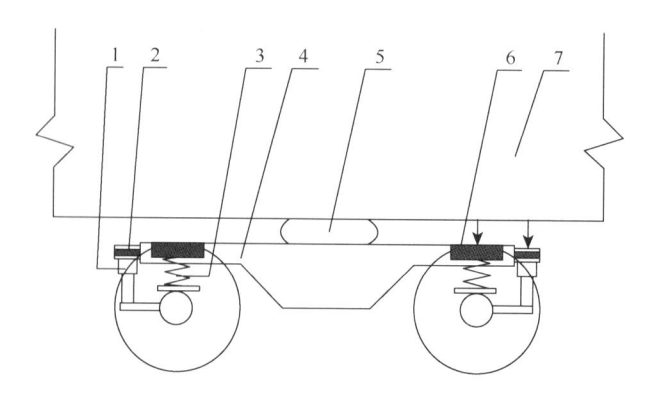

图 5.2 检测车结构图

1. 纵向减振器；2. 垫片式传感器；3. 改造后一系轴簧；4. 转向架构架；5. 旁承；6. 轮辐式传感器；7. 车体

动按需测量。轮对总质量为相对固定值，在未镟修情况下基本保持不变。当检测车通过地面固定 TPDS 设备测试平台时，车载 TPDS 动态检测系统自动测试出检测车质量，同时地面固定 TPDS 通过对轮轨间垂向力进行测试获得检测车质量，通过对比这两个质量值，得出地面固定 TPDS 设备垂向力标定数据。

5.2 TADS

5.2.1 TADS 概述

轴承是关系铁路车辆行车安全的重要部件，其运行状态直接影响车辆的运行品质，严重时将影响行车安全。

货车滚动轴承早期故障轨边声学诊断系统（trackside acoustic detection system，TADS）是地面对车辆安全检测系统的重要组成部分。该系统采用声学诊断技术和计算机网络技术，通过对运行中货车滚动轴承噪声信号的采集和分析，能够提早发现滚动轴承故障，有效防止燃轴和切轴事故的发生。

TADS 是一种在线式检测设备，主要是对铁路货车上安装的滚动轴承进行早期故障检测、诊断和预报。其工作原理是通过安装在轨边的麦克风传感器阵列对货车滚动轴承的声音进行实时采集，经过分割、重组处理得到轴承的原始声音数据文件[10]，并依据建立好的数学模型进行故障判别，对轴承的故障类型及轴承故障等级进行早期诊断，实现滚动轴承故障的早期预报。

目前，TADS 采用轴承故障声学趋势检测技术（trending detection technic）对故障轴承进行预报，但我国铁路运输线路长，TADS 的安装地点间隔大，当列车经过某一探测站后，往往在很长一段时间内不会再经过第 2 次。因此，为了提高安全性，有研究提出采用轴承故障声学单次判定技术（single pass-by detection technic），即当故障轴承单次通过探测站时，检测系统即可排除影响因素准确捕捉到滚动轴承缺陷并报警。

5.2.2 TADS 的原理与构成

货车滚动轴承内部缺陷产生的原因众多，与轴承本身的制造质量、非正常的承载和不良的维修保养均有关。货车滚动轴承的内部缺陷主要包括剥离、裂损、碾皮、麻点、划伤与凹痕、擦伤与烧损、腐蚀与电蚀等（图 5.3）。当轴承部件的滚道上出现剥离、裂损、划伤等故障时，在轴承运转过程中滚子碾压到缺陷部位时，就会产生冲击振动，这种冲击振动与正常情况下的振动有所不同，具有特有的频率范围，能激起轴承部件的共振，引发异常声音。这种信号的特点是每次冲击作用时间较短，时域能量不大，但频率丰富，定性的故障频率段相对集中，最关键的是冲击信号具有周期性。

滚动轴承发生故障时，会发出特定的噪声，噪声的频率反映了故障的部位；而噪声振幅的大小，则体现了故障的严重程度，噪声的振幅越大，故障越严重。滚动轴承不同部位由于转速的不同，所发出的噪声频率也不相同。故障的特征频率被调制在这些噪声频率的频点上，计算机可以根据这些声学特征频率和故障的其他特征频率识别出发生故障的部位。

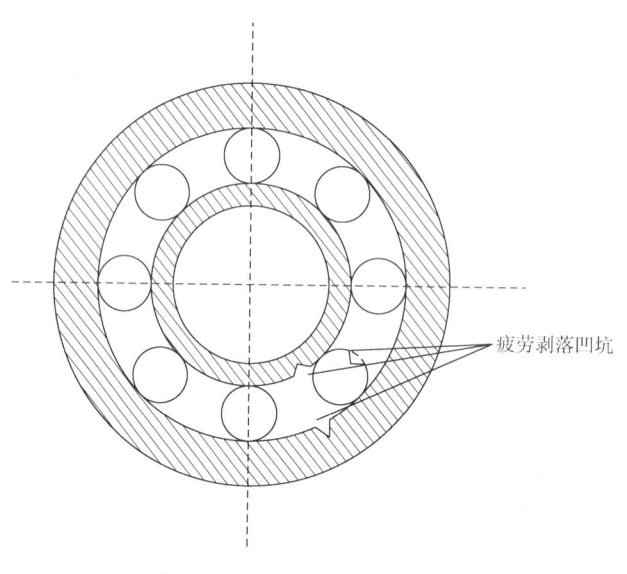

图 5.3 滚动轴承故障示意图

TADS 设备由传感器通道单元、机械控制单元和智能识别单元等组成（图 5.4）。传感器通道单元主要负责声学信号的采集，即通过轨边的声学传感器阵列（麦克风）采集声音信号，声音信号经过滤波、放大，通过模数（analog/digital，A/D）转换卡将数据写入计算机，再由智能软件进行判别处理。机械控制单元负责 TADS 设备传感器部件的保护，通过麦克风箱对麦克风进行保护，防止其受到各种自然因素的干扰和破坏。智能识别单元主要包括车号识别软件和故障轴承识别软件。由于 TADS 设备采用了声学传感器阵列技术，通过复杂的多传感器信号分割重组方式将每根滚动轴承的声音进行独立存放，并以车号自动设备识别（automatic equipment identification，AEI）的标签作为参照物进行滚动轴承的定位，保证了系统对故障轴承预报的可靠性和准确性，从而为运行中的车辆状态提供量化依据，TADS 的采集和识别单元如图 5.5 所示。

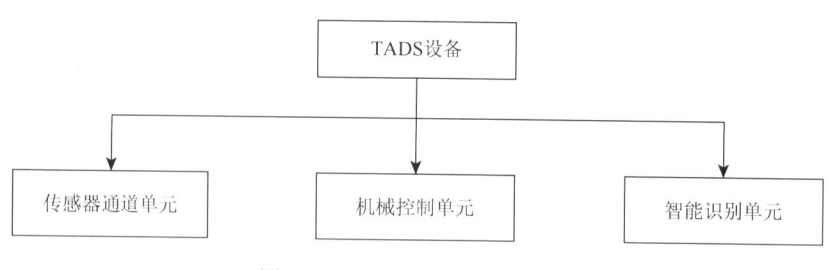

图 5.4 TADS 设备组成示意图

图 5.5 TADS 采集和识别单元示意图

5.2.3 TADS 的关键技术

1. 声学传感器阵列

根据铁路车辆轴承的运行机理及轴承的尺寸，车轮旋转 2 周轴承滚动体旋转近 1 周的特点，当轴承内部任何部位发生缺陷时要全面、准确地拾取故障轴承所产生的振动声音。声学传感器的指向区域为 6.5m 左右，若采用单独的声学传感器，在这么大的指向区域内保持接收信号灵敏度的一致性是不可能的，所以难以对轴承故障进行准确判别。为解决这一技术难题，TADS 采用单侧 6 个声学传感器阵列，每个声学传感器指向性设计的有效区域为 1m 左右，并相互交叉，保证任何一个轴承在探测区域内传感器接收的轴承振动信号是连续的。每个传感器与放大器之间采用自适应校准技术，保证了 6 个声学传感器接收信号灵敏度的一致性。对每一个轴承来说，需要将 6 个传感器接收的信号进行合成，这种信号合成技术也是此系统的关键。相邻轴承同时进入声学传感器阵列探测区时，该系统能自动区分。由于采用了传感器阵列，系统对轴承信号的拾取更加全面和准确。

麦克风阵列有两种工作方式：

（1）长间距麦克风阵列。当车轮通过探测区域时，几个麦克风接力工作，分别采集信号，最终通过软件合成该滚动轴承的声学信号。这种工作方式的轨边麦克风阵列的分布较长，安装工作量稍微大一些。

（2）短间距麦克风阵列。麦克风集中安装在轨边，当车轮进入探测区域时，所有麦克风同时工作，软件根据不同麦克风采集的声音信号的相位，形成高指向性的波束通道，跟踪采集轴箱声学信号，从而实现轴箱故障的定位。这种工作方式的轨边麦克风阵列的安装相对集中，安装工作量稍微小一些。近几年短间距麦克风阵列系统被越来越多的用户认可，单次判定技术的研究也是通过这种方式采集数据的。

2. 系统降噪与高速采集

列车运行环境的噪声来源非常复杂，有轴承本身振动的声音、轮轨间的噪声、空气动力噪声及其他背景噪声。在复杂的多种噪声中提取轴承振动声音是该系统的又一关键技术。该系统采用具有优良指向特性和低噪声级的传感器及高保真放大技术、多级滤波技术、高速信号采集技术等有效地提高了系统的信噪比，采用的数字滤波器大大地提高了系统的抗干扰能力。

3. 故障诊断与人工智能

通过轴承声学信号特征试验能够获得轴承在不同运行条件和环境下的声学信号，分析各种因素对轴承声学信号的影响，去除干扰信号的影响，还原轴承实际的声学信号，并准确诊断故障。

在复杂的背景噪声中提取轴承故障状态的特征需要有效的信号分析方法，特别是在不同的车速和载荷运行条件下，在不同种类的车种、车型的情况下识别轴承故障非常困难，需要采用先进的模式识别方法，并用大量的实测数据进行修正和完善。系统采用多维傅里叶变换，将时域信号进行能量谱、功率谱分析，采用模糊诊断及小波分析法等手段，建立复杂的数学模型；通过庞大的系统分析诊断软件支持，根据不同轴承故障的信号频率、能量、幅值和相关车速、载荷等因素，判别出各种不同的轴承故障类型和故障缺陷程度等级。

5.3 THDS

5.3.1 THDS概述

列车长时间或高速运行会出现列车轴承和车轴温度升高（特别是轴承有隐性故障时），车轴和轴瓦会因摩擦而过热，形成热轴，这种情况如不及时发现，会导致切轴甚至列车颠覆的严重事故发生，是列车运行中的重大隐患。红外线轴温探测系统（trace hotbox detection system，THDS）是发现车辆热轴、防止热切轴的安全保障设施。

THDS是保证列车安全的重要设施之一，主要用于探测各种运行列车的轴温，是"5T"系统的重要组成部分。THDS利用安装在钢轨两侧的红外线探头，接收通过列车轴箱的红外线辐射，经过探测系统的计算，获得各个轴箱的温度，自动监测热轴情况，根据轴温波形可分析和判断轴箱的发热程度，并通过通信网络将热轴信息报告给调度中心，一旦发现异常便可及时采取措施，防止事故的发生。该系统还具有自动识别客货车辆、自动计轴计辆、检测列车速度、系统自检等功能。

我国THDS的研制始于20世纪50年代末，70年代初第一代THDS（简称一代机）投入使用。一代机采用描点记录，人工判别，劳动强度大且不能热轴跟踪。20世纪80年代，随着计算机技术和网络技术的不断发展，我国成功开发了第二代THDS（简称二代机）。二代机利用计算机进行智能判别，克服了一代机单点应用的缺点，实现了信息的联网及监测系统的数字化、自动化，满足实时监测的要求。2002年，第三代THDS（简称三代机）通过了铁道部的技术鉴定，投入使用。三代机能适应的最高速度达到了360km/h，并具备了网络化、标准化、信息化及智能化的功能，能与"5T"系统信息整合起来形成全程跟踪的变化曲线,从而大大发挥了"5T"系统安全检测的整体优势。随着铁路高速、重载、长交路直通列车的开行以及和谐铁路建设、通信技术的进步,THDS取得了又一次突破,2006年新一代的THDS应运而生,俗称四代机或统型机。四代机有以下突出特点:一是部分零部件实现了互换,便于统一维护;二是采用双探头技术,进一步提高热轴预报的准确性;三是利用数据库和网络智能化技术,完善了设备常见故障的自检功能。

在实际探测中常常会出现漏探或错探的情况,例如,轴承温度较高但轴承端盖温度较低,致使红外探测器检测不到高温热轴;当轴承端盖与承载鞍相磨时,还可能出现不论轴承温度高低均接收到较高温度的情况。更严重的是,探测点红外线探头的视场区范围是相对固定的,而列车蛇行运动时,轮对会大幅度地横向摆动,致使轴承端盖超出了红外线探头接收视场区的范围;再加之列车种类繁多、运行速度不同、轴箱大小不一、轴承类型各异、轮径大小变化等诸多因素,轴承在空间上的位置变化较大,导致红外探头在视场区内无法正确地接收到轴承的热辐射,从而影响探测的准确性。

5.3.2 探测站的构成及功能

探测站设备是红外线轴温探测系统的基础部分,其实时采集的数据质量直接影响以后的二次仪表热轴的故障判别精度,是整个探测系统中极为重要的部分。

探测站设备由轨旁设备和机房内设备组成。轨旁设备包括红外线轴箱扫描器(也称为探头箱、内装探头)、卡轨器、车轮传感器(又称磁头、磁钢,以下简称磁头)及支架、环境温度传感器及环温箱、分线箱;机房内设备安装在机柜中,包括工业计算机、显示器、车号智能跟踪装置、防雷设备等。轨旁设备和机房内设备之间用电缆连接。

探测站具有数据采集、热轴判别、数据管理、计轴计辆、系统自检等功能。探测站主机利用磁头的信号来检测和确认来车信息,计算轴距、车速,同时通过车号识别设备采集车次、车号信息,控制红外线探头对车辆的每个轴承采集轴温数据,在列车通过后,实时处理所获取的数据、匹配车号信息,形成过车报文传输给监控中心。

一代机采用上探,二代机和三代机采用下探,四代机采用双下探。下探就是将探头安装在轴箱以下、钢轨外侧的适当位置,探头光轴从下向上,扫描轴箱底部到轴箱后侧壁的区域。双下探就是在轨边安装两套探头,一套为光子探头,安装在探头中心距钢轨内侧260mm处,仰角为45°,与钢轨没有水平夹角,称为内探;一套为热敏探头,安装在探头中心距钢轨内侧415mm处,与钢轨的水平夹角为6°,仰角为45°,称为外探。双下探探头的扫描轨迹如图5.6所示。

内探扫描轴承两排保持架的中间位置,探测客货车滚动轴承温度更准确,同时避免了阳光干扰,缺点是易受挡键遮挡。外探的优点是适用于滚动轴承、滚动轴承轴箱,兼容性较好,可以探测到下部有遮挡的车型;缺点是扫描轴承端盖部位,会受到密封罩松动造成的端磨干扰影响,在特定季节罐车易受阳光干扰,影响热轴判别。

所以采用双下探技术有三大好处：一是可以探测不同转向架车辆；二是轴温采集点增加，可以综合分析轴温，大大提高热轴预报的准确率，降低热轴误报率；三是探头冗余设计，能提高探测系统的可靠性，消除探头故障引起的漏探。

下面先介绍红外线测温原理，再介绍热轴的检测。

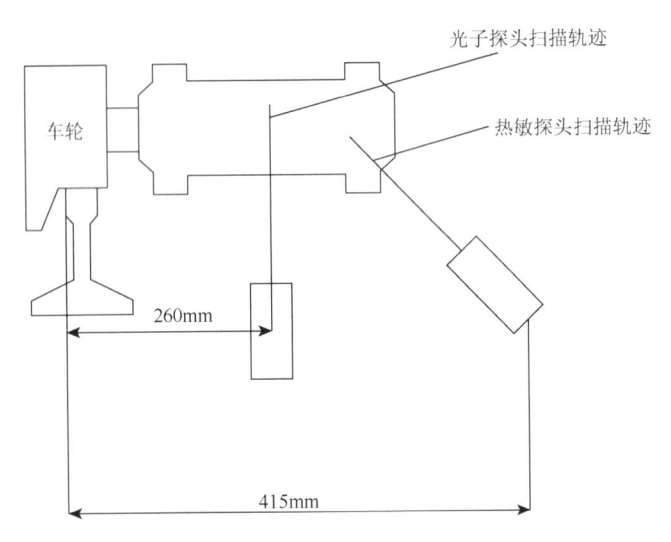

图 5.6 双下探探头的扫描轨迹示意图

5.3.3 红外线测温原理

1. 红外线测温三大定律

红外线是自然界存在的一种最为广泛的电磁辐射。任何温度高于绝对零度的物体，都向外辐射红外线，而且红外线的热效应比可见光强得多。

1）普朗克定律

普朗克定律描述了黑体单色辐射力随波长 λ 及温度 T 的变化规律，表达式为

$$E_\lambda = \frac{c_1}{\lambda^5 (e^{c_2/(\lambda T)} - 1)} \tag{5-1}$$

式中，c_1 为普朗克第一常数，$3.742 \times 10^{-16} \mathrm{W \cdot m^2}$；$c_2$ 为普朗克第二常数，$1.4388 \times 10^{-2} \mathrm{m \cdot K}$。

由普朗克定律可知，在任一波长上，温度越高，单色辐射力越大；对于一定的温度，单色辐射力都有一个极大值；常温下的物体的辐射主要是红外线辐射。

2）维恩位移定律

对于一定的温度，相对于绝对黑体的单色辐射力极大值的波长为峰值波长，即在该温度下，峰值波长的辐射最强。

$$\lambda_m = b/T \tag{5-2}$$

式中，λ_m 为黑体最大单色辐射力的波长，μm；b 为维恩常数，$2897.8\,\mu m\cdot K$。

根据维恩位移定律，可以计算出物体温度对应的辐射峰值波长。例如，从我国铁路车辆运行环境来看，车辆轴承表面的最低温度约为–40℃，热轴时最高温度约为150℃，则有

$$\lambda_m(-40℃) = 2897.8/(273-40) = 12.44(\mu m)$$

$$\lambda_m(150℃) = 2897.8/(273+150) = 6.85(\mu m)$$

也就是说，我国列车轴温对应的峰值波长为 $6.85\sim12.44\,\mu m$。因此，在设计红外线轴温探测器时，选用合适的滤镜可以使有效的信号不被滤除，同时屏蔽干扰信号。

3）斯特藩-玻尔兹曼定律

对普朗克定律在整个波段进行积分就可以得到黑体的全波辐射力，表达式为

$$E_b = \sigma\int_0^\infty f(\lambda,T)\mathrm{d}\lambda = \sigma T^4 \tag{5-3}$$

式中，σ 为黑体辐射系数，$5.67\times10^{-8}\mathrm{W/(m^2\cdot K^4)}$。

其他物体的辐射力为

$$E_b = \sigma\varepsilon T^4 \tag{5-4}$$

式中，ε 为物体的发射率，黑体的发射率为1，实际物体的发射率都小于1。

由斯特藩-玻尔兹曼定律可知，物体温度越高，它的辐射力就越大；温度非常微小的变化，都会引起全波辐射力的很大变化。

2. 红外线轴温探测系统的探测原理

列车在运行过程中，轴承内部因运动摩擦和振动产生热量，温度会升高，并传导到轴承外部部件的表面上，产生高于环境温度的红外辐射。在轴承正常的情况下，其温度在速度和载重变化时也会发生变化，但变化是稳定的，最终会达到一个稳定值，称为运转热。一旦轴承内部发生油脂量不足、滚子剥离、保持架破损变形等故障，轴承的温度会因为不正常的摩擦在短时间内急剧升高，轴温红外线辐射的能量也会大大增加。

红外线轴温探测系统的探头，接收运行车辆轴承表面的部分红外线辐射，输出相应的电压信号，并根据一定的对应关系转换成温度值，从而得到了轴承温度。结合探测到的轴承温度和故障轴承温度规律，就可以及时发现故障轴承。

车辆轴温采集过程为：当列车第一个车轮压过 1#开机磁头时（磁头的相对位置如图 5.7 所示），主机采集探头箱的温度和探头此刻的输出（即挡板温度），给出开机控，开保护门，准备采集来车信息。

当列车的一个车轮压过 2#开门磁头时，主机记下该时刻 t_1，该轮压过 3#磁头时，主机记下该时刻 t_2，所以得到该车轮通过探测站的速度为

$$v = \frac{s}{t} = \frac{250}{t_2-t_1} \tag{5-5}$$

当列车的下一个车轮压过 2#磁头时，主机记下该时刻 t_3，即可计算出轴距：

$$L = v\cdot(t_3-t_1) = 250\times\frac{t_3-t_1}{t_2-t_1} \tag{5-6}$$

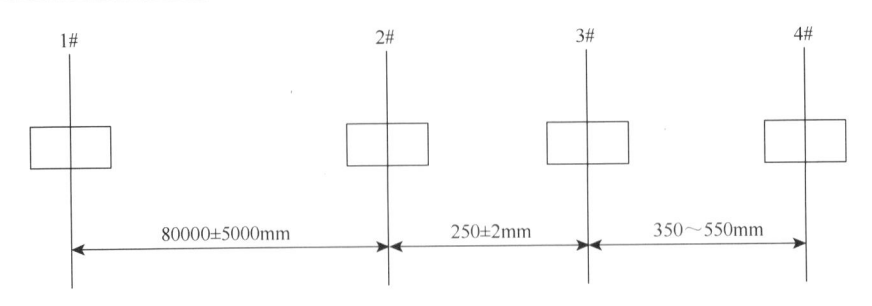

图 5.7 磁头的相对位置

1#. 开机磁头；2#. 开门磁头；3#. 关门磁头；4#. 在线冗余磁头

3#磁头确定轴温采集的起始点。主机不断地查询磁头信号，当列车车轮压到 3#磁头时，启动定时器，固定延时 11 个点（约 150mm），主机控制探头开始采集，采集距离为 450mm，首先扫描车底架 5~6 个点，接着扫描轴承轴颈 15~16 个点，最后扫描车底架 9~13 个点，共采集 32 个点的等间隔轴温。这里介绍的是滚动轴承的轴温采集过程，因为目前我国铁路基本上都采用滚动轴承，滑动轴承的占有率不到 5%。

采样所需时间：

$$T = \frac{450}{v} = 450 \times \frac{t_2 - t_1}{250} \tag{5-7}$$

采样间隔时间：

$$t' = \frac{T}{32} = 450 \times \frac{t_2 - t_1}{250 \times 32} \tag{5-8}$$

采样频率：

$$f = \frac{32}{T} = \frac{250 \times 32}{450 \times (t_2 - t_1)} \tag{5-9}$$

不论列车车速快慢，探头在轴箱上扫描的距离是固定的，扫描的频率随着车速的变化而变化。

当列车的最后一个车轮通过 3#磁头后，主机延时十几秒输出关挡板和校零信号，再延时一段时间后给出关门控。

四代机增加了 4#磁头，增强了磁头的容错性，2#、3#、4#磁头中任意一个磁头出错都不会影响系统的正常接车，而且 2#和 3#磁头也具有上电功能，在 1#磁头出错的情况下，系统也能开机，并正常接车，有效地提高了系统的可靠性。

5.3.4 热轴检测

1. 热轴判别与热轴等级

红外线轴温探测系统的最根本目的就是热轴判别和预报。热轴是指那些与正常的运转热相比，温度异常高的轴承轴箱。热轴判别就是将可能的热轴识别出来，并主要分为微热、强热和激热三个等级进行处理。微热级是故障的初始阶段，这时可以沿线跟踪观察，做非停车处理；强热级是事故形成阶段，必须立即采取措施以避免轴承永久性毁坏，造成事故；激热级是故障到末期，必须立即停车检查。热轴的准确判别和预报是列车安全运行的重要保证。

在当前应用的红外线轴温探测系统中设置了连微升级预报热轴并拦停功能。连微升级预报就是设置 3 个微热等级，分别为微热 1、微热 2、微热 3，温升值逐渐增大，若同一个方向上相邻的探测站对同一轴连续预报微热级别，并且微热的等级有升级的情况，则预报前方站停车检查。但统计数据表明，连微升级预报存在误报热轴的现象，并占预报总数的 30%左右，分析具体原因如下：一是各探测站探头的测温精度存在差异，允许误差＋3℃；二是轴温受列车运行速度、载重、运行时间等因素的影响，速度快、载重增大、时间长，轴温都会升高。所以针对这种连微升级预报中误报热轴的问题，取消"多级别微热设定"的模式，将热轴等级仅分为微热、强热、激热三级。

2. 热轴判别方法

1) 同轴差、同轴比和绝对值结合的方法

设同一根轴的两轴箱的轴温波形的电压幅值分别为 V_L、V_R。

同轴差：将左右两端轴箱输出电压幅值相减，差值超过预定报警值则预报热轴，即

$$K_1 = V_L - V_R \tag{5-10}$$

同轴比：将左右两端轴箱输出电压幅值相比，比值超过预定报警值则预报热轴，即

$$K_2 = V_L / V_R \tag{5-11}$$

绝对值：左右两端电压幅值与预定值进行比较，大于预定报警值则预报热轴，即

$$V_L > K_3 \quad \text{或} \quad V_R > K_4 \tag{5-12}$$

式中，K_1、K_2、K_3、K_4 均为预定报警值。

在实际应用中，同轴差或同轴比与绝对值预报配合使用。但是，使用这种方法每根轴只能预报一个热轴。

2) 邻轴比与绝对值结合的方法

将同一侧相邻两轴箱的输出电压幅值相比，比值超过预定报警值则预报热轴，可与绝对值预报配合使用。

3) 最高值与次高值比的方法

将同车同一侧的 4 个轴箱的输出电压幅值中的最高者与次高者相比，比值超过预定报警值则预报热轴。这种方法每一节车厢每一侧只能预报一个热轴。

4) 同车同侧平均值法

将同车同一侧的全部轴温信号的电压幅值求平均值，然后用某个轴箱的轴温幅值与此平均值相比，比值超过预定报警值则预报热轴。

5) 同侧平均值法

将整列列车同一侧的全部轴温信号的电压幅值求平均值，然后用某个轴箱的轴温幅值与此平均值作比值，其比值超过预定报警值则预报热轴。

6) 基于神经网络的热轴判别

考虑到轴温波形的非线性特点，以及热轴的不同等级之间并没有明确的分界线，传统

定量分析方法不够灵活，可建立轴热神经网络模型，通过大量数据训练，利用模型预测。

7）基于模糊数学的热轴判别方法

由于热轴的等级线不明确，可以看成一个模糊的概念，所以采用模糊数学的方法也可以进行热轴等级分类。

细心的读者也可以思考一下，是否可采用现代技术来分析，如数据挖掘、异常检测、深度学习等。

5.4 TFDS

5.4.1 TFDS 概述

货车运行故障动态图像检测系统（trouble of moving freight car detection system，TFDS）是辅助列检作业的在线图像检测系统，通过轨边高速摄像机，对运行列车底部、侧下部关键部件进行动态采集，将采集到的列车关键部件图像传送到列检所，由室内列检人员采用人机结合的方式进行分析研究，及时找出列车的运行故障，消除行驶安全威胁。

系统进行故障识别的基本原理是利用分布在钢轨之间的高速数字摄像机，抓拍货车经过时的图像。其中，抓拍的主要部位有转向架、制动装置、车钩缓冲装置、车底架及车体两侧等，然后对图像进行数字处理并传送到室内信息终端计算机，列检人员在室内对抓拍到的图像进行分析，实现过车信息、故障及其图像、检修处理信息和车辆部件图像等数据的精确采集和及时上报。

TFDS 设备主要由轨边探测设备、轨边机房设备和列车检测中心设备三部分组成，如图 5.8 所示。

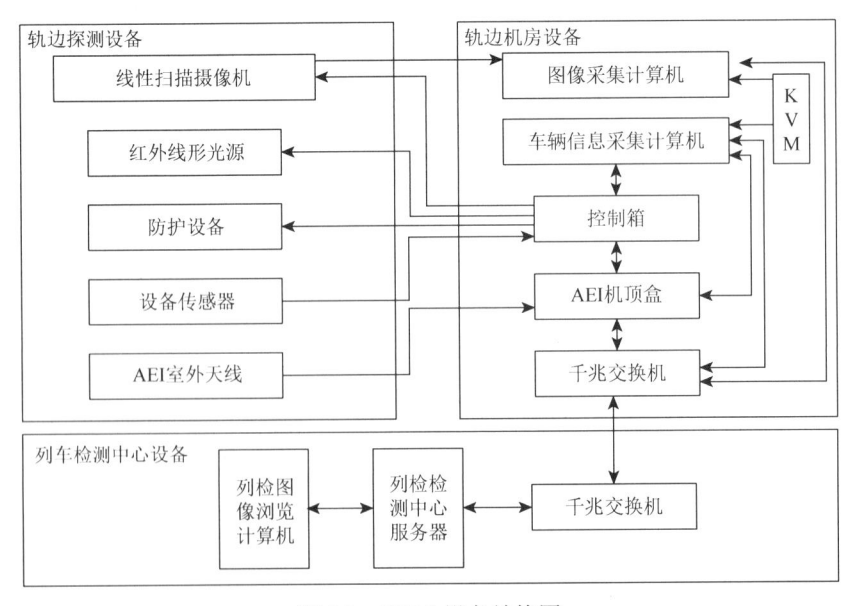

图 5.8 TFDS 设备结构图

AEI 指车号自动识别设备，KVM 指键盘、鼠标、显示外设切换控制器

1. 轨边探测设备

轨边探测设备（图 5.9）安装在探测站机房附近两轨枕之间和道轨两侧，其作用是采集车辆的图像信息和车辆信息。轨边探测设备主要由一套底箱、两套轨边侧箱、一套车轮传感器、一套 AEI 室外设备等组成。其中，侧箱内部装有 1 个抗阳光干扰摄像机和 4 组频闪补偿光源，用来采集列车两侧转向架和车钩侧面图像；底箱安装在铁轨的下方，配置了抗阳光干扰摄像机和频闪补偿光源，用来拍摄列车底部制动梁和中间部位等关键部件区域的图像；固定在道床上的 AEI 室外设备主要用来获取通过列车的车号信息，它包括天线及安装架、射频电缆、智能跟踪装置。

图 5.9 轨边探测设备安装示意图

2. 轨边机房设备

轨边机房设备主要用来完成对货车图像信息以及车辆信息的采集和处理，并通过光纤传输至服务器存储。该设备主要由图像存储设备、车辆信息采集设备、车号自动识别系统等组成。

3. 列车检测中心设备

列车检测中心设备主要用来存储、显示探测站设备采集的货车部件图像，提供检测故障信息和列检常用报表的统计查询，支持故障的自动化检测。

5.4.2 TFDS 检测典型案例

根据故障检测的难度和危害程度，货车故障通常可分为典型故障、重点故障及其他故障三类。TFDS 检测的故障类型较多，其中有些典型故障对货运列车的行驶安全性影响较大。因此，这些典型故障是亟待解决的，下面简单介绍这些典型故障。

1. 挡键丢失故障

挡键是转向架附近的一个小零件，其作用是当车辆脱轨时，使轮对和转向架不分离，从而减小事故的损坏程度（图5.10）。如果发生挡键丢失故障，则会使事故损伤程度不受控制。所以，挡键对列车的安全运行起着至关重要的作用。

(a) 正常情况图像　　　　　　　　　　(b) 故障情况图像

图 5.10　挡键示意图

2. 截断塞门手把关闭故障

截断塞门手把（图 5.11）是安装在制动支管上的一种开关装置，用于开通和关闭分配阀与列车管间的压力空气通路。正常时手把处于开通位置，如图 5.11（a）所示；当制动机发生故障时，为了截断制动主管的压缩空气送风通路才将其关闭，图 5.11（b）是截断塞门手把关闭图像。

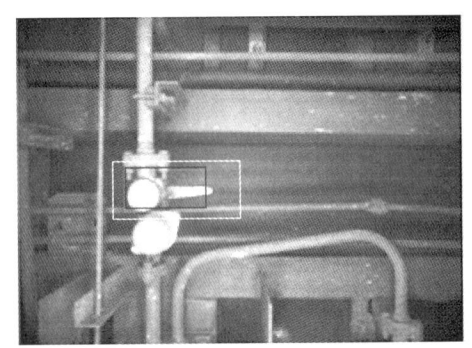

(a) 阀门开通图像　　　　　　　　　　(b) 阀门关闭图像

图 5.11　截断塞门手把示意图

3. 锁紧板紧固螺栓松动故障

锁紧板紧固螺栓是用来紧固锁紧板的，它处于转向架下方（图 5.12（a）），在列车运行过程中，因受到振动、冲击等因素的影响出现松动。如果发生锁紧板紧固螺栓松动故障（图 5.12（b）），则会导致其他零部件的作用失效，容易威胁到列车的安全行驶。

(a) 正常情况图像　　　　　　　　　　(b) 故障情况图像

图 5.12　锁紧板紧固螺栓示意图

5.4.3　几种典型故障的识别方法

利用图像处理的相关理论和技术，通过各种算法对图像视觉特征和统计特征进行提取，可以得到某些典型故障图片的特征值，实现典型故障的自动识别。目前，常用的特征提取算法有 Haar 算法、窗口灰度映射法、Relief 算法、Candy 边缘检测，以及双阈值、多尺度分割、深度学习等方法。

1. 基于几何模型辅助定位的故障识别方法

物体的形状描述是决定图像识别效果的关键，二维图像经过灰度化后，可以用二维矩阵的数字图像表示，常用于对物体的轮廓形状和区域形状进行描述。对轮廓的形状描述，其方法主要是利用图形处理算法对图像的边缘轮廓进行检测，提取出边缘轮廓特征，依据特征中的样本点描述轮廓。常用的描述方法有傅里叶描述子、小波描述子、形状上下文、多边形近似等描述形式。基于区域的形状描述法是将闭合的轮廓看成一个整体研究，整合该区域内所有的像素点，提取出形状特征。它具有不易受外界图像形状变化干扰的特点。常用的算法有欧拉数、面积、广义傅里叶描述子、栅格法及骨架即中轴描述性状等方法。

由于 TFDS 采集到的图像结构及形状复杂，可以借助几何模型辅助零件定位，主要思想是在描述图像中的基本几何形状之后，利用图像处理算法对典型几何形状进行识别和定位；然后借助几何模型中零件间的位置关系，分割和锁定该零件，依据位置关系判定图像的种类；最后利用灰度值等图像处理算法对其进行分析，通过与正常图片分析数据比较，对故障进行定位和定性。

这种图像自动识别方法的主要特点是可靠性高，自动识别质量高；缺点是仅能够有针对性地对一个重点故障进行识别，多故障识别效率低。

2. 特征库提取对比识别法

该方法主要是对车辆关键部件图像进行边缘特征或小波特征等的提取，然后将提取出的有用特征与车型信息进行融合,形成具有车型信息和部件信息的特征库数据。当 TFDS 工作时,对图像数据进行预处理操作后,提取出典型特征信息,借助图像自动识别模块中的特征数据库,利用模板匹配等方法进行对比和搜索,最终判断出车辆关键部件的故障。

这种图像自动识别方法的特点有:需要提取大量正常车辆关键部位的图片信息特征,组成特征数据库;主要针对铁路车辆关键部位的故障进行自动识别,并不可能涵盖所有车型的故障信息;结合警示框、语音报警等手段,可以大大提高重点故障的检出率,降低人力资源的浪费。

其中,整体特征提取方法又可以分为图像目标分割和目标特征描述两部分,国内外许多研究人员就图像目标分割方法进行了理论分析和实践检验,主要包括以下几种。

1)阈值分割方法

阈值分割方法本质上是分析图像像素,利用图像中要提取的目标与背景在灰度上的差异,通过设置阈值来把像素级分成若干类,从而实现目标与背景的分离。最优阈值的选择是关键点,选择的方法也比较多,例如,直方图分析法,根据直方图的波峰和波谷之间的关系,选择出一个较好的阈值;最大类间方差法,当取最佳阈值时,前景和背景间的差别应该是最大的,即类间方差取最大;自动阈值分割法,利用高斯分布函数逼近目标图像的前景和背景直方图。

2)边缘检测法

边缘检测的实质是采用某种算法来提取出图像中对象与背景间的交界线,如 Canny 检测算法,对图像边缘特征提取具有较好的效果。

3)基于统计学的方法

隐马尔可夫模型是一种强大的统计学、机器学习技术,它作为基于训练数据的概率自动构造识别系统已成功运用于语音识别、字符识别和人脸识别领域。

4)结合区域与边界信息的方法

这种方法利用自适应区域生长算法,根据计算点附近局部区域特征信息自适应改变区域生长算法中的标准参数,并将其应用到医学图像分割中,实现了目标区域的准确、稳定提取,具有较好的鲁棒性和可靠性。

随着深度学习、计算机视觉技术的发展,越来越多的深度神经网络模型被提出,广泛应用于图像分析、目标检测和识别。虽然此类方法的效果远好于传统的方法,但缺点是需要制作大量的训练数据。细心的读者可能已经联想到3.3节的内容,其中有关目标检测的算法是可以恰当地应用到此处的,有关基于深度神经网络的图像目标检测算法,可以对照第 3 章相关内容阅读,此处不再赘述。

5.5 TCDS

5.5.1 TCDS 概述

客车运行安全监控系统(train coach diagnosis system,TCDS)是为适应我国对客车安全运行越来越高的要求的一种安全监控系统。它通过车载检测装置对运行客车的关键部件进行实时监测、诊断分析和报警,并以无线方式传输到地面监测中心,实现地面对运行客车的状态监控。

TCDS 主要功能如下:

(1) 对列车运行中危及行车安全的主要设备(供电系统、空调系统、车下电源、车门、火灾报警器、轴温报警器、防滑器、制动系统、车体、转向架动力学性能、轮对等)的工作状态,通过列车通信网络,集中显示报警,保证行车安全。

(2) 通过无线通信设备实现远程实时监控。

(3) 通过车上 GPS 装置实时向地面报告列车运行位置信息。

(4) 车辆到站后通过无线局域网(wireless local area network,WLAN)与地面联网,自动下载数据,并通过地面专家系统进行故障诊断和分析,定位故障、指导维修,消除安全隐患。

(5) 通过 Web 终端查询系统形成车辆段、路局、国铁集团三级监控中心,实现车辆的安全运用、维修、管理和监督。

5.5.2 TCDS 结构

TCDS 主要由三大部分组成:车载实时监测诊断系统、车地无线传输系统和地面应用软件。

1. 车载实时监测诊断系统

车载实时监测诊断系统采用车载网络和数据采集技术,实时对车辆部件的技术与安全状态进行监测和故障信息预报,是 TCDS 的数据基础,其结构如图 5.13 所示。

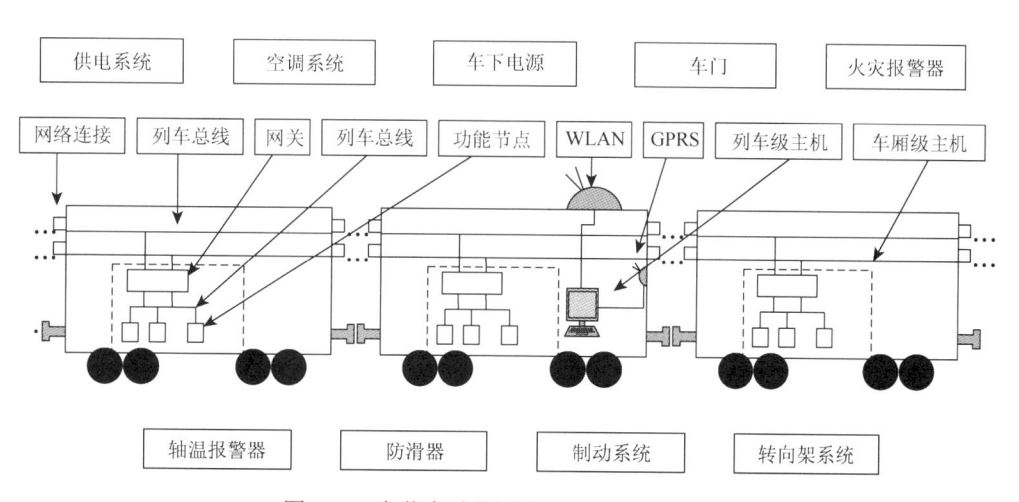

图 5.13 车载实时监测诊断系统结构示意图

车载实时监测诊断系统实现了对供电系统、空调系统、车下电源、车门、火灾报警器、轴温报警器、防滑器、制动系统、转向架系统等工作状态进行监测，各编组客车通过车间通信连接器连接，系统网络汇总各车厢的监视诊断信息，然后集中到工程师车，由工程师车发出报警信息，提示乘务人员及时采取措施。

2．车地无线传输系统

车地无线传输系统建立了车载设备与地面之间的数据传输通道，运行中以移动网络方式建立车地数据通道，到站后以WLAN方式建立车地数据通道。

1）车地GPRS无线实时通信

在列车运行途中，通过GPRS的方式将实时监测数据发送到地面服务器，使车辆检修部门能够及时掌握列车运行的实际状态，接收到监控装置发出的故障报警信息，能有效地预防和避免影响列车运行品质的行车设备故障和危及行车安全的重大事故隐患。车载实时监测诊断系统在检测到车辆设备发生异常情况或故障报警时，系统会自动开启报警信息实时发送机制，将报警信息通过移动GPRS的方式实时发送出去，传输处理流程如图5.14所示。发送的信息内容主要包括列车的车次、车号、顺位号、故障发生时间、报警等级、故障设备名称、故障内容等相关数据。

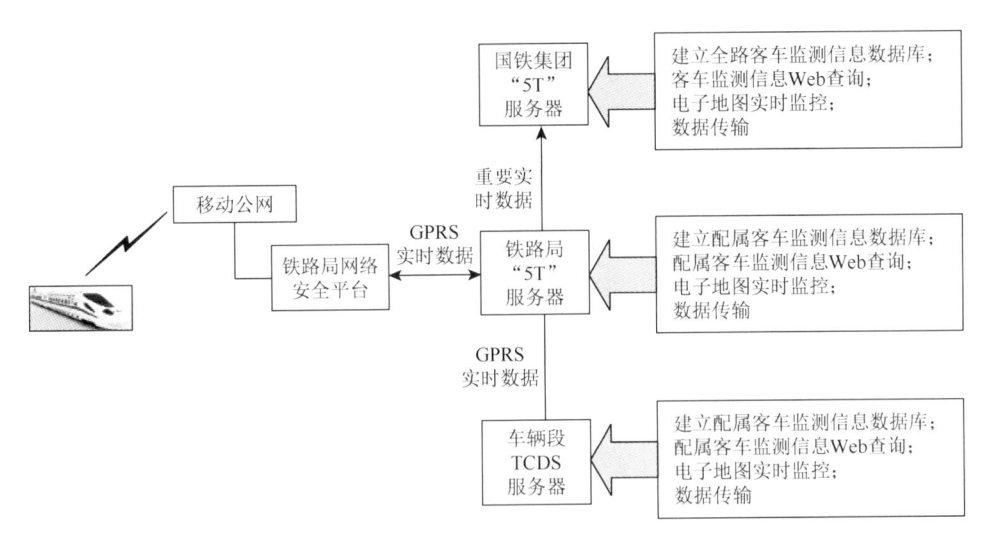

图5.14　车载实时监测诊断系统实时数据传输处理流程

2）车站与客列检无线局域网

本属客车终到时或入库后，通过车站或整备场架设的无线局域网设备和天线，把列车运行过程中车载安全监控系统实时记录的过程数据下载到客列检的数据中转服务器，然后立即转发到客整所，客整所数据服务器将数据同时导入车辆段及客整所数据库，供地面专家系统使用。这样做的主要目的是通过地面专家数据库对过程数据进行分析和故障诊断，以便于查找故障或事故原因，并进一步加强数据诊断和故障预警。

3. 地面应用软件

地面应用软件中的地面联网应用子系统包括客车运行状态电子地图实时跟踪系统、客车运行安全实时监控系统、地面专家系统。

1）客车运行状态电子地图实时跟踪系统

该系统的实时跟踪用于实时监控铁路客车的运行状态，在发生故障时为各级部门的及时决策提供依据。该系统的特点是通过电子地图的方式将运行客车的实时状态信息、运行方向、编组及位置信息（线路公里标）显示在地图上，形式直观，在线运行客车状况一目了然。此外，回放功能还可以重演客车运行轨迹。

2）客车运行安全实时监控系统

该系统提供列车正常运行时的位置信息和实时监控数据，系统的数据处理流程如图 5.15 所示。当发生故障报警时，可以查询详细的故障信息，并通过下载和查看故障的统计分析数据，帮助分析故障原因，发现一些倾向性的故障，指导现场检修作业。此外，还可以查询和修改系统相关的基础数据、参数配置等，为车辆维修部门提供多角度的数据分析功能。

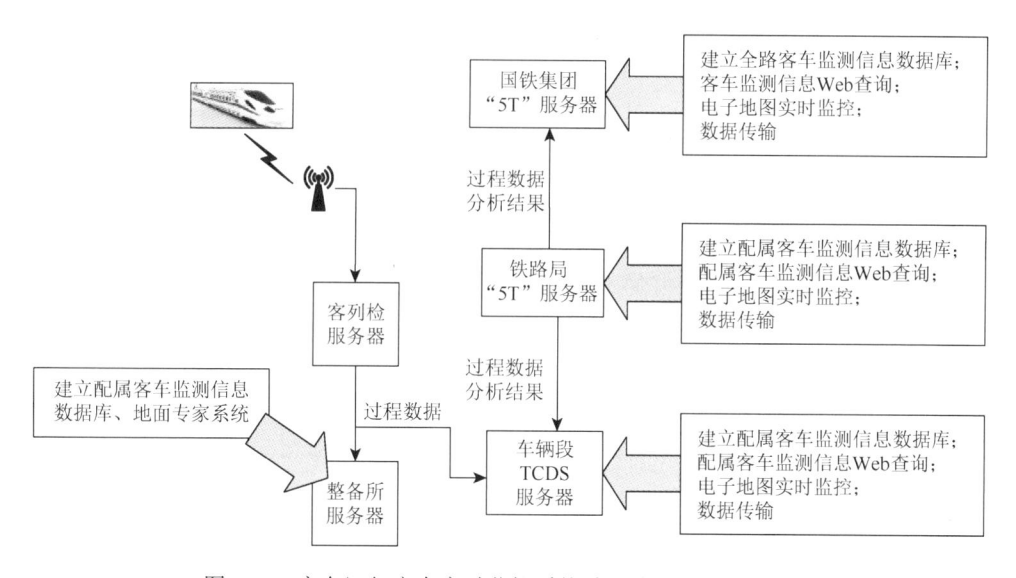

图 5.15 客车运行安全实时监控系统过程数据传输处理流程

3）地面专家系统

地面专家系统是客车运行安全监控系统的重要组成部分。列车到站时或入库后，TCDS 车载实时监测装置将记录的大量过程数据和报警事件通过无线网络下载并存储到地面专家系统中。系统根据当前下载的数据、历史数据及故障案例等已有经验，运用单车历史数据纵向对比、多车之间同工况横向比较、多子系统关联综合判断及概率统计等方法，进行智能推理和判断，模拟人类专家的决策过程，以解决那些需要人类专家处理的复杂问题，同时对下载的数据和诊断结果进行存储、查询回放、故障确认、事件分析和统计分析。借助地面专家系统,可以详细了解列车运行过程中所发生的各种事件,有数据的支持,可为车辆故障报警事件的定量分析提供有力的依据。

5.5.3 基于TCDS地面专家系统的轴温故障诊断

有关轴温的检测方法已经在5.3节介绍过,下面主要以轴温专家系统为例来介绍客运列车的轴温故障诊断方法。

TCDS列车级主机实时接收轴温集报系统产生的故障报警信息和过程数据,并通过GPRS无线网络实时传输至TCDS地面监测系统,指导途中及库检作业,在防范车辆热轴、切轴事故,保障列车运行安全方面发挥了重要作用。由于轴温报警器及其所使用的传感器抗干扰能力差,产生大量轴温误报警、传感器故障及虚假车号信息,严重干扰了轴温系统的正常库检作业,浪费人力、物力,同时遗漏隐藏于众多误报警中的真实故障信息,给行车安全带来一定的隐患。

在TCDS地面专家系统中,根据无线局域网下载的过程数据,充分利用数据校验、中值滤波及物理规律,研究轴温报警及传感器故障诊断机制,提高报警的准确性,针对性指导检修。

目前,TCDS定义的轴温报警内容有超温报警和温度传感器故障,如表5.1所示。

表 5.1 轴温报警内容及级别

序号	报警内容	报警级别
1	超温报警	I级
2	温度传感器故障(开路、短路)	II级

1. 温度传感器故障

TCDS定义的温度传感器故障包括开路和短路,轴温控制显示器诊断出某个轴位或温度传感器开路或短路时,会分别将其温度值设置为181℃和182℃。TCDS地面专家系统在检测到某个轴位或环温的温度值为181℃和182℃时,将其分别解析为温度传感器开路和短路故障。

由各个轴温和环温传感器安装的位置可知,在车辆运行过程中,各个轴温传感器的温度应该高于环温,或与环温保持一致。若某个轴温传感器采集的温度过高,则可判断为轴温传感器故障;若环温明显高于各个轴温传感器采集的数据,可判断为环温传感器故障。除了以上所述的传感器故障,还有一种传感器故障,如不及时、正确地检测出来,将会造成超温报警的误判,如图5.16所示。温度发生突变,相邻温升达20℃,明显不符合轴承热量产生及传播的物理规律,但温度值没有达到181℃或182℃,不能诊断为传感器故障,因而可能会诊断为超温报警。调研发现,车辆在运行过程中,即使发生故障,轴温温升速率也不会超过3℃/5s,若出现则可判定为温度传感器数据故障。诊断出温度传感器故障之后,则不再进行超温预警和报警的判断。具体算法为:实时记录当前温度和前一时刻的温度,当温升速率超过 3℃/5s 时,判定为温度出现异常,并记录异常前一时刻的温度;若温度异常持续 15s,则判定为温度传感器故障;在温升速率下降到 3℃/5s 以下时,传感器故障恢复。

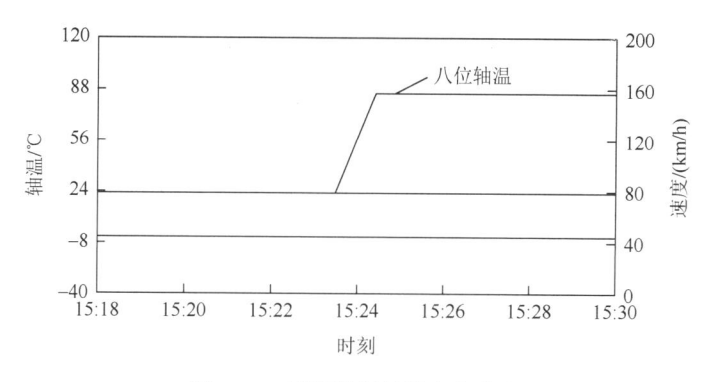

图 5.16 轴温数据异常变化曲线

2. 超温报警

在轴温及环温传感器均无故障的情况下,才进行超温报警的诊断。诊断程序实时记录当前温度和前一时刻温度,并计算温升速率,若温升速率超过 3℃/5s,则判定为温度出现异常,并记录异常前一时刻的温度。仅有当前温度和前一时刻的温升斜率、当前温度和异常时刻的温升斜率均满足要求且轴温与环温差超过 60℃,或绝对温度超过 90℃时,才判定为超温报警。

5.6 TEDS

动车组运行故障动态图像检测系统(trouble of moving EMU detection system,TEDS)是利用轨边安装的多组高速工业相机抓拍运行中的列车图像,通过图像处理技术手段,对运行中的列车表面机械类故障进行检测。

5.6.1 TEDS 组成

TEDS 主要包括轨边采集设备和轨边机房设备,如图 5.17 所示。TEDS 利用轨旁摄像装置采集运行动车组的车体底部、侧部裙板、连接装置、牵引传动装置等可视部位的图像,实现对动车组底部及侧部可视部件的状态监控。

1. 轨边采集设备

轨边采集设备包含三套沉箱、两套侧箱、一套线阵图像采集箱及一套动车车号图像采集设备,如图 5.18 所示。轨边采集设备采用线面摄像头相结合的方式,共采用 11 个高速高分辨率数字工业检测摄像头。三套沉箱中放置五个超高速高清晰面阵数字摄像头,

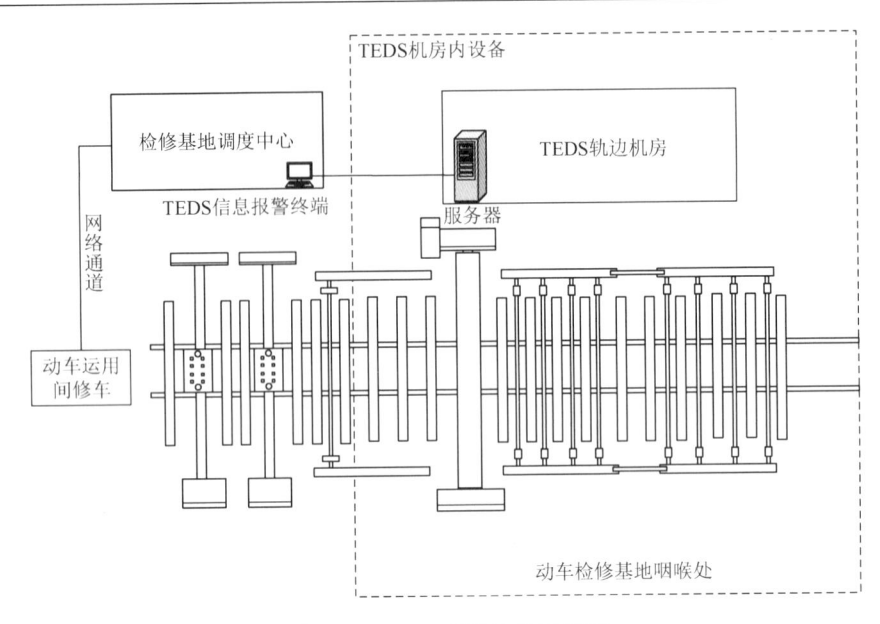

图 5.17 TEDS 系统结构示意图

采集动车组底部的高清图像。线阵图像采集箱中放置一个超高速高清晰线阵数字摄像头，扫描动车组底部的整体图像。侧部包含了两套侧箱，其中一套用于转向架图像采集分析，另一套用于裙摆位置图像采集分析，同时为了获取动车组车号作为动车组车辆的唯一标志，侧部轨边设备还包括了一套动车组车号图像采集设备。

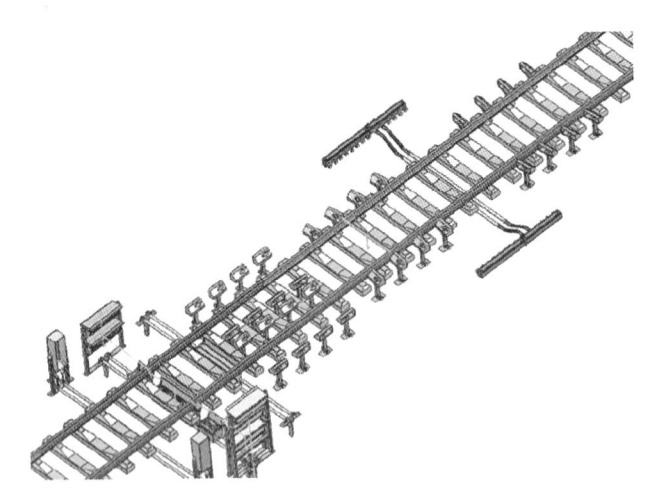

图 5.18 轨边采集设备布设示意图

2. 轨边机房设备

轨边机房设备主要由图像信息采集设备、车辆信息采集设备、门灯控制设备、电源箱、图像数据服务器、图像识别服务器、光纤传输设备、不间断电源（uninterruptible power supply，UPS）等设备组成，如图 5.19 所示。

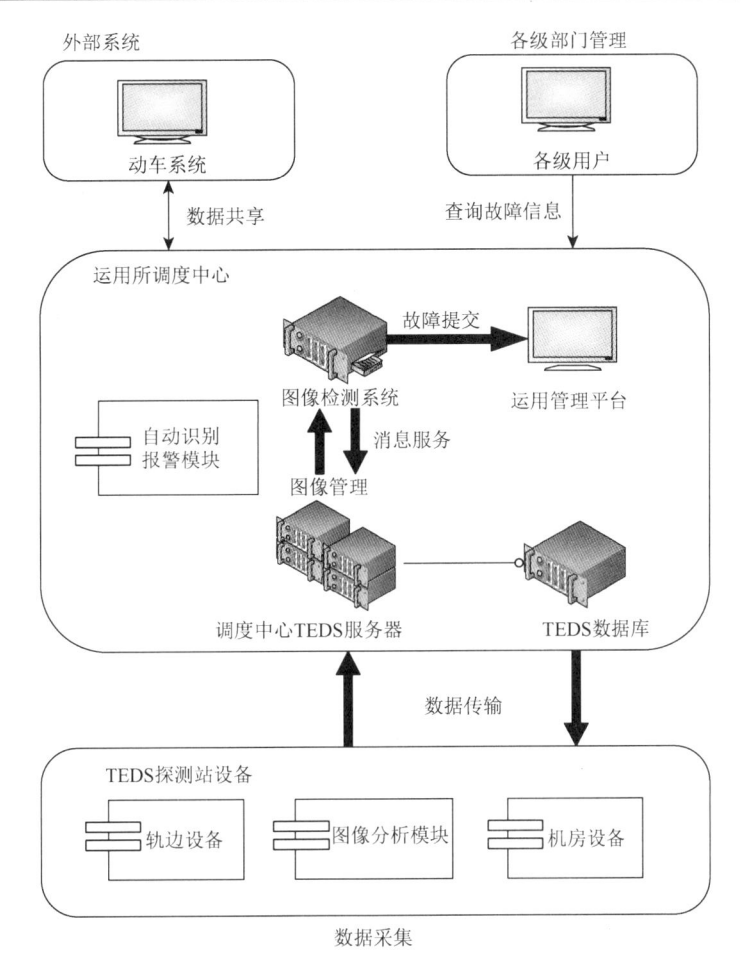

图 5.19 轨边机房设备结构示意图

5.6.2 TEDS 核心功能

1. 利用图像采集阵列采集动车组底部、侧面、转向架高清图像

TEDS 采用高清彩色相机，能够采集动车组底部高清图像，能清晰显示排障器、牵引电机、联轴器、齿轮箱、轴箱、牵引拉杆、各种管线、跨接线、基础制动装置、轮轴、制动盘、闸片以及底部各螺栓螺母、圆销开口销等的外观状态；能够采集转向架各零部件、各管线、悬吊件及裙板螺栓螺母等零部件高清图像。该系统为自动化分析与检测提供可靠的数据源。

2. 系统能够对动车组图像进行自动分析和识别，对异常的地方进行分级报警提示

检测系统具有动车组全列图像异常预警功能。通过图像自动分析和比对，对异常部位进行分级报警提示，人工仅需对报警提示信息进行确认和处理。该功能可大大降低看图人员的工作量，减少了动态作业人员配备数量和作业时间，有效提高故障预警和作业质量。该功能还可以辅助质检人员和验收人员进行二次核查，减少故障的漏检。

3. 系统具备双向接车功能

检测系统可以实现双向接车，对出库和入库的动车组均进行图像检测。

4. 系统具有车号图像自动识别功能，实现车辆图像与车号的自动索引

检测系统采用图像识别技术，自动识别动车组车辆车号，建立车辆部件图像与车号的一一对应关系，实现对同一车辆的部件图像自动比对和异常分级报警。

5.6.3 TEDS 工作过程

TEDS 的工作流程可以归纳为以下五个步骤（图 5.20）：

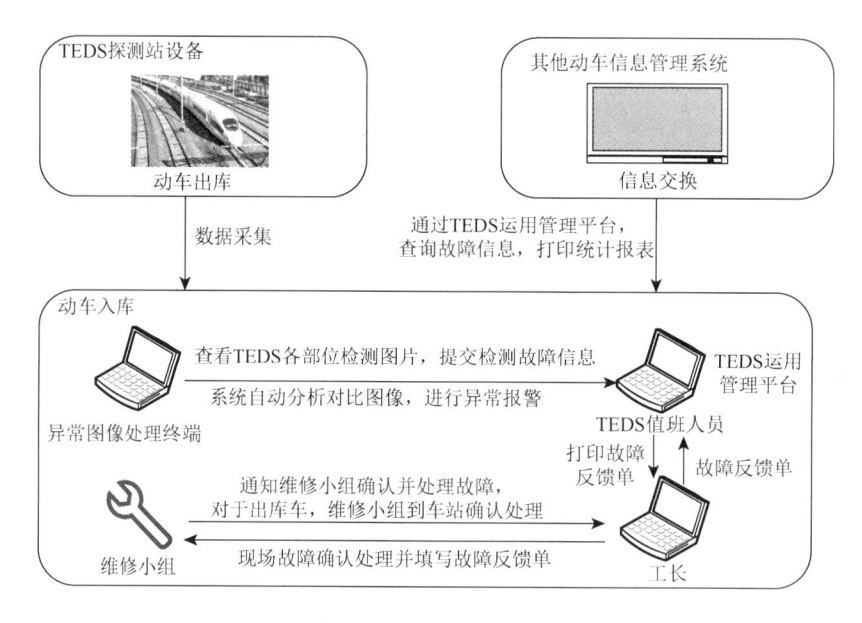

图 5.20 TEDS 工作流程

（1）动车组在出入库过程中，车轮传感器检测到动车到来，系统图像采集设备及补偿光源系统做好图像数据采集准备工作。

（2）在动车通过的过程中，高分辨率彩色图像传感器采集图像。

（3）在系统采集图像的过程中，通过网络将图像、车辆编组等信息传输到图像存储服务器。

（4）图像信息检测终端通过网络从服务器上获取动车组图像数据和过车信息后显示在显示器上，动车检车员通过浏览图像对客车侧下部、底部及顶部图像进行自动故障确认、检测。

（5）在动车检车员浏览图像检车时，系统的图像识别服务器自动对当前的所有车辆图像进行分析和比对，对异常的图像或温度进行主动报警和提示。

5.6.4 TEDS 关键技术

1. 动车组电气控制技术

TEDS 为实现高速动车组通过探测站设备时实现实时的计轴计辆、动车组关键位置精确定位（定位精度 1cm 以内）的拍摄以及车号图像的准确抓拍，专门研制了新型的微秒级高速中断控制板及微秒级高速输入/输出（input/output，I/O）控制板等硬件设备。由于需要同时对 11 个高速摄像头及光源进行独立控制，该系统采用分布式控制结构来构架控制算法，同时由于设备安装位置受限，列车侧部检测设备是在一条直线上，这样需要同时考虑在拍摄时的对光干扰问题，并且为了获取更优的图像效果，系统还必须考虑底部光源对侧部拍摄的光补偿以及侧部光源对底部拍摄的光补偿。

2. 图像采集技术

TEDS 采用了嵌入式图像压缩处理技术、新型内存管道技术、硬盘内存二次映射技术及多线程并行处理等最新的高速处理、存储技术。系统首先通过嵌入式图像压缩处理技术在前端完成图像数据压缩，其次通过新型内存管道技术构建数据通道，然后利用硬盘内存二次映射技术建立数据缓冲区，采用多线程并行处理对多路相机数据同时进行处理，提高数据处理速度，实现了 300 帧/s 百万像素级图像的采集、处理及存储。

图像采集采用线面结合方式，采用一个分辨率为 4K 像素点的线阵相机获取动车组底部全息图像，部件图像无拼接，有利于人工对大部件的状态检测。线阵相机光源采用红外线激光，可以有效屏蔽阳光干扰。因为线阵相机仅能扫描到与相机芯片垂直的目标面，所以系统采用多个面阵相机辅助拍摄重点部位的图像，确保关键部位图像细节全面、清晰。同时面阵相机所拍摄的图像可以作为部件变动异常预警进行比对分析的模板图像。

图像传输采用窄带通信技术将处理（压缩）后的图像信息经多点映射（反射机制）传输，实现了对窄带网络带宽 9%以上的占用，实现了网络资源利用的最大化，同时利用帧间冗余数据共享技术对 TEDS 拍摄的横向及纵向相邻图像之间的冗余数据进行去重操作。图像传输与处理加速器系统通过图像分析算法定位相邻图像之间的重叠区域，并提取公用的图像信息，在传输过程中，把所有图像重叠部分的信息打包为一个公用信息进行传输，其余图像只传输没有重叠的部分，从而实现帧间冗余数据的共享传输。

3. 车次、车号识别技术

1）字符区域定位

粗定位步骤中主要采用纹理定位法结合颜色定位法定位，其中纹理定位法是通过寻找图像边缘的方法来定位车号位置，适合于光照偏弱、偏强或不均匀的情况；颜色定位法是通过颜色分类找到车号位置，是很好的辅助定位手段。

2）字符分割

字符分割主要采用投影法和模板匹配法对字符和数字进行有效的分割。

3）字符识别

字符识别主要采用支持向量机和神经网络相结合的方法识别字母和数字，利用支持向量机构建字符识别分类器，针对分割出的字符设计最有区分度的统计特征（包括字符重心、边缘质心等）用于分类器训练，在使用有限样本进行训练的基础上实现较好的字符识别效果。

4. 异常识别告警技术

利用图像比对方法实现图像故障的异常报警，主要涉及图像配准和变化检测两方面。

基于尺度不变特征转换（scale invariant feature transform，SIFT）算法用于图像配准和比对。SIFT算法对图像采集的仿射变换、视角变化、噪声干扰能保持一定程度的稳定性，适用于进行海量特征数据的快速、准确匹配，经过优化后，可以达到准实时匹配的效果。图片配准的主要目的是消除图像采集过程中由于车速、天气、光线、抖动等外部因素造成的图像不一致，实现归一化，从而为下一步真实图像内容变化检测打好基础。

变化检测基于方向梯度直方图（histogram of orientation gradient，HOG）算法，配准后图像进行方向梯度直方图描述子的比较，将两幅配准后的图像进行描述子比较，在提取描述子过程中，基于Block区域的移动步长算法可一定程度过滤振动、平移等干扰因素，可以得出变化的位置、幅值等。方向梯度直方图描述子的核心思想是可以用梯度或边缘的方向密度分布对一幅图像中的物体的表象和形状进行很好的描述。实现的方法是先将图像划分为小的方格形区域，这种区域称为单元连通区域，之后采集单元连通区域中各像素点的边缘方向或者梯度方向的直方图，由这些直方图合并起来就构成了特征描述子。进一步还可以在图像更大的区间对局部直方图进行对比度归一化，此方法通过在图像区间中先计算各直方图的密度，再对区间中的各个方格单元根据这个密度值做归一化，这样可以提高检测的精确度，通过归一化后，对阴影和光照变化可获得更好的稳定性。

5.7 动车组走行部监测系统

走行部是动车组列车最为重要的组成部分，其可靠性直接关系到列车高速运行时的稳定性、行车安全性。5.3介绍了利用红外线检测货运列车走行部轴承故障的方法，然而高速动车组轴承发生故障时，从温度急剧升高到重大事故发生只有非常短暂的时间，因此轴温监测系统无法及时有效地监测并诊断走行部的早期故障。目前，动车组走行部主要采用振动检测和机械尺寸测量等手段来检测早期故障。

走行部作为一个复杂的振动系统，其固有特性决定了其在故障发生早期即有明显的振动信号变化。通过监测走行部关键零件的振动信号和测量轮对几何尺寸变化来预防事故发生是铁路常用的检测方法。

走行部的关键受力零件是最容易出现故障的点，因此应该重点关注。本节以滚动轴承、齿轮装置（传递驱动扭矩或制动扭矩的关键部件，仅动车转向架才有）、轮对的故障为对象，介绍相关的检测技术。

5.7.1 滚动轴承检测

滚动轴承在正常和故障时，其振动信号有显著的变化，利用振动传感器和相应的检测分析手段可以发现故障。

1. 滚动轴承的振动

滚动轴承的振动原则上分为与轴承弹性有关的振动和与轴承滚动表面状况有关的振动两种类型。前者不论轴承正常或异常，振动都会发生，它虽与轴承异常无关，但却决定了振动系统的传递特性；后者则反映了轴承的损伤状况。下面分别对滚动轴承的各种振动做进一步介绍。

1）滚动轴承的固有振动

滚动轴承的常规振动是固有振动，不论有无故障发生，都一直存在。例如，当轴承工作时，滚动体与内环或外环之间可能产生冲击而诱发轴承元件的振动，这类振动与零件材质、质量、转速无关，频率一般由数千赫兹到数万赫兹，是频率非常高的振动；当滚动轴承在承载时振动情况也会发生变化，在不同位置承载滚子数目不同，如图 5.21 所示，所以承载刚度有变化，引起轴心起伏波动，这种振动由滚动体公转产生，有时称为滚动体的传输振动，其振动的主要频率成分为 $f_c z$，其中 z 为滚动体数目，f_c 为滚动体公转频率；另外，当轴承的润滑状态不良时，会呈现非线性弹簧的特性，引起非线性振动；除此之外，当轴承制造或装配工艺存在偏差时也会引起振动，如加工面波纹引起的振动、滚动体大小不均匀引起的振动、装配过紧（图 5.22）或过松引起的振动。这些振动都有自身特征，检测时可以根据特征进行区分。

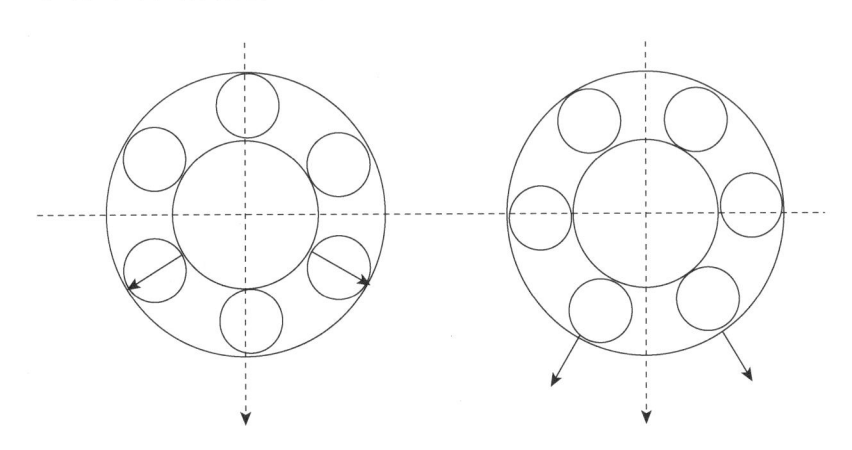

图 5.21 滚动轴承的承载状态图

2）滚动轴承的异常振动

滚动轴承异常振动的原因各种各样，大体可分为疲劳剥落损伤、磨损、烧损等有代表性的三种类型。

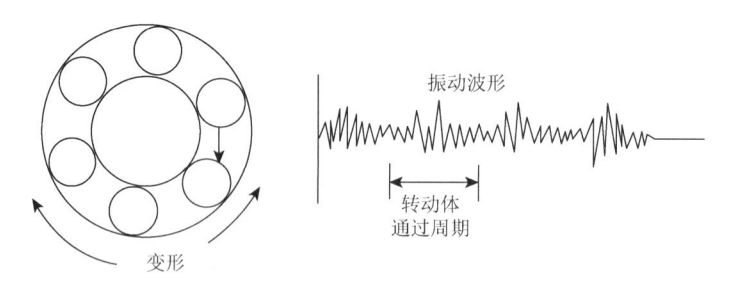

图 5.22 装配过紧引起的振动

（1）疲劳剥落损伤。

这类损伤包括表面剥落、裂纹、压痕等滚动面发生局部损伤等，这都会引发轴承的异常状态。在发生表面剥落时，会产生如图 5.23 所示的冲击振动，这种振动从性质上可分成如下两类。

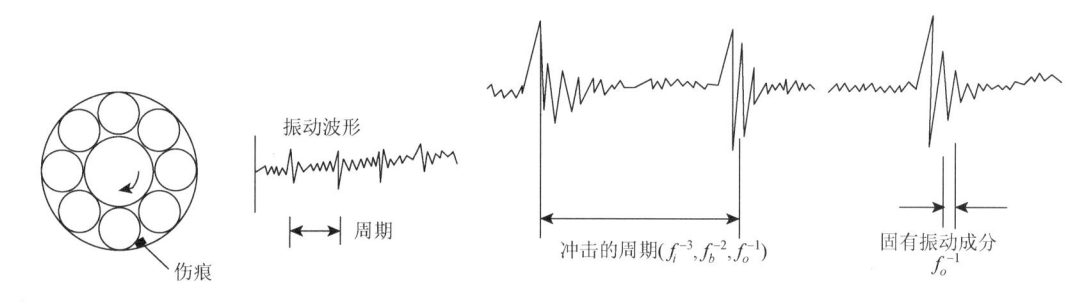

图 5.23 滚动轴承发生冲击振动示意图

第一类是由于轴承元件的缺陷，滚动体依次滚过工作面，缺陷受到反复冲击而产生的低频脉动，称为轴承的通过振动，其发生周期可从转速和零件的尺寸求得。例如，在轴承零件的圆周上发生了一处表面剥落时，由于冲击振动所产生的相应频率称为通过频率，因剥落的位置不同而不同。表 5.2 给出了求取这种通过频率的相应公式，其中 z 为滚动体数目，f_a 为轴转动频率，D 为轴承节径，d 为滚动体直径，α 为接触角。

表 5.2 通过频率计算公式

表面剥落的位置	冲击振动发生的间隔频率
内圈	$f_i = \dfrac{1}{2} f_i \left(1 + \dfrac{d}{D}\cos\alpha\right) z$
外圈	$f_o = \dfrac{1}{2} f_a \left(1 - \dfrac{d}{D}\cos\alpha\right) z$
滚动体	$f_b = \dfrac{1}{2} f_a \left(1 - \dfrac{d^2}{D^2}\cos^2\alpha\right) \dfrac{D}{d}$

滚动体通过频率一般在 1kHz 以下，是滚动轴承的重要信息特征之一。但由于这一频

带中的噪声，特别是机器中流体动力噪声的干扰很大，目前较少直接利用这一频带诊断轴承故障。

第二类是固有振动。根据频带不同，在轴承故障诊断中可利用的固有振动有三种：

①轴承外圈一阶径向固有振动，其频带在 1~8kHz 范围内。在离心泵、风机、轴承寿命试验机这类简单机械的滚动轴承故障诊断中，这是一种方便的诊断信息。

②轴承其他元件的固有振动，其频带在 20~60kHz 范围内，能避开流体动力噪声，信噪比高。

③加速度传感器的一阶固有频率。合理利用加速度传感器（安装）系统的一阶谐振频率作为监测频带，常在轴承故障信号提取中收到良好的效果，其频率范围通常选择在 10kHz 左右。

由于各种固有频率只取决于元件的材料、形状和质量，与轴转速无关，一旦轴承元件出现疲劳剥落损伤就会出现瞬态冲击，从而激发各种固有振动。所以，利用这些固有振动当中的某一种是否出现，即可诊断是否出现疲劳剥落损伤。

轴承内环表面剥落时的振动波形如图 5.24 所示，外环表面剥落和滚动体表面剥落的振动波形与此类似。

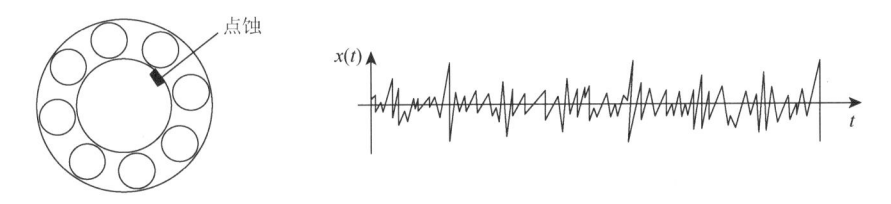

图 5.24　轴承内环的点蚀及振动

疲劳状态下典型自功率频谱特征如图 5.25 所示。图中给出在通用疲劳寿命试验机上，轴承的正常、钢球疲劳、外圈疲劳和内圈疲劳状态下振动加速度的自功率谱图。

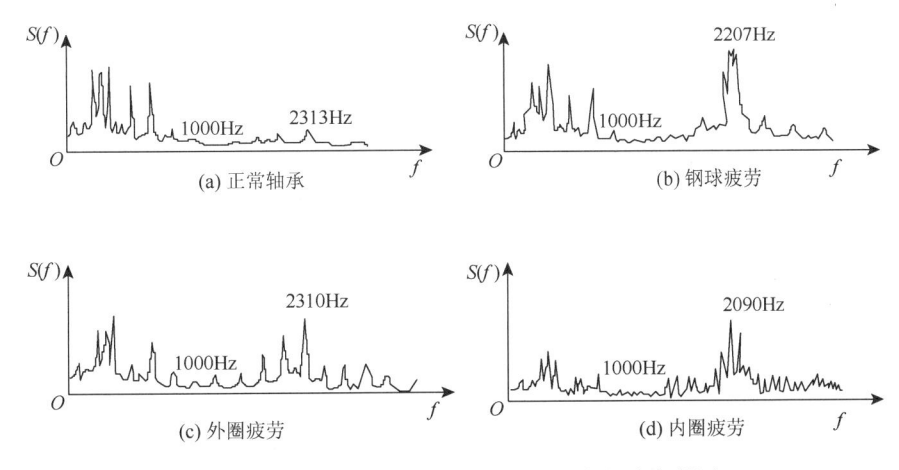

图 5.25　轴承不同状态下的振动加速度自功率谱图

由图 5.25 可见，对于正常轴承，频率成分多集中在 800Hz 以下。轴承出现疲劳后，这部分的变化并不十分显著，但在某一中频带，则出现大量峰值群。研究表明，此峰值群的中心频率与测试轴承外圈及其外壳形成的振动系统的一阶径向固有振动有关。尽管不同元件疲劳时都会激起中心频率大体相同的中频峰值群，且该峰值群具有明显的脉冲调制特征，但各峰值群在调制频率方面有确定且明显的区别。

图 5.26 为滚动轴承正常和发生疲劳剥落损伤时振动信号的幅值概率密度函数。疲劳剥落损伤发生时，振动幅值分布的幅度广，这是由剥落所致的冲击振动。因此，根据振动信号幅值的概率密度函数的形状就可以进行异常诊断。

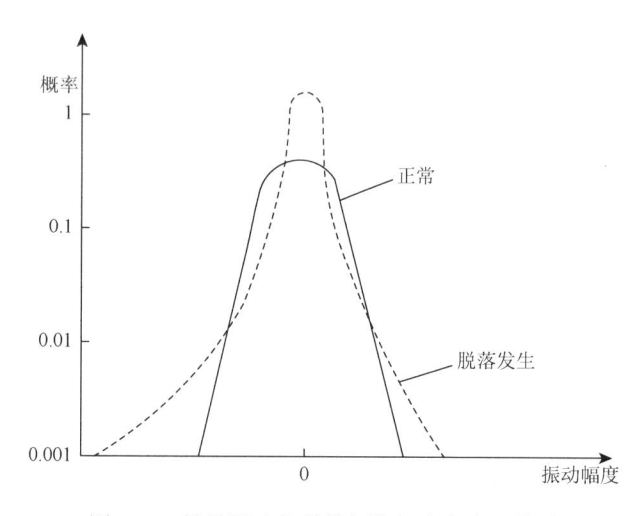

图 5.26 轴承振动信号的幅值概率密度函数图

（2）磨损。

由图 5.27 可见，磨损轴承与正常轴承的振动相比，两者都是无规则的，其振幅的概率密度大体均为正态分布，频谱也无明显差别，只是振动有效值和峰值比正常时大。

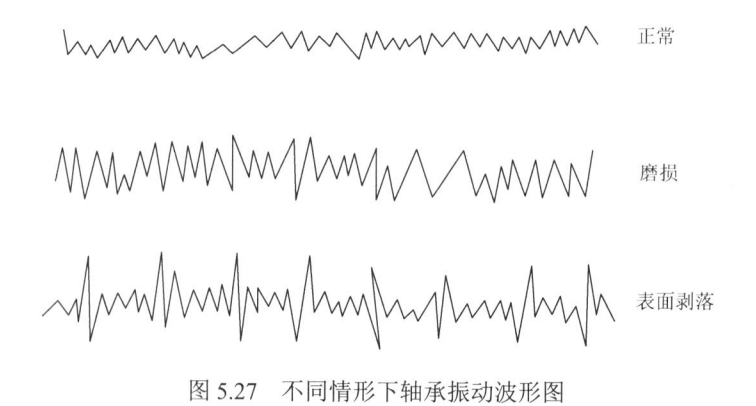

图 5.27 不同情形下轴承振动波形图

（3）烧损。

这类异常是由润滑状态恶化等原因引起的。由于从烧损的征兆出现到不能旋转的时间很短,难以预知或通过定期检查发现。烧损过程中,伴随着冲击振动,且找不出其发生的周期,同时轴承的振动急速增大。

2. 滚动轴承异常振动的检测方法

1)有效值和峰值判别法

有效值即均方根值,由于这个值是对时间取平均的,对磨损这类无规则振动波形的异常,其测定值变动小,虽可给出恰当的评价,但不宜用于对剥落、压痕等具有瞬变冲击振动异常的判别,此时峰值判别法比有效值适用。

2)概率密度分析法

轴承由于磨损、疲劳、腐蚀、断裂、压痕、胶合等因素会使轴承振幅增大,振动谐波增多,如图 5.27 所示,高密度区增高,而两旁的低密度区向外扩展。此时利用概率密度作为诊断特征量很有效。

3)包络法

滚动轴承异常在运行中产生脉动时,不但会引起高频冲击振动,同时此高频振动的幅值还受到脉动激发力的调制。

在包络法中(图 5.28),将上述经调制的高频分量拾取出来,经放大、滤波后送入解调器,即可得到原来的低频脉动信号,再经频谱分析即可获得功率谱图。

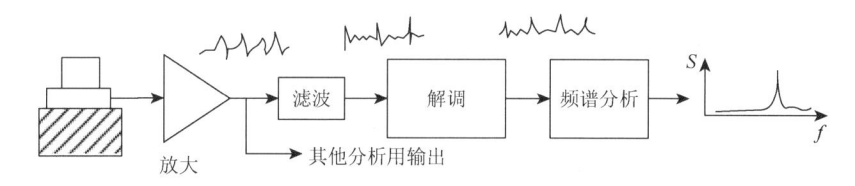

图 5.28 包络法原理框图

包络法不仅可根据某种高频固有振动是否出现来判断轴承是否异常,并且可根据包络信号的频率成分识别出发生故障的元件(如内圈、外圈、滚动体)。

包络法把与故障有关的信号从高频调制信号中解调出来,避免与其他信号混淆,因此有很高的诊断可靠性和灵敏度。

4)高通绝对值频率分析法

高通绝对值频率分析法是将加速度计测得的振动加速度信号经放大器后,再通过 1kHz 的高通滤波器,只抽出高频成分,然后将滤波后的波形做绝对值处理,再将经绝对值处理后的波形进行频率分析,即可判明各种故障原因。

5)共振解调技术

共振解调技术是从振动检测分析技术发展起来的一门技术。传统的振动检测分析技术是直接对振动信号做快速傅里叶变换(fast Fourier transform,FFT)分析,得到振动频谱,该频谱中含有由机器转子不平衡、支承对中不良因素引起的低频振动的多阶频谱,齿轮啮合频率振动的多阶频谱,轴承故障损伤引起冲击的若干阶频谱。该频谱中,前两种因素的频谱线非常强大,轴承故障冲击的频谱线实际上是看不到的,因此想要从中发现轴承的故障是不可能的。但是,轴承故障冲击的一个重要特征是具有很宽的频带,也就是说,它的故障冲击具有机器中任何振动所不具有的高频能量。如果设置一个谐振频率远高于常规振动频率的高频谐振器,它将吸收冲击的能量而产生自由衰减振荡,可定义为广义共振。特别值得注意的是,如果没有轴承故障冲击,不管低频的振动有多大,该高频谐振器都不会发生共振;而只要有微小的冲击,高频谐振器就发生很大的自由衰减振荡。应用电子电路提取冲击并产生这个共振波,再对它做绝对值检波和平滑滤波,就能得到共振解调波。

共振解调技术的特征如下:

(1) 对应性,即共振解调波与轴承等故障冲击一一对应,不遗漏任何一次故障冲击;

(2) 选择性,即只对故障冲击响应,没有故障冲击就没有共振解调波;

(3) 放大性,即微小的故障冲击能激起很大的共振解调波;

(4) 比例性,即共振解调波的幅度与原始的故障冲击幅度成比例;

(5) 展宽性,即共振解调波的宽度远大于冲击脉冲的宽度,展宽的程度与谐振器的 Q 值有关,与冲击的重复频率无关;

(6) 低频性,即共振解调波的重复频率是低频信号,即共振解调将冲击的高频能量调理为低频信号的方式,以便于分析;

(7) 多阶 FFT 性,即共振解调波的频谱是多阶的梳状频谱线。

利用这些特性,只需研究共振解调波及其频谱,就能方便地识别轴承是否发生了金属硬碰撞,从而判别故障。

在对轴承进行故障检测和诊断时,可根据实际情况,选择某一高频固有振动作为研究对象,通过中心频率等于该固有频率的带通滤波器把该固有振动分离出来,然后通过包络检波器检波,去除高频衰减振动的频率成分,得到只包含故障特征信息的低频包络信号,对这一包络信号进行频谱分析便可容易地诊断出轴承的故障。利用共振解调技术诊断轴承故障的流程如图 5.29 所示。

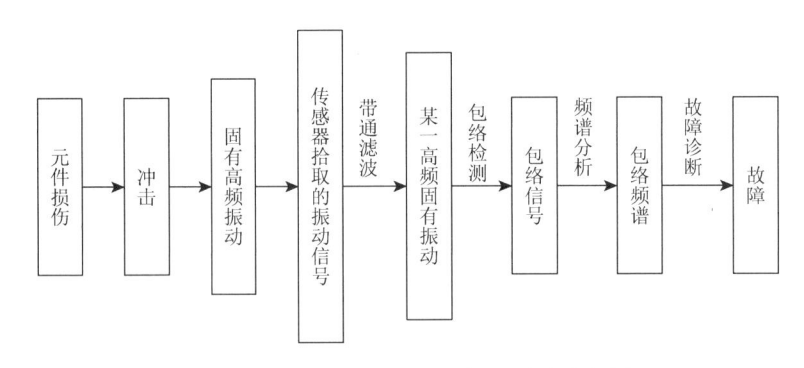

图 5.29 共振解调技术诊断轴承故障流程图

5.7.2 齿轮装置故障检测

齿轮装置的作用是将主电动机的扭转力矩传递到车轴,显然齿轮是其中的关键受力点，最容易发生故障。常见的齿轮故障形式主要有四种，即断裂、磨料磨损、擦伤及疲劳剥落，不同故障会呈现不同的信号特征。

1. 齿轮的振动信号特征

1）齿轮正常时的振动

没有缺陷的正常齿轮，其运行时的振动主要是由齿轮自身的刚度等引起的，其振动波形为周期性的衰减波形，其中低频信号具有近似正弦波的啮合波形，时域波形如图 5.30 所示。从频域来看，有啮合频率及其谐波分量，即 $nf_c(n = 1, 2, \cdots)$，且以啮合频率成分为主，其高次谐波依次减小；同时，在低频处有齿轮轴旋转频率及其高次谐波 mf_r ($m = 1, 2, \cdots$)，频谱图如图 5.31 所示。

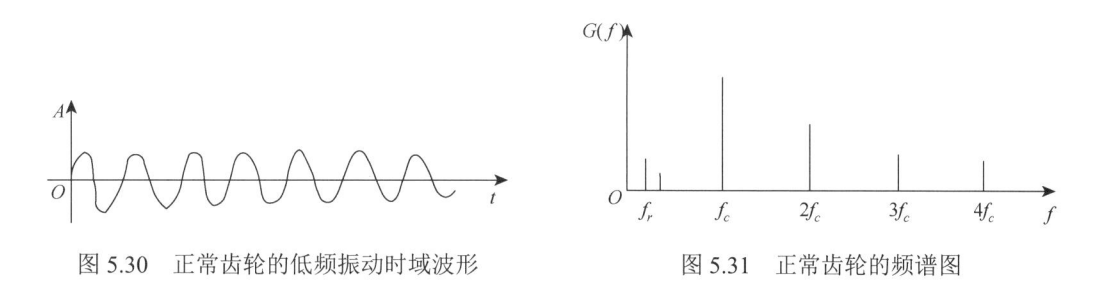

图 5.30 正常齿轮的低频振动时域波形

图 5.31 正常齿轮的频谱图

2）齿轮磨损引起的振动

齿轮磨损是指由于齿轮的材料、润滑等方面的原因或者长期在高负荷下工作造成的齿面磨损。

齿轮发生均匀磨损会导致齿侧间隙增大，从而对其正弦波式的啮合波形造成破坏，图 5.32 是齿轮发生磨损后引起的高频及低频振动。

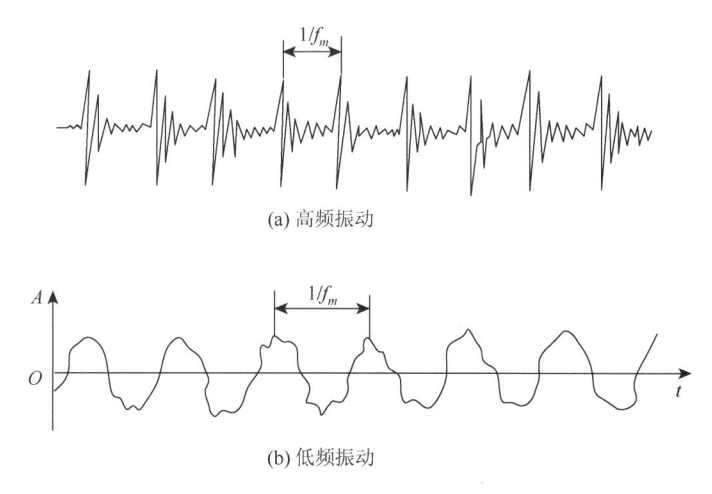

(a) 高频振动

(b) 低频振动

图 5.32 齿轮磨损引起的高频振动和低频振动

f_m 为啮合频率

从频率上看，其啮合频率及其谐波分量 nf_c ($n=1,2,\cdots$) 在频谱图上的位置保持不变，但其幅值大小发生了改变，而且高次谐波幅值相对增大较多。分析三个以上谐波的幅值变化就能从频谱图上检测出这种特征，如图 5.33 所示。

随着磨损的加剧，还有可能产生 $1/k$ ($k=2,3,\cdots$) 的分数谐波，有时还会出现如图 5.34 所示的呈非线性振动的跳跃现象。

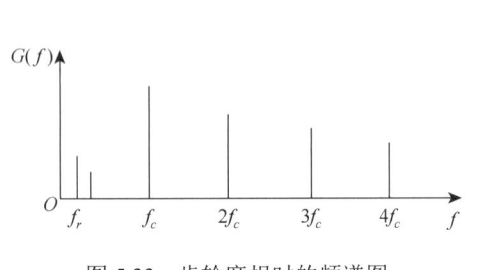

图 5.33　齿轮磨损时的频谱图

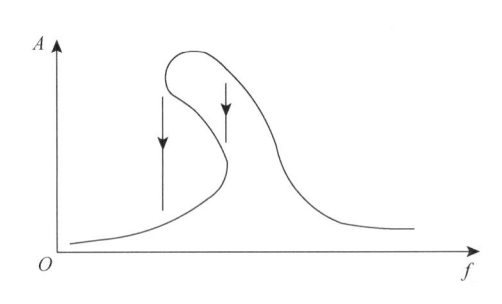

图 5.34　非线性振动跳跃现象

3）齿轮偏心引起的振动

齿轮偏心是指齿轮的中心与旋转轴的中心不重合，这种故障往往是由加工造成的。当一对相互啮合的齿轮中有一个齿轮存在偏心时，其振动波形由于偏心的影响被调制，产生调幅振动。图 5.35 为齿轮偏心时的振动波形。

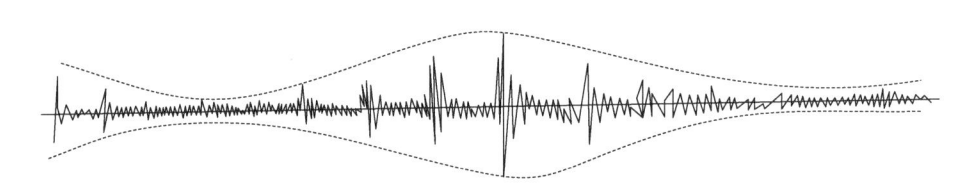

图 5.35　齿轮偏心时的振动波形

其频谱结构将有两个变化：一是以齿轮的旋转频率为特征的附加脉冲幅值增大；二是发生以齿轮转一周为周期的载荷波动，从而导致调幅现象，这时的调制频率为齿轮的回转频率，比所调制的啮合频率要小得多。图 5.36 为偏心齿轮的典型频谱特征。

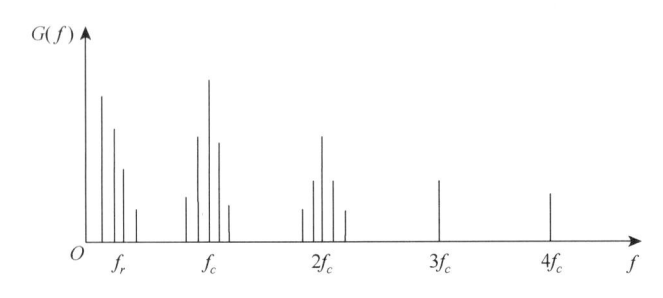

图 5.36　偏心齿轮的典型频谱图

4）齿轮不同轴引起的振动

齿轮不同轴故障是指由于齿轮和轴装配不当造成的齿轮和轴不同轴。齿轮不同轴故障会使齿轮产生局部接触，导致部分轮齿承受较大的负荷。

当齿轮出现不同轴或不对中时，其振动的时域信号具有明显的调幅现象。图 5.37 为其低频振动信号呈现明显的调幅现象。

从频率上分析，由于其振幅调制作用，会在频谱上产生以各阶啮合频率 nf_c ($n = 1, 2, \cdots$)为中心、以故障齿轮的旋转频率 f_r 为间隔的一阶边频带，即 $nf_c \pm f_r$ ($n = 1, 2, \cdots$)。同时，故障齿轮的旋转特征频率 mf_r ($m = 1, 2, \cdots$) 在频谱上有一定反映。图 5.38 为典型的发生不同轴故障齿轮的特征频谱图。

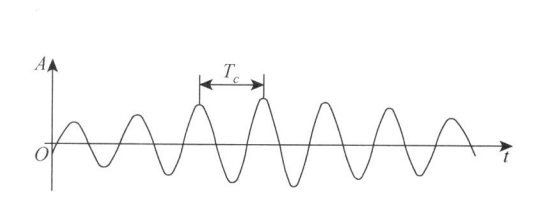

图 5.37　齿轮不同轴的齿轮振动波形

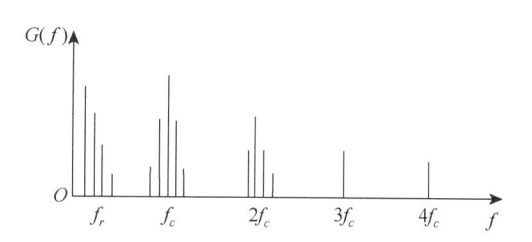

图 5.38　典型的轴齿轮不同轴故障频谱图

5）齿轮局部异常引起的振动

齿轮的局部异常包括齿根部有较大裂纹、局部齿面磨损、轮齿折断、局部齿形误差等，图 5.39 表示了几种常见的异常情况。

齿轮局部异常的振动波形是典型的以齿轮旋转频率为周期的冲击脉冲，如图 5.40 所示。

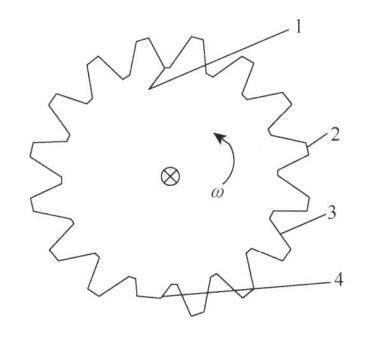

图 5.39　齿轮的局部异常

1. 齿根部有裂纹；2. 局部齿面磨损；3. 局部齿形误差；
4. 断齿

图 5.40　齿轮局部异常的振动波形

具有局部异常故障的齿轮，由于裂纹、断齿或齿形误差的影响，将以旋转频率为主要频域特征，即 mf_r ($m = 1, 2, \cdots$)，如图 5.41 所示。

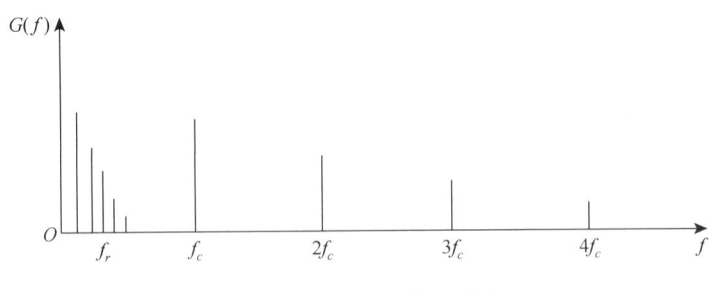

图 5.41 齿轮局部异常的频谱图

2. 齿轮的振动信号检测与分析

齿轮在运转过程中，通常是在齿轮箱上测取振动信号，通过 FFT 处理后，做振动信号的功率谱分析，借以监测和诊断齿轮运行工况，也可用声级计测取齿轮箱运行时的噪声作为分析的信号。

1）啮合频率及其各次谐波的分析

以标准渐开线为轮廓的齿轮，在节线附近是单齿啮合，从节线两侧的某个部位开始（其确切位置由重叠系数而定）至齿顶和齿根的两个区段为双齿啮合。因此，每个轮齿在啮合过程中，载荷的分配是变化的，载荷的变化会引起轮齿的刚度发生变化，从而引起轮齿的振动，在齿轮运转时，其振动频谱图上含有啮合频率及其各次谐波分量。此外，两啮合轮齿的齿面相对滑动速度及摩擦力在节线处会改变方向，从而形成交变的摩擦力，而且齿廓的制造误差等因素会在啮合频率及其各次谐波上产生振动分量，特别是齿面均匀磨损后，这些成分会变得格外突出。随着齿轮的磨损，频谱图上啮合频率及其各次谐波振动分量的幅值都会上升，如图 5.42 所示。需要注意的是，啮合频率高次谐波的幅值要比基波的幅值上升得快。

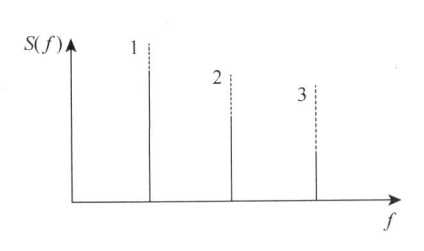

图 5.42 齿轮磨损的典型频谱图（虚线为磨损后情况）

啮合频率是齿轮振动中比较突出的成分，它既是齿轮齿廓磨损的一个灵敏指针，同时齿面上产生的点蚀、剥落等损伤也会在啮合频率及各次谐波成分上表现出来。

对一对新齿轮来说，其振动能量水平较低，啮合频率的基波及其二、三次谐波幅值依次减少。对于具有中等点蚀故障的齿轮，其频谱随着点蚀的增加，整个频谱的幅值都随之增加，且啮合频率高次谐波幅值将超过基波；另一个特点是，啮合频率的二次谐波两边的边频带愈加丰富。当齿面出现重度点蚀时，谐波噪声总量急剧上升，且啮合频率的谐波延伸到七次以上。

啮合频率分析也有其不足之处，由于它是齿轮振动众多能量的平均值，因此在局部齿轮呈现损伤时，其幅值的增长不明显，只有大多数轮齿受到磨损或出现点蚀、剥落等损坏时才有明显的增量。

此外，齿轮的振动信号十分复杂，故障对振动信号的影响是多方面的，会产生振动冲击和信号的调制现象。因此，还需要进一步分析齿轮运转的轴频和边频及其谐波成分的变化，才能确定齿轮故障的类型和发生的位置。

2）齿轮振动信号中的调幅、调频现象

在一对齿轮啮合的过程中，其啮合频率及其各次谐波可以看成一个高频振荡，即载波。而那些在每周期呈现一次或两次的振动信号，如齿面上的点蚀、剥落所引起的振动信号可视为缓变信号，即调制信号。两种信号同时出现时，就会产生调制效应。在频谱图中，两频线间的间隔即其调制信号的频率——这是非常有价值的诊断信号，找出调制信号的频率即可判别其相应的故障。调制又可以分为两类：幅值调制和频率调制。

（1）幅值调制。

幅值调制简称调幅，它是由齿面载荷波动对振动幅值的影响而造成的。当齿轮齿矩周期性变化、载荷的波动以及局部或均布故障的出现都会产生幅值调制效应。幅值调制从数学的观点上看，是两个函数（信号）相乘，而在频域中则表现为两个函数的卷积，如图 5.43 所示。齿轮缺陷分布不同，对边频带的影响也不同。

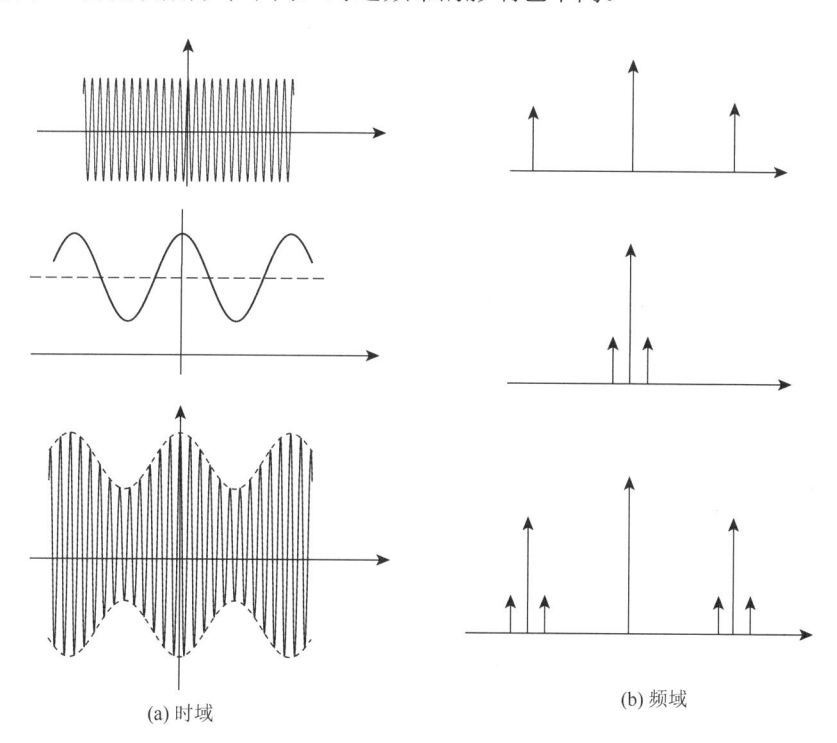

(a) 时域　　(b) 频域

图 5.43　单一频率的幅值调制

①局部缺陷。当齿轮缺陷发生在局部时，相当于齿轮每转一圈产生一个脉冲激励，齿轮的啮合频率被一个短的周期脉冲所调制。在频谱图中表现为啮合频率两侧的大量边频带，其幅值较低且均匀而平坦，如图 5.44（a）所示。

②均布缺陷。均布缺陷是一种分布比较均匀的缺陷，它相当于时域包络线比较宽的脉冲，因此它在频谱图中表现为在啮合频率两边产生了一簇幅值较高、起伏较大、分布较窄的边频带，如图 5.44（b）所示。

(a) 局部缺陷

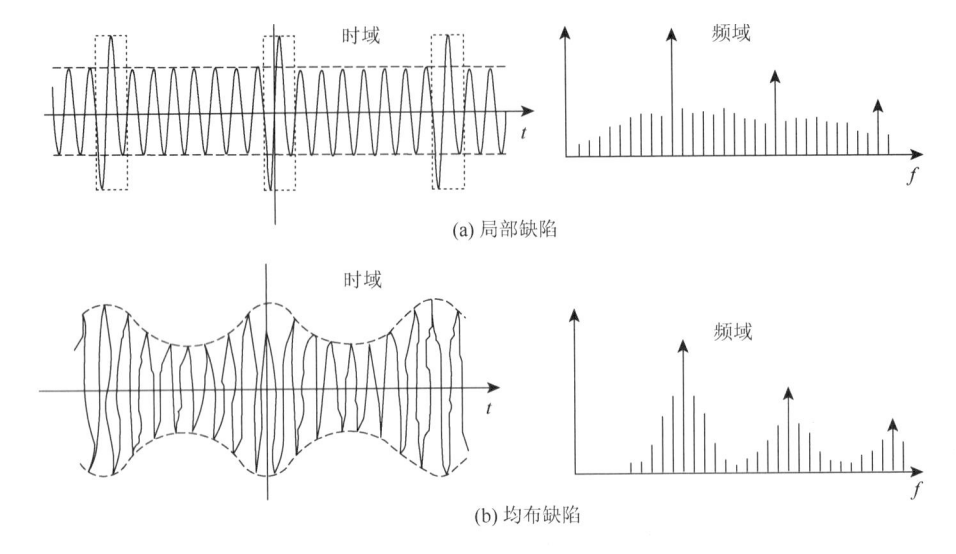

(b) 均布缺陷

图 5.44　齿轮缺陷分布对边频带的影响

（2）频率调制。

齿轮载荷不均匀、齿距不均匀以及故障造成的载荷波动，除了对振动幅值产生影响，也必然产生扭矩波动，使齿轮转速产生波动。这种由齿轮周期性变化及载荷波动引起的调制，称为频率调制。事实上，一个齿轮上的载荷发生波动就会引起齿轮速度的波动，所以导致调幅的因素也必然会导致频率调制，两种调制总是同时存在的。调频的结果同样会在频谱图中出现一簇边频带，其间距的含义与调幅相同，如图 5.45 所示。从理论上讲，由调幅、调频效应所产生的边频带对载波应是对称的。但实际上，由于经常是调幅和调频效应同时产生，而且还有相位等因素的综合影响，在频谱图上会形成不对称的边频带，尽管如此，只要仔细分析，同样能找出其特征频率——边频带的谱线间隔。

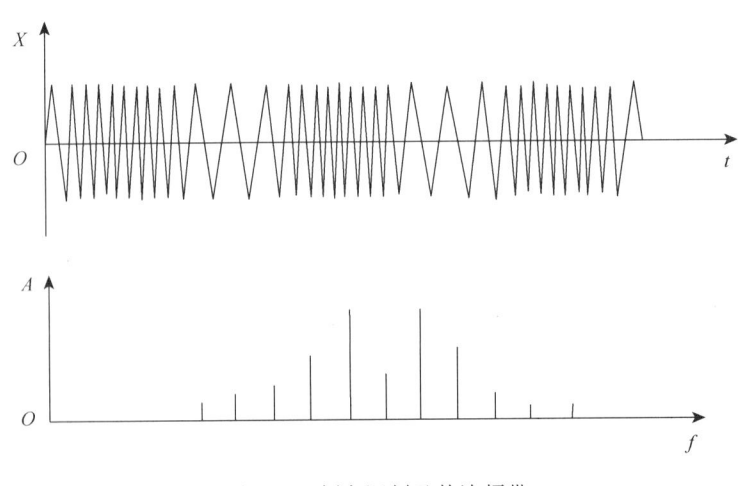

图 5.45　频率调制及其边频带

3. 齿轮故障的时域诊断分析

近年来在齿轮振动分析方法上开始重视时域分析，即利用相位信息对振动信号进行分析。下面介绍利用相位分析的残差法和解调法。

1）残差法

齿轮信号中总是包含很强的常规振动成分，由故障造成的振动信号变化相对常规振动来说是很小的，由此得到的振动特征参数往往不够敏感，但在一定假设条件下，可以将上面两种振动成分分离。

先对时域平均后的信号做 FFT 滤波处理即可得到齿轮常规振动和故障振动（即残差）的时域信号，从而实现两者的分离。残差分析的过程如图 5.46 所示。

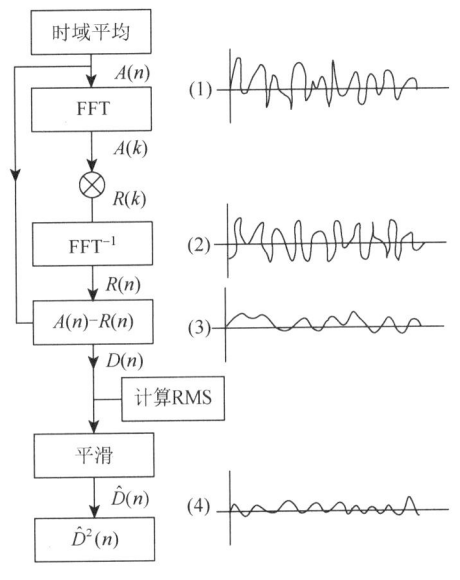

图 5.46 残差分析流程图

RMS 指均方根

残差信号为齿轮时域平均后的信号和常规平滑振动信号之差。正常齿轮的残差幅值较小，随着故障的出现，残差增大。在故障点进入啮合处，残差明显增大。为了定量描述，可以计算残差信号的有效值，利用残差信号比直接根据原始信号更能反映故障的影响。

2）解调法

从时域信号中直接提取调制信号，直接分析调制信号在齿轮故障影响下的变化，这就是解调法，齿轮振动信号的解调包括对调幅、调频两种调制的解调，但研究和应用较多的是对频率的解调。

一般情况下，齿轮振动信号为周期函数，用傅里叶级数展开后可表示为 N 项之和，每项分别对应一个边频族（即啮合频率的某一阶谐频及其周围的边频成分），如图 5.47 所示。对信号做带通滤波，以便取出一个边频族。

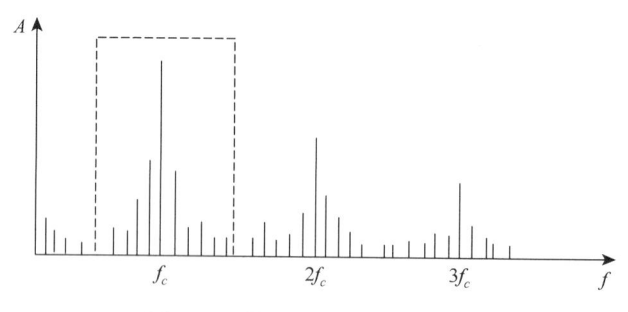

图 5.47 带通滤波器的波段选择

下面进行瞬时频率波动（transient frequency fluctuation，TFF）分析。TFF 分析是以 Hilbert 变换为基础的一种频率解调方法，它可以提取信号的调制频率变化曲线。信号中若存在频率调制，则其瞬时波动频率 TFF(t)时高时低，围绕其载波频率上下波动。因为齿轮故障会使振动产生频率调制，所以通过 TFF 分析可以识别齿轮故障。

TFF 分析的过程如图 5.48 所示。经过时域平均、带通滤波后，再对信号做 Hilbert 变换，然后经过公式计算即可直接得到 TFF(t)曲线。在计算过程中，采用了差分代替微分运算的方法。

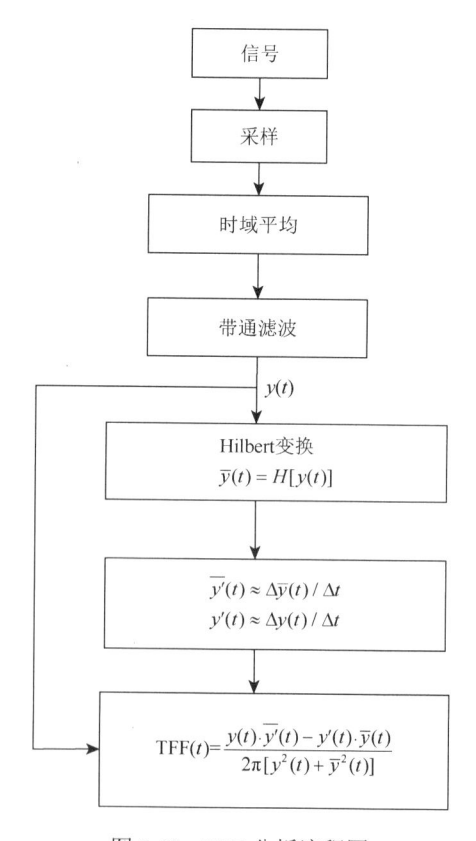

图 5.48 TFF 分析流程图

图 5.49 是用 TFF 方法对一标准频率调制信号的解调结果,其中载波信号和调制信号均为单一频率成分的简谐函数。从图中可以看到,TFF 曲线只与载波信号的频率变化有关,与其幅值无关。

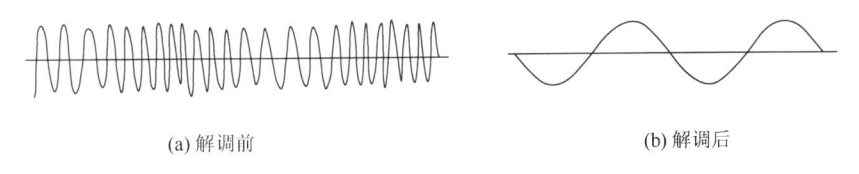

(a) 解调前

(b) 解调后

图 5.49 调频信号 TFF 法解调

5.7.3 轮对故障检测

轮对是机车走行部重要的部件之一,在运行的机车车辆中,轮对直接受轨道的冲击作用,是工作条件最恶劣的部件,也是机车走行部最容易出现故障的部件。轮对部分的故障常常是车辆系统和运行线路系统技术状态发生恶化的原因。轮对的主要检测内容有外形尺寸变化、轮对裂纹、踏面擦伤等。

1. 动车组轮对外形尺寸测量

在轮对与钢轨的相互作用下,会使车轮的轮廓产生磨耗,从而改变车轮轮廓尺寸。车轮的轮廓尺寸与车轮内侧距离是列车安全运行的决定性参数。

1) 轮对圆度的测量

轮对圆度的测量机构如图 5.50 所示。它主要由量杆、气缸、减振器和滑轮式线位移传感器等组成。

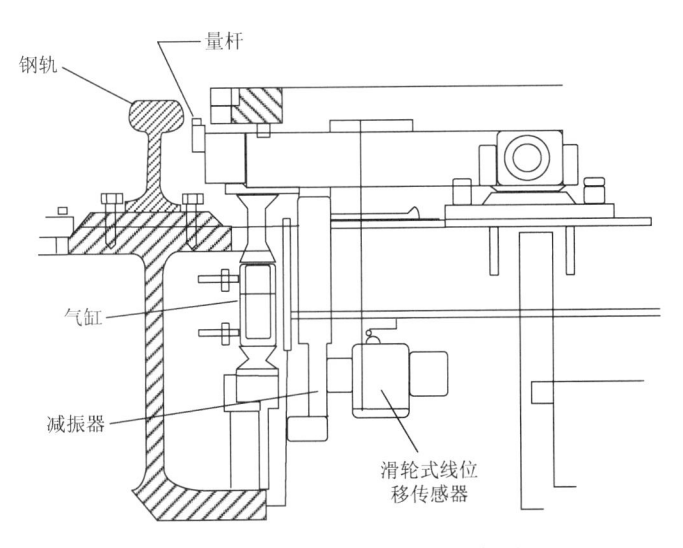

图 5.50 轮对圆度测量机构示意图

轮对圆度测量原理如图 5.51 所示，测量区钢轨的测量面及与通过轮对轮缘密贴的测量杆构成测量副，车轮踏面与对应处轮缘保持随动。用整个车轮圆周线上的轮缘顶点和测量线的测量偏差确定某一车轮的同心度或平点（擦伤）。

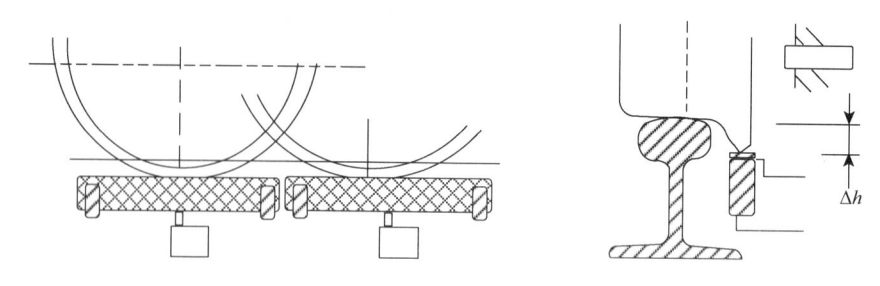

图 5.51 轮对圆度测量原理示意图

假设要进行检测的车轮轮缘顶点是圆形的且与旋转轴同心（由于铁路车轮的轮缘顶点不会磨损且对轮对进行定期维护和检测，因此这种假设对整个列车来说是正确的），车轮在制动时如产生平点，这时车轮受阻，车轮踏面受挤压，这对局部和公差范围窄的轮缘高度有重大影响。

用轴承上的振荡量杆扫描轮缘顶点，这些量杆在气缸的作用下从底部压向轮缘顶点，机电式位移传感器（滑轮式线位移传感器）记录量杆的测量值，可检测出由轮缘高度变化引起的量杆测量值变化，将测量值连续地描绘在坐标系上，可以得到类似图 5.52 所示的线条，通过线条形态可以判断轮对圆度。该方法可保证测量不受量杆弹性变形的影响。如果量杆在车轮滚过一侧时突然受力会产生弹性变形，每个量杆在气缸的作用下以一定的接触压力压向车轮踏面，减振系统可调节量杆装置的位置变化。测量设备在用完后要落下，使轮缘顶点与扫描杆在轮缘顶点变化（测距操作）时不接触，这样可以避免损坏和不对准。

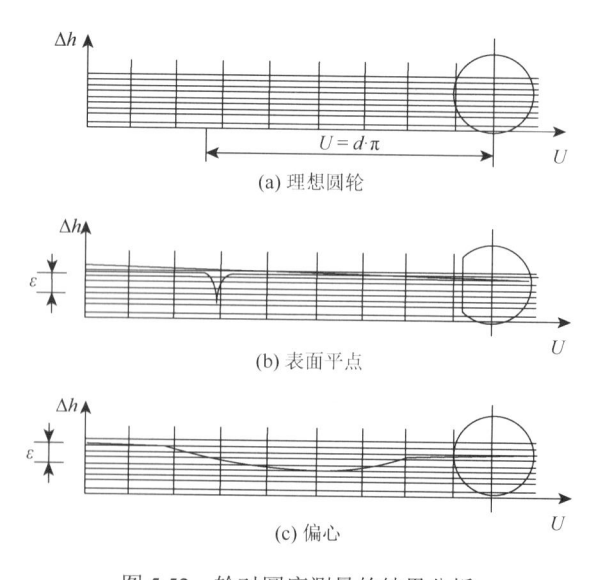

(a) 理想圆轮

(b) 表面平点

(c) 偏心

图 5.52 轮对圆度测量的结果分析

2）轮对直径的测量

各个轮对的负载不同，会造成运行过程中的磨损程度不同。某一转向架上轮径不均会造成个别车轮打滑或轮缘与轨道单侧磨耗。

轮对直径测量机构如图 5.53 所示，它主要由激光器、CCD 摄像机、激光测距传感器、车轮检测器等组成。

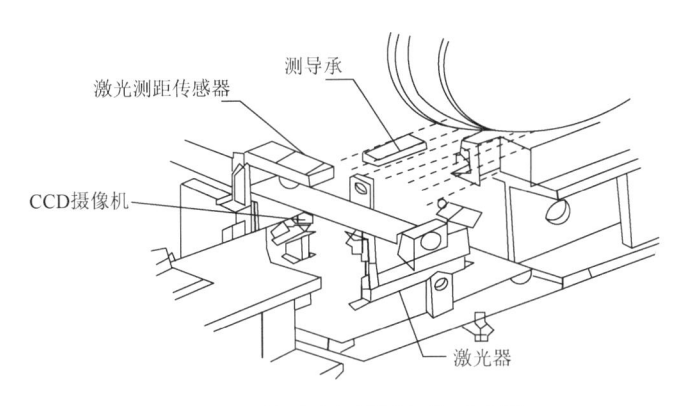

图 5.53 轮对直径测量机构示意图

轮对直径测量机构的主要测量部件有激光测距传感器、电涡流传感器（或其他车轮检测器）及数据处理单元。两个传感器固定在钢轨内侧，如图 5.54 所示。当车轮由左向右运行时，激光测距传感器的测量值逐渐增大，电涡流传感器的输出值由大变小。当车辆轮对刚好经过电涡流传感器正上方时，电涡流传感器的读数达到最小，将这一时刻激光测距传感器的测量值输入数据处理单元，即可计算出被测车轮的直径。

轮对直径测量原理如图 5.55 所示，激光测距传感器安装于 A 点，电涡流传感器安装在 C 点下方，两个传感器之间的安装距离为 L，车轮半径为 R。当车轮向右运行至测量区域时，激光测距传感器的激光以 α 的照射角射出，并在车轮踏面形成光斑 B 点，当 C 点下方电涡流传感器读数最小时，此时激光测距传感器可以测出 A、B 两点的距离 l。

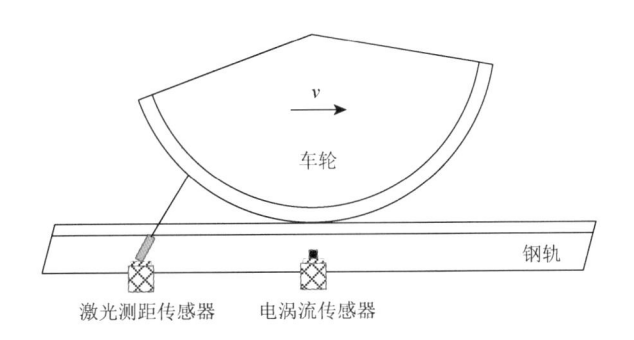

图 5.54 轮对直径测量示意图

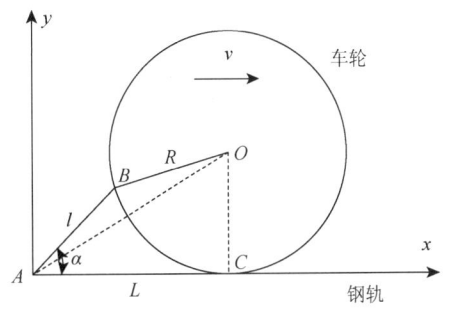

图 5.55 单激光测距传感器测轮对直径原理图

如果 A 为坐标系原点，那么 B 点坐标为 ($l\cos\alpha$, $l\sin\alpha$)，对车轮圆周上任意点 (x, y) 有等式：

$$(x-L)^2 + (y-R)^2 = R^2 \tag{5-13}$$

将 B 点坐标代入式（5-13）中，可得车轮直径 D：

$$D = 2R = \frac{2L+2l}{l\sin\alpha} - \frac{2L}{\tan\alpha} \tag{5-14}$$

由式（5-14）可知，在两传感器距离 L 确定、激光线仰角 α 确定的情况下，根据激光测距传感器的测量值即可计算出车轮直径。实际测量时还需考虑误差问题，也可以使用双激光距离传感器等其他测量方案。

3）轮廓测量及两轮对内距测量

轮对的两个车轮轮廓采用光学测量方法进行非接触测量，通过激光测距传感器确定轮缘轮廓及轮对的距离。

轮廓测量原理如图 5.56（a）所示。线光源沿轮心方向投射车轮踏面部分形成从轮缘到踏面的光截曲线，该光截曲线包含踏面外形尺寸信息，用与光入射方向成一定角度的 CCD 摄像机拍摄车轮外形光截曲线图像，经过图像实时采集、处理获得车轮外形曲线，如图 5.54（b）所示，从而计算出车轮轮廓的几何尺寸。系统在实际实施中，通常采用内外两侧光源入射的方式形成车轮外形的完整轮廓曲线。

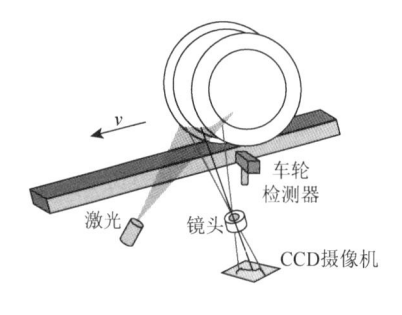

(a) 轮廓测量原理示意图   (b) 轮缘轮廓图

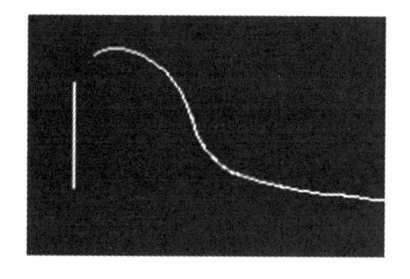

图 5.56 轮廓测量原理示意图和轮缘轮廓图

两轮对内距测量比较简单，一般采用激光三角测距法即可完成，这里就不展开介绍了。

2. 轮对裂纹的检测

提高列车速度和延长运行时间会加速车轮踏面出现裂纹类缺陷。超声波无损检测可以探测到车轮踏面近表面裂纹和材料缺陷。

1）利用超声波检测轮对裂纹

这种方法是利用非破坏性的超声波检测方法检测车轮踏面的裂纹和缺口。左、右两轨道外侧各集成了两个超声波检测头，超声波检测头安放在橡胶体内，使车轮经过时可以与车轮踏面保持弹性接触，如图 5.57 所示。这样可以保证超声波检测头尽可能长时间地与滚动车轮保持接触并产生脉冲。

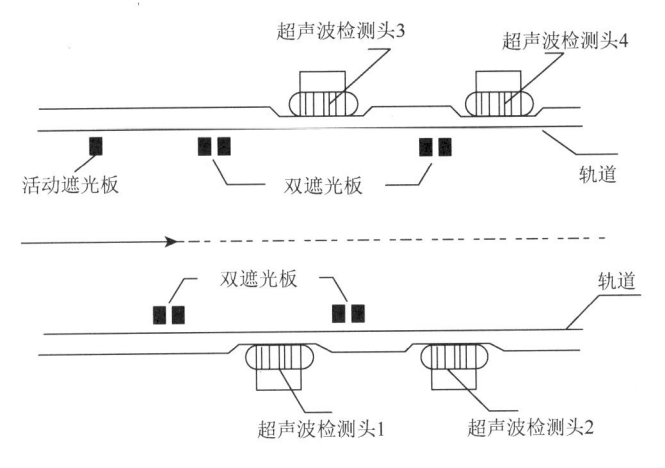

图 5.57 轮对裂纹测量机构示意图

测量原理如图 5.58 所示。当某一车轮通过超声波检测头时，检测头向车轮发出一种超声脉冲表面波，这种超声脉冲表面波数次往返于车轮表面。根据车轮尺寸的不同，大约经过 1ms 后该超声脉冲表面波通过检测头所在点。车轮表面的超声波运动会在检测头上产生最初的偏心回声信号。

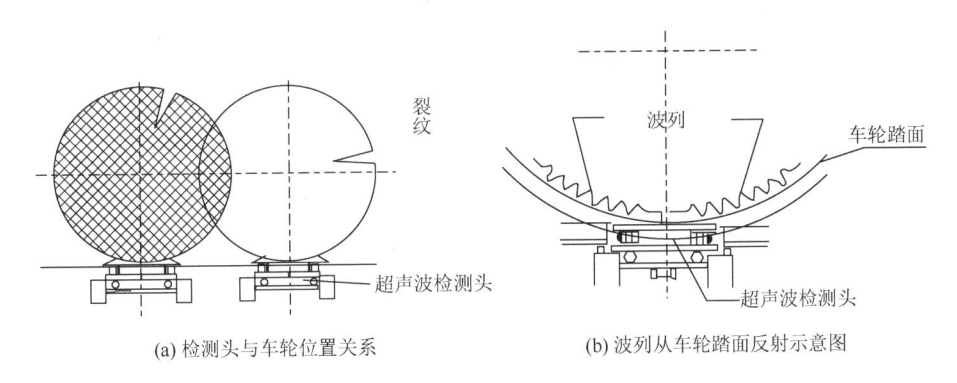

(a) 检测头与车轮位置关系　　(b) 波列从车轮踏面反射示意图

图 5.58 轮对裂纹测量原理示意图

若沿着波列方向车轮表面有大面积的损坏（如水平裂纹或缺口），则会有一部分振动能量反射回来。该反射信号早于偏心回声到达检测头，这样就可以清楚地证明表面有缺陷，也就是检测到一种错误回声信号。在检测头的接收侧产生一系列除正常信号外的其他回声信号，再由计算机模块根据回声信号检测出车轮踏面的状况。

由于位于超声波检测头接触区内的裂纹或与之呈 80°角的裂纹无法被检测到，因此对每一轨道线还要进行二次检测。超声波检测头内的电磁线圈由活动遮光板开启接通，车轮踏面的超声波脉冲表面波用超声波检测头前面的双遮光板消除。

2）利用加速度传感器检测轮对裂纹

动车组转向架构架、车体的加速度信号中含有大量有关踏面擦伤的特征信息，因此可以以动车组转向架构架、车体的加速度信号为监测对象。通过对其信号的分析与处理，来提取与踏面擦伤有关的特征信息。此方法可实现在线检测，检测步骤一般为布置检测点、采样数据、特征分析。

研究表明，从一位轴头处采集到的垂向加速度信号对与本轴箱配合的轮对、一系悬挂、轴承等部件更为敏感。因此，可把加速度传感器的测点选择在一位轴头处，以获取转向架构架的垂向加速度信号。

采样数据需要注意的是数据采样频率的设计，当在踏面擦伤部分与轮轨接触的时间里，如果采样频率选取过小，就有可能漏掉构架加速度在受到擦伤时的冲击响应信号，从而造成诊断的失误。因此，信号采样频率的选择除了要满足采样定理，还要保证每次轮对踏面擦伤部分和轮轨接触时至少进行一次采样。这里引入圈采样频率、采样点行程的概念。圈采样频率就是车辆系统每运行一个轮周长的距离时采集系统进行采样的点数，其单位是点/圈。采样点行程就是采集系统每进行一次采样，车辆系统所运行的距离，用 S 表示，其计算公式如下：

$$S = \frac{1}{f_s} \times v \tag{5-15}$$

式中，S 为采样点行程（mm/点）；v 为列车的运行时速（km/h）；f_s 为采样频率（Hz）。

如果轮对踏面擦伤部分长度小于采样点行程 S，那么在踏面擦伤部分与轮轨接触的时间内，就有可能没有进行构架垂向加速度采集，因此要减小采样点行程，提高采样的频率。然而，若采样频率太高，会混进不必要的高频成分，同时也会增加采集处理系统的内存负荷，增加实时处理的难度。因此，应在尽可能捕捉到踏面擦伤故障信号的前提下，选择尽量低的采样频率。

当车辆沿着不平顺的轨道上运行时，正常时的车辆在轨道随机不平顺的激扰下，车辆的各个部件产生随机响应（均服从正态分布）。轮对踏面擦伤后，会在踏面局部范围内引起曲率半径变化。列车车辆运行时，踏面带有损伤的轮对会对钢轨产生周期性的冲击，这种冲击还会反作用到轮对和列车车辆上，加剧车辆的振动。这时，构架的垂向加速度信号与非踏面擦伤时相比，表现出具有周期性的冲击响应。利用此类特征，就可以检测出故障发生情况。

5.8 动车组牵引传动系统监测

牵引传动系统是指将电能经过传输和转换后，提供给牵引电机，转换成机械能驱动列车运行的系统。牵引传动系统一旦发生故障，会影响列车牵引、制动控制的性能，造成列车控制不稳定、停车不准确、列车晚点、下线等，严重时还会造成列车完全丧失牵引力。因此，对动车组牵引传动系统故障情况进行监测具有重要意义。需要注意的是，第 4 章介绍过的接触网检测装置是对路网的接触网状态检测，它不包含对列车受电弓、牵引机电装置的检测。本节介绍动车组牵引传动系统监测主要关注的是动车组的受电弓离线和物理状态检测、滑板磨耗检测以及牵引电机和变压变流装置的检测。

5.8.1 受电弓离线检测

1. 离线现象

在动车组运行过程中,受电弓与接触网处于一种动态接触状态,离线是指弓、网脱离接触,而在离线状态下,动车组内的网压表显示为零。由于弓、网接触是动态接触,瞬时的离线是容许的,也是不可避免的,但是,长时间的离线就会严重影响受流状态,从而影响动车组的正常运行。离线一般是以最大离线时间和单位时间内的离线次数来衡量的。

离线发生时伴随着以下特征:
(1) 离线时伴有高频电磁波产生。
(2) 测量用受电弓(不受流的受电弓)离线时产生火花,火花电流变化陡峭。
(3) 测量用受电弓离线时,受电弓与接触线间的电阻变大。
(4) 受电弓和接触线之间的接触压力趋于零。
(5) 受电弓在牵引状态下离线时,会产生电弧并发出强烈的紫外光。

利用上述五种特征可检测出离线信号,目前国内外广泛投入研究使用的检测方法主要有电阻测量法、电流测量法及光学测量法。

2. 离线的检测方法

1) 电阻变大法

电阻变大法的基本原理如图 5.59 所示。图中,C_1 为隔离电容,I 为恒流源,J 为检测电路环节,C_2 为接触网对地(钢轨)的分布电容。弓、网接触时,电流通过 $C_1 \rightarrow$ 受电弓 $\rightarrow$ 接触网 $\rightarrow C_2 \rightarrow$ 钢轨构成回路,使流入 J 的电流变小,一旦产生离线,弓、网之间的阻抗变大,电流流入 J 内,从而检测出离线信号。为了减小 C_1、C_2 间的阻抗,I 采用了高频信号。信号源产生的高频电流信号经功率放大器放大后,产生一个恒定的信号电流。当受电弓与导线接触时,接触电阻很小,检测回路 J 被旁路,信号电流大部分通过高压电容流向接触网,再经接触网沿线分布的电容流回钢轨,经检测车接触轴流回接触网离线检测装置,形成回路。当受电弓和接触导线发生离线时,在上述接触和离线两种状态下,反映到检测回路中的信号电流可产生两种幅值不同的电压信号,此电压信号经选频、解调、触发等环节可测量出离线信号。电阻变大法由于其技术简单和费用低,被大多数检测车所采用。

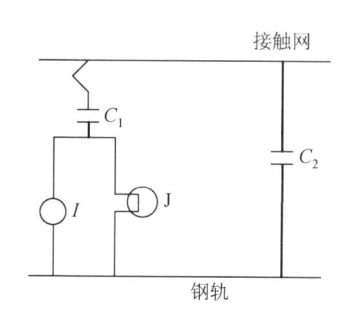

图 5.59 电阻变大法检测原理示意图

2) 电阻-电容法

电阻-电容法是在测量用受电弓与地面之间接入 2 个电容和 1 个电阻,如图 5.60 所示。

该方法利用电容器 C_1 测量受电弓电压，电阻测量受电弓电流，电容器 C_0 充当分压器。当受电弓和接触线接触良好时，接触线电压发生改变，对电容充电和放电的电流将流经受电弓；离线时，电流将随着受电弓与接触线间的距离和电压差的变化而变化，离线时电压呈阶梯状，而电流为间隔不规则的脉冲或零电流情况，如图 5.61 所示。电阻-电容法离线检测就是通过检测这些波形的变化来检测离线的，该方法精度高，现在应用于日本部分铁路线的检测车上。

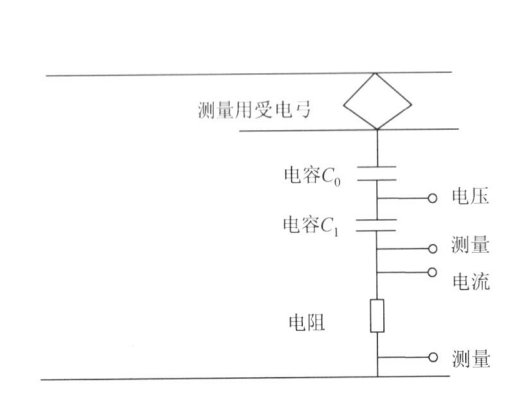

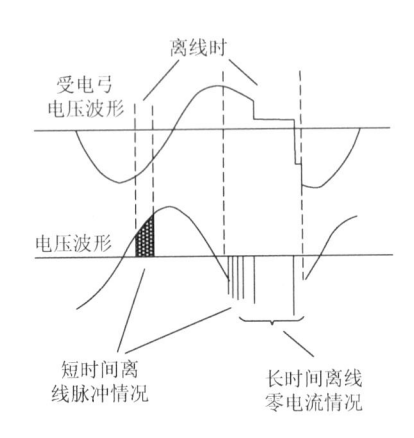

图 5.60 电阻-电容法检测原理示意图　　图 5.61 电阻-电容法离线检测时电流、电压波形

3）交流电式离线检测法

受电弓离开导线时，流过受电弓的电流就是零。根据这个原理，日本研制了交流电式离线检测装置，在日本的新干线得到了广泛的应用，其原理如图 5.62 所示。电流沿接触线→受电弓→变流器→电动机→钢轨流动。一旦受电弓 1 离开接触线，流过受电弓 1 的电流为零。检测出这种电流为零的状态就是交流电式离线测定法的目标。由于交流电大小以零为中心上下振动，即使没有离线，电流也有为零的情形，这种状态称为过零。为了排除过零点，应将受电弓电流及其微分值均为零的情形作为检测离线的依据。用这种方法可以准确地检测出离线。其优点是可以在车内立刻知道目前的离线率等数据；其

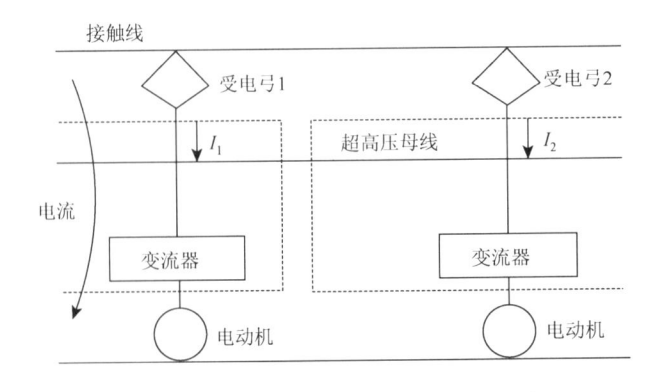

图 5.62 交流电式离线检测原理示意图

缺点是列车惰行时，由于受电弓电流大体上为零，无法确定信号中何处是离线，故不能测定离线。另外，当加速放缓而受电弓电流值急剧减小时，或碰上异相电源切换的区段，此时滑板并没有离开接触导线，却出现离线的异常显示。此装置只能测量大离线的工况，对拉弧、放电、小离线的情况不能测定。

4）电流循环式离线检测法

电流循环式离线检测法的原理如图 5.63 所示，检测车中由振荡器产生的高频信号通过电容器和测量受电弓送至接触网，再经接触网接地电容流回地面。电容器在接触网电压频率较低时为高阻抗，频率较高时为低阻抗。离线时，电容的阻抗由低到高发生突变，从而使通过接触网的高频率电流突变。我国的 JJC-1 型接触网检测车上采用了电流循环式离线检测技术。

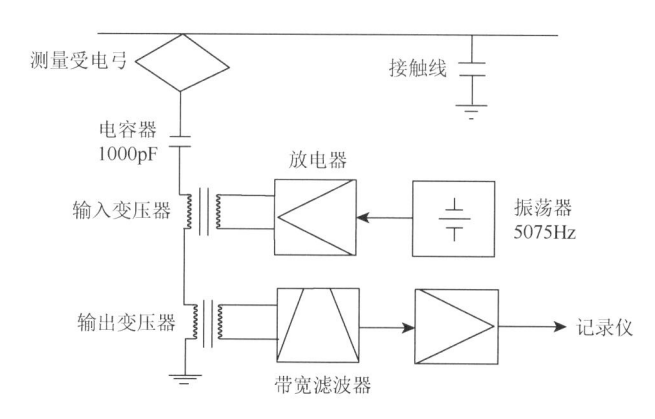

图 5.63 电流循环式离线检测原理示意图

5）火花检测法

火花检测法的原理如图 5.64 所示，在透镜系统中采用一排独立输出的光接收器，并将光电二极管放置在透镜系统的焦点处。将离线产生的电火花转化为电信号并放大，采

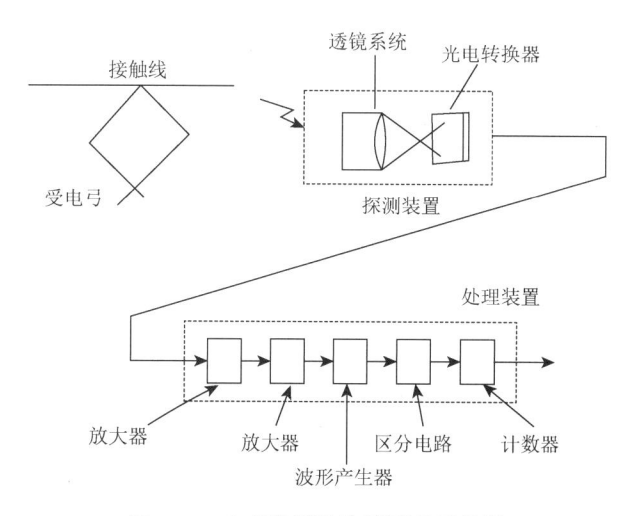

图 5.64 火花检测法检测原理示意图

用高通滤波器除掉环境光影响,再将各信号整流后叠加,得到输出的离线信号。这种方法的优点是不用接触受电弓上的高压部分就可以实现离线检测,而且可以实现对任何受电弓/接触网系统进行检测;缺点是在直流系统或者列车滑行时,由于离线很小、弧光很弱而不能实现精确的检测。

6) 紫外光测量法

受电弓在牵引状态下离线时会产生电弧,发出强烈的紫外光。紫外光测量法就是通过测量受电弓离线时发出的紫外光来检测离线的,检测原理如图 5.65 所示。在该系统中,放置在金属圆柱体内的光电传感器安装在受电弓前的机车顶部,该金属圆柱口安装有特殊的透明石英玻璃,只容许波长为 175~195nm 的紫外光通过。这种方法能够持续监视列车的运行区间,可适用于高速运行的列车。

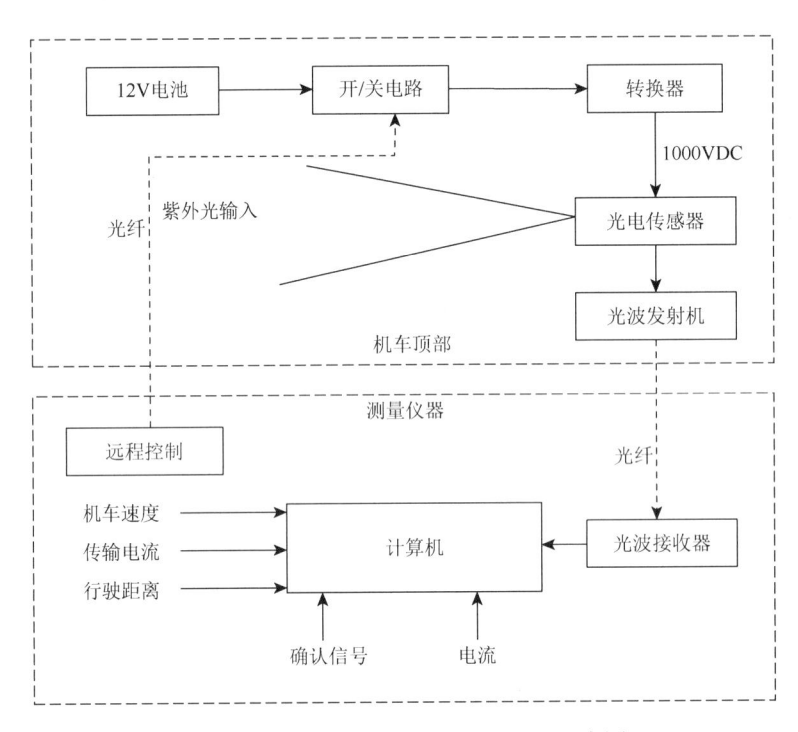

图 5.65 紫外光测量法离线检测原理示意图

5.8.2 受电弓动态检测

动车组在运行中,由于外部因素或受电弓本身质量的影响,会造成受电弓变形(如受电弓托架翻转、左右不平衡、上框架变形等),从而造成弓网故障,轻则刮坏受电弓,重则造成接触网停电或刮断接触网。因此,需要对受电弓状态进行动态检测,主要检测受电弓弓头的变化,如弓头水平性,是否出现前后、左右移动超限等问题。

受电弓动态检测系统的组成框图如图 5.66 所示。核心检测装置是车顶的红外线检测系统。

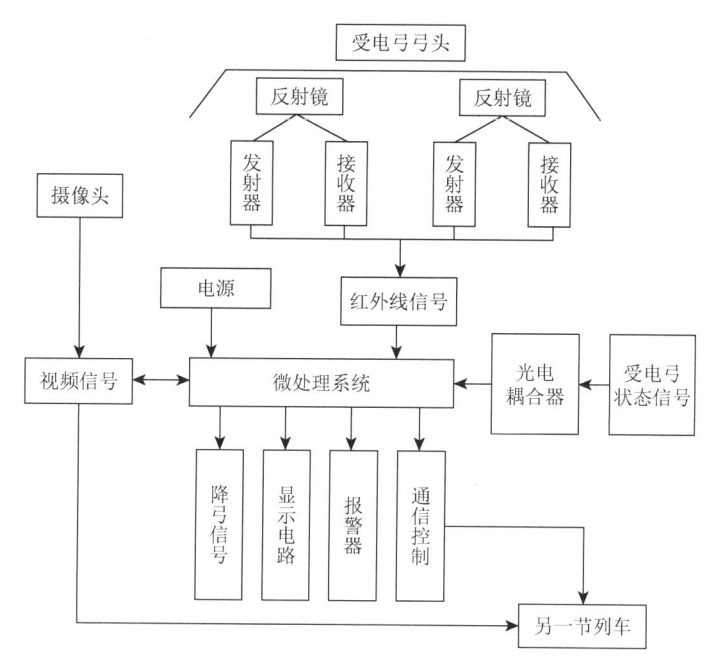

图 5.66 受电弓动态检测系统的组成框图

车顶上的红外线发射器发射的红外线由装于弓头的反射镜反射回车顶后，经红外线接收器接收，并转变为电信号送入驾驶室进行分析。

为保证能准确检测受电弓弓头的变化，在车顶和受电弓弓头的两边分别设置了两套同样的系统来反映受电弓弓头的变化，受电弓弓头设置反光镜 1 面，车顶设置发射器 1 个、接收器 4 个（为判断受电弓弓头变化的方向）。反光镜为 50mm×40mm 的长方形，其安装要求与受电弓弓头处于同一水平位置。发射器安装在车顶上，正对反光镜的中心。在发射器四周设置的 4 个接收器以发射器为中心均衡排列，均为 100mm×80mm 的长方形。

当发射器发射的红外线被反光镜反射后，4 个接收器均能接收到反射回来的红外线信号。根据受电弓静态特性及运用试验资料，受电弓弓头高低偏差不能超过 10mm；受电弓弓头横向摆动不能超过 40mm，不得发生翻转。如果受电弓弓头偏转、高低偏差或横向摆动超出范围，4 个接收器没有一个能接收到反射回来的红外线信号时，则系统检测出受电弓状态异常。

5.8.3 滑板磨耗检测

在列车行车过程中，接触线和受电弓滑板因保持接触不可避免地产生磨损，若磨损量过大，接触电阻会发生变化甚至出现弓网分离，这样牵引供电就会受到影响，甚至引发严重的弓网事故。除了人工登车顶手动测量滑板磨损度，一般还有以下几种检测方法：

（1）在线式定点检测系统。这种系统在固定地点安装超声波装置对滑板进行检测。高架的超声波传感器发送超声波，当受电弓通过时，超声波正好打在滑板上，然后超声波会返回传感器。根据超声波的传输时间与当时的波速，经计算可获得滑板厚度。另外，该装置还能检测滑板表面的凹凸和沟槽。该系统主要由超声波传感器、照明系统、摄像机及控制电路等组成。

（2）利用图像进行受电弓滑板检测。该检测系统使用多台固定位置的CCD摄像机对列车受电弓进行近距离的在线检测，系统实时分析拍摄的图像，检查滑板的磨耗情况。日本新干线就采用了此方法，系统在每个检测位配置了6台摄像机，其中左、右分布的4台黑白摄像机是用来做图像处理的，中间的2台CCD彩色摄像机用来对受电弓进行监测，通常用于异常观测。通过对拍摄到的图像进行处理可以自动检查出缺口、阶梯状磨损及受电弓变形等异常现象。

（3）基于光学技术的检测系统。国内有厂家开发的受电弓滑板磨耗检测系统是利用高精度激光线扫描的方式对滑板进行检测。该系统主要由滑板磨耗检测和受电弓状态图像监控两大模块组成，前者包括高精度激光线扫描传感器、激光器与控制电路等，后者主要包括高速高分辨率的摄像机及相应图像处理模块等。

（4）基于光纤传感器的检测系统。该系统将光纤式磨耗传感器安装于受电弓碳滑板磨耗区，当磨耗产生时，引起光纤断损，通光性能受损消失，通过对多根光纤通断情况的统计分析，得出受电弓碳滑板的磨耗值。该系统包括光源、多芯光纤插头、光纤式磨耗传感器、光电耦合器、信号处理单元等。

5.8.4 牵引变压器检测

1. 牵引变压器的故障及表征

牵引变压器绝缘层老化，使变压器逐渐丧失原有的机械性能和绝缘性能，容易产生局部放电，从而滋生故障。一般的故障有放电性故障、过热性故障、绝缘油故障等。无论发生哪一种故障，其表征都是产生特殊气体。

因电粒子冲击绝缘介质，破坏其分子结构，例如，纤维碎裂，导致发热和绝缘性能下降，出现放电性故障，产生臭氧（O_3）及氮的化合物（NO、NO_2）。当牵引变压器内部发生各种热性故障时，由于局部温度较高，可导致绝缘附近的绝缘介质发生热分解而析出二氧化碳（CO_2），随温度的升高，一氧化碳（CO）也开始增多。牵引变压器内部的油具有绝缘、冷却、防潮、灭弧等作用，这些油的主要成分是环烷烃、烷烃、芳香烃等。当出现热故障时，故障点的热能会使烃类化合物的化学键断裂而产生低分子烃类或氢气，最终牵引变压器的油中会溶解有氢气（H_2）、一氧化碳（CO）、二氧化碳（CO_2）、甲烷（CH_4）、乙烷（C_2H_6）、乙烯（C_2H_4）、乙炔（C_2H_2）等微量气体。这些气体与油中的水分发生化学作用后，会产生硝酸和亚硝酸，它们对绝缘材料有强烈的腐蚀作用，导致变压器故障。

对判断充油变压器内部故障有价值的气体是氢气（H_2）、一氧化碳（CO）、二氧化碳（CO_2）、甲烷（CH_4）、乙烷（C_2H_6）、乙烯（C_2H_4）、乙炔（C_2H_2），这些气体为特征气体，把甲烷、乙烷、乙烯和乙炔含量（油中溶解气体的量，即一定温度、压力下，每升油中所含气体的微升数（mL/L），国标中，标准温度为20℃，压力为101.3kPa）的总和称为烃类气体含量的总和或总烃。表 5.3 给出了不同故障类型时产生的气体。因此，分析溶解于绝缘油中的气体，就能尽早发现牵引变压器的潜在性故障并随时掌握故障的发展情况。

表 5.3 牵引变压器不同故障类型所产生的气体

故障类型	主要的气体成分	次要的气体成分
油过热	CH_4、C_2H_2	H_2、C_2H_6
油和纸过热	CH_4、C_2H_2、CO、CO_2	H_2、C_2H_6
油绝缘中局部放电	H_2、CH_4、CO	C_2H_2、C_2H_6、CO_2
油中火花放电	H_2、C_2H_2	—
油中电弧	H_2、C_2H_2	CH_4、C_2H_4、C_2H_6
油和纸中电弧	H_2、C_2H_2、CO、CO_2	CH_4、C_2H_4、C_2H_6
受潮或油中有气泡	H_2	—

2. 牵引变压器故障的分析方法

1）以特征气体组分含量为特征量的分析法

牵引变压器油中溶解的特征气体可以反映故障点引起的周围油、纸绝缘的热分解本质。气体组分特征随故障类型、故障能力及其涉及的绝缘材料的不同而不同，特征气体分析法（表 5.4）对故障性质有较强的针对性，比较直观、方便，缺点是没有明确的量的概念。

表 5.4 判断变压器故障性质的特征气体组分含量分析法

故障性质	特征气体的特点
一般过热性故障	总烃较高，C_2H_2 含量 $<5\mu L/L$
严重过热性故障	总烃高，C_2H_2 含量 $>5\mu L/L$，但 C_2H_2 含量未构成总烃的主要成分，H_2 含量较高
局部放电	总烃不高，H_2 含量 $>100\mu L/L$，CH_4 是总烃中的主要成分
火花放电	总烃不高，C_2H_2 含量 $>10\mu L/L$，H_2 含量较高
电弧放电	总烃高，C_2H_2 含量高并构成总烃中的主要成分，H_2 含量高

从表 5.4 中可知，几乎每种故障产生的特征气体都有 C_2H_2，但热故障和电故障产生的特征气体中 C_2H_2 的含量差异很大。低能量的局部放电并不产生 C_2H_2，或仅仅产生少量的 C_2H_2，因此 C_2H_2 是故障点周围绝缘油分解的特征气体，而 C_2H_2 的含量又是区分过热和放电两种故障性质的主要指标。由于大部分过热故障，特别是出现高温特点时，也会产生少量的 C_2H_2，例如，1000℃以上时会有较多的 C_2H_2 出现，因此不能将凡有 C_2H_2 出现的故障都视为放电性故障。H_2 是油中发生放电分解的特征气体，但是 H_2 的产生又不完全由放电引起。当 H_2 含量增大，而其他气体组分不增加时，有可能是由于牵引变压

器进水或有气泡引起的水和铁的化学反应，或在高电场强度作用下，水或气体分子的分解或电晕作用所致；如果伴随着 H_2 含量超标，CO、CO_2 含量较大，则是固体绝缘受潮后加速老化的结果。CO、CO_2 是油纸绝缘系统中固体材料分解的特征气体。表 5.5 归纳了特征气体主要成分与牵引变压器异常情况的关系。

表 5.5　特征气体主要成分与牵引变压器异常的关系

主要成分	异常情况	具体情况
H_2 主导型	局部放电、电弧放电	绕组层间短路，绕组击穿；分接开关触点间局部放电，电弧放电短路
CH_4、C_2H_4 主导型	过热、接触不良	分接开关接触不良，连接部位松动，绝缘不良
C_2H_2 主导型	电弧放电	绕组短路，分接开关切换器闪络

2）以总烃及 CO、CO_2 为特征量的分析法

通过大量故障变压器色谱分析数据与故障类别统计分析，总烃与故障类型有一定的关联性，绝缘材料的老化程度与产气速率也有很大的关系。牵引变压器内绝缘纸等固体材料在运行中承受多种因素作用，逐渐老化、分解，产生的主要气体是 CO、CO_2。因此，可以把总烃和 CO、CO_2 作为特征气体来诊断运行中的变压器故障。

（1）根据总烃含量及产气速率诊断。

可利用如下经验进行诊断：

①总烃的绝对值小于注意值，总烃产气速率小于注意值，可诊断为牵引变压器运行正常。

②总烃大于注意值，但不超过注意值的 3 倍，总烃产气速率小于注意值，可诊断为牵引变压器有故障，但发展缓慢，还可继续运行并注意观察。

③总烃大于注意值，但不超过注意值的 3 倍，总烃产气速率为注意值的 1～2 倍，可诊断为牵引变压器有故障，应缩短分析周期，密切注意故障发展趋势。

④总烃大于注意值的 3 倍，总烃产气速率大于注意值的 3 倍，可诊断为牵引变压器有严重故障，发展迅速，应立即采取必要措施，有条件时可进行掉罩检修。

（2）根据总烃变化趋势诊断。

对大量出现过热性故障的牵引变压器色谱试验分析结果表明，牵引变压器内部存在潜在性故障时，总烃随时间的变化曲线主要有两种表现形式：一种是总烃与时间大致呈正比的关系；另一种是总烃随时间没有明显的递增关系，而是出现时增时减的现象。对于第一种情况，过热常常会从低温逐步发展成为高温，甚至有的迅速发展为电弧放电而造成变压器损坏事故，因此对这种故障应及时采取措施。对于第二种情况，可继续运行，但应注意追踪监督。

（3）以 CO、CO_2 为特征量诊断故障。

当牵引变压器发生低温过热性故障时，因温度不高，往往油的分解不剧烈，烃类气体含量不高，而 CO、CO_2 含量变化却较大。因此，可以用 CO、CO_2 的产气速率和气体含量绝对值来诊断牵引变压器固体绝缘老化状况。

3）以特征气体组分比值诊断故障的方法

特征气体组分含量只反映了故障点引起牵引变压器油、绝缘纸的热分解本质，并没有反映出气体组分的相对浓度与温度间存在着的相互依赖关系。以气体组分含量诊断故障的方法并不能确定故障的性质和状态。因此，以特征气体组分比值诊断故障更有意义。

（1）三比值法。

采用特征气体含量结合可燃性气体含量法，虽然可以对故障性质进行判断，但还必须找出故障产气组分含量的相对比值与故障点温度或电场力的依赖关系及其变化规律。为此，在用特征气体法进行牵引变压器设备故障诊断的过程中，经不断总结经验，IEC 相继推出了三比值法及改良三比值法。

三比值法的原理是，根据牵引变压器内油、绝缘纸在故障下裂解产生气体组分含量的相对浓度与温度的相互依赖关系，从五种特征气体中选用两种溶解度和扩散系数相近的气体组分组成三对比值，以不同的编码表示。根据表 5.6 所示的编码规则和表 5.7 所示的故障类型判断法作为诊断性质的依据。这种方法消除了油体积效应的影响，是判断牵引变压器故障类型的主要方法，并可以得出对故障状态较可靠的判断。

表 5.6 编码规则

气体比值 x 范围	比值范围的编码		
	C_2H_2/C_2H_4	CH_4/H_2	C_2H_4/C_2H_6
$x<0.1$	0	1	0
$0.1 \leqslant x<1$	1	0	0
$1 \leqslant x<3$	1	2	1
$x \geqslant 3$	2	2	2

注：C_2H_2/C_2H_4 指两种气体体积含量的比值，下同。

表 5.7 故障类型判断法

编码组合			故障类型判断	故障实例
C_2H_2/C_2H_4	CH_4/H_2	C_2H_4/C_2H_6		
0	0	1	低温过热（低于150℃）	绝缘导线过热，注意 CO 和 CO_2 的含量以及 CO_2 与 CO 含量的比值
	2	0	低温过热（150～300℃）	分接开关接触不良、引线夹件螺丝松动或接头焊接不良、涡流引起铜过热、铁芯漏磁、局部短路、层间绝缘不良、铁芯多点触地等
	2	1	中温过热（300～700℃）	
	0,1,2	2	高温过热（高于700℃）	
	1	0	局部放电	高湿度、高含气量引起油中低能量密集的局部放电
2	0,1	0,1,2	低能放电	引线对电位为固定的部件之间连续火花放电、分接抽头引线和油隙闪络、不同电位之间的油中火花放电或悬浮电位之间的电火花放电
	2	0,1,2	低能放电兼过热	
1	0,1	0,1,2	电弧放电	线圈匝间、层间短路，相间闪络，分接头引线油隙闪络引起对箱壳放电，线圈熔断，分接开关飞弧，引线对其他接地体放电等
	2	0,1,2	电弧放电兼过热	

三比值法在牵引变压器故障诊断中发挥了重要的作用。但是，诊断经验表明，该方法在应用中存在以下几个问题：

①只有根据各组分含量的注意值和产气速率的注意值有理由判断可能存在的故障时，才能进一步用三比值法判断故障性质，换言之，当油中特征气体含量或产气速率未达到注意值时，不宜应用三比值法进行判断。

②在实际诊断过程中，有时会出现无编码的情况，即根据编码规则和分类方法得到的编码超出了已知的编码列表，因而无法确定故障性质。

③当多种故障同时发生时，三比值法难以区分。

这些问题可通过下面的无编码比值法引入模糊理论解决。

（2）无编码比值法。

用无编码比值法分析和判断牵引变压器故障的性质，首先是计算 C_2H_2/C_2H_4，当其值小于 0.1 时为过热性故障，再计算 C_2H_4/C_2H_6，确定其过热温度。当 C_2H_4/C_2H_6 小于 1 时，为低温过热（小于 300℃）；当 C_2H_4/C_2H_6 大于等于 1 且小于 3 时，为中温过热（300~700℃）；当 C_2H_4/C_2H_6 大于等于 3 时，为高温过热（大于 700℃）；当 C_2H_2/C_2H_4 大于 0.1 时，为放电性故障。由此计算 CH_4/H_2，确定是纯放电还是放电兼过热故障，当 CH_4/H_2 大于 1 时，为放电兼过热故障，反之为纯放电故障。具体分析判断方法如表 5.8 所示。

表 5.8　用无编码比值法判断变压器故障性质

故障性质	C_2H_2/C_2H_4	C_2H_4/C_2H_6	CH_4/H_2	典型例子
低温过热（<300℃）	$x<0.1$	$x<1$	无关	引线外包绝缘脆化，绕组油道堵塞，铁芯局部短路
中温过热（300~700℃）	$x<0.1$	$1\leqslant x<3$	无关	铁芯多接地或局部短路，分接开关引线接头接触不良
高温过热（>700℃）	$x<0.1$	$x\geqslant 3$	无关	
高能量放电	$0.1\leqslant x<3$	无关	$x<1$	绕组匝间、饼间短路，引线对地放电，分接开关拨叉处围屏放电，有载分接开关、选择开关切断电流
高能量放电兼过热	$0.1\leqslant x<3$	无关	$x>1$	
低能量放电	$\geqslant 3$	无关	$x<1$	围屏树枝状放电，分接开关错位，铁芯接地铜片与铁芯多点接触，选择开关调节不到位
低能量放电兼过热	$\geqslant 3$	无关	$x>1$	

与三比值法相比，无编码比值法具有可诊断放电兼过热故障和过热故障诊断的准确率高的特点。例如，按三比值法，000 组合编码应诊断为变压器绝缘正常老化而无故障，而实际上属 000 组合编码的往往仍有故障。

5.8.5　牵引电机检测

1. 牵引电机故障的类型

异步牵引电机是动车组电力牵引交流传动系统的重要组成部分。若电机出现故障，则会表现出电机过热、不能启动、转速慢、反转等现象。

异步牵引电机的故障是多种多样的，也很复杂，常见的电磁及机械故障有以下几种。

1）定、转子绕组匝间短路、相间短路和绕组接地故障

这种故障出现的原因，主要是电机长期运行发热，绝缘老化或工作环境中水分、尘埃等物质与绝缘相互作用，使绝缘击穿，以及电机工作中由于各种电磁力、机械力的冲击作用，使绝缘损坏。

2）鼠笼式转子的断条、裂环、弯曲变形等故障

这种故障出现的原因包括生产制造过程中的潜在隐患，运行过程中的疲劳损坏，以及启动、过载运行中有较大的热负荷、电磁力冲击等。

3）转子偏心故障

这种故障可分为静态偏心和动态偏心两种类型。静态偏心主要是由定子铁芯呈椭圆形或定、转子定位不准确（即定转子不同轴心）引起的，而动态偏心是由转轴弯曲、高转速时机械共振或轴承损坏等引起的。

2. 牵引电机故障分析与诊断方法

1）电流分析法

电流分析法是通过对负载电流幅值、波形的监测和频谱分析，诊断电机故障的原因和程度。例如，通过检测交流电机的电流，进行频谱分析来诊断电机是否存在转子绕组断条、气隙偏心、定子绕组故障、转子不平衡等缺陷。

2）振动诊断法

振动诊断法是通过对电机振动的检测，诊断电机产生故障的原因及部位，并制定处理方法。

3）绝缘诊断法

绝缘诊断法是利用各种电气试验和特殊诊断技术，对电机的绝缘结构、工作性能和是否存在缺陷做出判断，并对绝缘剩余寿命做出预测。

4）温度诊断法

温度诊断法是用各种温度监测方法和红外线测温技术，对电机的各部分温度进行监测和故障诊断。

5）振声诊断技术

振声诊断技术是对诊断对象同时采集振动信号和噪声信号，分别进行信号处理，然后综合诊断，可以大大提高诊断的准确率，因此振声诊断技术受到了重视和广泛应用。

3. 交流牵引电机的故障诊断技术

1）基于电流分析法的故障诊断

通过检测定子电流，或根据定子电流及电压计算出瞬时功率及气隙转矩等，大多数故障都可诊断出来。

图 5.67 给出了根据电流中的频率成分进行故障诊断时信号的处理过程。作为模拟量

输入的电流检测值经数字变换后进行频率分析,然后对与各种故障有关的成分进行分类,与预先准备的故障数据进行比较,以判定有无故障及故障的种类。图 5.68 是转子断条的三相鼠笼异步电动机中定子电流的频率成分示例,正常时只出现电源频率成分(50Hz),而随着转子断条,就也可观测到在 47Hz 附近的频率成分。

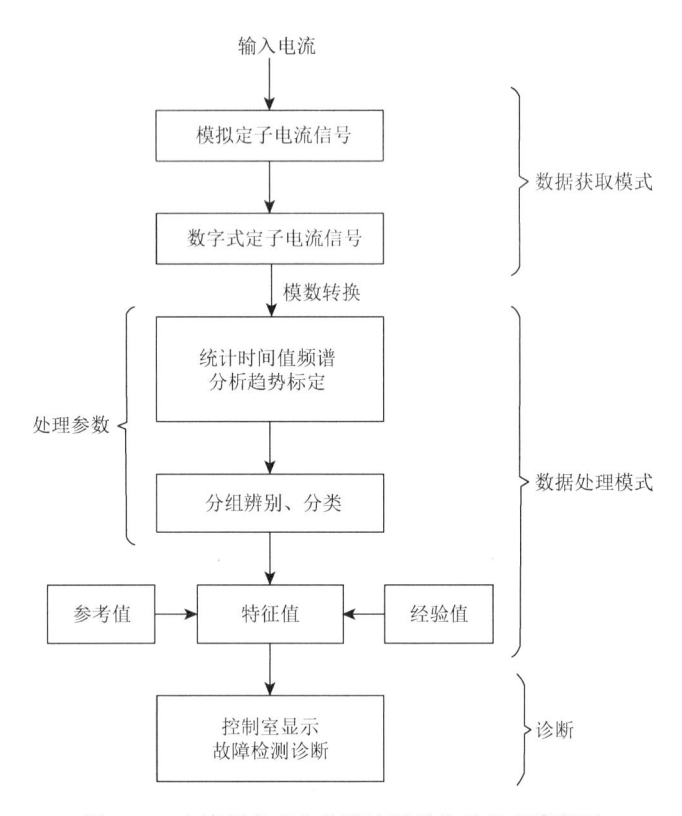

图 5.67　电流频率成分故障诊断的信号处理流程图

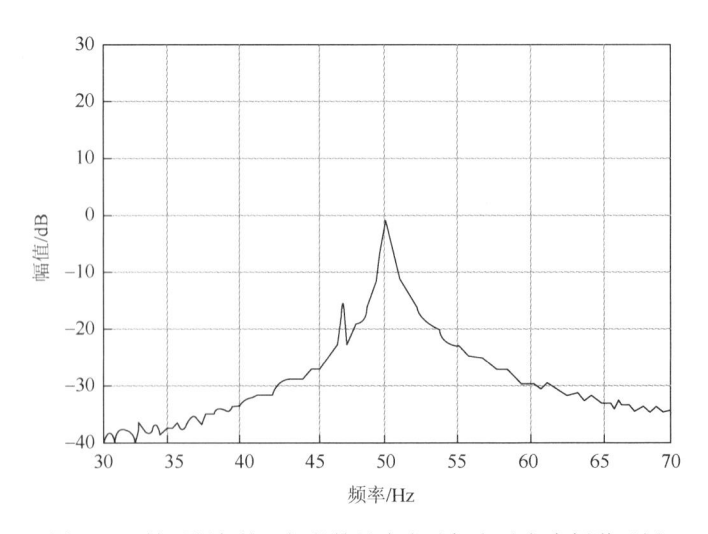

图 5.68　转子断条的三相鼠笼异步电动机定子电流频谱示例

2）基于 Park 矢量的故障诊断

三相鼠笼式异步电动机中转子断条的检测方法之一，是采用定子电流的 Park 矢量。Park 矢量是通过 α、β 变换，将三相量变换为正交二轴的空间矢量，根据其 Park 矢量的时间变化轨迹来判定故障。

三相平衡交流正弦波的 Park 矢量的轨迹为圆，若存在不平衡，则其轨迹偏斜。当转子有断条时，随着转子的旋转，不平衡影响会依次表现在定子各相上，即小平衡状态依赖于转角。因此，定子电流的 Park 矢量的轨迹各周期都不一致，可观测到轨迹变粗，其状态如图 5.69 所示。图 5.69（a）、（b）、（c）分别是转子正常、转子断条 1 根、转子连续断条 3 根的试验结果，故障程度越大，轨迹越粗。

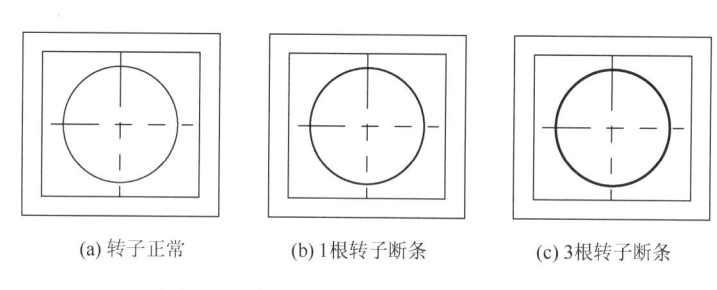

(a) 转子正常　　(b) 1 根转子断条　　(c) 3 根转子断条

图 5.69　转子断条时的 Park 矢量轨迹图

思 考 题

1. 为了提高轮轨力测试的检测精度，通常会采用什么方法？
2. 货车滚动轴承早期故障轨边声学诊断系统的检测原理是什么？
3. 普遍采用的热轴判别方法中，通常会计算哪些数值指标？
4. 货车运行故障动态图像检测系统能检测哪些故障？请举出 3 个例子。
5. 动车组受电弓离线时，有哪些特征？检测受电弓离线的思路有哪些？
6. 基于铁路客车运行安全监控系统地面专家系统进行轴温故障判断时，怎样判定传感器故障？
7. 动车组运行故障动态图像检测系统主要由哪两个部分组成？如何检测？
8. 滚动轴承故障的基本形式有哪些？有哪些检测方法？
9. 进行踏面擦伤检测时，信号采样频率的选择有什么要求？
10. 三比值法进行变压器故障检测的原理是什么？
11. 调研一下受电弓滑板磨耗检测的几种最新技术的进展并对比其优劣。

第6章 智能铁路

6.1 智能铁路内涵及关键技术

随着高速铁路在我国的快速发展，数字铁路和智能铁路先后成为高速铁路建设与运营的重点发展方向。随着智能京张高速铁路的开通，云计算、物联网、大数据、北斗定位、5G 通信、人工智能等先进技术在高速铁路各专业领域研发应用的广度和深度持续扩大，标志着我国高速铁路向智能化方向快速迈进。

在以公路为代表的智能交通系统（intelligent transportation system，ITS）框架设计方面，国内外早已经开展了大量的研究和实践。美国是最早开发完整 ITS 体系结构的国家，1993 年美国交通部启动 ITS 体系结构开发计划，并于 1996 年完成第 1 版美国国家智能交通系统体系框架，此后又不断进行 ITS 体系框架的修订工作，并加强对体系框架的应用、推广及与传统交通规划的结合。经过 20 多年的迭代更新，现已形成美国《智能交通管理系统框架》8.2 版本。欧盟于 1998 年开始 ITS 体系框架的研究，并于 1999 年完成了逻辑框架和物理框架。此后陆续补充完善了其他部分内容，形成了欧盟整体的 ITS 体系框架，强调系统设计的战略性规划，核心是突出其在 ITS 规划和建设中的指导意义。我国在"九五"期间推出《中国智能运输系统体系框架》（第 1 版），为我国 ITS 描绘了未来的发展蓝图，并为我国 ITS 的规范建设提供了依据。

国内外对智能铁路体系框架也开展了大量的研究工作。日本的 CyberRail 系统是起步较早的智能铁路系统，强调通过其强大的信息提供能力，实现铁路运输与其他运输方式的无接缝、无障碍衔接和运输。CyberRail 将主要功能分为四个方面，包括面向需求的运输规划和调度、多式联运信息和个人导航、智能列车控制及通用信息平台。我国在 2000 年以国家铁路智能运输系统工程技术研究中心的成立为标志，全面启动智能铁路的研究工作。2002 年，在借鉴 ITS 体系框架研究思路的基础上，设计并推出了中国铁路智能运输系统体系框架。该框架由用户主体、服务主体、服务框架、逻辑框架、物理框架和技术经济评价等部分组成，各部分密切相关，共同构成了智能铁路运输的有机整体。

智能高速铁路是智能铁路发展和应用更具系统性和科学性的代表。根据相关规划，目前国家铁路局将智能高速铁路的建设分为三大业务主线，即高速铁路建设、装备及运营。

高速铁路建设包含勘察设计、站前工程、四电工程、客运站工程、环境监控、建设管理等内容。勘察设计是高速铁路建设的第一步；站前工程主要指线路工程，包括路基、桥涵、隧道、站场、铺架等，其施工质量直接影响高速列车运营的平稳性；四电工程包括通信工程、信号工程、电力工程及电气化工程；客运站工程主要包括地基基础、主体结构、钢结构、建筑屋面、幕墙、装饰装修、建筑电气、通风空调、给排水采暖、电梯、站前广场、雨棚工程等；环境监控包括生态环境、地下水环境、弃渣场环境、噪声振动环境等；建设管理是对建设项目进行规划、组织、控制、指挥和协调。

高速铁路的运输装备包含移动装备（动车组）、牵引供电系统、列车运行控制系统、铁路通信系统、铁路信号等。其中，动车组的全生命周期包含设计、制造、出厂、上线运行、养护维修等各个阶段；牵引供电系统主要包括牵引变电所和接触网；列车运行控制系统主要包括防冒进功能与防超速功能；铁路通信系统是为组织铁路运输、指挥列车运行和业务联络，迅速、准确地传输各种信息的专用通信系统；铁路信号是为保证行、调车作业安全，提高车站、区间通过能力及列车解编能力，改善作业人员劳动条件的技术设备的总称。

高速铁路运营包括运输组织、运营安全、客运服务等方面。运输组织主要是指高速铁路的调度系统，包含行车调度、电力调度、车辆调度、客服调度、维修调度等；运营安全主要包括自然灾害及异物侵限监测系统、周界入侵报警系统、地震预警系统、综合检测列车、巡检车、超声波钢轨探伤车、供电安全检测监测系统（6C系统）等；客运服务主要包括客运售票、全过程出行服务、客运生产组织等。客运服务水平的提升在铁路运输与其他运输方式的竞争中具有重要的作用。提高服务质量开始从注重管理向注重服务转变，本着"以服务为宗旨，待旅客如亲人"的宗旨为人民服务。

智能高速铁路的内涵是针对以上三大业务主线，广泛应用云计算、大数据、物联网、移动互联、人工智能、北斗导航、建筑信息模型（building information modeling，BIM）等新技术，综合高效利用资源，实现高速铁路移动装备、固定基础设施以及内外部环境间信息的全面感知、泛在互联、融合处理、主动学习和科学决策，实现全生命周期一体化管理的智能化高速铁路系统。依据智能高速铁路的内涵，围绕智能高速铁路的建设需求，我国国家铁路局建立了集业务体系、应用体系、数据体系（数据汇集体系）、技术体系、评价体系及标准体系的"六位一体"智能高速铁路三维体系架构模型。

技术体系层位于整个模型的底层，是智能高速铁路建设的技术支撑，包括北斗导航、人工智能、大数据、物联网及云计算等新技术；数据体系层建立在技术体系层之上，是智能高速铁路的数据支撑，规定了物联网数据、建设管理数据、综合协同数据、经营管理数据、资源管理数据、外部数据等智能高速铁路所有的相关数据，并且描述了数据从产生到应用的全生命周期流向；应用体系层包含勘察设计、工程施工、建设管理、移动装备、通信信号、牵引供电、检测监测、客运服务、运输组织、养护维修等十个方面的应用，在此基础上总结归纳为智能建造、智能装备及智能运营三部分的业务体系层，业务体系层和应用体系层共同组成智能高速铁路的业务应用体系架构，位于模型的上层；评价体系和标准体系贯穿于智能高速铁路的所有业务应用领域，评价体系包含技术、经济、环境三个层面，标准体系包括通用基础与管理标准、智能高速铁路应用标准、平台及支撑技术标准等三个方面。

何华武院士认为，智能高速铁路绝不是先进的智能技术与控制技术在高速铁路各专业独立应用的简单叠加，而是通过不同业务领域、面向高速铁路全生命周期不同阶段信息系统的集成融合，从而形成功能更强、效率更高、稳定性更好的统一智能高速铁路系统。针对现阶段智能高速铁路发展的内外环境和需求，基于新形势下智能高速铁路的内涵及特征，何院士设计了智能高速铁路体系框架。

智能高速铁路体系框架主要包含服务框架、功能框架、逻辑框架和物理框架四部分，此外，安全保障贯穿始终，为智能高速铁路的规划和建设提供安全保障的基础。服务框架明确智能高速铁路的用户主体和服务主体，以铁路内、外部用户对智能高速铁路的需求，并完全从用户的角度出发提出智能高速铁路所应提供的服务，根据用户需求分析，何华武院士给出智能高速铁路服务框架："1 个平台、3 大领域、16 个服务方向"。"1 个平台"是指智能高速铁路大脑平台，为智能高速铁路各领域的智能应用提供基础平台、数据资源及智能决策支撑；基于智能高速铁路大脑平台延展出三大应用领域，分别是智能建造、智能装备和智能运营。在需求分析的基础上对各应用领域进一步细分，从而形成 16 个服务方向（图 6.1）。功能框架在需求分析的基础上，从系统的角度出发，定义智能高速铁路为满足用户服务所需提供的功能。逻辑框架描述智能高速铁路系统的内部结构，定义各功能间的输入、输出数据流和处理过程。物理框架是逻辑框架的具体实现，定义能实现智能高速铁路各类功能的物理子系统及其交互关系。安全保障为智能高速铁路的规划和建设提供信息安全、网络安全、物理安全、系统安全、应用安全、安全管理等保障能力。

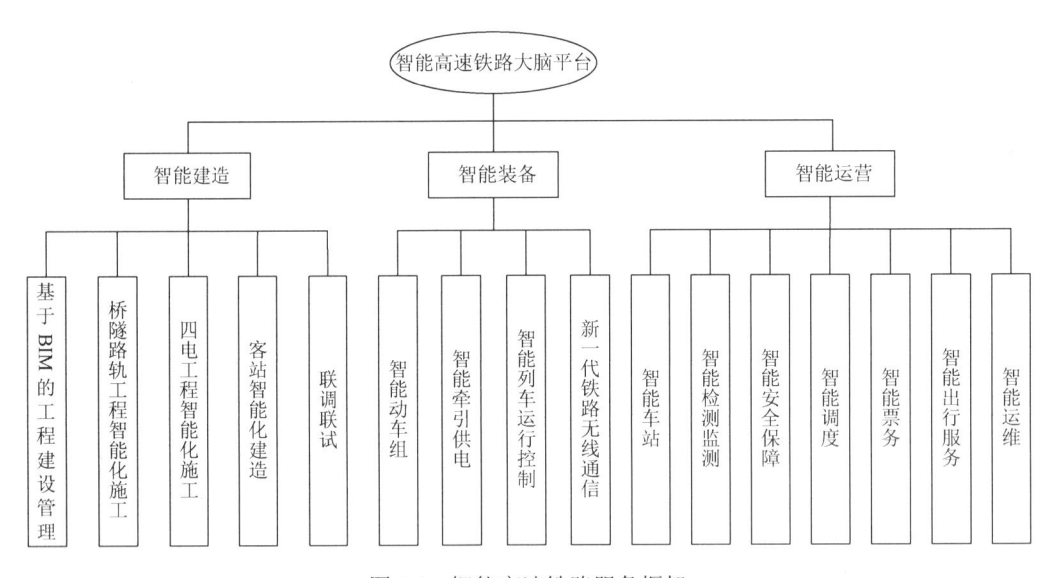

图 6.1 智能高速铁路服务框架

智能高速铁路具有典型的智能系统必备的全面感知、泛在互联、融合处理、主动学习和科学决策等特征，为实现上述特征迫切需要大数据、人工智能、物联网等关键支撑技术的支持。中国铁道科学研究院将智能高速铁路的关键技术划分为关键支撑技术和铁路关键专用技术两大类。

关键支撑技术主要是指物联网、大数据、云计算、人工智能、下一代移动通信等通用基础性技术。物联网技术主要是指指依靠传感器、射频识别、无线传感网络等技术，采集高速铁路固定设施、移动设备、外部环境状态等信息，运用智能计算技术对各类信息进行分析处理，实现智能化决策和控制。大数据技术是解决高速铁路海量内外部信息的采集、汇聚、治理、分析挖掘等的核心技术,在客运组织与服务、运输调度、移动设备和固定设施检修与监测、经营管理等方面,能够有效地提升智能高速铁路的数据实时接入、在线计算处理、数据价值挖掘、关联业务分析和辅助决策能力。云计算技术具有组件化、虚拟化、服务化的技术特性,为高速铁路业务系统提供集中统一、按需服务、弹性扩展、安全可控的硬件资源,以及平台组件和应用软件的集中服务,促进智能高速铁路业务高度互联协同。人工智能技术基于大数据和新型高性能计算架构,应用深度学习、机器学习、自然语言处理、跨媒体智能、大数据智能、类脑智能等方法,使高速铁路移动装备和固定设施具有学习、推理、思考、决策等能力,可应用于人脸识别、列车自动控制、非法侵入识别、故障智能诊断、智能语音客服等方面。下一代移动通信主要包括 5G 等作为智能高速铁路重要的通信基础性支撑技术,主要应用于高速铁路的智能车站、技术场站设备互联、高速列车运行控制等,具有传输速度快、带宽大、低延时、可靠性高等特点。

根据何华武院士等提出的智能高速铁路框架,依据智能高速铁路体系架构的层次结构划分和三大业务主线,智能高速铁路关键专用技术主要划分为智能建造、智能装备、智能运营三大部分。

智能建造将 BIM、地理信息系统(geographic information system,GIS)、数字孪生、施工机器人、自动化质检、预制化与拼装化等技术和先进的工程建造技术相融合,实现高速铁路勘察设计、工程施工、建设管理全过程的智能化管控。智能建造的关键技术主要涉及基于领域知识的智能技术、全生命周期信息一体化协同、智能工地技术 3 个业务领域 15 项关键技术,如图 6.2 所示。

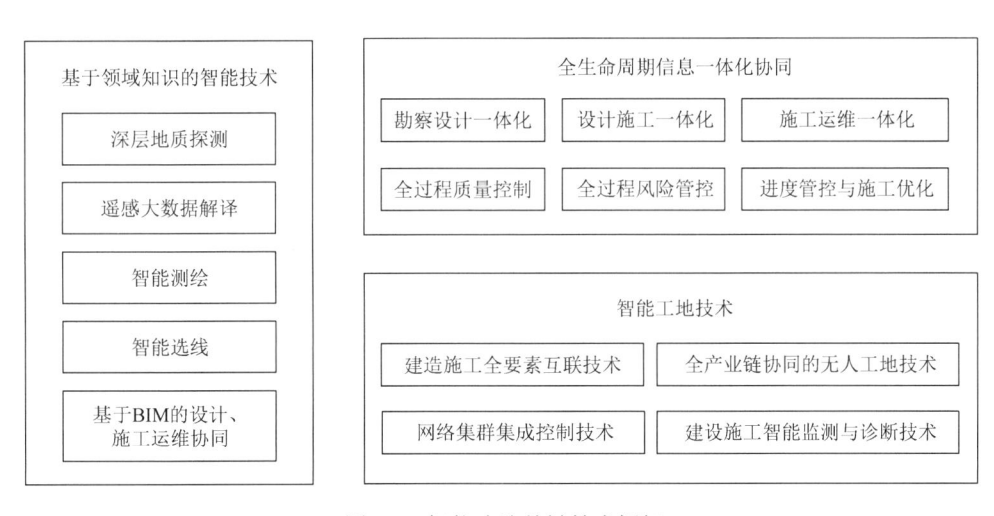

图 6.2 智能建造关键技术框架

智能装备将全方位感知态势、自动驾驶、运行控制、故障诊断与健康管理(prognostics health management,PHM)等技术和先进装备技术相融合,实现高速铁路移动装备和基础设施全生命周期的安全化、高效化和智能化管理。智能装备关键技术主要涉及智能动车组、智能运行控制、新一代铁路移动通信、智能牵引供电、智能安全保障、智能检测监测 6 个业务领域 27 项关键技术,如图 6.3 所示。

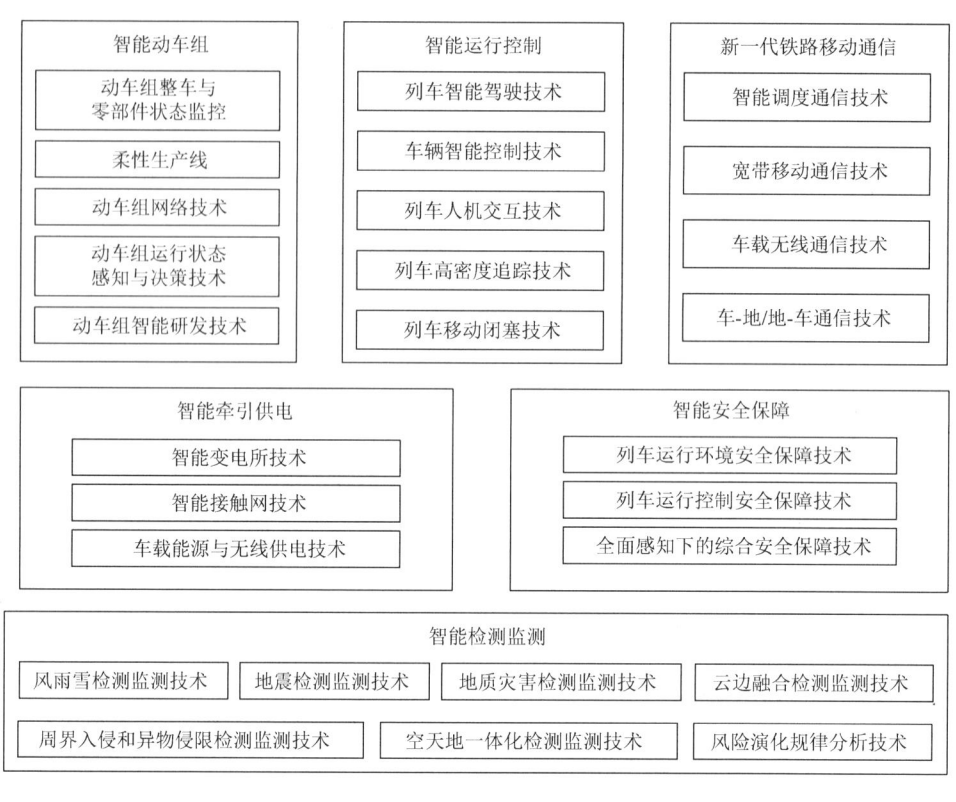

智能动车组	智能运行控制	新一代铁路移动通信
动车组整车与零部件状态监控	列车智能驾驶技术	智能调度通信技术
柔性生产线	车辆智能控制技术	宽带移动通信技术
动车组网络技术	列车人机交互技术	车载无线通信技术
动车组运行状态感知与决策技术	列车高密度追踪技术	车-地/地-车通信技术
动车组智能研发技术	列车移动闭塞技术	

智能牵引供电	智能安全保障
智能变电所技术	列车运行环境安全保障技术
智能接触网技术	列车运行控制安全保障技术
车载能源与无线供电技术	全面感知下的综合安全保障技术

智能检测监测		
风雨雪检测监测技术	地震检测监测技术	地质灾害检测监测技术	云边融合检测监测技术
周界入侵和异物侵限检测监测技术	空天地一体化检测监测技术		风险演化规律分析技术

图 6.3　智能装备关键技术框架

智能运营将泛在感知、智能监测、增强现实、智能视频、事故预测及智联网等技术和高速铁路运营技术相结合，实现个性化服务、预测化运维和智能化运营。智能运营关键技术主要涉及智能票务、智能客站、智能调度、智能运维 4 个业务领域 22 项关键技术，如图 6.4 所示。

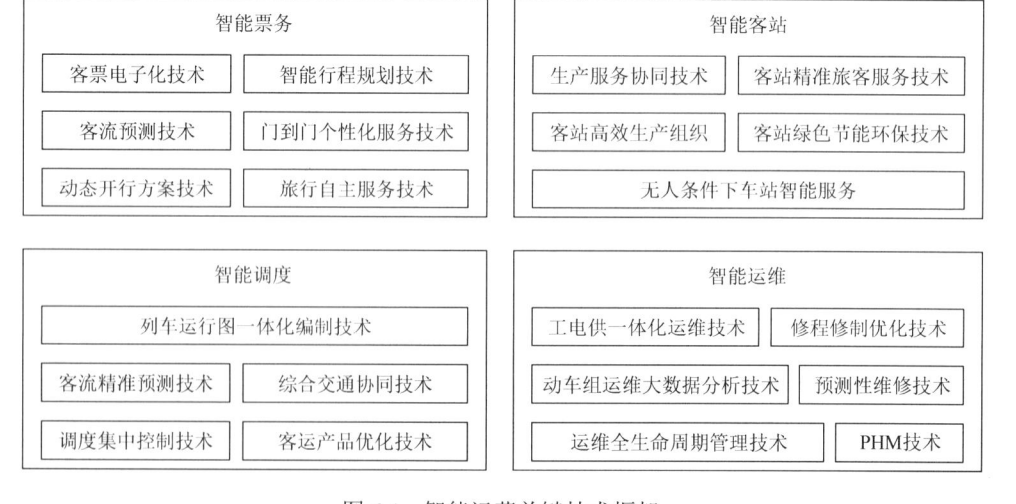

智能票务		智能客站	
客票电子化技术	智能行程规划技术	生产服务协同技术	客站精准旅客服务技术
客流预测技术	门到门个性化服务技术	客站高效生产组织	客站绿色节能环保技术
动态开行方案技术	旅行自主服务技术	无人条件下车站智能服务	

智能调度		智能运维	
列车运行图一体化编制技术		工电供一体化运维技术	修程修制优化技术
客流精准预测技术	综合交通协同技术	动车组运维大数据分析技术	预测性维修技术
调度集中控制技术	客运产品优化技术	运维全生命周期管理技术	PHM技术

图 6.4　智能运营关键技术框架

6.2 基于大数据的铁路智能运维

6.2.1 铁路大数据与智能运维基本概念

1. 铁路大数据基本概念

对于大数据的定义众说纷纭，没有确切固定的定义。麦肯锡对大数据的定义是：传统数据库无法及时捕获、管理和处理的数据集。维基百科对大数据的定义是：海量和巨量的数据，指的是涉及的数据量如此之大，以至于无法在合理的时间内通过人工来拦截和处理，从而成为人类能够破译的信息。大数据是以容量大（volume）、类型多（variety）、存取速度快（velocity）、应用价值高（value）为主要特征（"4V"特征）的数据集合，大数据技术正快速发展为对数量巨大、来源分散、格式多样的数据进行采集、存储和关联分析，从中发现新知识、创造新价值、提升新能力的新一代信息技术和服务业态。

我国非常重视大数据的研究和应用，早在 2014 年就将大数据写入政府工作报告；2016 年，国务院印发《"十三五"国家信息化规划》，强调建立统一开放的大数据体系，包括加强数据资源规划建设，全面推进重点领域大数据高效采集、有效整合、安全利用，深化政府数据和社会数据的关联分析、融合利用，建立国家关键数据资源目录体系和国家互联网大数据平台，构建统一高效、互联互通、安全可靠的国家数据资源体系；在"十四五"规划和 2035 年远景目标纲要中，对大数据的发展仍然做出了重要部署，提出将大数据融入经济社会发展各领域，使大数据带动的新一代信息技术从前沿技术转变为重要应用，发挥的价值将愈益明显。

我国铁路已经建立了全球领先、规模庞大的铁路网以及支撑路网建设和运营的大量信息系统。我国拥有超过 14 万 km 的线路、6000 多座车站、2.2 万台机车、近 4000 组标准动车组、3 万余辆动车组车辆，这些设施和设备上都安装了大量传感设备。基于物联网感知设备、信息系统接入、移动设备接入、数据交换共享等方式，我国铁路已经积累了体量超过 10PB 规模的有关工程建设、联调联试、运营管理、安全管理、客运服务、物流服务等领域的海量数据，而且还在快速增加中。这些数据包括结构化数据、半结构化数据、非结构化数据、流式数据等多种类型，蕴含着巨大的分析和应用价值，可以为我国铁路开展大数据分析和应用提供重要基础和保障。

大数据时代给传统铁路行业带来了巨大的机遇和挑战。铁路大数据除了具备传统大数据的"4V"特征外，还具有独特的自身行业特点：一是业务数据覆盖全，铁路信息化起步早、发展快、数据基础好，铁路大数据贯穿勘测设计→工程建设→联调联试→运营维护等全生命周期，覆盖车、机、工、电、辆等全业务链条，可为各环节的经营管理决策提供良好的支撑；二是数据时空分布广，铁路大数据资源来源于遍布于全国 18 个铁路局（公司）、600 余个站段的所有机车、车辆、基础设施上的各种传感器，时空分布广，具有明显的地域分布性；三是数据更新速度快，覆盖全路的 5T、6A（机车车载安全防护系统）、6C、铁路车号自动识别系统（automatic train identification system，ATIS）、视频监控等各种自动化信息采集设备源源不断地产生着最新的数据资源，数据更新速度快、时效性强、数据活性大；四是数据业务价值高，铁路数据资源关乎国计民生，具有较高的业务价值。铁路互联网售票数据、行车安全数据、设备状态等数据对建设服务型企业、保障人民生命财产安全及降低养护维修成本具有重要意义。

2. 智能运维

智能运维（artificial intelligence for IT operations，AIOps）是将人工智能技术运用于运维领域。根据现有的运维数据（日志、监测数据、应用信息）采用机器学习算法对设备状态进行分析，得出相应的决策。

智能运维的关键技术有异常检测（故障检测）、故障预测、智能分析决策等。有关铁路的故障检测、预测理论研究有很多，如利用数据挖掘技术分析系统日志、基于案例推理的故障诊断、基于贝叶斯网络的推理等，有兴趣的读者可查阅相关资料。这里介绍智能分析决策。

智能分析决策组件是利用人工智能算法，从具体场景、业务规则或专家经验方面构造的组件，类似于应用程序接口或公共库，具有可重复使用、可了解和可演进的特点。智能分析决策组件按照功能类型分为运维知识图谱和动态决策两类。

1）运维知识图谱

运维知识图谱组件是通过多种算法挖掘运维历史数据，从而得出运维主体各类特征画像和规律，以及运维主体之间的关系，形成运维知识图谱。

知识图谱技术是近年来知识组织领域的研究重点，是一种以语义网络为基础的海量知识管理和服务模式，可以实现知识检索、决策支持等智能化功能。知识图谱技术包括知识表示与推理、数据挖掘与机器学习、认知计算、信息检索与抽取、自然语言处理与语义 Web 等技术。通过知识图谱技术对海量数据进行挖掘、抽取、清洗、融合、关联和推理，将无序数据转变为知识图谱网络结构，用图的形式反映现实中实体及实体间的关系，以更加直观的形式展示知识网络。知识图谱按照分类标准不同有以下四种分类：①根据适用领域差异分为通用知识图谱、企业和领域知识图谱；②根据构建方式的差异分为半自动知识图谱、全自动知识图谱和人工构建知识图谱；③根据语言数量的差别分为单语言知识图谱和多语言知识图谱；④根据知识类型的差别分为百科知识图谱、词汇知识图谱、概念知识图谱和常识知识图谱。还有一些知识地图（如谷歌知识图谱）是这些图谱的混合，称为综合图谱。

大多数知识图谱都是基于现有的经验数据进行推理构建的，通过自动提取资源来构建、丰富和改进现有的知识库。知识图谱构建过程是一个不断迭代的更新过程。每一次更新由以下三个步骤组成：①知识的提取，即从不同类型的数据源中提取知识及其相互关系，在此基础上形成知识的网状结构；②知识的融合，针对获得的新知识，通过重新整合不同知识之间的冲突和重复，达到消除知识之间矛盾和歧义的效果；③知识的处理，为确保知识库的质量，在知识合并进入知识库之前，需经过自动或人工鉴别确保知识的准确性和合理性。除此之外，可以根据知识库现有知识推理、扩展新知识。

结合知识图谱，以故障失效传播链构建为例，故障失效传播链构建是对失效现象进行根本分析，查找引起失效故障的可能原因。基于故障树的分析方法是故障失效传播链构建分析最常用的方法，该方法通过模块调用链获得模块之间的逻辑调用关系，以及配置信息所获得的物理模块的关联关系，构成建立可能的故障树模型用以描述故障传播链。利用机器学习的方法，对该故障树进行联动分析与剪枝，形成最终的子树，即故障失效传播链。除此之外，还可以采用 Apriori 关联分析、Pearson 关联分析、FP-Growth 算法、随机森林、J-Measure 等方法。

2）动态决策

动态决策组件是在已经完成数据挖掘的运维知识图谱的基础上，利用实时监控数据做出实时决策，最终形成运维策略库。实时决策主要有异常检测、故障定位、故障处置、故障规避等。动态决策组件一般是对当前的日志或事件进行分析，对其做出及时响应与决策，甚至对未来一段时间内的系统运行状态进行预测。可以将异常发现、故障定位、异常处置作为一种被动的运维，异常规避则是一种主动异常管理的方式，准确度高的预测能提高服务的稳定性。以故障预测为例，预测是在历史经验的基础上，使用多种模型或方法对现有的系统状态进行分析，判断未来某一段时间内发生失效的概率。故障预测是一种主动异常管理的方式，准确度高的预测能提高服务的稳定性。通过智能预测的结果，运维人员可采用多种运维手段，如切换流量、替换设备等方式规避系统失效。基于故障特征的预测是在离线状态下从历史系统日志中通过机器学习算法提取出异常特征，对模型进行训练。在在线预测阶段，将实时的运行状态信息与模型中的异常特征进行匹配，从而确定未来某时间段内系统失效的概率。

近些年基于铁路大数据的智能运维得到越来越多的实践和应用，例如，通过开展设备状态分析的大数据应用，全面建立主要行车设备的电子档案，实现设备健康状态评估、故障预警和维修决策支持；通过开展客货运服务大数据应用，为旅客提供"家到家"智慧出行服务，为货主提供"门到门"全程物流服务等。通过大数据分析实现合理配置运力资源，全面提高运输效率，使铁路由粗放型向精细化、集约型、智能化转变。

6.2.2 铁路大数据应用总体框架

我国铁路是由车、机、工、电、辆等多个专业构成，跨越全国各个省市和地区的庞大铁路网，具有技术构成复杂、业务应用广泛、业务流程多样、涉及部门繁多等特点。因此，铁路大数据应用是一个涉及全业务、全数据、全流程、全应用的复杂系统工程。发展铁路大数据需从整体出发，统筹考虑各方面因素，加强顶层设计，避免各专业各自为政，确保整体工作思路清晰、有序开展。

完整的铁路大数据应用体系既包括承载大数据应用的数据中心基础设施，也包括大数据分析相关软件，以及在大数据平台中存储和分析的大数据资产。按照"先进性、适用性、可实施性、完整性、全局性"等顶层设计相关原则，铁路大数据应用总体框架设计划分为大数据基础设施体系、大数据汇集体系、大数据资产体系、大数据治理体系、大数据分析体系和大数据应用体系六部分，如图 6.5 所示。

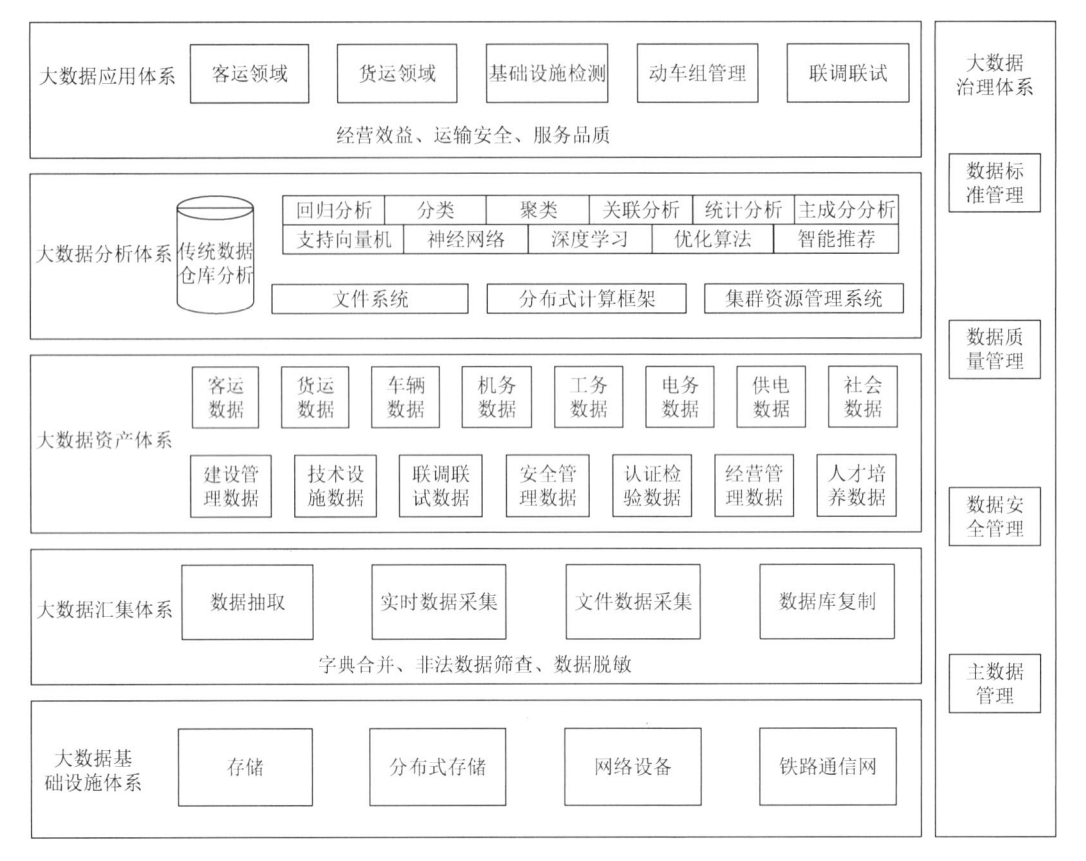

图 6.5 铁路大数据应用总体框架

1. 大数据基础设施体系

该体系主要指机房环境和硬件设备，机房环境是满足数据中心机房电气、空调、消防、弱电工程等设计标准的场所；硬件设备主要包括服务器设备、网络设备、安全设备三大类，满足铁路大数据中心数据存储、传输等需求。服务器设备可基于云化或非云化环境，建立起大数据平台管理节点、关系型数据存储节点、数据仓库部署节点等基础环境。

2. 大数据汇集体系

该体系主要解决数据汇集问题，即将数据资源从各业务系统抽取并集中起来。从数据汇集的范围来看，既包括国铁集团内部的运输生产、经营管理数据，也包括以国铁集团为核心的供应链上的相关数据，还包括公安、气象、地质及综合运输等信息。

3. 大数据资产体系

该体系是基于关系型数据存储、非关系型数据存储和分布式文件存储等技术，实现全路客运、货运、建设管理、联调联试、基础设施、机车车辆、工务、供电、电务、安全管理、人才培养、协同办公等业务数据管理，实现主数据、元数据等基础数据统一管理和维护，实现气象、经济、综合交通、供应链上下游、地理信息等社会数据的集中共享协作，构建铁路企业级清晰、完整、高质量、高可靠的数据资产体系，提升铁路行业数据能力和价值。

4. 大数据治理体系

该体系是指进行有效的数据治理确保铁路大数据的准确、一致、及时，实现铁路数据资源向数据资产的转变。数据治理是对数据的获取、处理、使用进行监管，保证数据质量，并促进数据更高效地利用。数据治理的内容包括：通过数据标准的落地，达到消除歧义、提高数据质量的目的，确保重要信息的完整、一致和准确，促进数据的共享，真正发挥数据资产的价值；通过数据质量管理，对数据在获取、存储、维护、应用、消亡的每个阶段内可能引发的各类数据质量问题进行识别、度量、监控、预警等，从而进一步提升数据质量；从基础设施、网络、应用、系统及数据等多个层次入手，保证数据和信息的完整性、保密性、可用性；构建统一的主数据管理系统，实现铁路主数据统一管理、及时更新、专业维护、集中发布、全路共享，为各业务应用系统和用户提供标准、规范的主数据服务。

5. 大数据分析体系

该体系提供流计算、内存计算、批量计算等多种分布式计算能力，满足不同时效性的计算需求。铁路各种安全监控系统产生的数据是一组顺序、大量、快速、连续到达的数据序列，要求实时进行处理。此类数据可采用流计算方法，实现在线统计分析、过滤、预警等应用。对于铁路客票发售与预订等类型的系统，可使用内存计算方法，满足交互性分析需求，提供在线数据查询和分析，便于人机交互。铁路大多数业务系统的数据分析属于大批量数据的离线分析，可使用批量计算技术，用于时效性要求较低的数据处理业务，如历史数据报表分析，在数据计算的基础上，开展分析建模、模型运行、模型发布等能力的建设，满足实时、离线应用的分析挖掘需求，支持算法并行化处理，为铁路分析决策应用构建提供基础平台支撑。

6. 大数据应用体系

该体系是指基于各业务领域的数据分析、决策支持等业务需求，打破既有业务系统的数据壁垒，实现面向应用的多业务数据建模，支撑面向战略决策、运营管理、现场管理等各层用户的分析应用。在经营效益方面，开展客货运市场分析、竞争行业分析、定价及收益管理、运营成本分析及设备养护维修分析；在运输安全方面，进行风险源隐患分析、事故关联分析、行车调度安全分析、互联网舆情分析等；在运输效率方面，开展物资生命周期管理、运力资源优化配置、开行方案优化等；在服务品质方面，进行客货运用户画像、延伸服务、产品优化等。

6.2.3 铁路大数据应用实践——以电务智能运维为例

目前我国铁路已经开展了多项铁路大数据分析及应用实践，初步形成了铁路大数据应用平台，构建了涵盖客货运输、基础设施、动车组、工程建设、安全保障等近60个应用场景。例如，客运大数据分析，实现对客流分析、车票销售统计、客流预测、旅客群体分析和异常行为诊断等的深度挖掘分析。对12306用户行为日志、余票日志数据等非结构化数据进行分析，实现了12306用户中异常购票行为的鉴别，打击黄牛购票和外挂抢票，保障公平购票。货运大数据分析，实现了货运市场价格监测、物流市场需求调查与监测分析、货运收益管理、第四方物流平台等一系列大数据分析应用场景；基础设施大数据分析，分析积累的轨道检测和维修数据，以及通过总质量等运营数据。基于故障预测与健康管理模型，建立了轨道质量评价色阶图，利用色彩直观反映轨道单元综合质量的时空变化与维修预警情况，为工务部门何时何地安排大机捣固作业提供决策支持；还有动车组大数据分析、工程建设大数据分析等，涵盖各个专业场景。这里不再一一详细介绍，感兴趣的读者可以查阅相关资料，做延展阅读。本节重点介绍列车安全运行的控制中枢系统——电务智能运维实践平台。

1. 电务智能运维的总体分析

为提升电务安全保障能力、提高作业和管理效率，不仅需要收集并整合各类监测与检测装备所采集的有关电务技术设备的状态数据，同时还需要研究大量电务大数据的应用方案，这有助于推进有关电务设备和设施以及相关单元技术状态的全寿命周期管理，为各级电务生产和管理人员提供应用服务。总体上，可以从以下五方面入手：

（1）实现设备状态数据全量采集融合。解决信号子系统"三级四层"结构偏复杂、服务器设置较分散的问题，解决通信网管接入交叉采集且缺乏统一管理的问题。

（2）实现数据共享。为满足互联互通的要求，研究各子系统的接口标准协议，对电务设备设施单元进行统一编码，基于大数据应用实现对设备设施单元基础数据、静态和动态数据的采集、存储，满足电务设备技术状态统一管理和信息共享的需求。

（3）建立电务设备和设施的全寿命周期电子履历，包含电务设备与设施的基本信息、设备运用信息、监测到的设备故障信息、电务设备检修维护信息等涉及有关电务设备的全寿命周期的技术状态信息，实现电务信息及其技术状态在整个过程的立体化管理，并提供可查询、可视化等功能。

（4）深度挖掘。采用大数据技术，对电务设备的状态信息进行关联分析和趋势分析。建立设备故障状态监测模型和状态评价体系，通过该模型体系科学评价设备健康状态，指导现场维护工作，为状态修、预防修提供辅助决策支持。

（5）研究通信信号各子系统的网络和信息安全防护技术，统一网络总体规划设计。针对各子系统的应用场景，对网络信息安全需求、威胁和风险进行分析，提出有针对性的集中检测中心云平台网络信息安全防护方案，为网络安全防护与云平台建设同步规划、同步设计和同步实施奠定基础。

大数据应用的主要服务对象为集团公司、电务（通信）段、车间、班组等各级技术和生产人员，同时包括各级管理人员。

2. 电务大数据智能运维平台定位与整体架构

集团公司电务大数据智能运维平台，集成设备履历、监测监控、检修维护、故障处理等技术状态信息，预留与铁路一体化信息集成平台、局集团公司大数据平台其他专业互联接口，实现电务通信、信号设备基础数据和监测数据的融合和共享，满足铁路从总公司到电务段等各级部门对电务信号、通信设备全寿命周期管理、大数据分析、状态评价及故障预警等业务需求。

电务大数据应用实现了局集团公司电务大数据的数据集成、数据存储、数据分析、数据共享和业务应用。数据集成是指获得收集各种结构化或非结构化数据的接口服务；数据存储是指实现通信、信号单元各类数据的存储服务；数据分析采用分布式并行方法运行应用软件，利用数据挖掘和分析模型满足各应用模块的分析统计需要；数据共享是指为铁路通信、信号专业内部及其他专业相关系统开放数据，提供基于电务大数据应用的通信、信号专业相关数据的共享应用服务。从信号集中监测、通信专业网管、履历簿系统等监测管理系统接入通信、信号设备技术状态信息。信息交互数据包括结构化的动静态技术状态数据，如从履历簿系统、专业网管系统等接入的基本履历数据、动态监测数据等，也包括非结构化的图片、视频、日志等数据，如设备照片数据、设备监测检修图片、视频数据、设备说明书等。电务大数据智能运维平台建成后，既有信号集中监测、通信综合网管、网管集中监控系统、安全生产调度指挥系统等统一从电务大数据平台获取通信、信号设备技术状态信息，实现"统一采集，多元应用"的大数据格局。

电务大数据智能运维平台采用"平台+应用"的架构，通过电务数据采集归一化平台（以下简称归一化平台）对电务各子系统数据进行采集。采集到的数据经过数据处理后存入数据服务平台数据库中，各应用功能所需要的数据均来自数据服务平台。

电务大数据智能运维平台整体架构如图6.6所示，局集团电务大数据运维平台总体分为三个部分，即数据集成、数据服务、数据应用。逻辑结构采用五个层次，包括数据资源、数据存储、数据计算、业务分析和数据呈现，如图6.7所示。

图6.7中各层功能如下：

（1）数据资源层是将采集到的各类电务数据进行数据解析和归一化处理，使得数据适配相应的应用。

（2）数据存储层采取混搭架构管理类型多样的非结构化数据，为各种类型数据提供关系型、非关系型、文件等多种存储方案，便于数据存储扩展和快速访问。

（3）数据计算层提供分布式、内存等多样化数据处理方式，搭配多种结构化查询语言（structured query language，SQL）查询方式以满足不同计算的时间需求。

（4）业务分析层是根据电务业务需要实现对设备的全寿命周期管理、应急指挥、设备健康管理、作业盯控、通信信号一体化分析、车地闭环分析等各种业务的分析。

（5）数据呈现层能将数据分析结果以二维、三维、地图、线路详情等多种方式可视化呈现。

3. 数据应用

1）数据应用功能总体思路

电务大数据应用功能可按"4+2"原则设计：其中"4"指的是集中化、智能化、自动化、可视化；"2"指的是故障预测与健康管理和过程控制与行为管理。

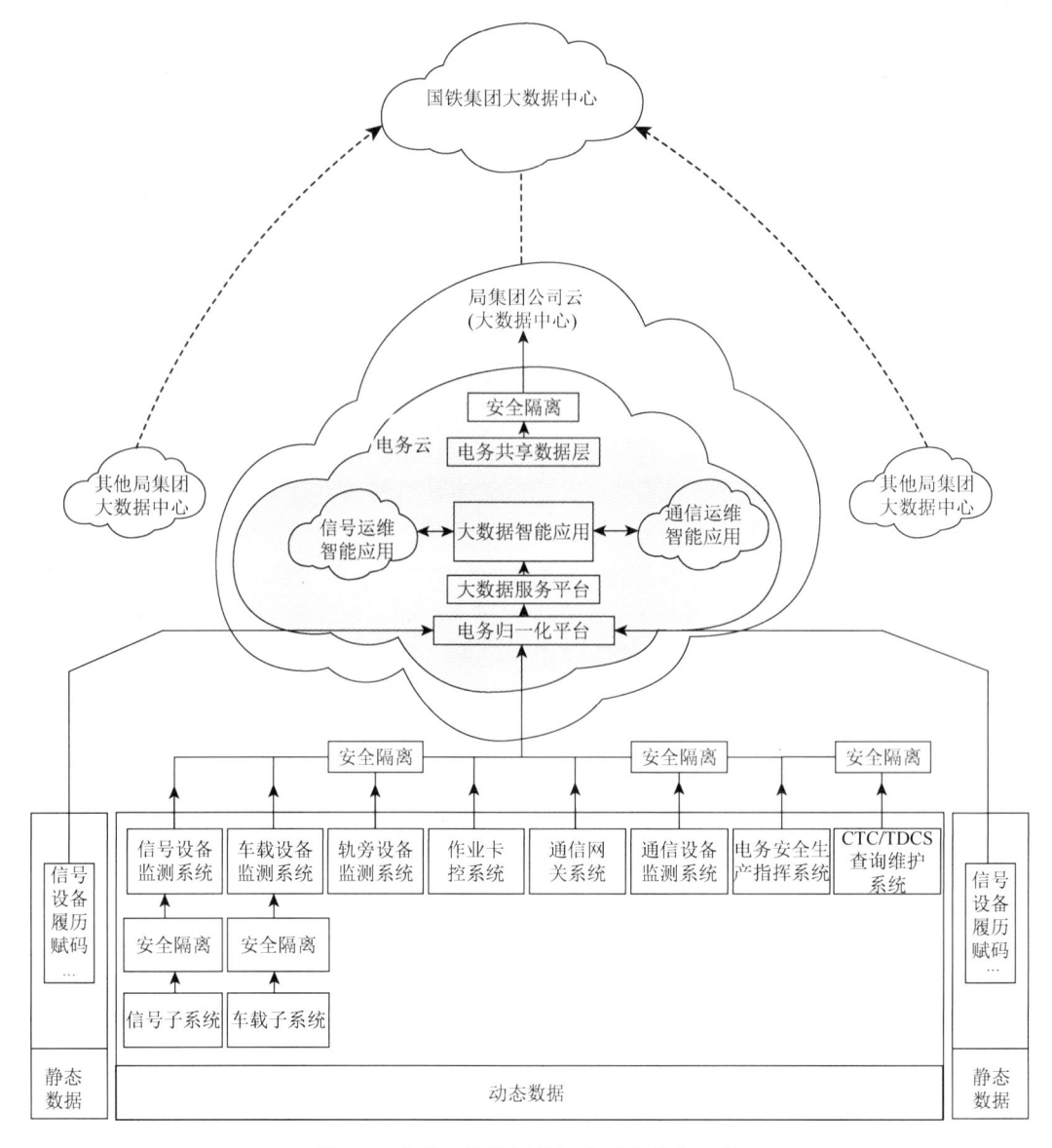

图 6.6 电务大数据智能运维平台整体架构

（1）集中化是将通信信号各监测子系统采集的数据进行集中处理，避免数据孤立、分散以及数据的不充分利用和关联分析等问题，真正实现集中监控、集中维护和集中管理。

（2）智能化是结合因果逻辑和大数据分析方法，对数据预处理后的子系统采集数据进行自动关联分析，通过智能分析，提前发现设备隐患或快速定位故障位置、确定故障原因，自动实现通信信号一体化分析。

（3）自动化是根据设备数据信息，实现设备状态自动监测，根据阈值自动进行异常提示。同时采用自动化系统实现日常运维管理自动化，提高电务工作人员工作效率。

第6章 智能铁路

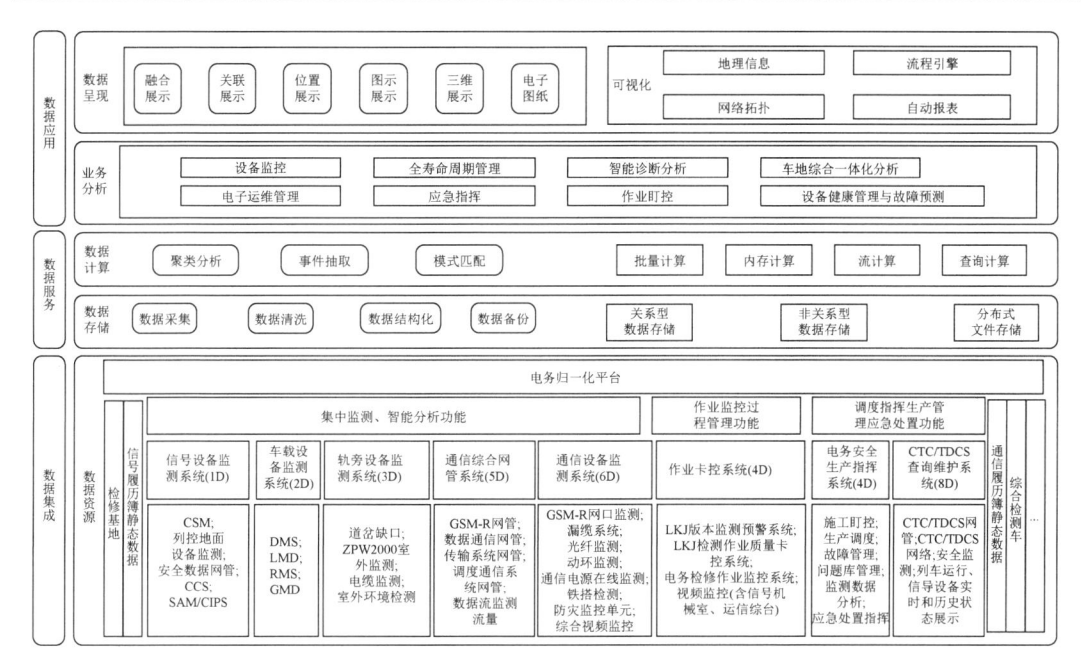

图6.7 电务大数据智能运维平台逻辑结构图

CSM 指铁路信号集中监测（centralized singing monitoring），CCS 指控制集中系统（centralized control system），GMD 指地磁扰动（geo-magnetic disturbance）

（4）可视化是指电务大数据智能运维平台能实现设备原理、设备系统构成和板件工作状态、设备预警和报警信息、故障范围及处理流程的图形化显示。平台的 GIS 地图能清楚显示对应车站的位置信息，当车站出现状况时，电务大数据智能运维平台会及时将状况信息发送到指挥中心和接车站相关人员，指挥中心能在短时间内做出比较合理的处理安排。同时可以协同匹配局集团公司/电务段人员、设备厂家人员、备品等资源，通过视频语音等手段进行沟通应急处置，同时实现作业盯控。

电务数据应用功能总体框图如图 6.8 所示。

2）数据应用功能详细方案

（1）信号集中监测。

信号集中监测是指通过信号集中监测设备，可以对运行中的设备实行实时监测，同时记录相关数据并进行初步统计分析。其监测范围包括联锁、闭塞、列控、TDCS/CTC、驼峰、电源屏、计轴等信号子系统设备以及防灾、环境监测系统等，并对其中具有自诊断功能的信号设备通过数据接口获取所需的信息，如对道岔、信号机、轨道电路等信号设备的集中监测。

（2）信号轨旁设备监测。

信号轨旁设备监测是指通过各类信号轨旁设备自身具备的诊断功能，实时监测设备状态信息、业务信息和管理信息，并通过集中监测设备集中展示。

（3）车载设备监测。

车载设备近年来不断发展，相关的监测设备不断完善，可逐步实现设备自诊断，并具备实时、远程、动态检测、监测能力。如通过 DMS、EOAS、LMD、LAIS、GMD、RMS 等相关设备对 ATP、列车运行监控装置（LKJ）、CIR 等车载设备的运用状况进行检测、监测。

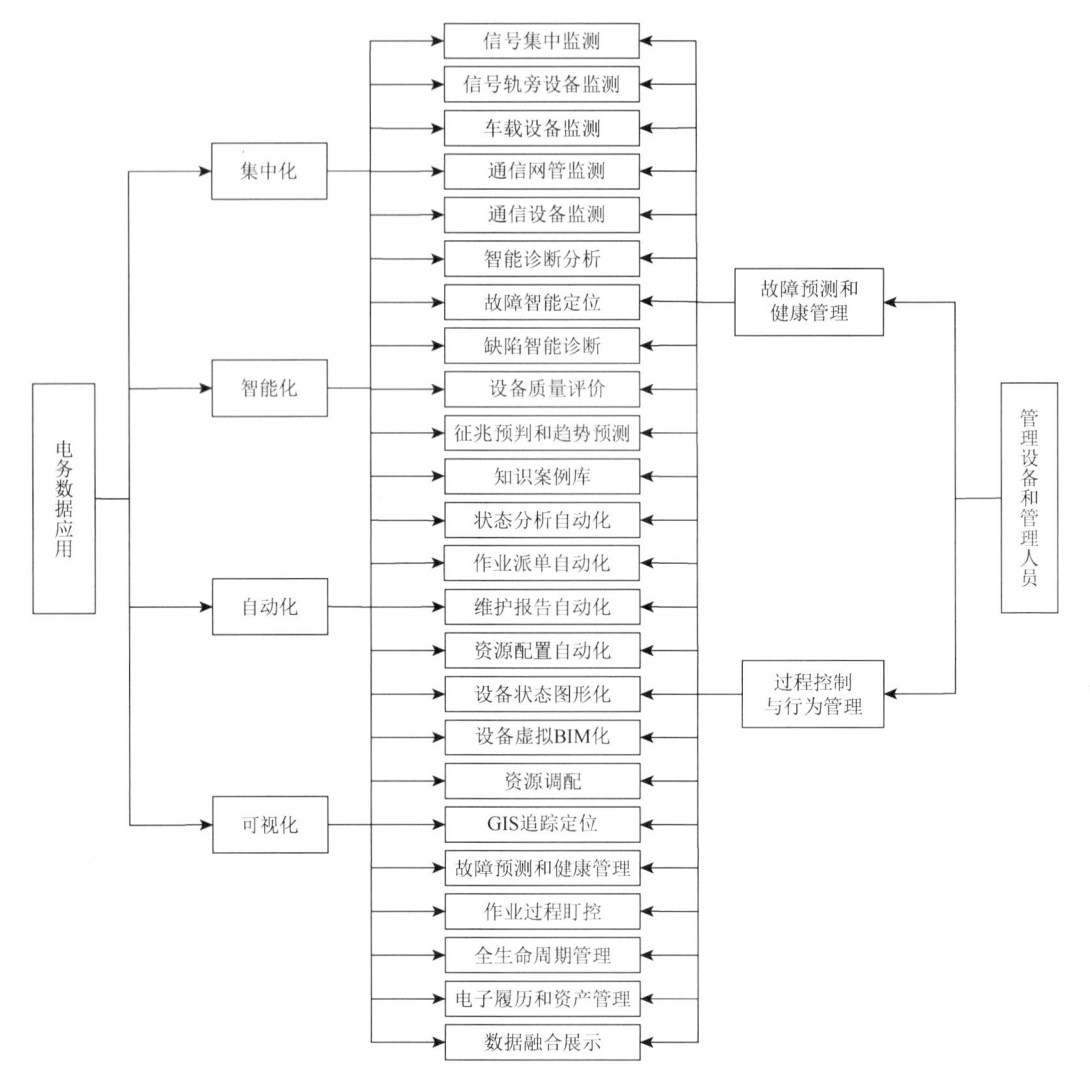

图 6.8 电务数据应用功能总体框图

(4) 通信网管监测。

通信网管监测是指通过电务大数据智能运维平台，将所有通信系统设备网管进行整合，全面获取各条线路所有设备的网管性能、资源及告警情况，并进行整合，提供图示化网管监测信息。

(5) 通信设备监测。

通信设备监测是指通过电务大数据智能运维平台，整合各类通信设备的监测系统，对铁塔、光纤、漏缆等主要通信设备设施的技术运用状态、异常情况实施监测、告警等，提供智能图示化监测信息。

(6) 智能诊断分析。

智能诊断分析是指采用智能化的算法，一是对电务各子系统间关键数据进行比对；二是对电务设备进行智能诊断，在设备存在隐患时，提前发现设备隐患，在设备故障时，能诊断定位故障范围及原因；三是对存在内在联系的事件进行综合统计及预测分析，通过分析数据一致性和逻辑正确性达到辅助电务设备正常运行的功能。

(7) 故障智能定位。

故障智能定位是通过电务大数据智能运维平台，全面获取故障信息，自动建立整体业务逻辑关联，进行通信、信号数学建模，精确判断故障来源，智能定位故障设备。

(8) 缺陷智能诊断。

缺陷智能诊断是指通过电务大数据智能运维平台，实时监测通信、信号设备的性能、资源、告警信息并进行全面分析，智能判断设备隐患及缺陷，提供辅助解决方案。

①车地智能分析。

车地智能分析是利用电务大数据智能运维平台提供的数据信息，对列控系统车载、地面设备的关键信息进行跨设备、跨系统、跨车站的多重联动闭环分析，识别异常环节，实现系统故障智能定位、隐患预判。

GSM-R 的通信信号无线超时智能分析数据主要涵盖列控车载 ATP 无线控制单元运行记录、列控车载 IGSM-R 接口监测数据、列控车载电台（MT）模块运行记录、Um 接口监测数据、GSM-R 网络基群速率接口（primary rate interface，PRI）监测数据、GSM-R 网络 Abis 接口监测数据、GSM-R 网络 A 接口监测数据等。无线超时智能分析实现方式如图 6.9 所示。

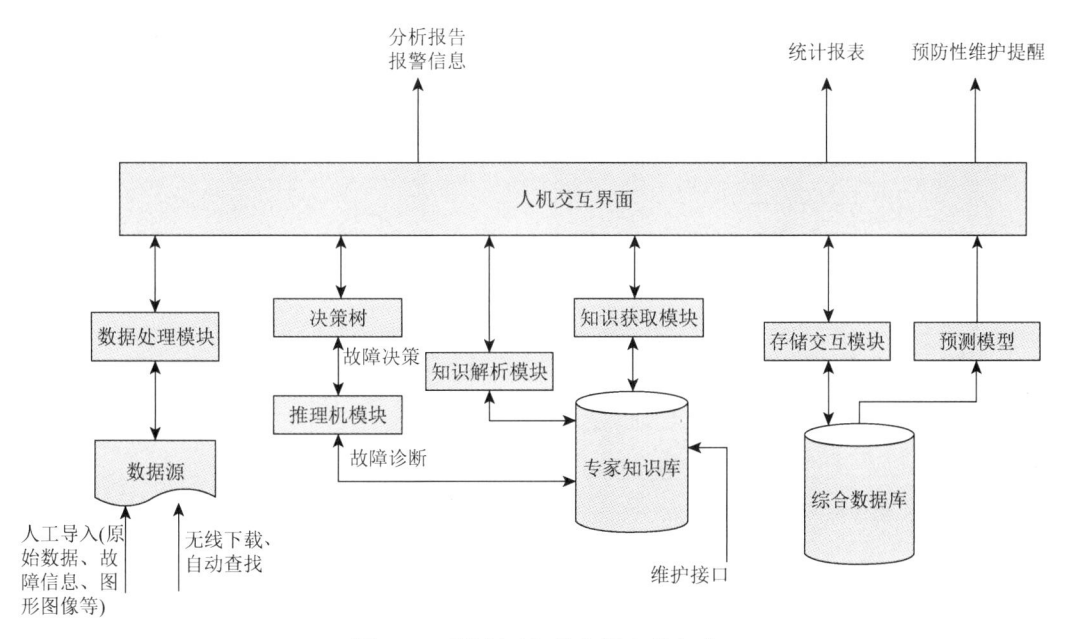

图 6.9 无线超时智能分析实现方式

列控系统车地联合分析是通过综合列控系统地面、车载设备自检、监测数据，对列控关键信息进行跨设备、跨系统、跨车站的多重联动闭环分析，识别异常环节，解决系统级故障难以定位的问题，提醒相应人员及时应对处理，为调度和电务人员在风险发生时采取限速或者停运措施提供切实的判断依据。例如，对临时限速从拟定、校验到执行的整个流程进行闭环分析，确定临时限速执行不成功等异常发生的原因；对区间改方流程进行闭环分析，确定改方失败原因；联锁进路与列控发码不一致或瞬间不一致时提前发现并进行报警等。

②信号智能诊断分析模块。

根据系统目标，信号智能诊断分析模块如图6.10所示。

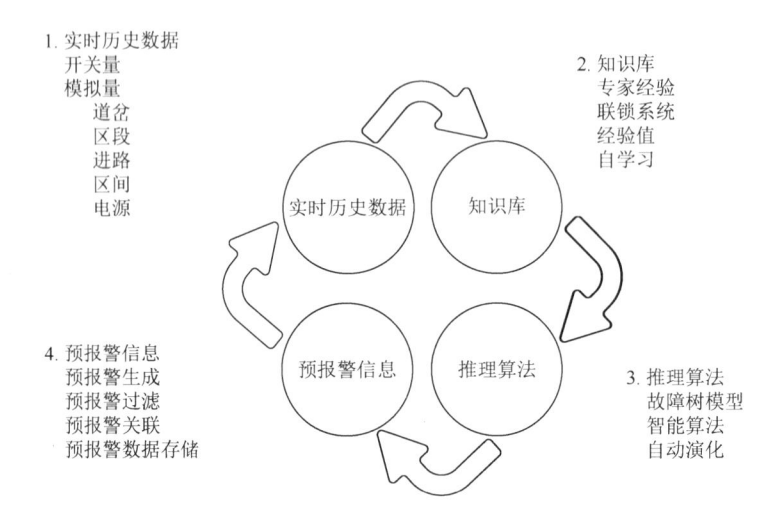

图6.10　信号智能诊断分析模块示意图

③通信智能诊断分析模块。

根据系统目标，通信智能诊断分析模块分析处理流程如图6.11所示。

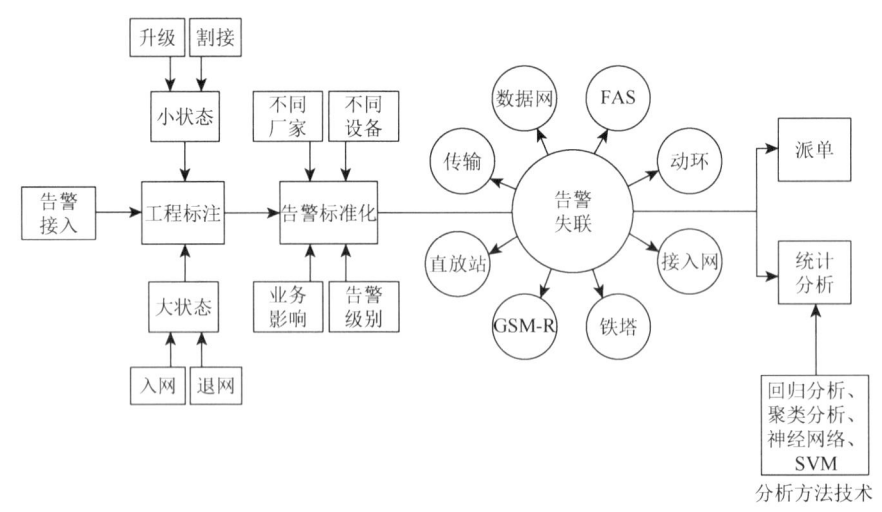

图6.11　通信智能诊断分析模块故障智能分析处理流程图
FAS指火灾报警系统（fire alarm system）

（9）设备质量评价。

设备质量评价是指利用电务大数据智能运维平台，根据采集数据及数学建模分析，对各类通信、信号设备进行智能化质量指标评价，自动生成设备质量评价报告，完成设备健康状况分析，实现由计划修到状态修的转变，提供更加科学的主动运维的依据。

（10）征兆预判和趋势预测。

征兆预判和趋势预测是指通过电务大数据智能运维平台，利用设备质量智能化评价机制，对设备状态进行自动趋势分析，根据分析结果，预判设备性能劣化概率，为维护人员提供征兆预警信息。

（11）知识案例库。

在电务大数据智能运维平台内部建立知识案例库，对已解决的事件且可作为经验案例的，由现场系统维护人员申请向知识案例库增加新的知识条目。由知识管理员对知识条目进行分类管理和入库审核。入库的知识案例用于系统智能诊断、人工经验学习积累、设备运用质量征兆预判和趋势分析等。

（12）状态分析自动化。

状态分析自动化是通过电务大数据智能运维平台自动比对、融合分析各类信号、通信设备状态信息、业务信息和管理信息，对各类存在内在联系的事件进行综合统计及建模预测分析，用机器来代替传统的人工分析。

（13）作业派单自动化。

作业派单自动化是利用电务大数据智能运维平台中预设的信号、通信设备作业派单流程，在发生设备性能劣化或设备故障时，能够根据紧急程度，自动触发相应工单流转程序，实现工单自动转发。

（14）维护报告自动化。

维护报告自动化是根据预设的各类统计报表模板、维护报告编制格式规范，利用管理系统、分析系统、查询系统等输出的结果，形成各类统计报表、维护报告。

（15）资源配置自动化。

资源配置自动化是指设备全寿命管理周期内，建立统一的网络资源库，含有设备的库存信息、质保信息、检修信息、故障信息等，在基于存量的基础上，自动实现各类物资资源空间管理、物理管理、逻辑管理、业务管理、履历管理等。例如，个别特殊型号的道岔杆件备品，可按中心区域进行集中仓储式配置，并根据预设的配送参数指标，或是自动响应各设备维护管理子系统发出的配置需求（含人工需求和系统自动需求），自动生成配送表单，通过资源配置流程经物流配送至各设备使用站点。

（16）设备状态图形化。

设备状态图形化是指通过综合利用数据集成、大数据存储和数据挖掘技术以音/视频技术，采用简单友好的图形化展示界面，根据工作需求：一是展示实际站场、现场实物照片或是音/视频；二是展示设备逻辑架构、电路结构；三是展示设备所处系统的三维模型；四是展示各类其他信息，如存量信息、应急支援方案、故障案例等。

（17）设备虚拟BIM化。

设备虚拟BIM化是指利用BIM进行设备维护管理的局部应用软件开发，基于BIM的空间管理、资产管理、故障定位排除、能源管理、安全管理等功能实现，相较于传统的运维软件，利用BIM开发的软件有更高的可视化程度、更精确的数据信息。例如，针对道岔设备维护进行 BIM 设施维护软件开发,利用 BIM 对道岔运用、维护、备品资源配置及监测信息等进行整体再现研究,为维护人员提供直观方便的手段。或是在设备故障应急处置过程中,将故障信息与 BIM 相结合,并通过大屏投射非常直观地看到故障设备的平面和三维图像,从而制定有效的应急处置措施,降低故障影响范围。

(18)资源调配。

资源调配是指结合设备资源配置自动化、设备虚拟 BIM 化的实施,通过二维图形或是三维图示,实现区域内各类物资资源可视化自动调配,可以清晰展示出设备仓储情况、物流进程、使用状态等。

(19)GIS 追踪定位。

GIS 追踪定位是指通过运用 GIS 实时显示各类信号、通信设备的分布情况,并经各检测、监测子系统实时监视各类信号、通信设备的工作状态,对同一设备的不同特征进行关联展示,例如轨道电路,展示其轨道电压、轨道电流、轨道继电器状态,便于维护人员查看。当产生设备预警、报警时,在地图上以醒目的颜色直观显示报警位置和报警级别,通过 GIS 可以方便查看各设备详细的预警和报警信息,并能方便地启动应急指挥和任务工单派发等操作。

(20)故障预测和健康管理。

①故障预测。

以局集团公司为单位,汇总专业网管、设备监测数据和各子系统的维修数据,主要解决两个问题:一是设备"亚健康"的预警;二是设备故障报警,发生故障后找出故障部位。故障预测利用智能算法分析故障模式,提取故障特征,建立故障模型,实现设备故障诊断和故障预测。

②健康管理。

电务大数据智能运维平台依托于各子系统实时上传的数据,实现健康管理和动态养护等功能,保证设备在没达到失效期前具有保持或优于设计的可靠性和安全性,在设备的全生命周期保证其质量。同时,当设备到达失效周期时,要有维护预警信息提供给维保人员,避免设备老化等问题影响行车安全。通过分析设备健康日志、年度体检信息、寿命评估体系、状态分析等开展设备健康管理。建立设备从出厂到现场上线再到下线报废的基础设备履历,结合各设备监测系统提供的预警信息和故障信息,建立设备的健康日志。根据设备的日常维修检修以及定期设备巡查检测记录,建立设备的年度体检信息。利用现场设备的更换记录开展检测、评估,建立寿命评估体系。利用月度和年度设备统计分析记录,建立设备统计分析日志。

(21)作业过程盯控。

作业过程盯控是指在电务大数据智能运维平台框架下,依托于各类信号、通信设备子系统实现电务作业管理功能。平台可以监控工程师作业全过程,包括监控作业前的工具、设备,如监控材料是否携带齐全、作业中是否符合要求、作业后设备和剩余材料是否归库、设备是否恢复正常运行。

(22)全生命周期管理。

全生命周期管理是指将各类信号、通信设备按物质寿命、技术寿命、经济寿命分类并采用 BIM 技术建模，对设备全寿命周期的两大阶段（决策与形成阶段、使用与维护阶段）进行管理，以提高设备综合效率和实现全寿命周期费用最佳化，实现设备寿命管理全过程的计划控制、职责控制、制度控制、程序控制、奖罚控制，如各型继电器、单元模块及板件等设备的全生命周期管理。设备全生命周期工作流程如图 6.12 所示。

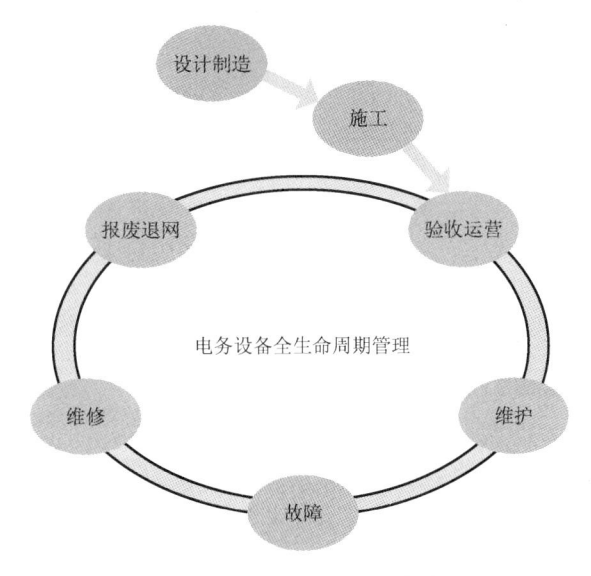

图 6.12 设备全生命周期工作流程图

（23）电子履历和资产管理。

通过资源管理系统与外部系统的信息共享，建立设备全寿命周期电子履历和资产管理，对设备基本信息、运用信息、故障监测信息、检修维护信息等进行全寿命周期各阶段全量化的技术状态信息管理，实现设备信息的全过程、全方位和一体化管理，为实时查询、调配等外部系统的应用，如设备信息查询管理、故障应急件调配等提供数据支撑。

（24）数据融合展示。

电务大数据智能运维平台通过可视化的方式进行数据融合展示，包括车地融合展示、有内在联系数据的关联展示、整条线路的站场显示、设备状态的二维和三维展示、技术资料的电子化等。

6.3 智能铁路实施——以智慧京张为例

6.3.1 京张高速铁路的背景

京张高速铁路是支撑北京 2022 年冬奥会和冬残奥会成功举办的交通保障线，也是促进"京津冀一体化"发展的经济服务线，于 2016 年 4 月开工建设，2019 年 12 月开通运营，正线全长 174km，桥梁总长 66km，隧道总长 48.8km，桥隧比例为 65.9%。京张高速铁路并不是条简单的高速铁路，不论是从施工难度、运用的新型技术、智能化程度等各方面，都是在我国铁路发展史上具有划时代意义的"集大成者"，是我国智能建造、智能装备和智能运营服务的应用实践代表，是我国高速铁路技术新一轮创新的标志性工程，树立了我国铁路建设自主创新的典范和标杆。

在京张高速铁路设计中实现了首座满足开行速度为350km/h的高速铁路钢桁梁桥——官厅水库特大桥；为了最大限度方便游客游览八达岭长城，在轨面埋深达102m的地下设置了建筑面积约4万m^{2}的大跨度复杂洞室结构的八达岭长城地下高速铁路车站；跨越京藏高速公路的土木特大桥采用的墩顶转体设计技术获得了国家发明专利；城区内清华园隧道盾构结构的全预制拼装设计大大提高了施工效率，节省了工程投资，减少了对周边环境的影响，洞内施工环境也得到了极大改善；路基边坡采用一体化的生态护坡系统，主要由锚杆、土工格室、立体防护网、雨水收集及智能灌溉系统组成；综合视频一体化的系统设计；世界上首次实现的速度为350km/h自动驾驶系统（C3 + ATO）；全寿命周期的BIM设计。

京张高速铁路是我国铁路智能化的代表，本节主要选取其中比较有代表性的智能化场景案例来介绍，揭示我国智能化铁路的实践情况。

6.3.2 京张高速铁路智慧化实施案例

1. 最"聪明"的高铁动车组

京张高速铁路智能动车组可以说是最"聪明"的高铁动车组，在世界上首次实现了速度为350km/h的有人值守自动驾驶商业运营，采用CTCS-3 + ATO技术，可以实现车站自动发车、区间自动运行、车站自动停车、车门自动打开、车门/站台门联动控制等一系列操作。列车自动速度控制功能达到精度为2km/h以内，停车精度可控制在0.5m以内。京张高速铁路智能动车组在四个方面利用智能化技术与既有动车组技术结合，实现自感知、自诊断、自决策、自适应在广度和深度上的进一步提升，实现自动及协同运行；利用智能传感技术、物联网、天线雷达、人工智能识别技术、二维码等多维度现代电子监测感知手段，进一步加深对动车组自身状态、环境状态、运行数据等不同层次、维度的状态监测，增加了列车自感知的广度和精度。动车组的自动驾驶系统能够通过车载传感器、雷达、天线等设备对环境信息（地理位置、线路信息等）和车辆状态进行采集与处理，并与动车组状态融合，同时在满足安全性、稳定性和舒适性的前提下进行实时智能分析，结合线路限速要求等进行决策判断。为了能做到精确控制，全车装有2718个传感器，实时监测列车运行的所有状态，并根据不同的条件做出调节。

京张高速铁路通过对大数据的融合集成、存储管理、挖掘处理，同时利用智能化技术的定制化、集成化、流程化、一体化（四化）的运用，进一步优化控制策略，实现动车组自动驾驶、故障导向安全、突发及灾害应对、车辆运营秩序调度等业务过程中自诊断、自决策的可控性与可管理性。

为提高行车安全，需对高速铁路列车重点部位全面实时检测。京张高速铁路在列车走行部增加了160个振动、温度复合传感器，实现轴承、齿轮箱、牵引电机等零部件失效模式的精确判断，保证行车安全；车内采用视频组网设计，实时准确掌握车厢内旅客动态、环境状态，全面提高车内反恐、防暴能力，同时实现火灾与视频联动，进一步确保旅客行车安全，实现多监测系统集成，综合处理诊断、统一存储、显示、发送，完成由单部件、单车级安全监测到多系统、整车级、交互监测的提升。

此外，京张高速铁路还首次在智能型动车组上使用了应急自走行技术。在接触网断电或高压设备故障的情况下，利用车载电源系统，列车具备自走行20km的能力，其中包括5km的5‰的上坡道和15km平直道，走行速度为30km/h，具有应急牵引至就近车站的能力。

2. 高速铁路智能巡检机器人

为保障铁路正常运行，大量设备需要定期巡检和维护，如动车组各部件、信号系统和供电系统各组成部分。信号系统是高速铁路列车运行控制的核心系统，是保证安全运行的核心，因此对信号设备维护有更高的要求。

动车组每日回库后都需做检查，动车组底部部件多、检测项目多，京张高速铁路动车组采用了车底智能巡检机器人来检测部件状态。车底智能巡检机器人采用机器视觉、图像识别、深度学习等人工智能技术，在车底按程序路线行走，可全自动检测 CRH 系列、中国标准动车组等所有动车组车型的车底和转向架可视部件，实现动车组相关部位零部件外观故障的识别和报警。检测指标值细微至毫米级，人眼观察不出或者精度不够的点位，机器人的"火眼金睛"都能立刻发现，不会出现漏检，基本覆盖动车组日常一级修的作业内容。

布置在轨道沿线的信号机、轨道电路、转辙机等设备都由车站室内的继电器、发码设备等集中控制，巡检室内的设备对维护信号设备正常工作非常重要。当发生信号设备故障时，需维护人员 2 小时内到达现场排查故障。高速铁路的中继站大多是无人值守，有的设置在偏远山区，邻近的信号车间人员可能无法及时到达现场，而且信号设备的故障也呈多样化，如电缆破损、电缆及软线发热、继电器故障、发码设备故障等，增加了及时排故的难度，此时高铁信号智能巡检机器人则可以发挥重大作用。

智能机器人搭载了高精度激光雷达、高清摄像头、热成像设备、避障传感器、高性能控制运算系统和高可靠性运动控制系统，有效地实现设备全周期实时扫描、发热预警、环境及人员在线监测等。信号系统运用运行空间自动构建、红外线雷达及激光传感器三重防撞技术融合、图像高速传输与智能处理、设备热感温在线监测等技术，可形成无人化站点的设备机房在线监测与管理体系，图6.13是车站信号机房智能巡检机器人。

信号系统采用高精度水平定位仪、激光测距仪、位置编码系统实现智能机器人远程自动、远程手动及现地手动控制，精确定位；通过电务段监测中心设定机器人定时巡检周期，并按照设定时间进行轮询监测，拍摄图像并记录数据；当现场设备发生故障时，可以从电务段监测中心通过人工方式操纵机器人实现单一设备监测（设备状态数据读取、继电器工作状态判定、环境判定等）；利用红外线扫描可检测隐蔽电缆发热、断缆等故障；对于轨道电路电子设备监测及计算机联锁设备面板指示灯状态信息，智能机器人可以实时或定期观测电子设备面板指示灯变化，并记录与正常状态进行数据对比，起到预警作用。

图 6.13 信号机房智能巡检机器人

此外，高速铁路牵引变电所是列车运行的动力来源，其巡检工作也非常重要。传统人工巡检方式存在劳动强度大、工作效率低、检测质量分散、手段单一等不足。人工检测的数据也无法准确、及时地接入管理信息系统，并且随着无人值守模式的推广，巡视工作量越来越大，巡检到位率、及时性无法保证。如果在高原、缺氧、寒冷等地理条件或恶劣天气条件下，人工巡检还存在较大的安全风险，缺乏有效的巡检手段，大风、雾天、冰雪、冰雹、雷雨等恶劣天气也无法及时进行巡检。京张高速铁路小白阳牵引变电所就采用了智能巡检机器人，负责巡检变电所的日常巡检工作，可实现每 2 小时巡检一次，全天候不间断。图 6.14 是京张高速铁路某变电所的智能巡检机器人。

图 6.14 智能机器人巡检变电所示意图

智能巡检机器人可以自动规划路径，智能化自主行走，准确到达每个设定的巡检点；

通过多种传感器融合，可以读仪表、听噪声，完成对变压器、隔离开关等多处关键部位的巡检；并通过智能识别、红外线测温还有声音探测等功能及时发现变电设备异常。智能巡检机器人利用视觉扫描，可智能识别变压器油温、电流互感器油位、断路器压力、避雷器泄漏电流、隔离开关分合指示等；利用红外热像仪可以对设备进行智能温度检测与统计，根据温度变化状况判断变电所设备的运行状况；利用声音采集器识别故障，自动录制设备异常音响，并实时传输至后台分析。

3. 深埋地下站结构安全监测

京张高速铁路八达岭长城站位于新八达岭隧道内，是目前国内埋深最大的高速铁路地下车站，总长470m，地下建筑面积4.1万m^2，两端各设长163m的大跨过渡段，开挖跨度达到32.7m。

车站采用三层三纵的群洞结构，竖直方向分为上、中、下三层，分别为出站通道及设备层、进站通道层和站台层，竖向最小净距仅4.5m。站台层分为左、中、右三个分离的平行洞室，分别为左到发线及站台、正线、右到发线及站台。各洞室最小水平净距仅2.27m（图6.15）。因为车站层次多，洞室数量多，洞型复杂，所以建造过程中应用了一系列新技术、新材料、新工艺、新设备。

图6.15 京张高速铁路八达岭长城站结构图

为保障八达岭长城站施工和运营全过程的结构安全，车站设置了隧道结构智能健康监测系统，总共选择14个典型监测断面，包括大跨过渡段、三连拱段和小净距段，对锚杆、锚索、喷射混凝土、钢架、二次衬砌及围岩进行应力和变形监测（图6.16）。配套开发的智能监测系统对地下车站、隧道围岩及结构的各类传感器数据进行远程采集和图形化展示，对各类传感器数据进行实时监测及分析，当监测到结构出现异常时，及时给出预警。图6.17是八达岭长城站隧道智能监测系统功能图。

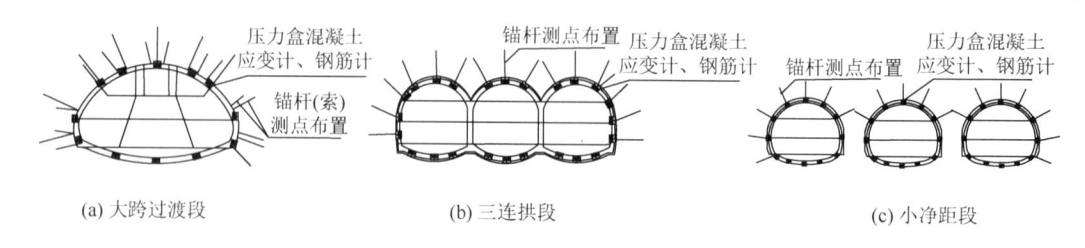

图 6.16　八达岭长城站隧道断面监测

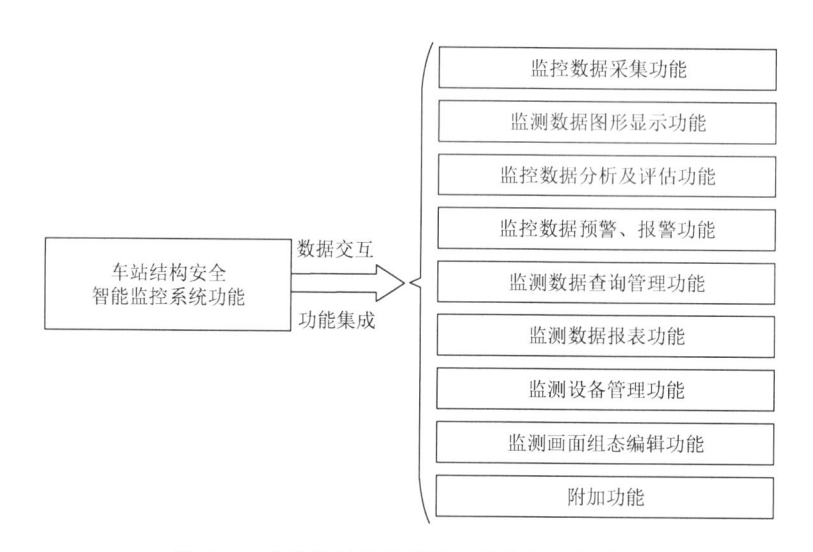

(a) 大跨过渡段　　(b) 三连拱段　　(c) 小净距段

图 6.17　八达岭长城站隧道智能监测系统功能

对隧道加强监控量测可以及时了解围岩内部变形情况以及洞周收敛情况，同时可以掌握支护结构受力特性。通过多角度、多方面的监控量测，可以保证围岩及支护结构测量工作的真实性与及时性。当某一监测数据出现异常时，不仅可以迅速做出反应，及时消除安全隐患，还可以依据其他数据监测的结果，对此数据异常做出评价，判断是否会对支护结构产生较大影响，是否需要对其他衬砌结构进行加强。多角度全方位的围岩及结构智能监测，大大提升了隧道风险的识别和处理能力，为安全施工提供保障，降低了事故发生概率。

围岩及支护结构智能监测为保证安全施工做出了巨大贡献，全面地覆盖了隧道建设需要把握的高风险区段，实现了由单一的洞周收敛监测扩展为多角度的围岩及结构的变形与受力监测，做到了数据的及时采集、分析、反馈、预警。对于预警断面不仅可以及时采取针对性措施，而且可以向设计人员反馈，对设计做出调整和优化。

此外，考虑到八达岭隧道的特点，还首次建设了高速铁路防灾救援综合监控系统。在全面监控隧道和车站机电设备的基础上，可在灾害情况下协调各机电系统联合运行，科学合理地救援疏散。

4. 智能服务与运营

京张高速铁路的车站围绕旅客乘坐列车的全过程进行设计，使旅客从购票开始，到站、进站、候车、乘车、出站（换乘）等环节全程体验智能化技术。通过设计基于人脸识别的自助实名制核验系统、站内智能导航、列车旅客信息系统及娱乐系统，为旅客提供更加方便快捷的服务。京张高速铁路全面实施电子客票，结合各客运站不同的站房结构及运营组织精细化程度设置自动售票机、自助实名制核验闸机及进出站检票闸机等设备，力争为旅客提供便捷、舒适的乘车体验。为了提升旅客的候车体验，在各客运站设置 Wi-Fi 系统，旅客可以通过客运站免费提供的无线网络观看冬奥会或者其他资源；在大型站设置导航系统，站内导航与站外导航衔接为旅客提供站内导航的同时也为旅客提供周边饮食、旅游景点及酒店预订等服务。

车站还设置了运营智能感知系统，能够基于音/视频融合分析、跨场景目标跟踪等技术，实现区域人数、排队长度、人流速度和方向的统计分析，以及突发事件、非法入侵、站台越界等异常行为的监控报警，为车站快速响应、协同指挥、智能调度提供有力的支撑。

为了提高旅客乘车的舒适性，在列车上设置 2000 多个传感监测点，全面感知列车运营状态，并根据需要随时进行调节。利用智能环境感知调节技术，从温度调节、灯光智能调节、人机工程学、车内噪声控制、压力波调节（图 6.18）、变色车窗、资源配置优化等方面实现旅客视觉、听觉、嗅觉、触觉等方面感官舒适度的提升。

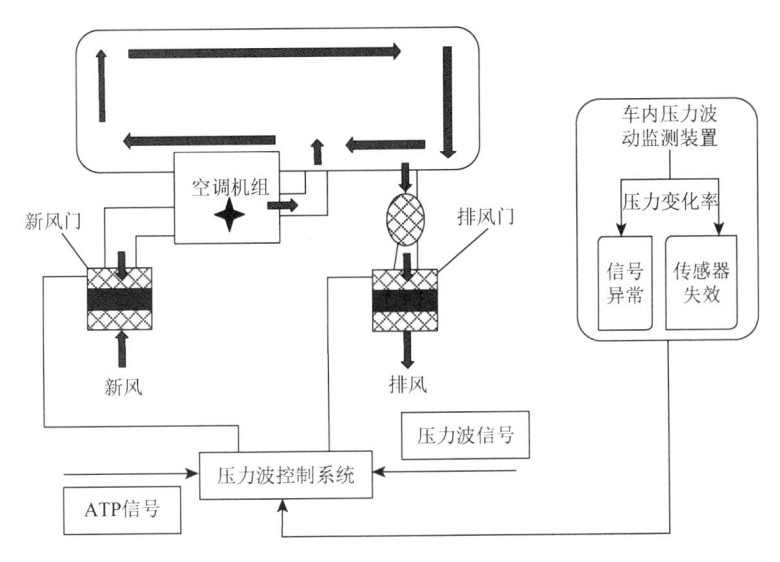

图 6.18 车载压力波控制系统结构图

在列车调度方面，构建基于人工智能的高速铁路智能调度指挥系统，实现进路和命令安全卡控、列车运行智能调整、搭建行车信息数据平台、行车调度综合仿真以及 ATO 系统需要的行车计划上车等功能，实现京张高速铁路行车调度的智能化。

5. 其他智能化应用

除了以上智能化应用，京张高速铁路还设计了高速铁路地震预警系统、风雨雪及异物侵限自动监测与报警系统和沿线非法入侵智能监测系统。综合运用"人防、物防、技防"手段，将保障高速铁路列车运行环境安全提到新的高度。地震预警系统一方面可以实时接收现场监测设备、相邻铁路局中心系统和国家地震台网的警报信息，进行快速评判，计算影响范围，生成并发布地震紧急处置信息；另一方面可以及时发布误报、警报解除和震后恢复等信息。

针对接触网监测，京张高速铁路设置 PHM、智能巡检、6C 系统等，保证接触网供电设备的安全性、可靠性，对京张高速铁路的牵引供电系统进行全方位、全覆盖的综合检测监测，提高供电设备状态诊断、分析、研判的智能化水平。从检测接触网悬挂参数和弓网运行参数到检测接触网悬挂、腕臂结构、附属线索和零部件，从接触网参数的实时检测到电力机车受电弓滑板状态及接触网特殊断面和地点的实时监测，智能检测系统可以提供对接触网运行参数和供电设备参数的实时在线监测。

针对供电监测，京张高速铁路设计了电力供电运行维护管理系统和隧道照明及防灾救援设备智能监控系统。通过在全线电力贯通线设置光纤测温电缆头，实现在线监测装置和在线故障定位装置。采集现场终端数据信息，上传至运维工作站，对全线电力贯通电缆运行状态进行实时监测、状态分析、故障预报警和故障定位，实现智能运行维护管理。通过在全线隧道照明设置智能监控终端，将隧道照明及通风设备供电纳入运维工作站集中监控。全线各站设置能源管理及节能控制系统，整合既有机电设备的监控系统、照明系统、暖通空调自控系统等，在保留其基本控制模式条件下，完善对站房的变配电、照明、电梯、空调、供热等能源使用状况的集中监视、控制和管理。

最后，京张高速铁路的智能化远远不止于本书介绍的范围，同时智能化技术在铁路中的应用和结合还有非常多的工作需要做，而传感检测技术在这个过程中尤为重要，单以京张智能动车安全检测系统为例，一列动车组就要加装 168 个振动传感器，除此之外的空调、噪声监测等功能也全都需要加装传感器，全车传感检测点比一般动车组多了近 300 个，而且每个监测点往往需要不止一个传感器，全车的传感器加装量可想而知。我国高速铁路仍需要加强基础研发领域的投入，随着我国向更高性能的列车发起挑战，以智能高速铁路全寿命周期管理为目标，需要摸索清楚我国高速铁路在实际运营条件下零部件和各系统的运行规律，关键还得依靠自主核心技术，走出自主创新的道路。

思 考 题

1. 智能铁路的总体框架是什么？有哪些关键技术？
2. 完整的铁路大数据应用体系应按照怎样的设计相关原则？铁路大数据应用总体设计可划分为几部分？
3. 对于智能高速铁路的代表——京张高速铁路，列举它的优秀设计之处。

参 考 文 献

阿尔梅尼塞，等. 2013. 新型陀螺仪技术[M]. 袁书明，程建华，译. 北京：国防工业出版社.
陈建译. 2019. 电务大数据智能运维平台研究与应用[J]. 铁道通信信号，55（S1）：162-166.
陈娟子，闫连山，曾德兵，等. 2012. 基于OTDM的FBG传感器网络超高速解调系统的设计[J]. 传感器与微系统，31（8）：123-125，129.
程玉瑶. 基于长标距光纤传感技术的结构健康监测方法研究[D]. 南京：东南大学，2019.
高博，柏智会，宋宇博. 2021. 基于自适应引力算法的桥梁监测传感器优化布置[J]. 振动与冲击，40（6）：86-92，189.
郭进. 2017. 铁路信号基础[M]. 2版. 北京：中国铁道出版社.
郭世明. 2008. 动车组检测与故障诊断技术[M]. 成都：西南交通大学出版社.
何华武，朱亮，李平，等. 2019. 智能高铁体系框架研究[J]. 中国铁路，（3）：1-8.
侯卫星. 2010. 0号高速综合检测列车[M]. 北京：中国铁道出版社.
胡向东，等. 2018. 传感器与检测技术[M]. 3版. 北京：机械工业出版社.
蓝天，张春熹，李立京，等. 2008. 全光纤周界安全防范系统[J]. 光学技术，34（2）：259-261.
雷杨，潘炜，闫连山，等. 2010. 分布式光纤传感器温度与应变区分的研究[J]. 传感器与微系统，29（5）：25-27，30.
李大威，徐立鸿. 2018. 智能视频监控系统中的目标监测与跟踪算法研究[M]. 上海：同济大学出版社.
李建中，饶云江，冉曾令. 2009. POTDR分布式光纤传感及其在安防监测中的应用[J]. 光子学报，38（11）：2789-2794.
李盛. 2009. 基于光纤光栅传感原理的桥梁索力测试方法研究与应用[D]. 武汉：武汉理工大学.
李向国. 2008. 高速铁路技术[M]. 2版. 北京：中国铁道出版社.
刘传玺，袁照平，程丽平. 2017. 传感与检测技术[M]. 2版. 北京：机械工业出版社.
刘大为，郭进，王小敏，等. 2013. 智能铁路信号系统展望[J]. 中国铁路，（12）：25-28.
刘大为，郭进，王小敏，等. 2014. 中国铁路信号系统智能监测技术[J]. 西南交通大学学报，49（5）：904-912.
刘昶. 2007. 微机电系统基础[M]. 黄庆安，译. 北京：机械工业出版社.
罗光明，张春熹，马宗峰，等. 2009. 分布式光纤安防系统传感和定位技术研究[J]. 压电与声光，31（3）：327-329，333.
罗志增，席旭刚，高云园. 2020. 智能检测技术与传感器[M]. 西安：西安电子科技大学出版社.
吕刚，刘建友，赵勇，等. 2021. 京张高铁隧道智能建造技术[J]. 隧道建设（中英文），41（8）：1375-1384.
孟立凡，蓝金辉. 2015. 传感器原理与应用[M]. 3版. 北京：电子工业出版社.
宁滨，莫志松，李开成. 2019. 高速铁路信号系统智能技术应用及发展[J]. 铁道学报，41（3）：1-9.
蒲逸然，谢建良，王昕. 2019. MEMS纳米量热传感器基底结构与材料仿真[J]. 传感器与微系统，38（5）：10-12，16.
钱静洁，张建秋，贾波. 2006. Sagnac干涉定位系统的实时信号处理方法[J]. 传感技术学报，19（4）：1033-1037.
孙高盼，闫连山，邵理阳，等. 2016. 基于光纤光栅的钢轨受力状态监测技术研究[J]. 传感器与微系统，35（1）：69-71.
唐露新. 2009. 传感与检测技术[M]. 北京：科学出版社.

王建飞，王潇，罗洪，等. 2012. 基于法拉第旋镜的干涉型光纤传感系统偏振相位噪声特性研究[J]. 物理学报，61（15）：111-120.

王圣根，闫连山，潘炜，等. 2011. 基于匹配光栅解调的FBG轨道传感器研究[J]. 铁道学报，33（9）：68-71.

王同军. 2017. 中国铁路大数据应用顶层设计研究与实践[J]. 中国铁路，（1）：8-16.

王同军. 2019. 中国智能高铁发展战略研究[J]. 中国铁路，（1）：9-14.

魏召兰. 2012. 高速铁路大型桥梁结构健康监测与状态评估研究[D]. 成都：西南交通大学.

吴建平，彭颖，覃章健. 2016. 传感器原理及应用[M]. 3版. 北京：机械工业出版社.

谢宏全. 2018. 激光雷达测绘技术与应用[M]. 武汉：武汉大学出版社.

谢尚然，邹琪琳，屠亦军，等. 2009. 长距离双M-Z干涉型振动传感器实时定位算法研究[J]. 光电子·激光，20（8）：1020-1024.

杨长卫，童心豪，连静，等. 2019. 高速铁路地震预警系统三级警报阈值及其处置策略研究[J]. 铁道学报，41（7）：88-94.

尤政，赵嘉昊. 2019. MEMS技术前沿与应用发展[M]. 北京：国防工业出版社.

张超，王磊，陈杏藩，等. 2013. 复用双轴光纤陀螺仪[J]. 浙江大学学报（工学版），47（12）：2184-2187，2259.

张超敏，任玮. 2019. 传感与检测技术[M]. 北京：北京理工大学出版社.

张红梅. 2015. 钢轨探伤[M]. 北京：中国铁道出版社.

张磊. 2020. 基于DFOS的库岸边坡变形机理及预测研究[D]. 南京：南京大学.

张兆亭，闫连山，王平，等. 2012. 基于光纤光栅的钢轨应变测量关键技术研究[J]. 铁道学报，34（5）：65-69.

章燕申，张春熹，蒋军彪，等. 2017. 光电子学与光学陀螺仪[M]. 北京：清华大学出版社.

赵国锋，闫连山，王平，等. 2010. FBG反射谱展宽效应在轨道传感器中的应用研究[J]. 光电子·激光，21（12）：1755-1757.

赵志刚，李毅，毛少虎. 2018. 钢轨探伤典型伤损对比分析图谱[M]. 北京：中国铁道出版社.

中国国家铁路集团. 2020. 新时代交通强国铁路先行规划纲要[Z]. 北京：中国国家铁路集团.

中国铁路总公司. 2013. 铁路信号集中监测系统应用与维护技术[M]. 北京：中国铁道出版社.

中国铁路总公司. 2017. 铁路信息总体规划[Z]. 北京：中国铁路总公司.

中华人民共和国国家发展和改革委员会. 2018-07-09. 中长期铁路网规划[EB/OL]. http://www.ndrc.gov.cn/zcfb/zcfbghwb/201607/W020160802639956019575.pdf.

周威，闫连山，张志勇，等. 2014. 基于双向应变匹配解调的光纤光栅轨道传感技术研究[J]. 铁道学报，36（2）：75-80.

周唯，彭认灿，董箭. 2019. LiDAR点云纹理特征提取方法[J]. 国防科技大学学报，41（2）：124-131.

朱梦芳，邵理阳，张志勇，等. 2016. 基于二阶Loyt-Sagnac干涉仪的灵敏度增强温度传感器[J]. 光子学报，45（6）：36-40.

Bewley A, Ge Z, Ott L, et al. 2016. Simple online and realtime tracking[C]. IEEE International Conference on Image Processing: 3464-3468.

Chen D, Liu Q, He Z. 2017. Phase-detection distributed fiber-optic vibration sensor without fading-noise based on time-gated digital OFDR[J]. Optics Express, 25（7）: 8315-8325.

Chtcherbakov A A, Swart P L, Spammer S J. 1998. Mach-Zehnder and modified Sagnac-distributed fiber-optic impact sensor[J]. Applied Optics, 37（16）: 3432-3437.

Ding W, Jiang Y. 2012. All-solid photonic band gap fiber based distributed fiber optic pressure sensor[J]. Optics Express, 20（13）: 14054-14063.

Fang X. 1996. Fiber-optic distributed sensing by a two-loop Sagnac interferometer[J]. Optics Letters, 21 (6): 444-446.

Haralick R M, Shanmugam K, Dinstein I H. 1973. Textural features for image classification[J]. IEEE Transactions on Systems, Man, and Cybernetics, (6): 610-621.

He H, Shao L Y, Li Z, et al. 2016. Distributed vibration sensing with high frequency response based on frequency division multiplexing[C]. Optical Fiber Communications Conference and Exhibition: 1-3.

He H, Yan L S, Qian H, et al. 2021. Suppression of the interference fading in phase-sensitive OTDR with phase-shift transform[J]. Journal of Lightwave Technology, 39 (1): 295-302.

Hong X, Guo H, Wu J, et al. 2010. An intrusion detection sensor based on coherent optical time domain reflector[J]. Microwave and Optical Technology Letters, 52 (12): 2746-2748.

Hong X, Wu J, Zuo C, et al. 2011. Dual Michelson interferometers for distributed vibration detection[J]. Applied Optics, 50 (22): 4333-4338.

Huang S C, Lin W W, Tsai M T, et al. 2007. Fiber optic in-line distributed sensor for detection and localization of the pipeline leaks[J]. Sensors and Actuators A: Physical, 135 (2): 570-579.

Jiang L, Yang R. 2012. Identification technique for the intrusion of airport enclosure based on double Mach-Zehnder interferometer[J]. Journal of Computers, 7 (6): 1453-1459.

Juarez J C, Maier E W, Choi K N, et al. 2005. Distributed fiber-optic intrusion sensor system[J]. Journal of Lightwave Technology, 23 (6): 2081-2087.

Li Z L, Yan L S, Shao L Y, et al. 2015a. Coherent BOTDA sensor with suppressed chromatic dispersion[C]. Optical Fiber Communication Conference: W31-4.

Li Z L, Yan L S, Shao L Y, et al. 2015b. Enhanced performance in coherent BOTDA sensor with reduced effect of chromatic dispersion[J]. Optics Express, 23 (23): 30483-30490.

Li Z L, Yan L S, Shao L Y, et al. 2016. Precise Brillouin gain and phase spectra measurements in coherent BOTDA sensor with phase fluctuation cancellation[J]. Optics Express, 24 (5): 4824-4833.

Li Z L, Yan L S, Shao L Y, et al. 2017. Temperature and strain sensing in BOTDA fiber sensor by utilizing wavelength-sweeping BGS[C]. Conference on Lasers and Electro-Optics: JW2A-71.

Linze N, Tihon P, Verlinden O, et al. 2013. Development of a multi-point polarization-based vibration sensor[J]. Optics Express, 21 (5): 5606-5624.

Lu Y, Zhu T, Chen L, et al. 2010. Distributed vibration sensor based on coherent detection of phase-OTDR[J]. Journal of Lightwave Technology, 28 (22): 3243-3249.

Passaro V, Cuccovillo A, Vaiani L, et al. 2017. Gyroscope technology and applications: A review in the industrial perspective[J]. Sensors, 17 (10): 2284.

Ren S, He K, Girshick R, et al. 2015. Faster R-CNN: Towards real-time object detection with region proposal networks[C]. Advances in Neural Information Processing Systems, 28: 91-99.

Russell S J. 1999. Location of time-varying strain disturbances over a 40km fiber section, using a dual-Sagnac interferometer with a single source and detector[C]. The 13th International Conference on Optical Fiber Sensors, 3746: 34-37.

Russell S J, Brady K R C, Dakin J P. 2001. Real-time location of multiple time-varying strain disturbances, acting over a 40-km fiber section, using a novel dual-Sagnac interferometer[J]. Journal of Lightwave Technology, 19 (2): 205-213.

Shao L Y, Luo Y, Zhang Z, et al. 2014. Temperature sensor with enhanced sensitivity by cascaded fiber optic Sagnac loops[C]. The 23rd International Conference on Optical Fibre Sensors, 9157: 309-312.

Shao L Y, Luo Y, Zhang Z, et al. 2015. Sensitivity-enhanced temperature sensor with cascaded fiber optic

Sagnac interferometers based on Vernier-effect[J]. Optics Communications, 336: 73-76.

Shao L Y, Zhang M, Xie K, et al. 2016a. The longitudinal force measurement of CWR tracks with hetero-cladding FBG sensors: A proof of concept[J]. Sensors, 16 (12): 2184.

Shao L Y, Zhang X, He H, et al. 2016b. Optical fiber temperature and torsion sensor based on Lyot-Sagnac interferometer[J]. Sensors, 16 (10): 1774.

Shao L Y, Liang J, Zhang X, et al. 2016c. High-resolution refractive index sensing with dual-wavelength fiber laser[J]. IEEE Sensors Journal, 16 (23): 8463-8467.

Spammer S J, Swart P L, Chtcherbakov A A. 1997. Merged Sagnac-Michelson interferometer for distributed disturbance detection[J]. Journal of Lightwave Technology, 15 (6): 972-976.

Stauffer C, Grimson W E L. 2000. Learning patterns of activity using real-time tracking[J]. IEEE Transactions on Pattern Analysis and Machine Intelligence, 22 (8): 747-757.

Tong Y, Dong H, Wang Y, et al. 2015. Distributed incomplete polarization-OTDR based on polarization maintaining fiber for multi-event detection[J]. Optics Communications, 357: 41-44.

Wang P, Xie K, Shao L, et al. 2015. Longitudinal force measurement in continuous welded rail with bi-directional FBG strain sensors[J]. Smart Materials and Structures, 25 (1): 015019.

Wang X, Lu B, Wang Z, et al. 2018. Interference-fading-free φ-OTDR based on differential phase shift pulsing technology[J]. IEEE Photonics Technology Letters, 31 (1): 39-42.

Wojke N, Bewley A, Paulus D. 2017. Simple online and realtime tracking with a deep association metric[C]. IEEE International Conference on Image Processing: 3645-3649.

Wong K Y. 2007. Design of a structural health monitoring system for long-span bridges[J]. Structure and Infrastructure Engineering, 3 (2): 169-185.

Wu D F, Zhang T Z, Jia B. 2008. Modified Sagnac interferometer for distributed disturbance detection[J]. Microwave and Optical Technology Letters, 50 (6): 1608-1610.

Wu Y, Wang Z, Xiong J, et al. 2019. Interference fading elimination with single rectangular pulse in φ-OTDR[J]. Journal of Lightwave Technology, 37 (13): 3381-3387.

Wuilpart M, Rogers A J, Megret P, et al. 2000. Fully distributed polarization properties of an optical fiber using the backscattering technique[C]. International Society for Optics and Photonics, 4087: 396-404.

Yan L S, Yi A, Pan W, et al. 2010. A simple demodulation method for FBG temperature sensors using a narrow band wavelength tunable DFB laser[J]. IEEE Photonics Technology Letters, 22 (18): 1391-1393.

Yan L S, Zhang Z, Wang P, et al. 2011. Fiber sensors for strain measurements and axle counting in high-speed railway applications[J]. IEEE Sensors Journal, 11 (7): 1587-1594.

Zhang Z, Bao X. 2008. Distributed optical fiber vibration sensor based on spectrum analysis of polarization-OTDR system[J]. Optics Express, 16 (14): 10240-10247.

Zhang C, Li Q, Liang S, et al. 2010. Location algorithm for multi-disturbances in fiber-optic distributed disturbance sensor using a Mach-Zehnder interferometer[C]. The 9th International Conference on Optical Communications and Networks: 103-107.

Zhang Q, Xiong Z, Liu G. 2011. Noise elimination of vibration signal of distributed optical fiber-sensing system based on wavelet analysis[J]. JDCTA: International Journal of Digital Content Technology and Its Applications, 5 (10): 315-321.

Zhang Y, Shao L Y, Li Z, et al. 2016. Differential detection for coherent BOTDA sensor based on single sideband probe light[C]. Asia-Pacific Optical Sensors Conference: W4A-51.

Zhang Y, Yu L, Hu Z, et al. 2021. Ultrafast and accurate temperature extraction via kernel extreme learning machine for BOTDA sensors[J]. Journal of Lightwave Technology, 39 (5): 1537-1543.

Zhou J, Pan Z, Ye Q, et al. 2013. Characteristics and explanations of interference fading of a φ-OTDR with a multi-frequency source[J]. Journal of Lightwave Technology, 31 (17): 2947-2954.

Zhou Y, Yan L S, He H, et al. 2021. DWI-assisted BOTDA for dynamic sensing[J]. Journal of Lightwave Technology, 39 (11): 3599-3606.

附录 缩略词表

缩略词	英文全称	中文全称
AIOps	artificial intelligence for IT operations	智能运维
AMVP	advanced motion vector prediction	高级运动矢量预测
ATC	automatic train control	列车自动控制
ATIS	automatic train identification system	铁路车号自动识别系统
ATLAS	advanced topographic laser altimeter system	高级地形激光测高系统
ATO	automatic train operation	列车自动驾驶
ATP	automatic train protection	列车超速防护
BFS	brillouin frequency shift	布里渊频移
BIM	building information modeling	建筑信息模型
BOTDA	Brillouin optical time domain analysis	布里渊光时域分析
BOTDR	Brillouin optical time domain reflectometer	布里渊光时域反射计
BSC	base station controller	基站控制器
BSS	base station subsystem	基站子系统
BTS	base transceiver station	基站收发信机
CABAC	context-based adaptive binary arithmetic coding	基于上下文的自适应二进制算术编码
CAD	computer aided design	计算机辅助设计
CBI	computer based interlocking	计算机联锁
CCD	charge-coupled device	电荷耦合器件
CMOS	complementary metal oxide semiconductor	互补金属氧化物半导体
CNN	convolutional neural network	卷积神经网络
CSD	circuit switch data	电路交换数据
CTC	centralized traffic control	调度集中
CTCS	Chinese train control system	中国列车运行控制系统
CTU	coding tree unit	树编码单元
DBF	deblocking filter	去块滤波器
DCT	discrete cosine transform	离散余弦变换
DEM	digital elevation model	数字高程模型
DFB	distributed feed back	分布式反馈
DGPS	differential global position system	差分全球定位系统
DLG	digital line graphic	数字线划地图
DOFS	distributed optical fiber sensor	分布式光纤传感器

续表

缩略词	英文全称	中文全称
DOM	digital orthophoto map	数字正射影像
DSM	digital surface model	数字地表模型
dual MZI	dual Mach-Zehnder interferometer	双 MZI
DWT	discrete wavelet transformation	离散小波变换
ECN	edge compute node	边缘计算节点
ECT	eddy current testing	涡流探伤
EDS	electro-dynamic suspension	电力悬浮
EMAT	electro-magnetic acoustic transducer	电磁声换能器
eMLPP	enhanced multi-level precedence and priority	增强多优先级
EMS	electro-magnetic suspension	电磁悬浮
EMT	electro-magnetic tomography	电磁层析成像
ETSI	European Telecommunications Standards Institute	欧洲电信标准化协会
FBG	fiber bragg grating	光纤布拉格光栅
FCFS	first come first served	先到先服务
FOS	fiber optic sensor	光纤传感器
FRM	Faraday rotator mirror	法拉第旋光反射镜
FSK	frequency-shift keying	频移键控
GIS	geographic information system	地理信息系统
GLAS	geosciences laser altimeter system	地质学激光测高仪系统
GLCM	gray level co-occurrence matrix	灰度共生矩阵
GoA	grade of automation	自动化等级
GPS	global positioning system	全球定位系统
GSM-R	GSM for railway	铁路数字移动通信系统
HDR	high dynamic range	高动态范围
HEVC	high efficiency video coding	高效视频编码
HOG	histogram of orientation gradient	方向梯度直方图
IC	integrated circuit	集成电路
ICP	iterative closest point	迭代最近点
IEC	International Electrotechnical Commission	国际电工委员会
INS	inertial navigation system	惯性导航系统
IoU	intersection over union	交并比
ISDN	integrated services digital network	综合业务数字网
ISO	International Organization for Standardization	国际标准化组织
ITO	indium tin oxide	氧化铟锡
ITS	intelligent transportation system	智能交通系统

续表

缩略词	英文全称	中文全称
ITU-T	ITU Telecommunication Standardization Sector	国际电信联盟远程通信标准化组
LiDAR	light detection and ranging	激光雷达
LIST	lidar surface topography	地面地形激光雷达
LOLA	Lunar orbit laser altimeter	月球轨道激光测高仪
LS	laser scanner	激光扫描仪
LSTM	long short-term memory	长短期记忆
MCF	multi core fiber	多芯光纤
MD	magnetic diode	磁二极管
ME	mobile equipment	移动终端
MEC	mobile edge computing	移动边缘计算
MEMS	micro-electromechanical system	微机电系统
MFL	magnetic flux leakage	漏磁场
MI	Michelson interferometer	Michelson 干涉仪
MLA	Mercury laser altimeter	水星激光测高仪
MOLA	Mars orbit laser altimeter	火星轨道激光测高仪
MPT	magnetic particle testing	磁粉探伤
MS	mobile station	移动台
MSC	mobile switching center	移动交换中心
MSP	multiplex section protection	复用段保护
MSTP	multi-service transfer platform	多业务传输平台
MZI	Mach-Zehnder interferometer	Mach-Zehnder 干涉仪
NSS	network switching subsystem	网络交换子系统
OFDR	optical frequency domain reflectometer	光频域反射计
OLT	optical line terminal	光线路终端
OMC	operation and maintenance center	操作维护中心
OMS	operation and maintenance subsystem	操作和维护子系统
ONU	optical network unit	光网络单元
OTDR	optical time domain reflectometer	光时域反射计
PBS	polarization beam splitter	偏振分束器
PC	polarization controller	偏振控制器
PCF	photonic crystal fiber	光子晶体光纤
PD	photoelectric detector	光电探测器
PEC	pulse eddy current	脉冲涡流
PHM	prognostics health management	故障诊断与健康管理
P-OTDR	polarization optical time domain reflectometer	偏振光时域反射计

续表

缩略词	英文全称	中文全称
PPD	pinned photodiode	钳位光电二极管
PSD	position sensitive detector	位置敏感探测器
PVC	polyvinyl chloride	聚氯乙烯
QoS	quality of service	服务质量
RAMS	reliability, availability, maintainability and safety	可靠性、可用性、可维修性和安全性
RBC	radio block center	无线闭塞中心
R-CNN	recurrent-CNN	循环卷积神经网络
RPN	region proposal network	候选框生成网络
SAO	sample adaptive offset	样点自适应补偿
SCADA	supervisory control and data acquisition	数据采集与监视控制
SDH	synchronous digital hierarchy	同步数字体系
SHMS	structural health monitoring system	桥梁结构健康监测系统
SI	Sagnac interferometer	Sagnac 干涉仪
SVM	support vector machine	支持向量机
TADS	trackside acoustic detection system	轨边声学诊断系统
TCC	train control center	列控中心
TCDS	train coach diagnosis system	客车运行安全监控系统
TDI	time delay integration	时间延迟积分
TE	terminal equipment	终端设备
TEDS	trouble of moving EMU detection system	动车组运行故障动态图像检测系统
TFDS	trouble of moving freight car detection system	货车运行故障动态图像检测系统
TFF	transient frequency fluctuation	瞬时频率波动
THDS	trace hotbox detection system	红外线轴温探测系统
TOF	time of flight	飞行时间
TOFD	time of flight diffraction	衍射时差
TPDS	truck performance detecting system	铁路货车运行状态地面安全监测系统
TQI	track quality index	轨道质量指数
TRAU	transcoding and rate adaptation unit	编码速率适配单元
UPS	uninterruptible power supply	不间断电源
VBS	voice broadcast service	语音广播呼叫业务
VGCS	voice group call service	语音组呼业务
WCG	wide color gamut	宽色域
WDM	wavelength division multiplexer	波分复用器
φ-OTDR	phase-sensitive optical time domain reflectometer	相位敏感光时域反射计